国防科技图书出版基金

"十三五"国家重点出版物出版规划项目

U0677392

现代电子战技术丛书

激光辐照光电系统机理与评估

Mechanism and Assessment of Laser Irradiation of Opto – electrical Systems

郭 劲 王挺峰 等编著

国防工业出版社

·北京·

图书在版编目(CIP)数据

激光辐照光电系统机理与评估 / 郭劲等编著. — 北京：
国防工业出版社，2020.9
（现代电子战技术丛书）
ISBN 978 - 7 - 118 - 11772 - 1

Ⅰ. ①激… Ⅱ. ①郭… Ⅲ. ①激光辐照 - 光电对抗 -
研究 Ⅳ. ①E866

中国版本图书馆 CIP 数据核字(2020)第 093861 号

※

*国防工业出版社*出版发行

（北京市海淀区紫竹院南路 23 号　邮政编码 100048）
三河市腾飞印务有限公司印刷
新华书店经售

*

开本 710×1000　1/16　插页 13　印张 21¾　字数 390 千字
2020 年 9 月第 1 版第 1 次印刷　印数 1—2000 册　　定价 139.00 元

（本书如有印装错误，我社负责调换）

国防书店：(010)88540777　　书店传真：(010)88540776
发行业务：(010)88540717　　发行传真：(010)88540762

致 读 者

本书由中央军委装备发展部**国防科技图书出版基金**资助出版。

为了促进国防科技和武器装备发展,加强社会主义物质文明和精神文明建设,培养优秀科技人才,确保国防科技优秀图书的出版,原国防科工委于 1988 年初决定每年拨出专款,设立国防科技图书出版基金,成立评审委员会,扶持、审定出版国防科技优秀图书。这是一项具有深远意义的创举。

国防科技图书出版基金资助的对象是:

1. 在国防科学技术领域中,学术水平高,内容有创见,在学科上居领先地位的基础科学理论图书;在工程技术理论方面有突破的应用科学专著。

2. 学术思想新颖,内容具体、实用,对国防科技和武器装备发展具有较大推动作用的专著;密切结合国防现代化和武器装备现代化需要的高新技术内容的专著。

3. 有重要发展前景和有重大开拓使用价值,密切结合国防现代化和武器装备现代化需要的新工艺、新材料内容的专著。

4. 填补目前我国科技领域空白并具有军事应用前景的薄弱学科和边缘学科的科技图书。

国防科技图书出版基金评审委员会在中央军委装备发展部的领导下开展工作,负责掌握出版基金的使用方向,评审受理的图书选题,决定资助的图书选题和资助金额,以及决定中断或取消资助等。经评审给予资助的图书,由中央军委装备发展部国防工业出版社出版发行。

国防科技和武器装备发展已经取得了举世瞩目的成就,国防科技图书承担着记载和弘扬这些成就,积累和传播科技知识的使命。开展好评审工作,使有限的基金发挥出巨大的效能,需要不断摸索、认真总结和及时改进,更需要国防科技和武器装备建设战线广大科技工作者、专家、教授,以及社会各界朋友的热情支持。

让我们携起手来,为祖国昌盛、科技腾飞、出版繁荣而共同奋斗!

国防科技图书出版基金

评审委员会

"现代电子战技术丛书"编委会

编委会主任　杨小牛

院士顾问　张锡祥　凌永顺　吕跃广　刘泽金　刘永坚

　　　　　　　王沙飞　陆　军

编委会副主任　刘　涛　王大鹏　楼才义

编委会委员

（排名不分先后）

　　　许西安　张友益　张春磊　郭　劲　季华益　胡以华

　　　高晓滨　赵国庆　黄知涛　安　红　甘荣兵　郭福成

　　　高　颖

丛书总策划　王晓光

新时代的电子战与电子战的新时代

广义上讲,电子战领域也是电子信息领域中的一员或者叫一个分支。然而,这种"广义"而言的貌似其实也没有太多意义。如果说电子战想用一首歌来唱响它的旋律的话,那一定是《我们不一样》。

的确,作为需要靠不断博弈、对抗来"吃饭"的领域,电子战有着太多的特殊之处——其中最为明显、最为突出的一点就是,从博弈的基本逻辑上来讲,电子战的发展节奏永远无法超越作战对象的发展节奏。就如同谍战片里面的跟踪镜头一样,再强大的跟踪人员也只能做到近距离跟踪而不被发现,却永远无法做到跑到跟踪目标的前方去跟踪。

换言之,无论是电子战装备还是其技术的预先布局必须基于具体的作战对象的发展现状或者发展趋势、发展规划。即便如此,考虑到对作战对象现状的把握无法做到完备,而作战对象的发展趋势、发展规划又大多存在诸多变数,因此,基于这些考虑的电子战预先布局通常也存在很大的风险。

总之,尽管世界各国对电子战重要性的认识不断提升——甚至电磁频谱都已经被视作一个独立的作战域,电子战(甚至是更为广义的电磁频谱战)作为一种独立作战样式的前景也非常乐观——但电子战的发展模式似乎并未由于所受重视程度的提升而有任何改变。更为严重的问题是,电子战发展模式的这种"惰性"又直接导致了电子战理论与技术方面发展模式的"滞后性"——新理论、新技术为电子战领域带来实质性影响的时间总是滞后于其他电子信息领域,主动性、自发性、仅适用于本领域的电子战理论与技术创新较之其他电子信息领域也进展缓慢。

凡此种种，不一而足。总的来说，电子战领域有一个确定的过去，有一个相对确定的现在，但没法拥有一个确定的未来。通常我们将电子战领域与其作战对象之间的博弈称作"猫鼠游戏"或者"魔道相长"，乍看这两种说法好像对于博弈双方一视同仁，但殊不知无论"猫鼠"也好，还是"魔道"也好，从逻辑上来讲都是有先后的。作战对象的发展直接能够决定或"引领"电子战的发展方向，而反之则非常困难。也就是说，博弈的起点总是作战对象，博弈的主动权也掌握在作战对象手中，而电子战所能做的就是在作战对象所制定规则的"引领下"一次次轮回，无法跳出。

然而，凡事皆有例外。而具体到电子战领域，足以导致"例外"的原因可归纳为如下两方面。

其一，"新时代的电子战"。

电子信息领域新理论新技术层出不穷、飞速发展的当前，总有一些新理论、新技术能够为电子战跳出"轮回"提供可能性。这其中，颇具潜力的理论与技术很多，但大数据分析与人工智能无疑会位列其中。

大数据分析为电子战领域带来的革命性影响可归纳为**"有望实现电子战领域从精度驱动到数据驱动的变革"**。在采用大数据分析之前，电子战理论与技术都可视作是围绕"测量精度"展开的，从信号的发现、测向、定位、识别一直到干扰引导与干扰等诸多环节，无一例外都是在不断提升"测量精度"的过程中实现综合能力提升的。然而，大数据分析为我们提供了另外一种思路——只要能够获得足够多的数据样本（样本的精度高低并不重要），就可以通过各种分析方法来得到远高于"基于精度的"理论与技术的性能（通常是跨数量级的性能提升）。因此，可以看出，大数据分析不仅仅是提升电子战性能的又一种技术，而是有望改变整个电子战领域性能提升思路的顶层理论。从这一点来看，该技术很有可能为电子战领域跳出上面所述之"轮回"提供一种途径。

人工智能为电子战领域带来的革命性影响可归纳为**"有望实现电子战领域从功能固化到自我提升的变革"**。人工智能用于电子战领域则催生出认知电子战这一新理念，而认知电子战理念的重要性在于，它不仅仅让电子战具备思考、推理、记忆、想象、学习等能力，而且还有望让认知电子战与其他认知化电子信息系统一起，催生出一种新的战法，即，

"智能战"。因此，可以看出，人工智能有望改变整个电子战领域的作战模式。从这一点来看，该技术也有可能为电子战领域跳出上面所述之"轮回"提供一种备选途径。

总之，电子信息领域理论与技术发展的新时代也为电子战领域带来无限的可能性。

其二，"电子战的新时代"。

自1905年诞生以来，电子战领域发展到现在已经有100多年历史，这一历史远超雷达、敌我识别、导航等领域的发展历史。在这么长的发展历史中，尽管电子战领域一直未能跳出"猫鼠游戏"的怪圈，但也形成了很多本领域专有的、与具体作战对象关系不那么密切的理论与技术积淀，而这些理论与技术的发展相对成体系、有脉络。近年来，这些理论与技术已经突破或即将突破一些"瓶颈"，有望将电子战领域带入一个新的时代。

这些理论与技术大致可分为两类：一类是符合电子战发展脉络且与电子战发展历史一脉相承的理论与技术，例如，网络化电子战理论与技术（网络中心电子战理论与技术）、软件化电子战理论与技术、无人化电子战理论与技术等；另一类是基础性电子战技术，例如，信号盲源分离理论与技术、电子战能力评估理论与技术、电磁环境仿真与模拟技术、测向与定位技术等。

总之，电子战领域100多年的理论与技术积淀终于在当前厚积薄发，有望将电子战带入一个新的时代。

本套丛书即是在上述背景下组织撰写的，尽管无法一次性完备地覆盖电子战所有理论与技术，但组织撰写这套丛书本身至少可以表明这样一个事实——有一群志同道合之士，已经发愿让电子战领域有一个确定且美好的未来。

一愿生，则万缘相随。

愿心到处，必有所获。

杨小牛

2018年6月

杨小牛，中国工程院院士。

PREFACE

前 言

　　激光辐照效应与机理是激光武器、激光主动对抗、激光防护等技术应用的基础,需系统地理解激光对光电系统产生的干扰、损伤以及致盲效应的基本过程与机理。激光辐照光电系统的效应与机理涉及光学、材料以及电子学等多学科知识,需采用多学科的方法研究激光辐照光电器件损伤发生、发展及积累过程,因此,该研究方向具有跨领域、跨学科、总体性强等特点。

　　近年来,国际上以美国空军实验室、"北约"法德联合实验室为代表,开展了多种类型激光对各种材料的损伤机理的理论与实验研究工作,并重点开展了系统级干扰效果评估工作,如机载红外定向对抗干扰评估研究工作。国内在该领域建立了相关的国家级、部委级重点实验室,开展相关的理论和实验研究工作。作者依托激光与物质相互作用国家重点实验室,在激光辐照效应与机理方面得到了实验室基金、国防预研课题、863 课题支持,开展了相关的理论和实验研究工作。在工程应用方面,先后承担了多项工程任务,积累了较多的工程实践经验。

　　作者以在该领域多年的基础研究与工程实践为基础,参考国内外相关研究进展,面向光电侦察与防御、光电有源对抗及激光防护等领域的读者,希望能够较好地反映国内外该领域近年来的研究进展及未来研究发展方向。考虑到本研究方向,国内外已有相关强激光武器激光辐照效应、光电对抗总体技术等论著,本专著侧重激光辐照光电探测系统的干扰、损伤效应,并对干扰效果进行系统级的评估,期望能够在本专业领域对相关读者起到抛砖引玉的作用。

　　本书共分为 5 章。第 1 章分析现有激光器技术、光电器件及系统工作原理,特别是机载红外前视系统、红外制导系统、光电侦察与告警系统的特点,作为激光干扰、损伤效应与评估方法的预备基础知识。同时简要地分析了不同激光与金属、半导体材料以及介质材料相互作用机理,为后续特定半导体材料及光电器件损伤机理提供支撑。第 2 章,讨论激光传输变换理论、激光大气传输以及几何像差对激光传输的影响。第 3 章讨论激光干扰光电探测器件的基本物理过程,然后结合不同类型光电系统工作原理和模式深入分析了激光干扰评估手段。第 4 章,着重分析不同特征参数(如波长、脉宽、重频等)激光与硅、碲镉汞等常用半导体材料的损伤机理。第 5 章探讨激光损伤典型电荷耦合器件、红外焦平面阵列的微观物理过程和效应。

本书撰写分工如下:郭劲主要编写第 1 章、第 4 章、第 5 章内容,王挺峰主要编写第 2 章、第 3 章关于激光传输变换、激光损伤机理方面的内容。感谢参与部分章节编写的李殿军研究员,陈飞副研究员,邵俊峰副研究员,孙涛副研究员,郑长彬副研究员,王春锐、汤伟、钱方、孙鹏等博士,特别感谢吉林大学金明星研究员、陈安民副研究员等提供的技术和理论协助。

由于作者的学识水平所限,本书难免存在错误和不足之处,恳请读者见谅并批评指正,不胜感谢。

郭劲

2018 年 8 月

CONTENTS

目 录

Contents

第 1 章

激光及光电探测器件技术进展

1.1　光电对抗技术概论

光电对抗是敌对双方在光谱波段进行的对抗,双方利用光电设备或器材,截获、识别对方光电辐射源,进而削弱敌方光电设备的效能,并保证己方光电设备的正常工作。经过长时期的发展,光电对抗系统性更强、技术更加成熟与完善、手段更加多样化、战术更加灵活并具有针对性。

学术界一般认为,光电对抗从广义上可包括光电侦察、光电干扰以及光电防护三个方面的内容。光电侦察告警技术是通过光电手段对敌方各种装备进行侦察,确定其位置,探测其技术参数,并在必要时发出报警的技术。它是对敌方进行攻击与实施有效干扰的基础。其机理是利用光源在目标和背景上的反射或目标、背景本身辐射电磁波的差异,来探测、识别目标。光电干扰的目的是使敌方光电武器装备失灵,以削弱、压制、扰乱甚至破坏其作战能力。光电干扰手段是否有效,必须符合光电频谱匹配性、干扰视场相关性、干扰时机实时性和最佳距离有效性这四个基本特征。光电干扰技术主要有无源干扰、有源干扰和复合干扰三种方式。在部分场合,光电反侦察技术和无源干扰技术在分类上是相互涵盖的,本书将其分开讨论。反侦察技术从总体上讲可以分为伪装技术和辐射抑制技术。所有的技术和措施都可从频域、时间域、空间域等技术角度进行考虑。光电反干扰技术主要包括两类:一类是抗无源干扰和有源干扰中的低功率干扰,包括多光谱技术、自适应技术、编码技术、选通技术等;另一类是抗有源干扰中的致盲干扰和高能武器干扰,包括光栅、滤光镜、防护与加固技术等。

本书重点讨论"狭义"的光电对抗技术,着重分析激光辐照光电系统效应、机理与评估问题。所谓"狭义",主要指采用主动光源对来袭目标光电载荷实施干扰、损伤,最终达成影响或破坏其光电载荷工作的作战效能,而不讨论告警、防护方面的内容。因此,从单元技术上分析,就涉及光源技术、激光大气传输以及典型作战对象光电载荷特定等诸多技术问题。下面简要对激光器、光束传输变换以及光电传感器等基本环节进行简要介绍,为后面若干章节重点开展激光与光电系统相互作用机理与评估奠定基础。

1.2 激光器技术

1960 年,梅曼利用红宝石晶体材料研制成功世界上第一台激光器。自此之后,激光器发展迅速。特别是根据国防工业、民用领域的需求,在过去半个世纪以来激光输出光学谱段、峰值功率、系统集成特性(小体积、全固态)等方面取得了巨大的成就。然而,激光器种类多样、谱段宽广,难以一一表述。本节重点围绕国际上军用激光器类型与种类进行初步探讨与分析,概述超短脉冲激光器技术、多谱段中波红外(MWIR)半导体激光器技术以及 CO_2 激光器技术等方面近年来的进展。

1.2.1 超短脉冲激光器进展

为拓宽激光器应用能力,追求短脉冲、高峰值功率激光一直是领域内重要发展方向之一。包括调 Q、锁模和啁啾脉冲放大等在内的技术突破为实现短脉冲激光奠定了方法基础[1-2]。

1962 年所发展的调 Q 技术的基本思想是利用 Q 开关控制激光的谐振输出。初始时谐振腔会因高损耗进入储能状态,当储能最大时 Q 开关就转为低损耗状态,此时谐振腔振荡输出短脉冲的激光,从而提高激光的输出峰值功率。截至目前,调 Q 技术仅能产生约兆瓦级峰值功率的激光脉冲输出。同时,在脉宽方面因受其自身的物理特性限制,只能产生百皮秒以上至纳秒级的短脉冲,更短的脉冲输出需要利用锁模技术。

锁模技术是激光技术又一关键技术突破,使得激光脉冲宽度进入了"超短脉冲"(Ultrafast Pulse)范围。所谓的"超短脉冲"激光一般指脉冲的宽度达到皮秒 (10^{-12}s) 以下,甚至达到飞秒 (10^{-15}s) 量级激光。锁模技术利用振幅或者相位的调制将各振荡模式"锁定"为确定位相,这样各种模式就能够实现电场相干叠加,进而也就获得了超短脉冲输出。目前,利用锁模技术已经获得皮秒至飞秒量级的超短脉冲输出,脉冲激光的峰值功率达到百兆瓦级。锁模技术经历多个阶段的发展。之前利用固体材料作为激活介质(例如红宝石和钇铝石榴石(YAG(用于产生激光束的氧化铝合成晶石)晶体)),并采用损耗、相位调制锁模,输出激光脉宽为皮秒量级。后来出现了各种染料锁模技术,则利用对撞锁模获得了亚皮秒的激光脉冲输出;近年来新型激光晶体(Ti:Sapphire、Cr:LiSAF、Cr:LiCAF 等)缩短锁模脉冲宽度至飞秒量级[3-4]。目前,利用自锁模钛宝石实现的飞秒激光器是最成熟、性能最优的超短脉冲激光器,并且已经实现了商业化应用。钛宝石晶体因增益带宽很宽(约180nm)、上能级寿命较长(约 3.2μs)、饱和通量较高(5J/cm²)以及导热性能好,因此发展相对最快[5]。20 世纪 90 年代初 D. E. Spence 等[3]首次获得了60fs 脉冲输出,迅速掀起了热潮。1998 年,程昭成功利用中空光纤压缩技术,获得4fs 的超短脉冲,事实上已非常接近钛宝石锁模技术的理论极限。

"北约"法德联合实验室 Teramobile 项目以及加拿大国防部飞秒激光验证系统(T&T)项目研制了大脉冲飞秒激光器,"北约"法德联合实验室 Teramobile 系统建于 1999—2002 年间,激光器参数为:350mJ/793nm/10Hz/70fs/峰值功率 5TW。加拿大国防部 T&T 系统建于 2006—2007 年间,激光器参数为:270mJ/805nm/10Hz/48fs/峰值功率 5TW。初步开展了飞秒激光损伤光电系统、飞秒激光大气传输以及飞秒激光等离子体通道微波武器等应用基础研究。车载外场实验平台如图 1.1 所示。国内,中国科学院物理研究所也开展了飞秒激光基础研究工作。

(a) Teramobile (b) T&T

图 1.1 飞秒激光对抗演示系统

同时,应用需求的差异导致需要发展各种波长或谱段的激光技术。早期利用非线性晶体的倍频特性可以实现谱段扩展和调谐输出。非线性光学理论进展很快,伴随着出现了优良性能的偏硼酸钡晶体(BBO)、三硼酸锂晶体(LBO)等非线性晶体,突破了宽调谐的飞秒脉冲光参量振荡(OPO)技术以及后级放大的光参量放大(OPA)技术[6],从而极大地拓宽超短脉冲激光波长范围。截至目前,OPO 输出波长覆盖范围为 178nm ~ 20μm,而 OPA 技术已经实现 6.3fs、5J、波长 550 ~ 700nm 的超短(若干飞秒)、超强(太瓦峰值功率)的可见光谱段脉冲输出,在近红外谱段也可以实现 4fs、1J、波长 900 ~ 1300nm 的激光输出。利用飞秒脉冲激光作为种子通过光子晶体光纤放大可产生波长 400 ~ 1600nm 的超连续宽谱带激光输出,因此基于 OPA 技术可以发展更短的脉冲以及更宽谱段调谐范围,其利用了自相位调制或交叉相位调制等非线性机理,光子晶体的光子具有局域特性导致小能量的飞秒

3

脉冲就能产生相位调制获得超连续谱短脉冲激光输出,目前已经大量商业化。利用 OPO、OPA 搭建的飞秒激光系统带宽大、谱段可调谐、噪声较低,广泛应用在信息光学、光谱学、化学和生物等新兴学科中。

除了脉冲宽度、波长以外,功率是限制飞秒激光器应用的另一个核心因素。振荡器直接产生的超短脉冲能量非常低,仅约微焦量级。利用光学放大技术获得超高峰值功率是研究的追求目标之一。为了解决直接放大提取效率低、易出现小尺度的自聚焦效应以及激光介质自身损伤阈值低等一系列问题,1985 年,D. Strickland 等[7]创造性地提出了称为啁啾脉冲放大(CPA)的理论,这是超强峰值功率(大于 $10^{18}\,\mathrm{W/cm^2}$)脉冲激光发展过程中的重要里程碑。CPA 理论总体思想为利用展宽器将飞秒激光种子脉冲展宽至纳秒量级后进行放大,获得大能量后利用压缩器压缩脉宽,这样就获得了脉宽短、峰值功率超高的脉冲。展宽技术提高了放大级能量提取效率,还可以克服非线性效应,具有重要的价值。在过去的十多年里,CPA 技术获得了迅速发展,发展方向集中在以下三个方面。①重复频率低、脉宽相对较宽的高峰值功率系统。增益介质一般为大口径的钕玻璃或钕玻璃与钛宝石混合放大系统,优点是放大级介质的体积大,上能级弛豫时间比较长(大于 $300\,\mu\mathrm{s}$)。同时,800nm 附近有强吸收,特别适合半导体激光器直接泵浦(抽运),因此输出的单脉冲能量很大。这种系统的缺点是晶体导热性能差,因此重复频率无法做高,典型重频为 10Hz 以下。1999 年,美国立佛摩尔国家实验室利用钕玻璃钛宝石激光系统放大产生了高于 1500TW 的巨脉冲,聚焦后激光峰值功率密度大于 $7 \times 10^{20}\,\mathrm{W/cm^2}$,是迄今人类获得的最高峰值功率激光,用于研究受控核聚变物理。②超短脉冲、高峰值功率的激光放大系统,其放大介质一般都是掺钛蓝宝石晶体,最终实现脉宽目标值小于 30fs。这类激光器成本较低,应用极为广泛,也是目前 CPA 技术的主流研究和应用方向。③千赫以上的高重复频率 CPA 系统。其功率相对较低,一般以钛宝石为增益介质。功率为几十太瓦的钛宝石激光器可用于光电领域、激光三维打印加工以及其他基础研究领域,目前已经实现了台面化、商品化,大大拓宽了应用范围。

目前,已经可以实现阿秒($1\mathrm{as} = 10^{-18}\,\mathrm{s}$)脉宽激光输出,但是效率仍需提高。阿秒脉冲激光产生方法包括超短脉冲强激光作用于惰性气体分子产生高次谐波以及受激拉曼散射,还有亚谐波的合成技术等。目前来看,高次谐波阿秒脉冲技术是较有前途的技术途径。利用非线性机理,脉冲能量毫焦级、持续时间为若干光周期的激光脉冲可以与惰性气体分子产生高次的谐波输出,从而获得阿秒脉冲串。2000 年奥、加、德国际联合课题小组首次实现脉冲宽度约 650as 的 X 射线脉冲输出。2005 年,Kienberger 等利用原子瞬态方法测量得到单 X 射线脉宽趋近 250as。同时,精确锁定不同波长的飞秒激光开展相干合成有可能获得可见频段的阿秒激光脉冲。阿秒脉冲测量技术难度大，甚至要比阿秒脉冲技术本身还有挑战，现有测量方法的理论极限为 100as 左右[8]。

超快激光有两个方面的技术优势，可广泛应用于科学的多个领域：一是超快的时间分辨能力；二是超高的峰值功率特点。新技术的出现往往会带动一批交叉学科，以飞秒激光为支点出现了多个交叉应用与基础学科。利用超快的时间分辨能力，出现了飞秒超快时间分辨探测技术，广泛应用于强场物理、原子核物理、电子动力学、化学动力学及生物研究；利用其超高的峰值功率特点出现了无热化激光加工、太赫兹、高次谐波等新的物理方向。可见，短脉冲激光尤其是超短脉冲激光技术作为一种强电磁场的可行化实现条件并且同时利用飞秒时间探测作为一种高时间分辨力的探测手段，为研究材料的微观损伤机理提供了新途径。

1.2.2　多谱段中波红外半导体激光器技术

半导体激光器发光介质为半导体材料，利用半导体能带结构来束缚电子和空穴，二者复合发光或电子从高能级向低能级跃迁发光，谐振腔由具有光场限制的低折射率材料和端面反射膜构成。材料体系主要有砷化镓、磷化铟、锑化镓等。在近红外频段工艺成熟，目前单器件输出功率可达数十瓦，通过光束合成可实现万瓦以上激光输出。半导体激光器效率高，总效率是同功率光纤激光器的 2～3 倍、半导体泵浦固体激光器的近 4 倍、灯泵固体激光器的近 40 倍。

多波段红外半导体激光器主要有锑化物量子阱激光器和磷化铟量子级联激光器。锑化物量子阱激光器基于 GaSb 衬底的 InGaAsSb/ AlInGaAsSb 材料，其中 InGaAsSb 的厚度一般为几纳米到十纳米，波长覆盖 $1.8～4\mu m$，通过势阱的量子效应限制电子和空穴，通过电子–空穴复合实现激光输出。量子级联激光器的发光介质是多层耦合的量子阱，利用电子在耦合量子阱导带子能级间跃迁实现发光，如图 1.2 所示，电子在注入区利用声子辅助共振隧穿原理注入发光区，在发光区通过能级子带间跃迁发光，然后再隧穿进入下一个发光区，如此经过级联在一起的几十个类似的注入–发光结构，再经谐振腔反馈后实现光的增益放大，整个受激辐射过程中只有电子参与，并且 1 个电子可以发出多个光子，是一种高量子效率单极性激光器。如图 1.2(b) 所示，量子级联激光器的发光区是通过很薄的多个量子阱耦合实现的，整个器件一般有 30～40 个级联在一起的发光区，整个器件有上千层，材料的厚度和界面质量直接决定器件的性能，而工作波长与所用材料带隙无直接关系，仅由耦合量子阱子带能级间距决定，波长可覆盖 $2.65～300\mu m$。

多波段红外半导体激光器具有体积小、重量轻、效率高、寿命长等优点。带有制冷封装的量子级联单元器件体积不到 $20cm^3$，质量 100g，而不制冷的锑化物中红外量子阱激光器体积更小，如图 1.3 所示。在能量转换效率方面：目前量子级联激

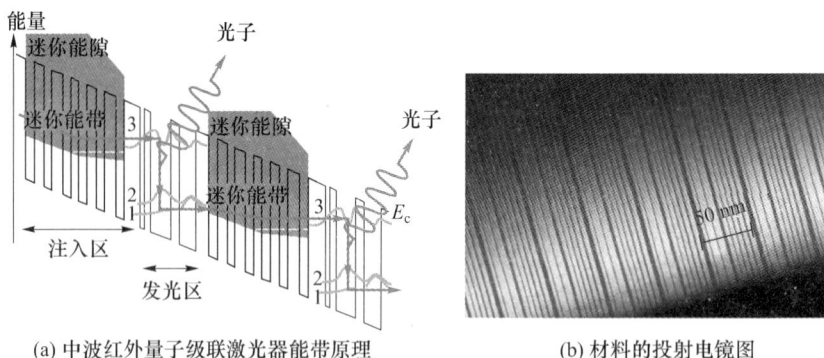

| (a) 中波红外量子级联激光器能带原理 | (b) 材料的投射电镜图 |

图 1.2　中波红外量子级联激光器原理 (见彩图)

光器低温电/光转换效率大于 50%, 室温效率达 21%;锑化物量子阱激光器的室温电/光转换效率大于 21%。在器件可靠性方面,已报道的中波红外量子级联和量子阱激光器的寿命均超过了 5000h。单元器件的发散角较大,水平方向 10°,垂直方向 40°左右,而且功率距离实际应用尚有差距,因此需要采用一定的途径提高功率,可采用光束合成技术。光束合成的内涵是将几束激光通过光束整形、耦合,形成一束共轴激光输出。经光束合成后,可大幅提高激光功率,并易于耦合到光纤输出。

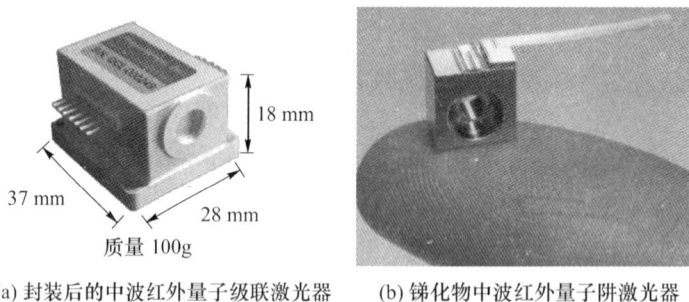

| (a) 封装后的中波红外量子级联激光器 | (b) 锑化物中波红外量子阱激光器 |

图 1.3　中波红外量子级联激光器实物

　　目前机载平台自卫主流技术是红外定向干扰,通过将红外辐射源定向照射红外导引头,使其偏航,达到机载平台自卫的目的。红外定向干扰具有通用性强、作用距离远、可重复使用等优点,在机载平台自卫系统中占有重要的地位。机载平台根据自身特点,对激光干扰源提出了新要求,如要求激光干扰源小型、高效,以适应机载平台有限的安装空间和供电能力。激光以其方向性好、亮度高的特点,已应用于国外机载平台自卫系统中,如改进型的"复仇女神"。根据机载自卫需求,对抗辐射源主要采用中红外激光器,而目前可用于机载平台的中波红外激光主要由 OPO 产生,其效率、体积、重量仍是限制其在机载自卫平台广泛应用的重要因素。

由对比表 1.1 可见:多波段红外半导体激光器体积较传统 OPO 体制激光器小 1/2～1/3,效率提升 3 倍左右,较为适应机载平台应用;经过整形合束的多波段红外半导体激光器功率及光束质量均有提升,有利于实现远距离干扰;多波段红外半导体激光器调制灵活,可实现强度调制、频率调制,也可连续输出,能够同时干扰调幅、调频及凝视型红外制导导弹;多波段红外半导体激光器输出波长由设计能带结构获得,可多波长输出,对多波段制导导引头实现"波段内"干扰,提高干扰效能。

表 1.1　中波红外 OPO 激光器与多波段红外半导体激光器性能对比

参数	中波红外 OPO 激光器(典型设备)	多波段红外半导体激光器
输出波段/μm	3.7～4.6	2.0、4.0、4.6
输出功率/W	10	20
激光品质因子(M^2)	约 2	约 1
调制方式	编码、脉冲输出	强度/相位调制、连续输出
制冷方式	水冷,半导体制冷器(TEC)制冷较难	TEC
环境适应性	一般	较好

除中波红外半导体激光器技术以外,以低温制冷 Fe^{2+}:ZnSe 全固态大脉冲激光器技术为代表的新型激光源也在飞速发展,可广泛应用于机载平台自卫等军事应用领域。

1.2.3　CO_2 激光器技术

1964 年,Patel[9] 报道了首台 CO_2 激光器,当时增益介质只有 CO_2 气体分子,激光器的输出波长在 9.4μm 和 10.4μm 附近,输出的功率接近 1mW,当时该激光器与其他激光器相比没有优势可言;同年,Patel[10] 深入了 CO_2 激光器的研制工作,通过加入 N_2 成功使 CO_2 激光器的输出功率从 1mW 提高到 12W,N_2 的成功掺杂对于 CO_2 激光器研制具有里程碑式意义;1965 年,Patel 等[11] 将 He 掺入到 CO_2 激光器中,进一步提高了 CO_2 激光器的输出功率,其最高功率可达 100W。20 世纪 70 年代以来,CO_2 激光器的研制工作取得了重要的进展,即将快速流动技术应用到气体放电管中,从而使 CO_2 激光器的输出功率升高到千瓦级甚至万瓦级的水平上。此外,从 20 世纪 80 年代开始横向激励大气压(TEA)技术的引入使得 CO_2 激光器的研制又上升了一个台阶,其输出功率又提高了 1～2 个数量级。但是在实际应用中,仅输出高功率是不够的,还需要具有高的稳定性和光束质量,因此近年来对于电泵浦 CO_2 激光器的研究重点转移到了如何提高性能上,于是出现了各种各样的 CO_2 激光器,如波导、板条、Q 开关、锁模、腔倒空、波长可调谐、稳频、非稳腔等;另外,在泵浦方式上也有射频泵浦和磁约束放电泵浦等多种手段,表 1.2 中列出了

CO_2 激光器的发展进程。

表 1.2　CO_2 激光器的发展进程

时间	事件	结果	评论	特点
1964 年	加入 N_2、N_2/CO_2	1mW→12W	输出功率提高 4 个数量级	CO_2 激光器飞速发展期
1965—1966 年	加入 He、He/N_2/CO_2	10W→100W	奠定了 CO_2 激光器的优势地位	
1970 年前后	快速气体轴流激光器	50W/m→500W/m	单位长度输出功率提高 1 个数量级	纵向放电低气压
1980 年前后	横向 CO_2 横向激励（TE）/TEA 激光器	500W/m→5kW/m GW 脉冲功率	单位长度输出功率提高 1 个数量级	横向放电高气压
1969—1983 年	气动技术泵浦	455kW(5s)	至今最高的输出功率	系统复杂
现今	交流/直流/射频/微波等泵浦	ps/fs 脉冲 TW 脉冲功率	注重：光束质量、短脉冲、高重频	技术研究

　　CO_2 激光器是一种以 CO_2 为主要增益介质的分子气体激光器,目前所有的 CO_2 激光器增益介质几乎都是 He、N_2 和 CO_2 这三种气体组成的混合体。作者在前期研究中按输出能力将 CO_2 激光器分为封离式、快轴流式和横流式三种。封离式 CO_2 激光器主要是指将气体介质封闭在一个特定的容器内,其具有结构简单、维修方便、可靠性强、价格低、寿命长、光束质量好等优点,该激光器的输出功率与放电管长度呈正比,通常为 $50 \sim 70W/m$,一般情况下,对于单管封离式 CO_2 激光器的输出功率在 500W 以下。中国科学院光学长春精密机械与物理研究所(简称长春光机所)激光与物质相互作用国家重点实验室研制了一台多功能 CO_2 激光器,如图 1.4 所示。该激光器可实现连续输出、普通脉冲输出、调 Q 脉冲输出和单脉冲输出,输出激光谱线、重复频率可调,且具有晶体管 – 晶体管逻辑电路(TTL)编码信号控制激光输出功能以及可以满足用户指定的特殊设计接口等。

　　快轴流式 CO_2 激光器提高输出功率的原理在于增益介质的快速流动,快速流动使得进入光学谐振腔的增益介质始终处于受激发射状态。这样就提高了快轴流式 CO_2 激光器的输出功率。快轴流式 CO_2 激光器功率范围为 $300 \sim 600W/m$,整机输出的最高功率可达万瓦级;与其他类型的激光器相比,快轴流式 CO_2 激光器的最大特点是光束质量好,2kW 以下通常为基模(TEM00)输出;此外,快轴流式 CO_2 激光器的转换效率也是自持放电 CO_2 激光器中最高的,通常可达 15% 。长春光机所[12]是快轴流式 CO_2 激光器国内最早的研发单位之一,在 20 世纪 80 年代末已成功研制出了平均功率为 500W 的快轴流式 CO_2 激光器,并经过近 20 年的改进与创

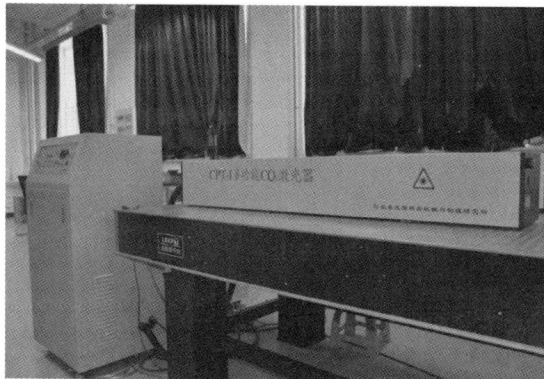

图 1.4　多功能 CO_2 激光器

新,目前已形成了系统产品,其产品型号和主要参数如表1.3所列。

表 1.3　ZL 系列快轴流式 CO_2 激光器的主要技术指标

技术指标	ZL500	ZL1000	ZL1500
激光波长	$10.6\mu m$	$10.6\mu m$	$10.6\mu m$
峰值功率	1200W	2000W	3000W
稳定性	≤±3%	≤±3%	≤±3%
激光直径	18	18	18
发散角	≤3mrad	≤3mrad	≤3mrad
激光模式	TEM00 + TEM01	TEM00 + TEM01	TEM00 + TEM01
脉冲宽度	$30\mu s$	$40\mu s$	$60\mu s$
脉冲频率	1000Hz	1000Hz	1000Hz

　　横流式 CO_2 激光器的一种典型结构为 TEA CO_2 激光器,该激光器的主要特点是放电方向激光光轴相互垂直且气压需要在 10^5Pa 甚至是更高的条件下运转。TEA CO_2 激光器的输出功率高,一般可达 500 ~ 10kW/m,整机最高可以超过 100kW,甚至是达到 150kW,该激光器均以脉冲形式输出,且输出模式一般为多模。长春光机所在 TEA CO_2 激光器的研究方面取得了重大的技术突破,实现了产品化,图 1.5 为长春光机所研制的大功率 TEA CO_2 激光器,该激光器工作频率为几百赫,输出功率为几千瓦。

　　另外,为满足实际应用中对高峰值功率和高平均功率的要求,激光器通常需要在高重复频率的脉冲形式下工作,并将能量压缩到宽度极窄的脉冲中发射,从而针对 CO_2 激光器的调 Q 技术应运而生。利用电光调 Q 和声光调 Q 技术可获得短脉

图 1.5 大功率 TEA CO_2 激光器的主机结构

冲 CO_2 激光输出。

电光调 Q 是利用晶体的普克尔效应作为 Q 开关的实现机制,在激光谐振腔中插入起偏振片以及作为 Q 开关的电光晶体,如图 1.6 所示。电光调 Q CO_2 激光器具有重复频率高、可编程、输出稳定性高等优点,其主要可分为直流放电激励、脉冲放电激励和射频放电激励。目前,电光调 Q CO_2 激光器技术成熟,已广泛应用于激光雷达、红外光谱分析以及远红外激光泵浦源等诸多领域。

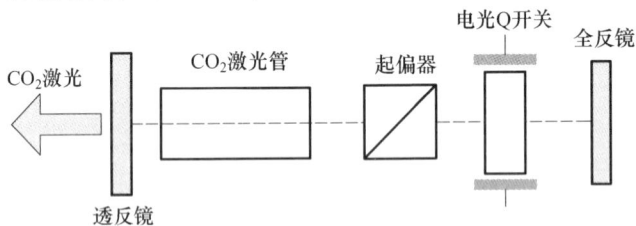

图 1.6 电光调 Q 原理示意图

直流放电激励电光调 Q CO_2 激光器由于输出功率大、技术简单、成本低等优点,目前被广泛采用,1978 年 Marcus 等致力于直流放电激励电光调 Q CO_2 激光器的研究,分别介绍了光栅选支输出型和波导型电光调 Q CO_2 激光器,其中波导型电光调 Q CO_2 激光器在输出性能上得到了进一步提高,其重复频率可达 345kHz,脉冲宽度可达 110ns,峰值功率可达 940W。随着半导体和电子技术的迅猛发展,CO_2 激光器直流激励电源逐渐由低频工作方式向高频工作方式的方向发展,从简单的串联线性调整电源发展到高频高效的开关电源。虽然直流放电激励技术应用广泛,但是由于其光/电转换效率低、放电不稳定、放电电压高等缺点限制了直流放电激励技术的发展。

脉冲放电激励的 CO_2 激光器在提高激光峰值功率及重频输出方面具有一定的优势。1984 年,Znotins 等[15]通过在谐振腔内插入 CdTe 晶体,使激光器的输出功率增加了 25%,并消除了拖尾现象。

采用射频放电激励技术是 CO_2 激光器发展的一大转折点,射频放电激励 CO_2 激光器正在逐渐取代直流放电激励 CO_2 激光器,射频激励放电 CO_2 激光器具有以下主要特性:①电能利用率高,放电稳定,可实现大面积均匀放电;②注入功率密度高,器件的体积大为缩小;③工作电压低,有利于提高器件寿命,并且使用安全;④射频波可实现高频幅度调制,输出光功率的控制程度高;⑤能灵活地实现从连续到脉冲的转换以及脉宽和脉冲频率的调节。国内自 2000 年开始有关于射频激励电光调 Q CO_2 激光器的报道,哈尔滨工业大学王琪等研制并报道了国内首台电光调 Q 射频(RF)波导型 CO_2 激光器,该激光器可获得最高重复频率为 10kHz,峰值功率为 200W,脉冲宽度为 400ns 的调 Q 脉冲激光输出。2002 年以来,西南技术物理研究所在这方面成果突出,分别研制出了谐振腔为准折叠和多通道折叠结构的腔倒空射频波导 CO_2 激光器,其中后者的峰值功率大于 2kW。电光调 Q 的出现,在一定程度上大大改善了机械调 Q 方法的技术弊端,在实现高重频、可编码方面提供了稳定可靠的技术途径。提高现有电光晶体光学性能,或设计更加合理的实验方案以降低晶体两端的加载电压值成为提高 CO_2 激光器性能的关键技术。但是由于调 Q 晶体加工(切割、抛光等)难度大、电源造价高,因此这大大限制了电光调 Q CO_2 激光器的广泛应用。

如图 1.7 所示,声光调 Q 开关主要是利用超声波在介质中的传播造成介质折射率的周期性变化,形成等效的"相位光栅",从而实现对光束的衍射偏转。声光调 Q CO_2 激光器通常是将声光调制器(AOM)置于谐振腔内,它是获得高重频、高峰值功率、窄脉宽激光输出的有效技术手段。然而由于受晶体加工工艺的限制,声光晶体(通常为 Ge 晶体)的吸收系数较大,导致激光器腔内损耗大且运转困难,因此国内外关于运用声光调 Q 技术实现 CO_2 激光输出的报道较少。

1991 年西南技术物理研究所杨文林等利用 Ge 单晶作为声光介质首次研制出声光 Q 开关 CO_2 激光器,实现了重频在 1～200kHz 的连续可调;1995 年电子科技大学李军建等提出了准波导腔的声光调 Q CO_2 激光器,该激光器与腔长相近的典型波导腔声光 Q 开关 CO_2 激光器相比较,光脉冲峰值功率提高了近 4 倍,脉冲宽度减小了 33%,但该激光器无法实现激光波长的可调谐输出及对脉冲序列的编码控制。为克服无法调谐输出和编码控制的技术缺陷,2010—2012 年长春光机所激光与物质相互作用国家重点实验室谢冀江等设计制作了一台可调谐的声光调 Q 脉冲

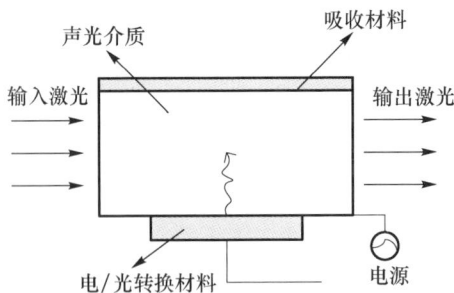

图 1.7　声光 Q 开关原理示意图

CO_2 激光器,该激光器通过光栅调谐实现了重复频率为 $1 \sim 100kHz$ 的输出,并获得了脉宽为 180ns、峰值功率为 40000W 的高稳定性脉冲激光输出,该激光器满足实验工程的需要[16-17]。

声光调 Q 在实现窄脉宽、高峰值功率、高重频、稳定的编码输出等方面具有一定的潜在价值,因此本书的研究对高重频声光调 Q CO_2 激光研制以及应用具有十分重要的意义。

最后,除以上重点介绍的激光器以外,近年来出现了以光纤激光器为代表的高功率近红外光源、以超连续谱相干光源为代表的宽谱段光源等新型技术等。这些光源技术主要用于干扰型对抗技术,限于篇幅和作者知识范围,请读者查阅相关专业文献。

1.3　典型光电探测器件

1.3.1　光电探测器件

电荷耦合器件(CCD)、互补金属氧化物半导体(CMOS)光电器件的光电系统广泛应用于工业、国防领域,占据了目前成像视场的大部分比例。受到强激光照射时 CCD 极易受到干扰甚至是破坏,考虑到器件微观结构的复杂性,开展强激光对 CCD 的干扰以及破坏机理研究具有实际应用价值。研究短脉冲激光对 CCD 的损伤和致盲效应机理,对于激光防护等工程应用同样具有参考价值。该研究涉及光学、材料学和器件电子学等交叉学科,特别是需要研究短脉冲、高峰值功率激光与材料的相互作用过程和机理,也具有一定的学术价值。本章先分析 CCD 的基本原理和结构,然后介绍激光损伤焦平面探测器件的实验方法,分析到靶小光斑的测量方法,然后探讨单脉冲条件下的损伤效应和机理,最后通过实验研究脉冲串对器件的损伤积累效应和机理。

利用半导体硅材料研制成功了从点探测器到成像阵列各种类型的光电器件。其中,CCD 因其空间分辨力高、灵敏度高、谱段覆盖范围宽、全固态与电子通信系统兼容,广泛应用于工业、空间、军事等领域,是目前应用量最大的焦平面成像器件。由于其应用范围之广,对工业、国防的影响之深,2009 年,发明 CCD 的物理学家 W. S. Boyle、G. E. Smith 得到了诺贝尔物理学奖的最高荣誉[18]。

CCD 能够通过光学系统把景物投影到其上的光信号转化为视频图像。该转化涉及"图像→电荷生成→电荷包收集→电荷包转移→电荷包测量(转换成电压信号)→视频图像"等一系列过程。下面对 CCD 工作的基本原理,以及其结构对性能的影响进行分析,特别是围绕与激光损伤相关的光学和电子学特性进行详尽讨论。工艺层面 Theuwissen[19] 详细讨论了 CCD 制作的工艺,这里不再赘述。

1）光电荷产生

硅结构为金刚石晶格,每个原子在外围轨道有四个电子,每个分别与周围四个原子分别共用一个电子,这种共用电子对的微观结构称为"共价键"。组成共价键的电子成为价电子,其通常位于价带,不能导电。根据半导体能带理论,硅为间接半导体材料。把电子由价带激发到导带所需的最低能量称为能隙,用 E_g 表示(本征硅的能隙为 1.12eV)。在加热、光照(光子能量超过能隙)条件下,处于价带的电子可以被激发到导带。如果一个入射光子的能量 E_{photon} 大于或等于这种材料的能隙 E_g,就可以实现激发。因此就存在一个临界波长 λ_C,有

$$\lambda \geq \lambda_C \tag{1.1}$$

由于其能量低于能隙要求,单光子没有足够的能量将电子由价带激发到导带(不考虑多光子吸收非线性效应)。

CCD 最核心的关键参数包括与量子效率(QE)和暗电流 I_d。前者表明器件的灵敏度,后者反映器件的噪声,影响暗电流的因素主要为温度。影响量子效率的因素包括入射光的吸收、反射和透射三个方面。CCD 光敏活性材料为高纯硅,硅的特性因此对不同谱段响应(量子效率(QE))起到主要作用。光的吸收深度(Absorption Length)定义为光入射到材料中还剩余入射能量 1/e 的距离。等价为 63% 的光能量被吸收的深度。图 1.8 给出了不同谱段光入射到 CCD 的 X 射线(约 10Å)到近红外硅的截止谱段(1.1μm)的吸收深度。短波长与长波长的光子相比在 CCD 更浅的表面位置就会被吸收,如图 1.8 所示。紫外和蓝光谱段的光子一般无法到达耗尽层,而是在表面 100nm 范围内的金属电极、氧化绝缘层中被吸收了。由于不同波长的光子吸收深度差异非常大,人们发明了厚型前照和薄型背照两种类型的 CCD 结构,来分别增强近红外和蓝光的响应,如图 1.9 所示。

对于厚型前照 CCD,理想情况下电极材料是完全透明的,但是现有提纯工艺

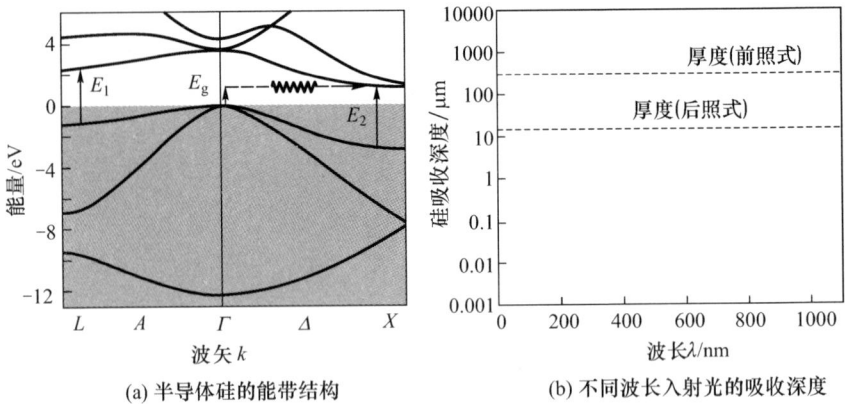

(a) 半导体硅的能带结构　　　　　　　(b) 不同波长入射光的吸收深度

图1.8　硅半导体特性(见彩图)

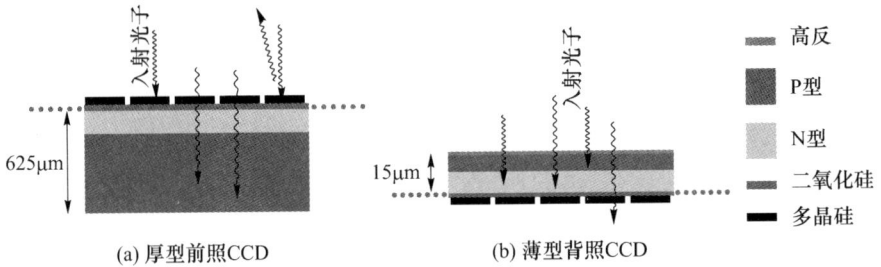

(a) 厚型前照CCD　　　　　　　　　(b) 薄型背照CCD

图1.9　CCD工作原理示意图(见彩图)

导致这些材料对入射光有部分吸收和反射。多晶硅材料的电极对短波蓝紫光有较强的吸收以及反射,减少了最终到达收集区的光子数量。因此,入射光在表面处的电极上就产生了反射、吸收,导致这种CCD的量子效率比较低,对蓝光的量子效率非常差。这种系统设计的电极结构显然无法兼容增透膜技术。但是由于光敏半导体硅材料较厚,对近红外响应较好。

对于薄型背照CCD,可以采用增透膜技术。硅片厚度约为$15\mu m$,由于采用背入射方式,避免了电极对光线的阻挡,因此能够得到非常高的量子效率。在光子入射硅的表面时,由于硅的折射率非常高($n = 3.2$),根据电磁波介质传输菲涅耳公式,其界面反射率 $Ref = (n-1)^2/(n+1)^2 = 32\%$。由于可以在硅表面制作减反膜,短波响应将得到很大提高。在天文观测中一般采用长时间曝光技术,薄型背照CCD由于体积小,对X射线更为不敏感。使用量子效率曲线计算响应度的计算公式如下:

$$\begin{cases} R_1 = q\lambda\eta/(hc) & (\text{A/W}) \\ R_2 = q\lambda\eta A_p/(hc) & (\text{e}^-/\mu\text{J/cm}^2) \end{cases} \tag{1.2}$$

式中: q 为电子电荷; η 为量子效率; A_p 为像元有效面积; h 为普朗克常量; c 为光速。典型厚型前照 CCD、薄型背照 CCD 量子效率曲线如图 1.10 所示。

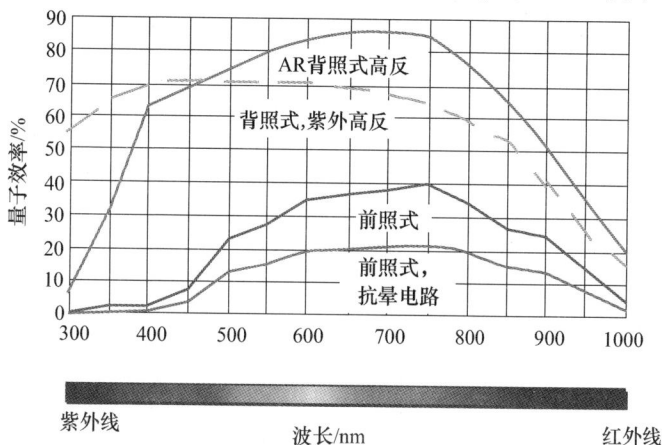

图 1.10 典型厚型前照 CCD、薄型背照 CCD 量子效率曲线(见彩图)

2)电荷包收集

CCD 流程中第二个关键步骤是实现电荷包收集,也就是将光生电荷收集成为电荷包的过程,所谓"信号"就是不同位置电荷包集合构成的。电荷收集区的功能不仅能把电荷尽量收集起来,而且保证收集电荷不会发生复合。根据量子力学半导体物理理论,利用金属氧化物半导体(MOS)结构,可以构建一个势阱,即控制电子分布使其局限在特定区域的电势场。MOS 电容器有两种类型:表面沟道和埋沟。这两种类型 MOS 电容器的制造只有些微不同;然而,由于埋沟电容结构优点是能使光生电荷离开 CCD 表面,因为在 CCD 表面缺欠多,光生电荷会被俘获,同时这种结构还可以降低热噪声(暗电流)。因此这种结构成了 CCD 制造工艺的首选。事实上今天制造的所有 CCD 几乎都利用埋沟结构。

埋沟电容是在一个 P 型衬底上建造的,在 P 型衬底表面上形成一个 N 型区(约 $1\,\mu m$ 厚),然后生长出一层薄的二氧化硅(约 $0.1\,\mu m$ 厚),再在二氧化硅层上采用金属或者多晶硅制作电极,这就是 MOS 电容实现的主要过程。电子势能

$$E = -|q|\Psi \tag{1.3}$$

式中: q 为电子电荷; Ψ 为静电势。电子势能最小的地方位于 N 型区内并与硅 – 二氧化硅(Si-SiO$_2$)的交界面有一定距离。这个势能最小(或电位最高)的地方就是多余电子聚集的地方,如图 1.11 所示。

无电压偏置时,N 型层多余电子向 P 型层扩散,P 型层内多余的空穴同时向 N 型层扩散;这个结构与二极管结的结构完全相同。上述的扩散产生了内部电场,在

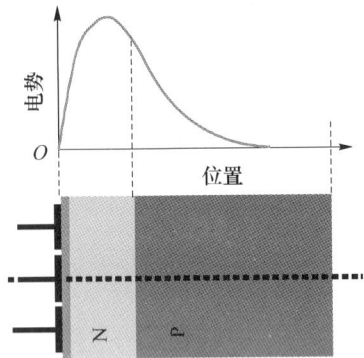

图 1.11　CCD MOS 结构内部电势分布

N 型层内电势达到最大。CCD 曝光时,像元电极处于高电位成为光电子收集的地方,称为"势阱"。附近相邻电极处于低电位,构成了势垒,从而确定像元边界和大小。像元的水平方向边界位置由沟阻确定。CCD 曝光时,产生光生电荷,光生电荷在势阱里收集。随着电荷的增加,电势将逐渐变低,势阱被逐渐填满,不再能收集电荷,达到饱和。势阱能容纳的最多电荷称为满阱电荷数。实际的埋沟结构的两边各有一个比较厚(约 $0.5 \sim 1.5\mu m$)的场氧化物区。该区与高掺杂的 P 型硅一起形成沟阻,该区的静电势对栅极的电压和电压变化不敏感,始终保持形成势垒。

由光子激发出的电子在重新跃迁回价带(与空穴复合)之前可以在硅晶格内活动的时间是有限的。这个过程的时间常数称为复合寿命,其大小取决于硅的质量和掺杂的浓度。越长,信号电子被收集的可能性就越大,量子效率就越高。扩散长度表示光生电子复合前移动的平均距离。当电子是在复合寿命很长的区域内生成,但是它必须移动到指定的收集区去时,这个电子是否能够被收集取决于它向制定区域运动的机制。为了使 CCD 中电子能够通过扩散和漂移到达指定的收集区,可以通过特定的掺杂分布和电场分布设计来达到。这种设计的结果将提高探测器的量子效率。

3) 电荷包转移

在完成电荷包收集以后,需要利用垂直转移电路把电荷包转移到水平串行寄存器中。典型的电荷包转移电路由三相或四相转移电极组成,垂直转移电路通过芯片边缘的总线把相隔三个或四个电极连接在一起,连接到外部驱动管脚。

电荷包的转移是通过变换 CCD 电极电压来完成的。标注红色的电极为高电势,标注黑色的电极为低电势。当第一个电荷包由右边移出时,下一个电荷包由左边移入,整个电荷包转移的完整过程原理如图 1.12 所示。

电荷包转移过程中最关键的概念是电荷包转移效率(CTE),定义为一次转移

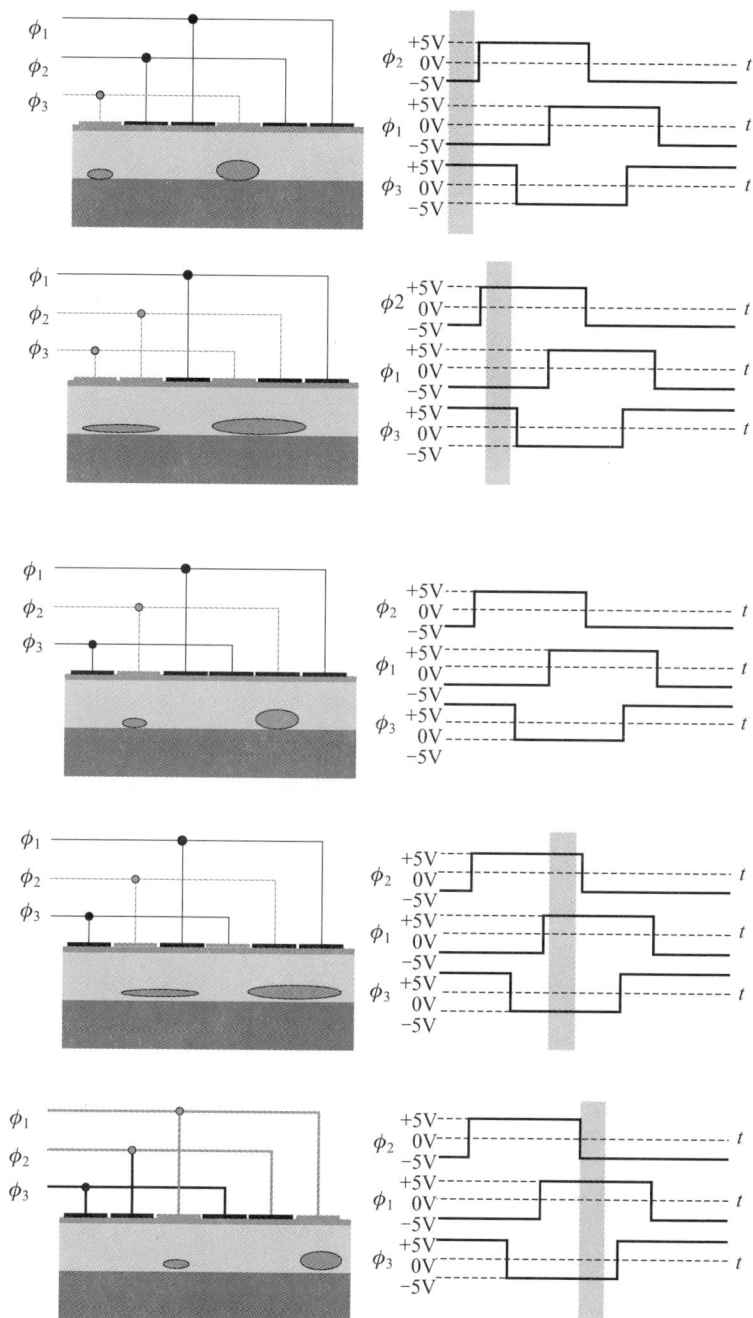

图 1.12　CCD 电荷包示意图(左)、垂直转移电路电压时序(右)(见彩图)

中正确转移电荷的百分比。由于实际 CCD 面阵较大,转移次数一般达到 3000 次,CTE 典型值为 0.99999。

4）电荷包测量

实现 CCD 功能的第四步为电荷包测量步骤,即把电荷线性转换成电压信号的过程。电荷包移动至水平输出的串行寄存器末端,片内输出节点电容和输出放大器对电荷包的电量（电量到电压转换）进行测量,基本电路原理如图 1.13 所示。

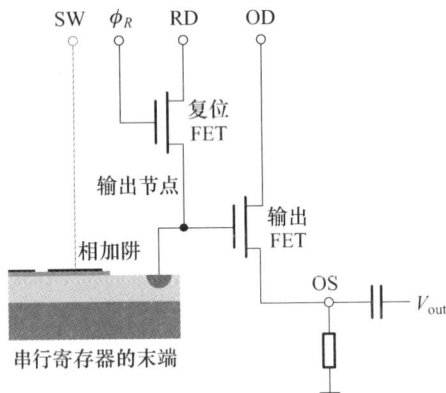

图 1.13　电荷包测量电路原理图

相加阱起到隔离串行寄存器与输出浮置扩散（FD）的作用。现在 CCD 输出结构中,相加阱被输出栅代替,作用相同。复位场效应晶体管（FET）用开关等效,输出节点电容用电容等效,其典型值小于 0.1pF,一个电子电荷对应约 $1.6\mu V$。根据 $V = Q/C$,该电容两端将产生与这个电荷包电量成比例的电压,也就是特定像元入射光强度成比例的电压。$V = GQ/C$,其中 G 为输出 FET 的增益系数,$0.8 \leqslant G \leqslant 1$。CCD 测得的真实信号为信号电平与参考电平之差。CCD 信号读取时钟控制序列如图 1.14 所示。

通过以上四步,CCD 采集到的光电信号就可以转化为视频图像输出。特别需要补充的是微透镜阵列和抗晕电路。微透镜阵列能够增大光学接收面积,提高量子效率。例如本实验中研究的行间转移型面阵 CCD 一般均采用微透镜阵列技术,其原理图如图 1.15 所示。图 1.15（b）为下面实验中的受试对象截面图。通过扫描电子显微镜（SEM）成像以及组分分析方法测定了行间转移型各部分的组分。表面的碳元素极即为人工金刚石微透镜阵列,这能使实验中器件接收面积提高约 1.8 倍。

为了解决天文观测、工业等长时间曝光导致满势阱电荷饱和溢出的问题,如图 1.16（a）所示,高端相机采用了抗晕电路（Anti-blooming）设计,进而实现了电子快门（Electronical Shutter）功能,极大地提高了 CCD 的灵敏度、抗饱和的能力。抗晕电路由漏极（Drain）、门（Gate）来实现,其抗晕能力一般为 100 ~ 1000 倍。该电路

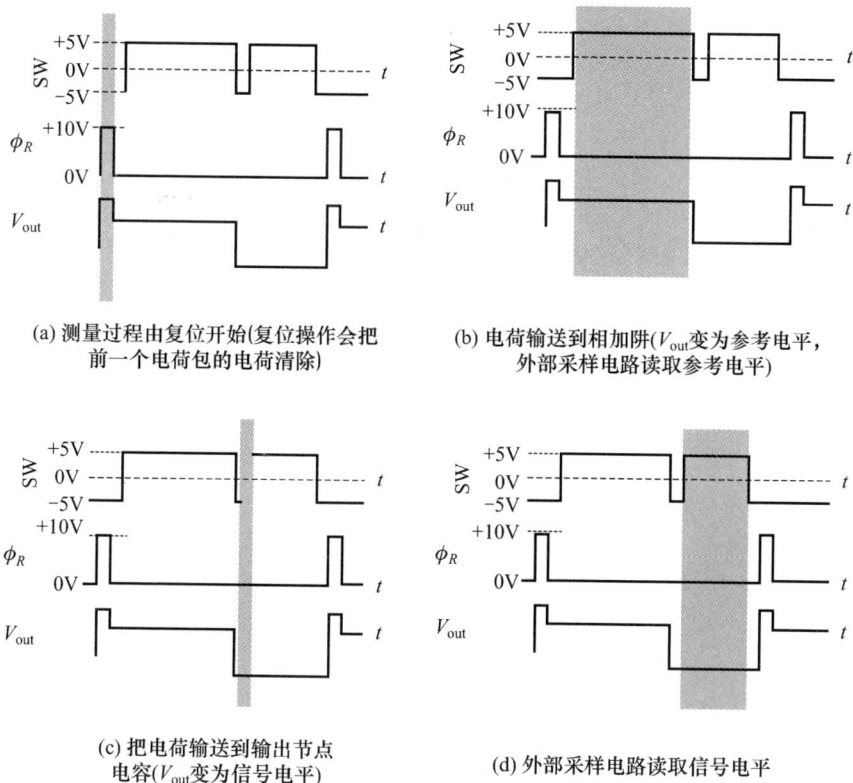

(a) 测量过程由复位开始(复位操作会把前一个电荷包的电荷清除)

(b) 电荷输送到相加阱(V_{out} 变为参考电平, 外部采样电路读取参考电平)

(c) 把电荷输送到输出节点电容(V_{out} 变为信号电平)

(d) 外部采样电路读取信号电平

图 1.14　CCD 信号读取时钟控制序列

在研究强激光干扰 CCD 器件过程中起到至关重要的作用。

5）CCD 的结构类型

CCD 的结构类型分类是由应用决定的。全帧型和帧转移型器件主要用于科学研究。行间转移型主要应用于消费品市场和专业电视系统。线阵相机、连续扫描相机和时间延迟积分型(TDI)主要应用工业和军事应用。尽管对于彩色相机的需求与日俱增,但是黑白相机仍然广泛、大量应用于科研和工业领域[19-20]。

最简单的结构类型是线阵阵列,或者多个探测器构成的线。也有 MOS 结构的光栅(Photogate),更常用的是光电二极管(Photodiodes),因为其量子效率更高。线阵相机一般用于要么目标垂直于阵列方向运动,要么相机运动的场合。

全帧型阵列(Full Frame Arrays)CCD 为积分后将像素通过串行寄存器逐线读出,然后通过放大器读出。在下一条线上数据导入前,所有的电荷必须从串行寄存器读出。在读出过程中,光敏区仍然持续光电响应,沿着电荷导出的方向造成模糊的图像(Smearing Image)。实际上可以采用外部机械或电子快门控制后续光通量。

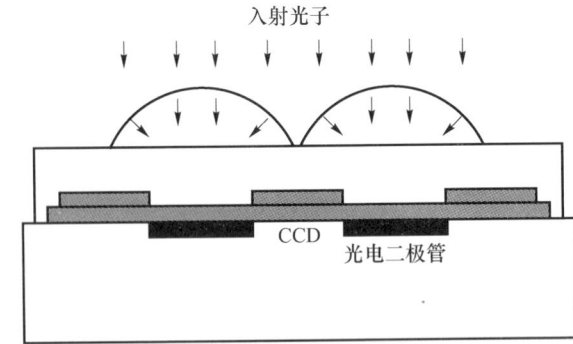

(a) 理论模型

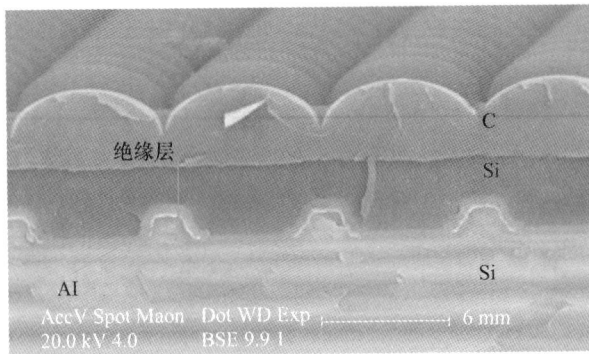

(b) SEM形貌及组分分析结果

图 1.15   行间转移型 CCD 内部形貌结构

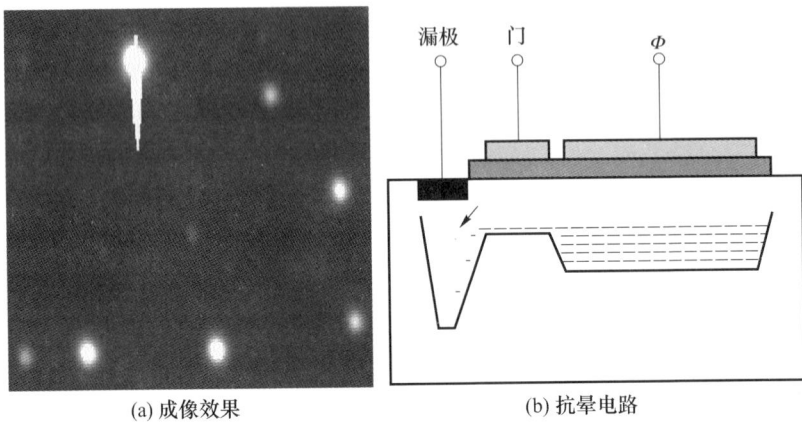

(a) 成像效果

(b) 抗晕电路

图 1.16   未采用抗晕电路的 CCD

如果读出时间较长,那么继续积分产生的影响相对不太重要。

帧转移型(FT)CCD 由两个几乎完全相同的区域构成,一个区域用于成像,一个区域用于存储数据。两个区域的区别是存储数据区覆盖了隔光保护金属。在成像区完成积分周期后,电荷很快地转移到储存区,典型值小于 $500\mu s$。因此,模糊效应仅限于转移周期,受到的影响比全帧型阵列 CCD 要好。

行间转移型(IT)CCD 由垂直转移寄存器隔开的光电二极管(量子效率较高)构成。垂直转移寄存器由不透明的保护金属覆盖。在完成积分 $1\mu s$ 后电荷转移到垂直寄存器内,因此基本上没有模糊效应(Smearing)。行间转移型 CCD 的最大优点就是该转移时间很短,因此就没有必要外加机械快门。如果设置了漏极实现电子快门,就可以电子控制积分时间。由于填充因子(有效光敏区与像素区域的比值)较低仅约 20%,因此输出电压只有完全填充时的 20%。可以采用微透镜阵列提高光学填充因子。光电二极管的电容量以及转移门控所决定的特征时间限制了从像素转移到垂直寄存器的速度。导致的结果为电荷没有被完全读出,部分电荷存留。这部分剩余的电荷将保留到下一帧,从而造成图像滞后显示。

逐行扫描型(Progressive Scan)CCD 是指非隔行扫描或者称连续逐线扫描。其最大的优势是图像在同一时间内成像。采用闪光灯方式成像,图像只有在照明脉冲时间内成像,另外一副则无法成像,因此导致图像分辨力降低 50%,并且增加垂直图像的失真。

TDI CCD 采用多次采样然后累加的原理工作。因此,必须目标运动或者相机运动,TDI 相机的主要优点是降低光电响应的非均匀性,响应的均匀性提高到积分次数 M(也就是 TDI 相机级数)的 $1/M$。广泛应用于可见光谱段的空间相机,在空间成像中的优势是不需再提供运动元件,利用卫星的飞行即实现推扫过程,同时利用可变参量级数 M、可变参量单元积分时间 τ,可实现在轨总积分时间动态可调。

利用 CCD 作为后端器件研制成功的微通道增强型电荷耦合器件(ICCD)、电子放大型电荷耦合器件(EMCCD)的结构原理超出了本书探讨的范围,这里不再进一步展开。CMOS 相机采用与 CCD 不同的、与传统电子芯片相同的工艺制成,噪声水平较高但是读出速度较快,近年来发展也很迅速,受到了很大的关注。

6)CMOS 的结构类型

近年来,随着 CMOS 器件不断发展,因其优良的大面阵、高速读取速率以及不断降低的噪声特性,可以预见 CMOS 成像技术在手机、照相机、城市高清监控和专业摄影机中,应该成为今后影像技术的趋势。目前,逐渐有一些高端 CMOS 器件如 S-CMOS 器件出现在科研、军工应用市场,大有赶超 CCD 器件的趋势。研究激光与 CMOS 器件相互作用机理具有重要的工业和军事应用价值。这方面的研究仍在发展。下面简要介绍 CMOS 器件结构以及相关的激光辐照效应进展。

虽然 CMOS 和 CCD 成像器都是用硅元素加工制造的，它们使用的设备也较为相似，但是不同的制造加工过程和构造使得两种成像器在能力和性能上有着很大的不同，如图 1.17 所示。随着 20 世纪 70 年代和 20 世纪 80 年代成像应用的发展，CCD 技术和制造加工在光学特性和成像质量方面得到了最优化的发展。并且 CCD 技术还在持续地发展和改进，它仍是图像质量为第一需求的首选和主要的市场份额占有者。CCD 的成像点为水平（X）－垂直（Y）纵横矩阵排列，每个成像点由一个光电二极管和一个邻近电荷存储区轮流组成。CCD 上的光电二极管将光线（光量子）转变成电荷（电子），光电二极管收集到的电子总数量与光线强度成比例。整幅图像的光线同时被收集起来，然后再传输到纵队之内的邻近电荷传递单元。接下来即要读出电荷：每排数据移动到各自的水平电荷传递寄存器。每排的电荷信息包连续被读出，通过电荷/电压转化器和放大器感知。这种构造能够产生低噪点、高性能的图像。但是即使是最优化芯片上也集成了其他不太成熟的电子装置。另外，生产 CCD 需要运用时钟信号、时钟水平和偏压技术，因此使整个体系变得复杂并且也增大了耗电量、体系的总体积和成本。CMOS 传感器是在高产量的铸造厂以标准的硅加工制作而成。其周围的电子器件，例如数字逻辑电路、时钟驱动器或模/数转换器，可以在同一加工过程中很容易地集成到 CMOS 上。CMOS 传感器还可以从主流半导体技术加工和材料的改良中获益，从而提高自身的性能。为了获得这一进步，CMOS 传感器的构造排列更像是一个存储器或是平面显示器。每个成像点由一个能够将光线转化成电子光电二极管、一个电荷/电压转换区、一个重新设置和选取的晶体管，以及放大器组成。覆盖在整块传感器上的金属格子将读出信号与纵队排列输出信号相互连接。这种构造通过简单的水平（X）－垂直（Y）寻址技术允许从整个排列、部分甚至单个像素来读出信号，而这一点 CCD 是不能办到的。图 1.18 为有源 CMOS 像素结构图，场效应管 M1 为复位开关，场效应管 M2 和 M3 构成一个源极跟随放大器，具有在像素内部放大和缓冲的功能，场效应管 M4 是选址模拟开关。电荷存储工作方式的基本原理是：先将光电二极管 PN 结反向偏置到某一固定电压，然后断开，存在光电二极管电容上的电荷的衰减速度与入射光照度成比例；经过设定时间积分后，读出二极管两端的电压；当选通脉冲到来时，开关 M4 导通，光积分结束，被放大的光电信号就输送到列选通线上；行选通模拟单元与列选通模拟单元配合可实现图像的任意像元访问功能。下面简要从灵敏度、分辨力、噪声、均匀性及读出速率简要比较现有的 CMOS 与 CCD 技术。

首先，CMOS 图像传感器由于采用单点信号传输，通过简单的 $X-Y$ 寻址技术，允许从整个排列部分甚至单元来读出数据，从而提高寻址速度，实现更快的信号传

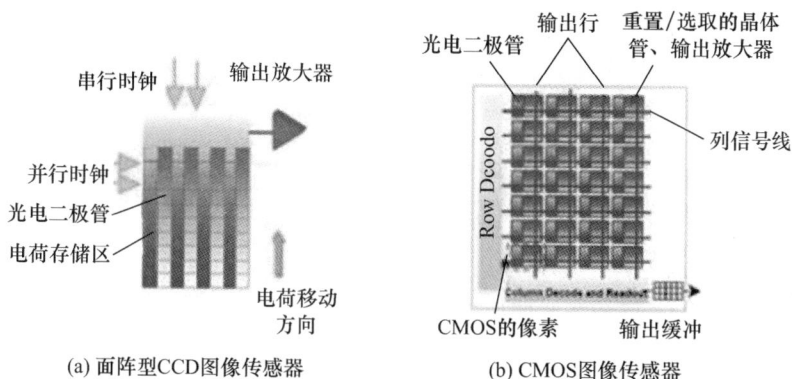

(a) 面阵型CCD图像传感器　　　(b) CMOS图像传感器

图 1.17　CMOS 器件与 CCD 器件的区别(见彩图)

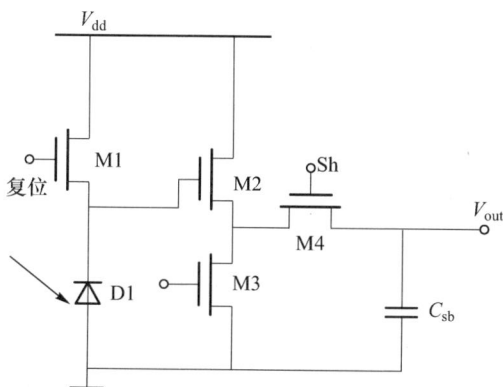

图 1.18　有源 CMOS 像素结构图

输,而且能对局部像素图像进行随机访问,增加了工作灵活性。CCD 采用串行连续扫描的工作方式,必须一次性读出整行或整列的像素数据,而通常的 CCD 图像传感器的信号读出速度不超过 70Mpixels/s,CMOS 图像传感器信号读出速度可达 1000Mpixels/s。

　　CMOS 图像传感器的每个像素由多个晶体管与一个感光二极管构成放大器与转换电路,使得每个像素的感光区域只占据像素本身很小的面积,像素点对光的感受就低。CCD 的感光信号以行为单位传输,电路占据像素的面积比较小,这样像素点对光的感受就高些。因此,在像素尺寸相同的情况下,CMOS 图像传感器的灵敏度要低于 CCD 图像传感器。CMOS 图像传感器上集成有放大器、定时器和模/数转换等电路,每个像素都比 CCD 复杂,因而电路所占像素的面积也大,所以相同尺寸的传感器,CCD 可以做得更密。

　　目前,CMOS 图像传感器的分辨力还达不到 CCD 图像传感器。CMOS 与 CCD

图像传感器在结构上的不同,使得它们的读出噪声有很大的差别。CMOS 图像传感器由于采用的是列并行结构,因此噪声带宽是由行读出带宽决定的,CMOS 图像传感器的噪声与视频频率无关。而 CCD 中的噪声主要是在最高带宽产生的,CCD 中噪声随视频频率的增加而增加。

由于 CMOS 图像传感器每个像元都需搭配一个放大器,如果以百万像素计,那么就需要百万个以上的放大器。而放大器属于模拟电路,很难让每个放大器所得到的结果保持一致,因此与只有一个放大器放在芯片边缘的 CCD 图像传感器相比,CMOS 图像传感器的噪声就会增加很多,这将会影响到图像品质。理想状态下各个像元在均匀光照的条件下的输出应当是相同的,但是由于硅圆片工艺的微小变化,或者硅片及工艺加工引入缺陷放大器变化等会导致图像传感器光响应不均匀。响应均匀性包括有光照和无光照(暗环境)两种环境条件。CMOS 图像传感器由于每个像元中均有开环放大器,器件加工工艺的微小变化导致放大器的偏置及增益产生可观的差异,且随着像元尺寸进一步缩小,差异将进一步扩大,这使得在有光照和暗环境两种条件下 CMOS 图像传感器的响应均匀性较 CCD 有较大差距。尽管如此,可以采用反馈放大器等技术改进 CMOS 图像传感器在有光照条件下的均匀性,使之接近 CCD 的水平。目前,尽管 CMOS 图像传感器研制者投入大量的努力降低暗环境下器件响应的非均匀性,但是现在它仍然无法达到 CCD 的水平。这个参数在高速应用中尤为重要,因为在高速应用中由于信号弱,暗环境条件下的非均匀性将显著降低图像质量。

1.3.2 红外探测器件

1.3.2.1 红外器件分类及工作原理

红外器件是一种辐射能转换器,广泛应用于军事、工业、医疗等诸多领域,主要用于将接收到的红外辐射能转换为便于测量和观察的热能、电能以及其他形式的能量。根据能量转换方式的不同,红外器件可分为热探测器和光子探测器两大类。光子探测器基于光电效应,其优点是对波长探测的选择性强、信噪比高、响应速度快,是目前应用最广泛的红外探测器。根据结构的不同,红外器件又可以分为单元型和面阵,单元型红外器件属于光子探测器,一般需要制冷至较低温度才能工作,因此其探测率比一般的热探测器要大 1~2 个数量级,其响应时间通常为微秒级或纳秒级,单元型红外器件根据光电效应的不同又可以分为光伏型和光导型。下面主要介绍光伏型、光导型单元器件以及红外焦平面器件(面阵器件)的工作原理。

1) 光伏探测器

光伏探测器是基于光生伏特效应而制成的,又称为光伏(PV)型探测器,在光生伏特过程中,半导体内部或半导体表面存在一个 PN 结,其几何模型如图 1.19 所示。当敏感波段的光入射材料表面后,可以认为光在表面形成了大量的电子空穴对,并向两侧扩散,然而由于界面绝缘层的阻挡,大部分光生载流子向材料内部扩散;当载流子遇到 PN 结时,空穴被 PN 结势垒所阻挡,使其驻留在 P 区,而电子则刚好相反,它受到 PN 结加速,使其迅速通过 N 区界面的绝缘层势垒,进而形成回路光电流。这样,被阻挡在 P 区的空穴和流动中的电子构成了一个消弱 PN 结势垒的电动势,这就是光生电动势。

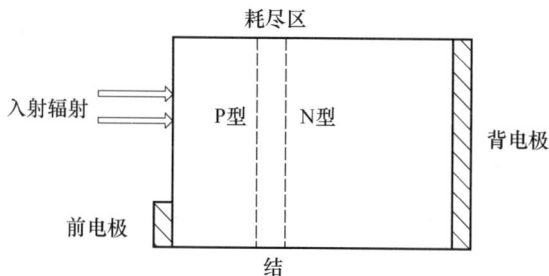

图 1.19　光伏探测器的几何模型

光伏探测器光生电动势 V_s 的解析形式可表示为

$$V_s = \frac{kT}{q}\ln(1 + I_s/I_{sr}) \tag{1.4}$$

式中:q 为电荷电量;I_s 为光生电流;I_{sr} 为短路电流。

在弱光照下,$I_s \ll I_{sr}$,则式(1.4)可简化为

$$V_s = \frac{kT}{q}\frac{I_s}{I_{sr}} \tag{1.5}$$

另外,光生电流 I_s 和入射激光的功率 P 存在如下关系:

$$I_s = q\eta\frac{P}{hv} \tag{1.6}$$

式中:P 为激光入射功率;η 为量子效率;hv 为光子能量。

此外,值得注意的是实验中测得的开路电压不单指光生电动势 V_s,还包括温差电动势和登伯电动势,所以实验测得的开路电压要略大于探测器的光生电动势。

光伏探测器使用时可选择合适的工作点。一般说来,光伏探测器工作于短路状态时,即零偏压状态,能产生最佳信噪比。有时也对光伏探测器加适当的反向偏置,加反向配置能增加耗尽层的厚度,从而减小时间常数,探测器有较好的高频特性。

光伏探测器在理论上能达到的最大探测率比光电导探测器大 40%。另外,光

伏探测器能在零偏置下工作,由于是高阻抗器件,即使加反向偏置,偏置功耗很低,与同样为高阻抗的 CMOS 读出电路也容易匹配。

PV 型 HgCdTe 探测器结构如图 1.20 所示,探测器为多层结构,封装在液氮制冷的杜瓦瓶内,HgCdTe 芯片用环氧胶粘在 Al_2O_3 衬底上,衬底 Al_2O_3 则用低温胶粘在铜基座上,铜基座用银焊方法与不锈钢内胆烧结,在 HgCdTe 芯片上用铟球焊出两根引线作为信号线。此外,HgCdTe 芯片外面还有一个材料 ZnS 的窗口镜,其光谱透过率如图 1.21 所示。

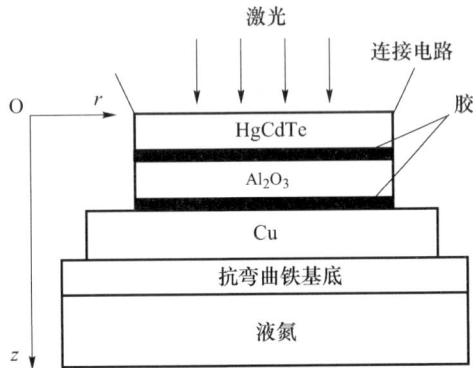

图 1.20　PV 型制冷 HgCdTe 探测器的结构示意图

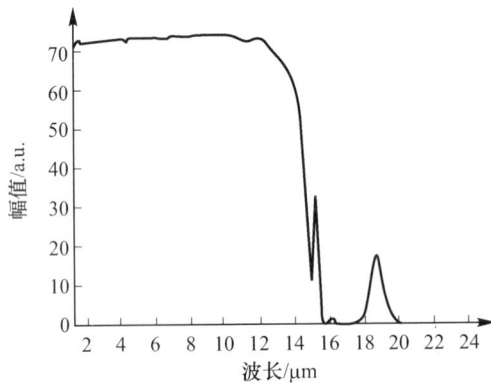

图 1.21　ZnS 窗口的光谱透过率曲线

2）光导探测器

光导型探测器主要是基于半导体材料的光电导效应,光电导效应是指当光子作用于光电导材料时,会形成本征吸收或杂质吸收,进而形成光生载流子,从而改变材料的电导率,其工作原理如图 1.22 所示。

如图 1.22 所示,光导型探测器正常工作时常与一个恒流源和一个较大的负载

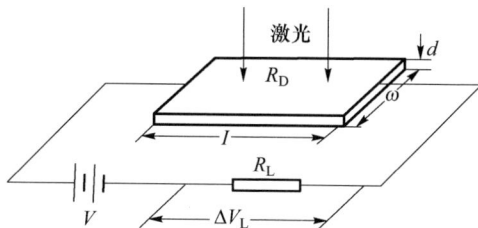

图 1.22　光导型探测器的工作原理示意图

电阻相串联,进而形成回路光电流。当采用横流模式时,其探测器的输出信号电压的解析表达式为

$$\Delta V_L \approx \frac{\eta P_\lambda \lambda \tau}{\sigma hcnlwd} \frac{R_D}{R_L + R_D} V \approx \frac{\eta P_\lambda \lambda \tau}{\sigma hcn(\omega d)^2} \frac{V}{R_L} \qquad (1.7)$$

式中:$R_D = \dfrac{l}{\sigma wd}$,$l$、$w$、$d$ 分别为探测器的长度、宽度和高度;σ 为材料的电导率;η 为量子效率;τ 为自由载流子寿命;λ 为入射激光的波长;n 为光电子密度;h 为普朗克常数;c 为真空中的光速;R_L 为负载电压;V 为外置电压。

对于材料的电导率,当无光照时,常温下材料具有一定的热激发载流子浓度,相应地也具有一定的暗电导率 σ_0:

$$\sigma_0 = q(n_0\mu_n + p_0\mu_p) \qquad (1.8)$$

式中:n_0 和 p_0 分别为电子和空穴的热平衡密度;μ_n 和 μ_p 分别为电子和空穴的迁移率。

若用 Δn 和 Δp 表示有光照时产生的载流子浓度,在光照稳定情况下的电导率可表示为

$$\sigma = q\left[(n_0 + \Delta n)\mu_n + (p_0 + \Delta p)\mu_p\right] \qquad (1.9)$$

则由光照引起的电导率的变化量为

$$\Delta \sigma = \sigma - \sigma_0 = q(\Delta n\mu_n + \Delta p\mu_p) \qquad (1.10)$$

材料光电导的强弱常用式(1.11)进行计算:

$$\frac{\Delta \sigma}{\sigma} = \frac{\Delta n\mu_n + \Delta p\mu_p}{n_0\mu_n + p_0\mu_p} \qquad (1.11)$$

由式(1.11)不难看出,$\Delta\sigma/\sigma$ 越大,光电导效应越强,因此降低器件的工作温度,减小 n_0 和 p_0,是获得强光电导效应的有效方法,因此,碲镉汞探测器常常封装在杜瓦瓶内,以使探测器处于较低的工作温度下。

3）红外焦平面器件

焦平面探测器的焦平面上排列着感光元件阵列,从无限远处发射的红外线经过光学系统成像在系统焦平的这些感光元件上,探测器将接受的光信号转换为电信号并进行积分放大、采样保持,通过输出缓冲和多路传输系统,最终送达监视系统形成图像。

红外焦平面阵列器件结构复杂,种类繁多。根据制冷方式,红外焦平面阵列可分为制冷型和非制冷型。制冷型红外焦平面目前主要采用杜瓦瓶/快速起动节流致冷器集成体和杜瓦瓶/斯特林循环制冷器集成体。由于背景温度与探测温度之间的对比度将决定探测器的理想分辨力,所以为了提高探测仪的精度就必须大幅度地降低背景温度。当前制冷型的探测器的探测率达到约 $10^{11} cmHz^{1/2} W^{-1}$,而非制冷型的探测器为约 $10^{9} cmHz^{1/2} W^{-1}$,相差为两个数量级。不仅如此,它们的其他性能也有很大的差别,前者的响应速度是微秒级而后者是毫秒级。

按照结构形式分类,红外焦平面阵列可分为单片式和混成式两种。其中,单片式集成在

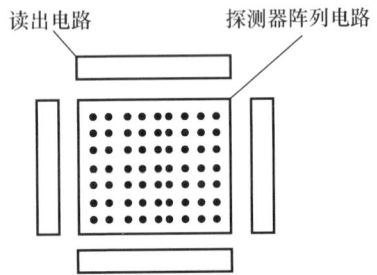

图 1.23　单片式结构

一个硅衬底上,即读出电路和探测器都使用相同的材料,如图 1.23 所示。混成式是指红外探测器和读出电路分别选用两种材料,如红外探测器使用 HgCdTe,读出电路使用 Si。混成式主要分为倒装式(图 1.24(a))和 Z 平面式(图 1.24(b))两种。

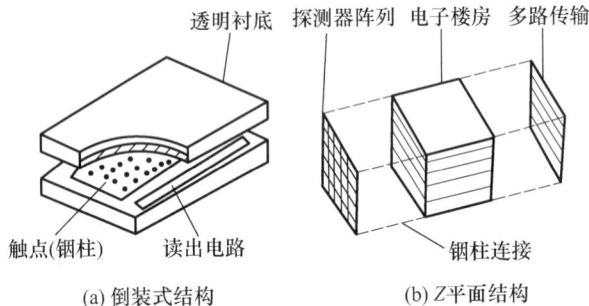

(a) 倒装式结构　　　　(b) Z平面结构

图 1.24　混合式结构

按成像方式红外焦平面阵列又分为扫描型和凝视型两种,其区别在于扫描型一般采用 TDI 技术,采用串行方式对电信号进行读取;凝视型则利用了二维形成一张图像,无需延迟积分,采用并行方式对电信号进行读取。凝视型成像速度比扫描型成像速度快,但需要的成本高,电路也复杂得多。

按内部结构的不同，可以分为平面结器件、台面结器件、多层结光敏元器件、双色/三色焦平面器件、雪崩焦平面器件等。图1.25给出了法国Sofradir公司制造的N^+-on-P型平面结HgCdTe器件。N^+-on-P平面结HgCdTe器件材料一般选用的是P型HgCdTe外沿材料，N区采用B^+离子注入形成。

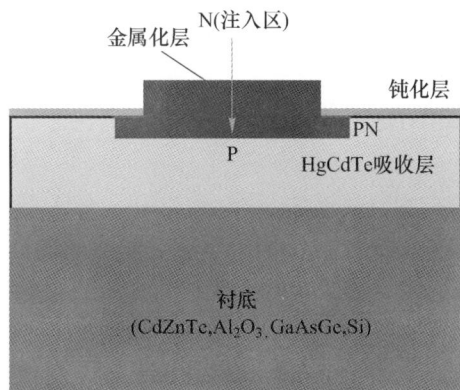

图1.25　碲镉汞N^+–on–P平面结器件结构示意图

该器件主要有以下优点：①工艺简单、可靠和成品率高；②退火后可形成较为理想的N^+-N^--P结，且可控性好；③器件的噪声等效温差（NETD）和调制传递函数（MTF）均较好，像元尺寸大于$30\mu m$时MTF即可达到理论值的水平；④采用P型材料作为吸收层，其少子可在组分梯度引发的较大的内建电场作用下加速向PN结运动，这有利于提高器件的量子效率。

单色红外焦平面器件的技术已经基本成熟，以288×4长波和256×256中波为代表的焦平面器件已基本取代了多元光导线列通用组件。256×256元碲镉汞焦平面探测器已经装备美国AGM-130空地导弹，320×256元碲镉汞焦平面探测器在欧洲Storm Shadow/Scalp E-G空地巡航导弹上开始应用，256×256元InSb焦平面装备了以色列"箭"-2反导系统及美国标准Ⅱ-ⅣA导弹，640×512元InSb美国战区高空区域防御系统拦截弹（THAAD）；640×480元InSb热成像仪则装备了F-22、V-22、F18-E/F等战机。

在向更大规模的凝视型面阵焦平面探测器、双色探测器发展的历程中，长波器件已达到640×480元的规模，中、短波器件达到了2048×2048的规模，长线阵的扫描型焦平面因其在空间对地观测方面的需求受到了高度重视。双色/三色探测器虽然发展时间不长，但其性能已达到与第二代单色红外焦平面器件相当的水平；材料的生长方法大多采用分子束外延技术，使用环孔工艺的叠层技术采用LPE材料。Raytheon/Hughes研制了长波/长波双色焦平面器件，该器件采用分子束外延碲镉汞异质结材料，用反应离子刻蚀（RIE）技术形成光敏元，规模达到128×128

元,40m 中心距,读出集成电路(ROIC)采 0.8m CMOS 设计规则,采用 Foundry 加工模式,实现了同时光谱积分;美国 Rockwell 公司研制出了 128 × 128 元长波/短波、中波/中波双色焦平面器件,该器件采用了分子束外延碲镉汞多层材料,为单极型探测器结构,其探测率分别为 $6 \times 10^{11} \mathrm{cmHz}^{1/2} \mathrm{W}^{-1}$(长波),$1.6 \times 10^{12} \mathrm{cmHz}^{1/2} \mathrm{W}^{-1}$(短波)。这些器件在实际中已经得到了大量的应用。

1.4　典型军用光电系统

下面就常用的机载前视红外系统、中远程红外成像末制导武器、侦察/攻击无人机光电系统以及空－地激光/电视制导、空间光电系统进行概要描述,为开展相应激光干扰与评估提供参考依据。

1.4.1　机载前视红外系统

1.4.1.1　系统简介

20 世纪 80 年代后期,随着各种相关技术获得突破,美国洛克希德·马丁公司先后研制出"夜间低空红外导航与瞄准"(LANTIRN,音译为"蓝盾")系统的两种吊舱,分别是用于低空飞行的 AN/AAQ － 13 导航吊舱和用于昼夜目标截获的 AN/AAQ － 14 瞄准吊舱。很快,美国空军将这两种吊舱先后安装在 F － 15E 和 F － 16 战斗机上,并在海湾战争中首次使用。借助这种最先进的前视红外探测设备,美国空军将类似白天的空战战术运用到夜晚,显著增强了在全天候条件下精确攻击地面目标的能力。

然而,作为诞生于冷战时期的机载吊舱式瞄准设备,"蓝盾"在设计上主要用于低空对地攻击,近年来在面临不断变化的地面防空系统时,逐渐暴露出一些性能局限。美国空军在接受了科索沃战争的经验教训后,明确要求战机必须在 6000m 以上高度、更远的防区外发射精确制导武器,以避免来自敌方地空导弹的攻击。这一要求对于采用第一代热成像传感器的"蓝盾"吊舱来说,已经明显力不从心,而且后勤保障费用也愈加昂贵。

正是在这样一种背景下,美国空军在 2001 年初正式提出了"先进瞄准吊舱"(ATP)计划,要求战斗机携带的前视红外吊舱能够从 12200m 高空、37km 外的距离承担指示目标的任务。当年 5 月,美国空军正式发布 ATP 投标需求,但考虑到技术风险,暂时取消了对新型吊舱的远距、高分辨力、自动识别目标的要求,而把这种能力作为未来一种升级选择。

很快,美国三家专门从事瞄准吊舱设计研制的承包商分别向美国空军空战司令部提交了各自的投标方案。它们分别是洛克希德·马丁公司的"狙击手"吊舱、诺斯罗普·格鲁曼公司的"蓝盾"Ⅱ型吊舱和雷声公司的"终结者"(Terminatoe)改进型吊舱。为了实现在高空飞行时远距离识别目标,各种候选方案都采用了第三代前视红外技术,并且先后在 F-16 和 F-15 战斗机上作了试飞,在技术性能上可谓各有千秋。

与其他两家公司相比,洛克希德·马丁公司长期以来一直从事战斗机和武装直升机的瞄准吊舱发展工作,具有丰富的经验。此前,洛克希德·马丁公司曾在 1999 年前后根据美国空军的作战需要,提出了"蓝盾"2000 和"蓝盾"2000 + 两个改进方案,从而在技术性能和保障成本等方面赢得了天时地利,为新一代瞄准吊舱的问世奠定了基础。特别重要的一点是,"狙击手"大约 60% 模块经过重新封装后,可与 F-35 联合攻击战斗机的机内光电瞄准系统互相通用,令美国空军产生极大兴趣。于是,美国空军和空军国民警卫队在 2001 年 8 月正式宣布,ATP 计划最终选择了洛克希德·马丁公司导弹与火控系统分公司的"狙击手"瞄准吊舱,授予该公司一项为期 7 年、制造 522 个吊舱的合同,总价值 8.43 亿美元。

与现役各种瞄准吊舱的外部形状相比,"狙击手"吊舱的形状明显变化,尺寸有所减小。它的头部采用了独特的楔形设计,避免了球型头部和空腔有可能因气流诱导而产生的声音振动,特别是在超声速飞行状态下。为了减小气动压力的影响,楔形头部采用 4 块蓝宝石,平时装在复合材料保护罩内。这种蓝宝石非常硬,足以抗强烈撞击。试验表明,在速度为 315km/h 的花岗岩片和速度为 240km/h 的金属螺帽的撞击下,头部仍安然无恙。

1.4.1.2　光电特性分析

"狙击手"吊舱长 239cm,直径 30cm,重 181kg,包括转接器在内质量只有 200kg。就 F-16 而言,该吊舱安装在进气道下颌的右侧,当飞行速度超过声速时,吊舱头部形成的斜激波减少了进入进气道的扰动。此外,在一定程度上,楔形头部还可以部分降低雷达反射截面积,增强飞机的隐身性能。

"狙击手"吊舱内部由高分辨力前视红外、CCD 电视摄像机、激光测距器/照射器、激光点跟踪器和激光指示器等组成,所有装置均安装在一个由 6 个减振器支撑的光学基座上,可以确保在无抖动的情况下有效地瞄准目标,从而获得稳定的图像[21]。

与其他瞄准吊舱拥有 3 个或 4 个开口不同,"狙击手"在设计上有一个突出的优点,即所有传感器共用同一个直径 127mm 的开口。如图 1.26 所示,这意味着每个传感器都拥有一个大开口,从而更容易校靶,充分发挥其最佳性能,同时大大降低自动校靶成本。此外,这一技术还能最大限度缩小吊舱直径,采用坚固的凸耳来支撑平衡环,以消除前端产生的跳跃影响,保持高度稳定性。据洛克希德·马丁公司介绍,在超声速试飞过程中获得的图像看不出跳动。

图 1.26 "狙击手"吊舱

"狙击手"吊舱的核心部件是一个第三代前视红外(FLIR)阵列,可以在非常远的距离产生一个清晰的图像。这种前视红外阵列基于 512×640 元的锑化铟凝视焦平面阵列,探测器工作在 $3 \sim 5\mu m$ 的中波红外波段,背景辐射噪声较小,有利于获得远距离高分辨力图像。与"蓝盾"采用的红外探测器相比,这种前视红外技术不仅可以获得一个完整的图像,而且更不容易受到夜间炸弹爆炸或者白天掠过太阳辐射所引起的"光学干扰",还能探测到穿透烟幕、灰尘和烟雾的红外波长。

"狙击手"吊舱有 $4°$ 宽视场和 $1°$ 窄视场,并具有电子变焦能力,搜索范围在俯仰为 $+35° \sim -155°$。前视红外传感器产生的座舱显示图像在质量上与黑白照片相当,可以通过专门的二维图像处理算法得到增强。飞行员可以选择光学变焦或电子变焦来探测、识别、跟踪和瞄准位于 160km 距离之外的固定或者活动目标,这是原有瞄准吊舱的 $2 \sim 3$ 倍,从而实现防区外能力。

与此同时,"狙击手"吊舱采用了模块化设计,只需要两级维护,显著降低了成本。它有一半零件取自"蓝盾"吊舱,主要部件由一些平均质量小于 2.7kg 的外场可更换单元构成,可以利用手工工具迅速地在外场更换。"狙击手"吊舱的平均故障间隔时间预期为 662h,使用寿命预期为 10000h 或 20 年。

考虑到一种吊舱适应不同型号作战飞机的需要,洛克希德·马丁公司在设计"狙击手"吊舱时专门采用了一个 5000 行代码的"综合模块"。这个模块的作用是通过软件自动探测并判断出作战飞机类型,然后启动相关型号飞机的软件接口,避免影响到系统的核心软件,从而允许瞄准吊舱从一架 F-16 战斗机上拆卸下来后直接换装到 F-15E 战斗机、B-1B 轰炸机和 A-10 攻击机上。

"狙击手"吊舱表现出多方面的特性,主要包括突出的远程识别和图像处理能力、良好的稳定性和适应性。其前视系统在红外模式下可以进行"黑热极"和"白热极"交替操作,目的是将前视红外传感器探测到的不同热量物体,根据识别需要以截然相反的灰度图像显示在显示器上,从而可以分辨出目标各部分之间或目标与背景之间的温度差异;当接近目标时,再转换到电视摄像模式,通过放大和缩小焦距来更好地识别地面目标;同时,可以使用点跟踪器和区域跟踪器分别锁定固定设施和移动车辆。

大多数时间,F-16在距离地面大约5790～8840m的高度飞行,目的是提供较大的斜向距离来识别各种目标。座舱内右侧的多功能显示器。不仅能显示出吊舱看到的图像,也能交替显示出飞行员一直注视的平面显示器上的视野。转换吊舱工作模式、选择极性和放大倍数都可以用手按动位于侧杆和油门杆上的开关和光标控制器来实现。

首先探测位于爱德华兹空军基地精确打击试验场的卡车、拖车和坦克等几个目标。在40km的斜向距离,选择"区域跟踪",自动聚焦后产生围绕几部车辆的红外图像。电子放大尽管减小了分辨力,但是较大的图像有助于辨别各种车辆,清晰地确定目标,甚至泥土中的车辙也清晰可见。在"黑热极"下,泥土因相对较热显示出较黑的背景,车辆因相对较冷显示出白色。让吊舱的点跟踪器自动跟踪一辆卡车,在F-16做机动飞行时,方框符号一直围绕着选择的车辆。然后,他又非常轻松地旋转方框到另一个车辆,再自动跟踪目标。点跟踪器性能非常稳定、能够持续地锁定目标。

在26km距离处,4倍电子放大使得图像开始模糊,但是仍然可以容易地分辨出车辆类型。这时,空中飘浮的云团产生了阴影,导致在红外模式"白热极"下或者电视模式直接利用可见光,均难以发现黑色的车辆。但是转换到红外模式的"黑热极"后,相对于一个黑色背景来说,同一车辆显示成一个亮白色目标,大大简化了锁定和点跟踪任务。

下一个目标是一个靠近加利福尼亚的半球形雷达站。斜向距离24km,首先选择"区域跟踪"来稳定吊舱的视角,接着把十字形光标放在雷达站的类似高尔夫球的圆屋顶上。选择窄视场来放大圆屋顶的红外图像,在"黑热极"下进一步精确了"十"字形光标位置,并实施一个快速自动聚焦来改善图像质量,整个过程大约只有2～3s。

由于"狙击手"吊舱有自动聚焦和前视红外校准的特点,因此不会混淆各种不同目标。如在18km远的空中,可以很容易地从前视红外图像中的众多建筑物中分辨出圆屋顶和支撑结构。在不到16km远的空中,飞行员打开电视摄像机观察和移动到更近距离,从而产生了一个可以用于攻击的雷达圆屋顶局部图像,它几乎填满了多功能显示器。

下一个目标是31km远的监狱。在转换到红外模式的"黑热极/窄视场/区域跟踪"后,发现棒球场上没有囚犯,而是聚集在场地的地基上,在热成像中可以看到铁丝网及其支撑柱,以及许多高大发亮的支柱。在大约14km远处,吊舱锁定了监狱守卫人员的小型货车,当时车辆缓慢地在围墙周围巡逻,然后穿过拥挤的停车场。通过启动激光测距器,获知飞机实际上距离这辆卡车12.4km。

"狙击手"吊舱内的二极管激光器可以分别发射两种波长的激光束,1.064μm波束主要用于制导武器,而1.57μm波束主要用于训练,同样具有前者的防区外距离。在发射激光期间,一个闪烁的"L"出现在多功能显示器的下方中心处,旁边显示出"IR POINT T"的字样。这一信息表明看到的是一幅红外图像,正在点跟踪激光照射的目标。

随后,将吊舱自动锁定在下午清澈天空中几乎不可见的弦月。利用吊舱的惯性跟踪特点并改变到红外"白热极",能够锁定月亮的边缘,接着放大靠近,直到月牙的弧形填满了多功能显示器的一半。红外图像显示出多个月球坑,图像质量远远优于电视摄像机拍摄的画面。

"狙击手"吊舱典型系统参数如下:

(1) 长:239cm。

(2) 直径:30cm。

(3) 光学系统口径:127cm。

(4) 探测系统:红外(512×640 的锑化铟凝视焦平面阵列,工作波段3~5μm)、CCD 电视摄像机 1024×1024;

(5) 视场:4°宽视场和1°窄视场,并具有电子变焦能力,搜索范围在俯仰为+35°~-155°;

(6) 二极管泵浦激光器:工作波段 1.06μm 及 1.57μm。

1.4.2 中远程红外成像末制导武器

1.4.2.1 AGM-65D/F/G 型导弹

1)系统简介

AGM-65"幼畜"导弹是美国为空军、海军及海军陆战队研制的空地导弹,主要用来攻击坦克、装甲车、导弹发射场、炮兵阵地、钢筋混凝土掩体、工事等硬目标。最大射程48km。该导弹于20世纪60年代中期开始研制,1971年生产,现有A、B、C、D、E、F、G等多种型号。D、F、G型红外成像制导型,射出后无需射手监控,具备"发射后不管"的能力。D、G型适用于攻击地面目标,F型适于执行反舰任务。

作战使用时,飞行员操纵飞机使导引头瞄准目标区,在较远的距离发现并锁定目标,在座舱内的监视器上显示该目标图像,使瞄准方框套住目标,即可发射导弹。

红外成像导引头采用定心跟踪原理,控制导弹飞向目标为中心的区域,而无需载机控制,导弹可改变航向,跟踪攻击活动目标,必要时可连续发射多枚导弹实施攻击。导弹红外成像制导系统的工作过程主要分为两个阶段:搜索阶段和跟踪阶段,其中跟踪阶段又可分为实时跟踪和预测跟踪。

在搜索阶段,扫描执行机构瞬时视场在空间扫描成像或焦平面探测器阵列凝视成像。首先图像的预处理单元工作,对一帧图像进行边缘提取和分割;此时,红外成像制导系统具有一定的图像识别能力,可根据一定的目标知识,排除背景及诱饵区域,结合系统的多目标策略,选择出所要打击的目标。搜索到目标后,指定跟踪区域或点,设置跟踪波门,系统进入跟踪阶段。

对于红外成像系统而言,在捕获到目标后,总是用波门紧紧地套住目标以维持对目标的跟踪。随着红外探测器、光学系统、高速处理电路等硬件的研究开发趋于高性能和小型化,目标的提取识别可由导引头自主完成。由导引头摄像部分得到的模拟图像信号经模/数变换成为数字图像,然后量化、灰度调整,以滤波等技术进行背景抑制、目标增强、图像分割、波门生成、提取特征、识别特征、确定跟踪区域和命中点,同时输出误差信号形成制导指令,导引导弹飞向目标。随着导弹发射到最终命中目标,目标图像将由点目标变化到亚成像目标、小目标图像、大目标图像直至目标图像超出视场。

红外成像制导应能够实现边搜索边跟踪。对红外成像制导系统来说,跟踪阶段通常采用一定的跟踪算法来选取跟踪点,常用的跟踪算法有波门跟踪算法和相关匹配跟踪算法。对于实时跟踪阶段,在计算跟踪点的同时,考虑目标在空间位置的变化,以及图像尺寸随着目标和制导系统之间的距离变化而变化,红外成像制导系统通常是根据前几帧的跟踪点,按一定的方法预测下一个跟踪点的坐标,然后与质心跟踪算法或相关跟踪算法计算获得跟踪点两者加权平均,得到最后的跟踪点坐标。当波门内出现强烈干扰而造成无法识别目标时,不再计算置信值或相关值,而是直接采用纯预测计算跟踪点的方法得到跟踪点的坐标,进入纯预测跟踪阶段。待重新识别出目标后,系统再进入实时跟踪阶段。

2)光电特性分析

AGM-65D/F/G 导弹的弹径为 305 mm,可以容纳采用串-并扫描的热成像导引头,工作在长波红外,采用 HgCdTe 光导 4×4 列阵探测器和串联-并联扫描,如图 1.27 所示,即使"幼畜"空地导弹已经生产、装备多年,但迄今为止,对其结构、性能的报道却很少。以下根据所搜集的数据对 WGU-10/B 红外成像导引头进行简要的分析,其主要技术参数如下:

(1)光学系统焦距 178 mm。

(2)通光口径 100 mm。

图 1.27　AGM-85G 型导弹

（3）帧频 30 Hz。

（4）最小可分辨温差（MRTD）1.4℃（在 1.78 Hz/mrad）。

（5）NETD 0.2℃。

（6）模拟信号输出与（美国）国家电视标准委员会（NTSC）兼容。

该长波光导 HgCdTe 4×4 元红外探测器组件是休斯公司圣巴巴拉研究中心、霍尼韦尔光电子部研制和生产的。探测器芯片采用拓扑结构，分成左右两列，上下 4 行，行与行之间错开一个像素，每行有 4 个探测元，用于进行信号的时间延迟积分，这个结构可以说是 4N 系列焦平面探测器的雏形。该探测器组件的性能指标如下：

（1）规格 4×4 元小面阵。

（2）探测器材料 HgCdTe 体材料。

（3）工作波段 7.5 ～ 13μm。

（4）排列方式两列，4 行，行与行错开一个像素。

（5）探测元尺寸 76×56μm（推测值）。

（6）探测元中心距离 102×88μm（推测值）。

（7）平均黑体探测率不小于 $1.2 \times 1010 cmHz^{1/2}/W$（推测值）。

（8）黑体响应率 $8 \times 103 \sim 20 \times 103 V/W$（推测值）。

（9）探测元电阻 20 ～ 150Ω（推测值）。

（10）盲元率 0（推测值）。

（11）串音（光学和电学）不大于 －26dB（推测值）。

（12）工作温度 80K。

（13）制冷方式：J-T 制冷器。

1.4.2.2　AGM-84E/H 型导弹

1）系统简介

"斯拉姆"导弹是美国海军在机载"鱼叉"反舰导弹基础上进行改进而发展的

派生型,"斯拉姆"是远程对地攻击导弹的英文缩写。

性能特点:

(1)射程远,载机生存率高。

(2)采用成熟技术,性能稳定可靠。采用"鱼叉"导弹弹体、"小牛"导弹的导引头,"白星眼"炸弹的数据链和全球定位系统(GPS)接收机组合而成。

(3)精度高。命中偏差不超过10m。

在AGM-84E型导弹的基础上进行改进,研制出的AGM-84H防区外发射对陆攻击扩展响应型(SLAM-ER)导弹于1999年年初在美国F/A-18舰载战斗/攻击机上服役,其能力超过AGM-84E SLAM。SLAM-ER导弹以后还将装备P-3C巡逻机。

SLAM-ER装备红外成像导引头。导引头配有处理器和跟踪算法软件,用于自动目标瞄准点的跟踪。导引头将视频信号发射给载机的AN/AWW-13数据链路吊舱,这些借助于Walleye PhaseⅡ指令接收机和视频发射机完成。导弹还装有一个GPS接收机处理器装置,目前的SLAM-ER是抗干扰多通道GPS接收机,早期的SLAM为单通道GPS接收机。GPS组件含有导航处理器,以完成制导系统的导航。它还含有卡尔曼滤波器和一个Mk82接口,该接口在SLAM-ER中进行了改进,功能更强。制导为全球定位辅助导航系统。为提高抗干扰能力,对SLAM-ER的数据链路也进行了改进。

SLAM-ER导弹采用自适应地形跟踪(ATF)飞行,因而可隐蔽地进入目标区。这种自适应地形跟踪电子盒在形式、装配和功能方面可取代早期的雷达高度表,它把地形的数字高度数据(DTED)与GPS接收机的位置信息组合后就产生指令,命令导弹爬升或者俯冲。自适应地形跟踪装置分析导弹飞行前方11.1km的数字高度数据,然后给出每一个453×453m地区中的最大特性。空气数据探头给出当地空气动力压力读数。

一种新的停止-运动瞄准点校正装置可使发射飞机(或另一个平台)上的导弹控制员通过冻结导引头视频图像,更易选择精确的命中点。在导弹最后接近目标的1.6km路程内,操作人员可使用这种瞄准点校正装置8~10次。

SLAM-ER导弹将采用一种新的自动任务规划模块,美国海军1997年8月就部署这种模块以便支持现有SLAM的作战,这种模块使准备时间从5~8h减至15~30min。输出(具有4种任务的数据)被输入到F/A-18座舱中的记忆装置。

SLAM-ER的作战使用与SLAM基本型AGM-84E完全相同,发射飞机起飞前向导弹装定4种飞行数据,然后飞机向发射区发射,导弹发射后先按预定航线飞向目标。在碰撞目标前1min(约17.4km),启动红外成像导引头,视频信号传回发射飞机或在安全区的控制飞机。武器操纵人员根据座舱显示器上显示的图像,在导弹攻击前6~10s进行最后锁定,然后导弹进行预定的末段机动攻击目标。SLAM-

ER 将采用新的任务规划系统,这将使导弹的任务规划从目前的 2～3h 缩短到 20 ～60min。

2）光电特性分析

SLAM-ER 采用红外成像末制导系统,其导引用了 256 元凝视焦平面阵列。制导系统中包括微处理器和跟踪算法软件,可进行自动目标瞄准跟踪。SLAM-ER 也对导弹的软件做了改进,加装了图像冻结装置,以便在瞄准点选择期间稳定制导的图像。SLAM-ER 的成像传感器系统由美国的 Bodkin 与工程公司(BD&E)开发。它是一种紧凑型、轻量化、高分辨力的传感器系统,称为"Omni Spotter"。该传感器是一种单孔径成像系统,它具有光学红外变焦距能力,可变换前部光学装置。孔径为 10.2～15.2cm,具有模/数输出。

（1）弹长:437cm。

（2）质量:727kg。

（3）翼展:242.8cm。

（4）直径:34cm。

（5）速度:$Ma = 0.75$。

（6）射程:大于 140km。

（7）制导方式:GPS 辅助惯性导航系统(INS)＋红外成像导引头。

（8）探测器:256×256 元凝视焦平面阵红外探测器。

（9）工作波段:7.9～13μm。

（10）光学系统孔径:10.2～15.2cm。

（11）命中精度:16m。

1.4.3　侦察/攻击无人机光电系统

1.4.3.1　"捕食者"无人机光电系统

1）系统简介

捕食者单元[22]是根据 C-130 大力士(Hercules)运输机而设计的。1 个标准的捕食者系统包括 4 架捕食者无人机、1 个地面控制站、1 个地面数据终端(GDT)、数据链、载荷、地面支持设备(GSE)、配件以及技术支持。"捕食者"无人机通常由地面控制站内的操作手控制。控制指令通过 C 波段视线数据链或 Ku 波段卫星链从地面控制站以 10kbit/s 的速度上传给无人驾驶飞行器(UAV)。该 UAV 可携带不同的侦察载荷,其侦察图像和飞行器状态数据又通过 C 波段视线数据链或 Ku 波段卫星链路以 1.5Mbit/s 的高速下传给地面控制站。

捕食者无人机的天线通信系统经中转卫星进行超视距通信,其电波往返于36000km 的静止卫星时会产生 0.24s 的滞后时间,所以美国空军称该系统的通信为"准实时"通信。

(1)飞行控制系统。捕食者无人机采用 GA-ASI 公司的先进数字飞行控制系统,可提供飞行中的飞行器的三轴气动控制指令,然后将该指令上传给飞行器。另外,自动驾驶仪也能提供飞行控制指令。

(2)特高频(UHF)/甚高频(VHF)无线电台。捕食者系统的语音中继子系统可在操作手和空中交通控制中心之间提供实时的语音通信。它可将数据、图像和声音信息综合在一个数字数据链中。数据信息不仅能通过卫星通信链路,还能通过飞行器的视线数据链发送/接收。上行数据链的数据更新率为 200kbit/s,而对于下行链路的数据更新率,用户可根据需要在 1.6Mbit/s 或 3.2Mbit/s 之间选择。

(3)地面控制站。地面控制站由若干模块化工作站组成,可根据用户的需要设置,且通用于 GA-ASI 公司制造的所有无人机。工作站配有控制台和供操作手使用的显示器。基本操作机柜可使操作手监视/控制飞行器、光电/红外载荷和飞行器的子系统。

地面控制站配有一条 UHF 空中交通无线电/对讲系统,操作手可以通过它实现各工作站之间的通信。另外,外置的语音/数据通信系统可供操作手通过现有的指令通信网络发送和接收语音/数据信息。该公司的地面站采用了类似于人的思考方式的新方法来监视无人机及其载荷。地面控制站通常被封装在一辆拖车内。地面控制站供电系统的最大功率约为 20kW,其中地面控制站(GCS)/GDT 电子设备需 8kW;地面控制站的空调需 12kW。地面控制站所需的 220~240V,50~60Hz 的电流可由当地的交流配电网输送,或由柴油发电机发电。地面控制站需要无间断的电源来提供稳定的连续电能。

(4)驾驶仪/载荷操作手工作站。驾驶仪/载荷操作手的工作站由两个相同的软件配置的工作站组成。驾驶仪操作手通常使用左手操作的工位,而载荷操作手则使用右手操作工位。每个工位上方 50cm 处的监视器作为跟踪器的显示器,可显示数字图像,用于进行任务规划和监视任务的完成情况。

驾驶仪操作手可平视的监视器作为平视显示器(HUD),该显示器显示头部摄像仪图像,驾驶飞行器所需的所有数据都加载在这里。有问题时,该监视器上部会显示彩色编码的警报。这样在飞行(特别是起降)过程中,操作手不但可以专注于向上显示器中的飞行仪表的显示,还可以监视警报。

(5)载荷显示。载荷操作手的平视显示器通常显示光电/红外视频信号,它有一套与众不同的图标,典型的载荷图标表示全覆盖;而动条形图标表示载荷的高度和视场。飞行器的位置和航向信息显示在显示器的上部,而载荷目标信息则显示在底部。

（6）地面支持设备。维护和保养 GA-ASI 公司的 UAV 系统都可以使用相同的地面支持设备。UAV 系统配备的典型地面支持设备有：

① 地面电源车。

② 加油/放油车。

③ 维护工具箱。

④ 电器测试仪表和工具箱。

⑤ 电池充电器。

⑥ 外置的发电站。

⑦ 便携式吊车。

⑧ 无人机储运箱。

（7）C 波段视线数据链。GA-ASI 公司的 C 波段视线数据链为市售系统,该公司的无人机均使用这种数据链。上行和下行传送的时候,采用一条 19.2kbit 冗余同步的 C 波段数据链,该链的频域为 5.250 ~ 5.858GHz,且用户可以以 1MHz 的步长进行选择。

当视线数据链受到限制时,还可使用 Ku 卫星通信数据链。借助它,"捕食者"无人机的监视系统可进行实时监视。

（8）"捕食者"无人机作战方式。地面控制站安装在长 10m 的独立拖车内,内有遥控操作的飞行员、监视侦察操作手的座席和控制台,三个任务计划开发控制台、两个合成孔径雷达控制台,以及卫星通信、视距通信数据终端。

① "捕食者"无人机的地面控制系统由两名操作人员控制：

一名驾驶员（PPO-1）,负责操纵无人机的飞行;一名传感器操作员（PPO-2）,负责控制各种机载传感器和武器系统。

② 人机界面由四个液晶显示器组成,如图 1.28 所示。

图 1.28 "捕食者"无人机控制系统

最上方的显示器显示无人机航路规划和数字地图叠加信息;中间的显示器则实时显示无人机头部的彩色摄像机拍摄到的画面,其作用相当于有人驾驶战斗机上的 HUD;最下方的两个显示器则显示各种传感器采集到的信息、图像、战术信息、飞机状态和飞行仪表等内容,相当于有人驾驶战斗机上的多功能下视显示器(MFD)。

③ 在 GCS 系统的右侧安装有操纵杆,而在座舱左侧安装有油门杆,十分符合美军战斗机飞行的侧杆操纵习惯。

④ GCS 系统可装在很多移动平台上,例如车辆、舰船甚至大型飞机上,以便操作人员在远离战场千里之外的任意地点对"捕食者"系列无人机进行遥控。

"捕食者"无人机和地面控制系统都装备 L-3 通信公司提供的 C 波段数据链系统终端和 Ku 波段卫星数据链系统通信终端,这样即使在地球的另一端也可对"捕食者"系列无人机进行遥控。飞机本身还装备了 VHF 无线电台。VHF30 ~ 300MHz 无线电波主要是作较短途的传送;UHF300 ~ 3000MHz 无线电波。

(9)"捕食者"无人机系统的地面遥控方式:

① 通过 C 波段数据链对无人机进行近程直线(LOS)遥控,范围可达 280km,主要适用于无人机的起飞和降落阶段的近距离通信。

② 以一架无人机和一个地面控制系统分别作为通信中继机和中继站对战场前沿的无人机进行远程遥控。

③ 通过 Ku 波段的卫星数据链中继对远在万里之外的无人机进行遥控,并传送任务控制信息以及侦察图像信息。图像信号传到地面站后,可以转送全球各地指挥部门,也可直接通过一个商业标准的全球广播系统发送给指挥用户。指挥人员从而可以实时控制"捕食者"进行摄影和视频图像侦察。

④ "捕食者"B 型无人机(察打一体)战斗模式。

将无人机前视系统更换为多谱瞄准系统(MTS),再为"捕食者"装载两枚"海尔法"导弹,就使飞机从一名战场侦察员转变成了杀伤力很强的自动化战士。MQ-1 中的字母"M"是美国国防部代表多用途飞行器的符号;事实上,加装了 MTS 系统和"海尔法"导弹的"捕食者"就是一架名副其实的多用途战斗机。

MTS 系统中包含 AGM-114"海尔法"导弹瞄准系统、光电红外系统、激光指示器和激光照明器。所有这些组件为"捕食者"及其操作人员提供了在各种战斗环境下寻找目标的多种渠道。"捕食者"通过位于飞机机鼻附近的 MTS 球状转塔,发射一束激光或红外线。这束激光有两种用途:光束照射到目标上发出脉冲信号,让"海尔法"导弹头部的激光导引头发现目标;机载计算机利用这种光束来进行弹道和距离计算。

MTS 系统中还包含各种用于计算风速、风向以及其他战场变量的传感器,根据它们收集的所有数据,确定导弹的发射方案。这一过程被称为"描绘目标"。一旦成功描绘目标,MQ-1飞机将能发射自身携带的导弹以摧毁目标,或者把发射方案传送给其他飞机或地面部队,以便它们摧毁目标。

2)光电特性分析

目前,"捕食者"系列无人机上主要的光电侦查设备有两种,分别为:"雷神" AN/AAS-52 MTS-A、"雷神"MTS-B。分别装备在侦查型"捕食者"无人机及攻击型"捕食者"无人机上。

(1)"雷神"AN/AAS-52 MTS-A。

AN/AAS-52包括含集成惯性测量单元(IMU)的转台(WRA-1),以及电子单元(WRA-2)。系统使用了"雷神"的局域处理,这是一种自动的无需人插手的图像优化技术,能使图像显示信息最大化,以增强情景认知和远程监测能力。自动电视跟踪器工作在形心、面积和特征模式。MTS-A如图1.29所示。主要指标:

图1.29 MTS-A多光谱瞄准系统

①体积、质量:WRA-1为Φ457mm×475mm,59kg;WRA-2为366mm×124mm×193mm,11.3kg。

②光谱段:0.4～0.7μm和0.6～0.8μm(近红外),3～5μm(MWIR)。

③焦面阵列(FPA):制冷型,像元数640×480 InSb。

④红外视场(IR FOV):0.6°×0.8°,1.2°×1.6°,5.7°×7.6°,17°×22°,34°×45°。

⑤TV FOV(电视视场):0.21°×0.27°,1.2°×1.6°,5.7°×7.6°,17°×22°,34°×45°。

⑥电子变焦:电视(955mm可变焦镜头),红外(19～560mm,可调焦距)。

⑦覆盖范围:方位360°连续,俯仰-120°～+60°。

⑧ 回转速度:3 rad/s 俯仰。

⑨ 电源:28 VDC/115 VAC。

⑩ 温度: -54 ~ +55℃。

⑪ 高程:9144 m。

⑫ 最大空速:350 nmile/h。

(2)"雷神"MTS-B。

MTS-B(图 1.30)是一种多用户、数字式、光电/红外/激光组合的目标探测、测距和跟踪装备,专用于远程侦察、高空目标截获与跟踪、测距和激光指示,适合于 AGM-114 地狱火空 - 面导弹和北约(NATO)激光制导导弹。针对 2004—2005 年通用原子公司生产的 MQ-9(捕食者 B)UAV,2007 年 3 月加装上了 MTS-B,MTS-B 中不同传感器图像可融合产生组合图像,还有自动的无需人工图像优化技术。MTS-B 多光谱瞄准系统如图 1.30 所示。主要指标:

图 1.30　MTS-B 多光谱瞄准系统

① 体积、质量:WRA-1 转台为 Φ559mm;RA-2 电子单元为 366 mm ×124 mm × 56mm,1.3 kg。

② 视场:

超窄:红外为 0.23°×0.31°,电视为 0.08°×0.11°。

窄:红外/电视为 0.47°×0.63°。

中窄:2.8°×3.7°。

中:5.7°×7.6°。

中宽:17°×22°。

宽:34°×45°。

③ 电子变焦:×2、×4。

④ 覆盖范围:方位 360°连续。

⑤ 俯仰：$-135° \sim +40°$。

⑥ 回转速度：2 rad/s。

⑦ 电源：直流 28V。

⑧ 制冷：内含。

⑨ 环境：MIL-EO-5400，MIL-STD-810。

⑩ 最大空速：200 nmile/h。

1.4.3.2 "全球鹰"无人机光电系统

"全球鹰"MQ-1B 无人机翼展 14.85m，机长 8.13m，最大起飞质量 1020kg，任务载荷 204kg，巡航速度 126~162km/h，最大平飞速度 204km/h，实用升限 7260m，活动半径 926km，最大续航时间 42h。

1）系统简介

一套完整的"全球鹰"系统由地面指挥站和 8 架 UAV 组成，装备有高低频率干扰机、雷达接收机，并带有 3~4 架诱饵机作为假目标，以避开敌人的攻击。"全球鹰"任务控制站主要包括四大部分：①发射和回收单元；②任务控制单元（MCE）；③地面通信设备；④保障支持设备。其中，发射回收单元（LRE）通过 UHF 卫星链路或者 J 波段的视距链路，根据任务管理单元发出的特定的任务计划，对无人机的飞行任务进行安排，并在无人机的起飞和着陆阶段对无人机进行指挥控制；MCE 负责无人机的核心任务规划部分，包括飞行、通信、传感器和分发计划编制，另外还包括传感器数据处理，飞行器和任务有效载荷的控制；地面通信设备则实现任务控制站与空中平台以及上级指挥部门的通信；保障支持设备则包括相应的保障、运输和设备维护等系统。在任务控制站的四大组成部分中，MCE 是核心和关键，其内部通常具有多个操作员工作席位，一般由 4 个工作站组成，包括：无人机操作员工作站（AVOS）、通信管理工作站（CCS）、任务规划工作站（MPS）和传感器数据与处理工作站（SDPS）。

（1）无人机操作员工作站。无人机操作员工作站负责对无人机飞行阶段的指挥控制，包括无人机飞行阶段程序的改变，并且承担任务管理单元与空中交通管制当局进行联系的接口作用。飞行器操作员能够通过显示器了解飞行器位置和飞行仪表读数。通过该工作站，操作员与空中交通管制人员进行交互，在需要时上传修正的飞行计划。"全球鹰"工作站内无人机位置显示器和飞行仪表能够同时对 3 架无人机的系统状态、任务情况、受威胁状态以及导航的状态进行近实时的监视，操作人员可以据此动态控制飞行器飞行路径和操作，对无人机的航向、飞行高度和航速进行控制，使得操作员能够对空中交通管制人员的协作指令做出快速反应。此外，操作员还可以管理无人机载的敌我识别系统与自卫系统。操作员与有关的空中交通管制人员之间的通信，则是通过 UHF 话音中继或者专用的 ARC-

210VHF/UHF 话音链路来实现。

（2）通信管理工作站。通信管理工作站由通信专业人员操作,负责管理系统所有的通信链路,监视和维护这些链路正常的工作状态等。通信专业人员负责构建和监视通信计划,在需要时进行再定向。MCE 的通信设备包括所有的地面接收和发射设备。在视距外操作时,MCE 通过按需分配多路接入终端（DAMA）卫星通信与无人机通信。

（3）任务规划工作站

任务规划工作站为无人机生成一个完整的任务计划,包括航路计划、传感器计划、通信计划和分发计划。无人机平台升空后,一般都是按照预先制订的任务计划飞行。在任务执行过程中,任务规划工作站可以进行动态的任务更新以确保机载任务与突发任务保持一致。

（4）传感器数据与处理工作站

传感器数据与处理工作站负责分析无人机载传感器输出的信息,监视传感器的工作状态,对接收到的目标图像进行处理、存储和分发。该工作站可以通过分析传感器的图像,检查传感器的工作性能,同时还可以选择目标图像进行快速评估。

（5）"全球鹰"无人机作战方式。无人机任务控制站是上级指挥控制机构与无人机平台之间的纽带,在作战开始的准备过程中,操作员将上级下发的作战任务计划、作战目标等信息以任务指令的形式传送给任务规划工作站,任务规划工作站根据以上信息进行任务/路径规划,为无人机规划出可执行的飞行任务计划,然后通过发射与回收单元加载到相应的 UAV 平台;在作战过程中,操作员系统对所辖UAV 的飞机状态、健康状态、武器状态和任务载荷状态进行显示和监视,在紧急条件下可对飞机、武器和传感器等进行直接控制;出现突发情况的时候,任务规划工作站将根据当前情况,调整当前无人机的任务计划,随后地面站将调整后的任务计划以及指令通过通信链路上传到无人机平台;当操作员遇到无法解决的情况和超出其能力范围的问题时,可以向上级指挥部门提出任务请求;整个过程中,传感器处理工作站接收、显示来自平台传感器所采集到的情报图像信息,将目标确认与指示信息反馈给平台。直至任务结束,通过发射回收单元控制无人机返场降落。

"全球鹰"更先进之处在于,它能与现有的"联合可部署智能支援系统"（JDISS）和"全球指挥控制系统"（GCCS）连接,图像能直接而实时地传送给指挥官使用,用于指示目标、预警、快速攻击、战斗评估与再攻击。"全球鹰"还可以适应陆、海、空军不同的通信控制系统,既可进行卫星通信,又可进行视距数据传输通信。宽带通信系统的传输速率为 274Mbit/s,Ku 波段的卫星通信系统的传输速率则可达 50Mbit/s。另外,机上装有备份的数据链。在 2001 年 4 月进行的试验中,

"全球鹰"直接将雷达图像传送到美国陆军战术情报系统和美国海军"华盛顿"号航空母舰上的海军终端,随后又横跨大西洋到葡萄牙侦察欧洲大陆及马德拉群岛上的目标,这些图像均通过设在英国的联合分析中心传送到北约的大西洋最高盟军司令部,经过处理后的情报又传给战区指挥员,供随后的两栖登陆演习使用。

2）光电特性分析

"全球鹰"可同时携带光电、红外传感系统和合成孔径雷达。光电传感器工作在 $0.4 \sim 0.8 \mu m$ 波段,红外传感器在 $3.6 \sim 5 \mu m$ 波段。光电系统包括第三代红外传感器和一个柯达（Kodak）数字式电荷耦合器件。合成孔径雷达具有一个 X 波段、600mHz、3.5kW 峰值的活动目标指示器。该雷达获取的条幅式侦察照片可精确到1m,定点侦察照片可精确到0.30m。对以每小时 $20 \sim 200km$ 行驶的地面移动目标,可精确到7m。一次任务飞行中,"全球鹰"既可进行大范围雷达搜索,又可提供 $7.4 \times 10^4 km^2$ 范围内的光电/红外图像,目标定位的圆误差概率最小可达20m。装有 1.2m 直径天线的合成孔径雷达在 $2 \times 10^4 m$ 高空能穿透云雨等障碍,能连续地监视运动的目标。

其具体参数如下:

（1）1997 年首飞,2005 年供空军使用。

（2）光学系统:焦距 1750mm,口径 280mm。

（3）质量:402kg（含 X 波段 3.5kW 合成孔径雷达（SAR））,其中光电/红外传感系统为99kg。

（4）电源:28V,582W。

（5）三代红外传感器:工作波段 $3.6 \sim 5 \mu m$,FPA 为 InSb,480×640,视场 $5.5 \times 7.3mrad$,像元视场 $11.4 \mu rad$。

（6）CCD 相机:工作波段 $0.4 \sim 0.8 \mu m$,像元数 1024×1024,阵列视场 $5.1 \times 5.2mrad$,像元视场 $5.1 \mu rad$。

（7）搜索能力:宽域搜索模式 $138000 km^2$/天。

（8）几何精度:20m 圆概率误差（CEP）。

（9）稳定性:$3 \mu rad$。

1.4.4 空–地激光/电视制导

1.4.4.1 "海尔法"导弹

1）系统简介

根据美国陆军的要求,第三代反坦克导弹应能迅速连射对付多个目标,能在昼夜和恶劣天气下作战,具有较远的射程、较短的飞行时间(以对付瞬间目标)和很高的单发命中概率,此外还应具有间接瞄准发射能力,以便导弹能在高地后面发射后,在飞行中锁定目标。能满足上述要求的最好是一种超声速导弹,根据激光指示目标反射回来的能量进行寻的。于是,AGM-114"海尔法"便在这种背景下问世[23]。

由于是半主动激光制导,所以照射目标的能源不在导弹上,必须配有另外的照射能源,来为导弹指示目标和确定目标位置。它可根据不同的战术需要采用不同的激光指示器,有地面的,也有机载的等。它采用的发射架也有多种,主要有机载的双轨和4轨发射架以及地面车辆使用的4联装发射箱等。

在作战时,导弹在整个飞行过程中必须由激光指示器照射目标,然后由导弹的激光导引头将其锁定,从而控制飞行轨迹并导向目标。所以采用这种制导方式的"海尔法"导弹不具有"发射后不管"的能力。

导弹的战术适应性较强,可以有多种发射和指示目标的方式。指示目标的方式分为协同指示和独立指示。协同指示:激光指示器不在导弹的发射载体上,可由观测手选择适当的隐蔽位置设置,当发现目标后,观测手与发射单元就目标位置、锁定方式、激光编码、发射时间等互通情况,激光指示器可在导弹发射前或发射后以激光束照射目标,来导引导弹向目标飞行直至命中为止。发射单元在发射导弹后可立即转移,也可在隐蔽物后方发射导弹,减少了暴露时间,提高了生存力。观测手和激光指示器虽然可隐蔽设置,但由于离前沿较近,如果被对方发现,易被毁伤,从而使导弹失去控制,丢失目标。独立指示:激光指示器和导弹的发射单元在同一载体上,由发射单元独立完成照射目标和发射导弹的工作,这种方式有利于攻击突然出现的目标和随机发现的目标,但由于发射单元从发现目标、发射导弹到导弹命中目标的整个过程都处于曝露状态,容易遭受对方攻击,生存力较差。

导弹的发射方式有以下几种。发射前锁定直接发射:这种发射方式适用于能见度较差的情况,但需对目标情况有较详细的了解。确定目标后,首先用激光指示器照射目标,导弹在发射前导引头就捕捉到目标反射的激光信号,然后锁定,导弹发射后立即向目标飞行并将其摧毁。这种方式的优点在于不论激光指示器和导弹发射单元是否在同一位置,都可对目标进行精确锁定,缺点是导弹导引头与目标之间需有通视线,也就是能看见,能使导引头接收到目标反射的激光信号,这样就使发射单元的隐蔽性较差,容易受到对方攻击。这种方式多用于对方威胁较小的情况。

发射后锁定直接发射:导弹先以大致坐标向目标发射,在飞行中导引头接收目标反射的激光信号后锁定,最后精确导向目标。这种方式可使激光指示器减少照射目标的时间,降低威胁,多采用协同指示目标的方式,但二者必须紧密配合。

发射后锁定间接发射:这种方式在部署和操作上与发射后锁定直接发射的方式基本一样,区别是导弹从隐蔽地形后发射导弹,通过自动驾驶仪控制导弹越过障碍物,然后导引头接收到信号后锁定目标,这样就使导弹发射单元不必曝露出来,减少了对方的威胁。同样,这种方式也需要很好地协同。

2) 光电特性分析

导弹采用半主动激光制导,制导系统由激光导引头、自动驾驶仪和作动系统组成,如图 1.31 所示。其战斗部为质量 9kg 的聚能破甲型,装有 6.0 kg 高能混合炸药,最大破甲厚度可达 1.4m。导弹长 1.625m,弹径 178mm,质量 45.7kg,最大射程 8km,命中概率为 96% 。导引头光学系统及探测器,均由动力陀螺直接稳定,能独立扫描跟踪,瞬时视场小,动态视场大,探测器尺寸小,时间常数小。输出信号为目标的角速率信号和支架角信号。

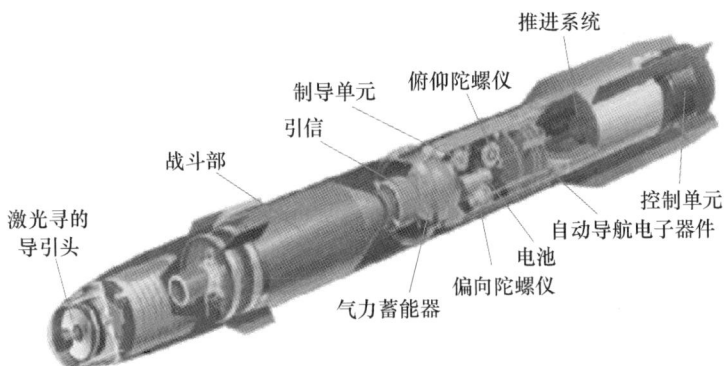

图 1.31 "海尔法"导弹结构

半主动激光寻的器是通过用四象限元件来测定目标相对于光轴的偏移量大小和偏移方位来实现精确制导的。因此,如何使用四象限元件来精确测定目标所在的方位从而实现精确制导与跟踪,是寻的导引头的又一技术关键。

目前在导引头中采用的制导方法中以追踪法及比例导引制导最为常用。

(1) 速度追踪法:弹的速度向量指向目标,对弹的过载能力要求比姿态追踪法低;测量参数为弹的速度向量与目标视线之间的夹角;简单、可靠,靠万向支架与弹体相连,并由风标将其轴线稳定在弹逆风的方向(空速方向);导引头要求的视场小;比姿态追踪法的制导精度略高;适用于攻击固定目标或慢速运动目标的空地导弹。

(2) 比例导引法:弹的横向加速度与目标视线角速度成正比,对弹的过载能力要求低;测量参数为跟踪目标并测量目标视线的旋转角速度;可靠但复杂,靠陀螺来稳定导引头的瞄准轴,利用万向支架与弹体相连;导引头要求的视场小;精度高;

特别适用于攻击活动目标的导弹,用得最为普遍。

其主要性能指标如下:

（1）最大射程:8km。

（2）最大飞行速度:391.7m/s。

（3）命中率:90%以上。

（4）可靠性:95%。

（5）使用条件:全天候使用,能在战场上的烟尘、雨雾中锁定目标。

（6）发射速度:1发/(6~8s)(1台指示器)。

（7）最短发射间隔:1s(2台指示器)。

（8）破甲厚度:1400mm。

（9）弹长:1.779m(a型);1.7272m(b型);1.778m(c型)。

（10）弹径:177.8mm。

（11）翼展:330mm。

（12）发射质量:45.7kg(a型);47.9kg(b、c型)。

（13）战斗部:串联式聚能破甲战斗部;重9kg;装有6.8kg高能混合炸药,配触发引信。

（14）制导方式:激光半主动寻的制导。

（15）动力装置:单级固体火箭发动机推力为18.6kN。

（16）指示激光:1.06μm,重复频率(10~20Hz),输出能量(70~120mJ),束散角(0.13~0.5mrad)。

1.4.4.2　AGM-65A/B 电视制导导弹

1)系统简介

AGM-65A导弹为圆柱形,长2.49m,弹体直径0.35m,翼展0.72m,十字形弹翼和舵配置在同一平面上。舵的偏转角为±35°,动力装置为1台双推力固体火箭发动机,最大射程48km。在弹体前部装有电视导引头,它包括电视摄像机(含光学系统、磁场偏转和聚焦线圈、光电摄像管)和电子系统。为了保护光电器件,在镜头和电视摄像机之间涂有保护层。在镜头上方装有光敏感元件。战斗部重58.7kg(装药37.6kg),它由触发引信起爆。整个导弹的发射质量为210kg。

为了使载机上的武器操纵人员能在更远的距离上识别和跟踪目标,美国空军又发展了一种改进的影像放大式的电视导引头。装有这种导引头的"小牛"导弹,代号为AGM-65B。与A型相比,B型改进了万向支架和电子设备;采用了新的镜头;导引头的视场角从5°缩小到2.5°,使飞机座舱显示器的目标图像较大而清晰,增大了导弹的发射距离,提高了精度,并减少了载机在目标区的曝露时间。

在使用电视型AGM-65A时,飞行员操纵飞机在152~244m的高度上,搜索10

~15s,跟踪 4~8s,发现并截获目标后,使目标处在瞄准十字线中央,选择要发射的导弹,使其陀螺开锁并抛掉头罩,其摄像机即向飞机座舱内的电视监视器传送飞机前方的全景实时视频图像。飞行员将电视监视器的十字线对准目标图像,使导引头锁定目标后即可发射导弹,必要时载机能以最大俯冲角为60°发射导弹,发射后载机即可实施机动或再次发射导弹。载机处在敌防空火力区的时间为10~15s。

在使用电视型 AGM-65B 时,其显示目标与 A 型不同,目标图像处于电视监视器上由 4 个点组成的正方形光环中央,瞄准十字线出现在摄像机镜头所处的某个位置,代表目标偏离飞机中轴线的方位角,若该偏离角太大或目标太小时,瞄准十字线和显示器角落的符号闪亮,飞行员操纵飞机使导弹瞄准目标,当显示器左上角出现 1 个实心正方形符号时,表明导引头锁定该目标即可发射导弹。

2）光电特性分析

下面为"简氏"提供的 AGM-65B 典型特性:

（1）弹长:2.49m。

（2）弹径:0.30m。

（3）翼展:0.72m。

（4）弹质量:210kg。

（5）动力装置:双推力固体火箭发动机 1 台。

（6）最大射程:18km。

（7）发射高度:低空-高空。

（8）速度:$Ma=1$。

（9）制导方式:电视制导（电眼可旋转 45°）。

（10）导引头视场角:2.5°~5°。

（11）焦距:90~210mm（估算）。

（12）相对口径:1/4。

（13）战斗部:聚能高爆炸药 58.7kg,瞬发引信。

（14）命中概率:85%。

（15）发射方式:机载(F-5E)。

（16）攻击范围:俯冲角 10°~30°。

1.4.5 典型空间光电系统

1.4.5.1 空间侦察卫星

1）系统简介

空间光学侦察卫星能详细侦察对方的各种战略目标,对敌方领土进行准确测图、定位,在获取敌方军事态势和状况、探测敌方目标位置和动向、防御敌方攻击以及局部战场实时信息获取等方面具有重要作用。世界各国正在大力发展的光学侦察卫星主要是位于低轨具有高分辨力的光学成像侦察卫星和位于高轨和低轨具有导弹跟踪监视能力的导弹预警卫星。光学成像侦察卫星,典型代表如美国的"锁眼"(KH)系列;导弹预警卫星,典型代表如美国的"空间跟踪与监视系统"(STSS)和"天基红外系统",如图1.32所示。

| (a)KH-12"锁眼"成像侦察卫星 | (b) 天基红外导弹预警卫星 |

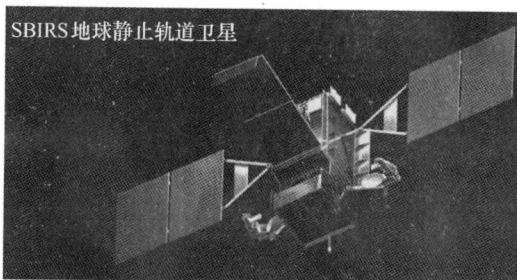

图 1.32 空间光学侦察卫星

其中,对地侦察卫星高分光电载荷普遍采用 CCD 可见光相机,典型对地分辨力优于1m。光学谱段对地侦察卫星有以下若干重要发展趋势。①对地曝光(积分)时间主要取决于轨道飞行速度(仅约为 0.1ms),不满足正常的曝光时间要求。TDI CCD 能够在不改变单元像素积分时间的条件下,利用多元像素叠加的方式增加曝光时间。目前已经成为解决星载光电载荷积分时间短的主流技术,并广泛应用于实际光电载荷。②多光谱侦察技术。由于地面目标的光学谱段反映了目标特性(反射率、色温等),军事应用不仅对全谱段光学成像感兴趣,也越来越需要目标的多光谱信息。目前已经有大量多光谱卫星运行,值得指出的是,据报道已有若干超光谱相机研制成功。③民用对地成像相机技术突飞猛进,其分辨力已经达到1m量级。其提供的信息具有重要的军事价值,目前已经成为军事谍报信息的重要来源。

2）光电特性分析

最典型的空间侦察卫星为美国 KH 系列间谍卫星,已经从早期的胶片式相机发展到目前的 CCD 相机。据报道称主力型号为 KH-12,其口径达 3.8m,分辨力达0.15m。但是由于其机密性,具体参数不详。

为了分析对地侦察卫星的光电载荷特性,可以利用若干民用/军民两用卫星美国 IKONOS、Quickbird,法国 SPOT 系列、中国台湾地区 ROCSAT 系列卫星等作为典型系统,其全谱段分辨力分别达到 0.82m/0.62m/2m/5m,多光谱各单色谱段分辨力分别达到 3.24m/2.48m/8m/10m。图 1.33 给出了 IKONOS 等获得的图像。图 1.34 给出了 IKONOS-2 相机的多光谱谱段。其中除法国 SPOT 卫星外,均采用 TDI CCD 相机技术。

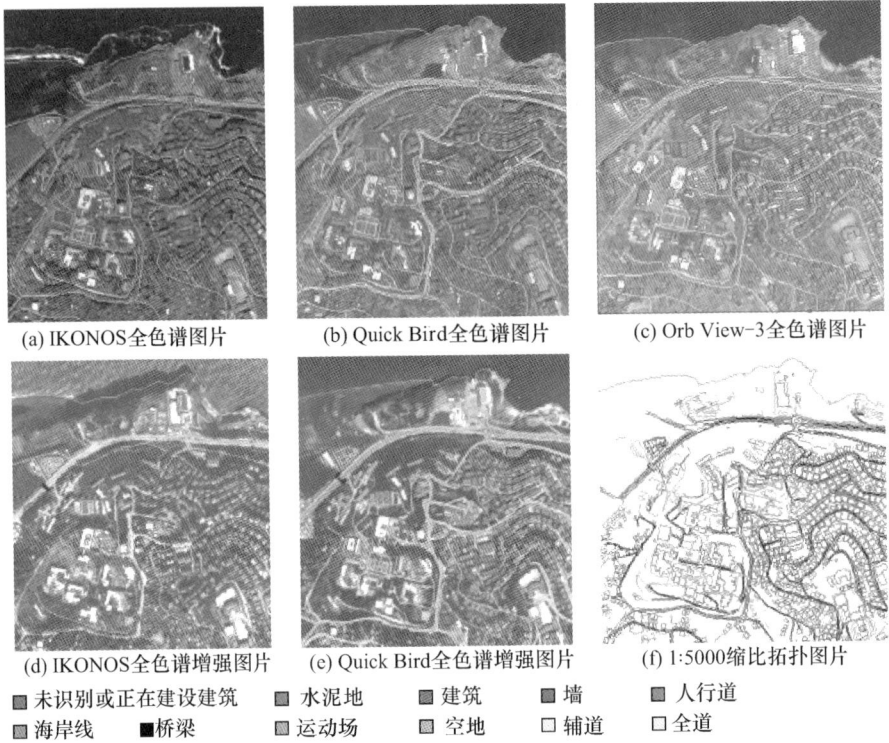

(a) IKONOS全色谱图片   (b) Quick Bird全色谱图片   (c) Orb View-3全色谱图片

(d) IKONOS全色谱增强图片   (e) Quick Bird全色谱增强图片   (f) 1:5000缩比拓扑图片

■ 未识别或正在建设建筑   ■ 水泥地   ■ 建筑   ■ 墙   ■ 人行道

■ 海岸线   ■ 桥梁   ■ 运动场   ■ 空地   □ 辅道   □ 全道

图 1.33 IKONOS 等卫星获得的图像(见彩图)

1.4.5.2 天基目标监视卫星

1)系统简介

传统的空间目标监视多采用地基光学望远镜、雷达探测器及无线电信号探测器组成的监视网,对空间目标进行探测和跟踪。雷达的作用距离较近,主要用于低轨卫星的探测,光学系统的作用距离远,可实现深空探测。地基空间目标监视技术的优点是技术成熟、投资成本低,能够对空间目标进行有效搜索和跟踪,但是易受气象、地理位置和时间限制。为了提高空间目标监视能力,美国、加拿大等国都开展了建立天基空间目标监视系统的计划。天基空间目标监视系统的优点是不受地理位置和气象条件限制,探测效果好,且战时生存能力强。国外研究表明(图 1.35),对地球同步轨道目标的探测,主要依赖于光学探测系统,特别是地基光电深空监视系统,探测百分比达到 43.9%;只有很少的深空监测雷达可以探测到该

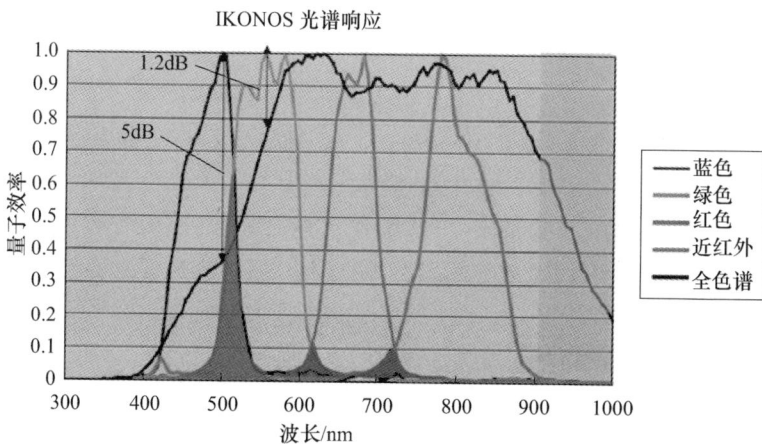

图 1.34 IKONOS-2 卫星光电载荷全光谱和多光谱谱段（见彩图）

轨道上的卫星；而一颗载荷为光电系统的卫星可以观测到 17.8% 的地球静止轨道（GEO）卫星目标，可以预见，增加观测星的数量将极大地提高星载光电系统的探测能力。天基空间目标监视系统是未来进行空间目标探测和跟踪的重要发展方向。

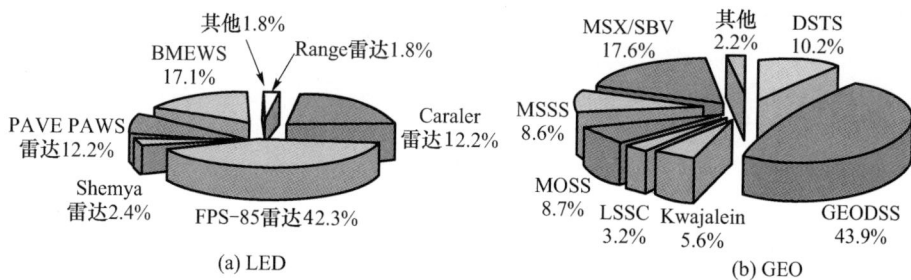

图 1.35 各种系统对 LEO、GEO 的探测百分比

从目前天基目标监视的实现途径看，开展天基目标在轨监视的技术手段只有天基监视（SBV）、天基雷达（SBR）、激光雷达三类。天基雷达系统正处于理论研究阶段，虽然能够克服地基雷达站的地域限制，但是，受工作功率影响在探测距离方面仍存在较大的缺陷。与雷达相比，光学被动探测方式具有独特优点：①从在轨平台监视天基目标，可以充分利用自然光作为信息载体，外层空间大气稀薄，排除了大气透过率、湍流的影响；②探测波长短，目标提取精度高；③凝视成像，帧信息量大，具备多目标实时识别跟踪能力；④空间小型化问题易于解决，系统能源消耗低，易于空间应用。

2）光电特性分析

美国正在研制的天基空间监视（SBSS）系统是美国为提高对空间目标监视、跟踪和识别能力，增强对空间战场态势的实时感知能力而研制的支持空间型天战武器装备。SBSS 系统实际上是使用光电敏感器的卫星星座，极大地增强长期地基太空监视系统网络。目前拟议中的 SBSS 系统由 4~8 颗卫星组成，轨道高度 1100km，设计寿命 5 年，能够一天一次更新大多数卫星的位置数据。其特点是不用考虑复杂大气的影响，覆盖范围广，能够在任意时间、任何天气完成空间监测任务，其最终目的是完全取代地基空间监测系统。据称，SBSS 系统将使美国对 GEO 卫星的跟踪能力提高 50%。

SBV 的优点见表 1.4。

表 1.4　SBV 的主要参数及与其他系统比较

名称	天基监视系统		地基监视系统	
	SBV	SBR	GEODSS	FPS_85
视场/束散角	$6.6° \times 1.4°$	—	$2.1°$	—
定位精度	$4''$	—	$10''$	—
探测轨道	LEO、MEO、GEO	MEO	GEO、MEO	LEO、MEO
搜索速率	$960(°)^2/h$		$2400km^2/h$	
灵敏度	16.5 星等	—	白天 8 星等；晚上 16.5 星等	—
探测范围	$50 \sim 40000km$	$<40000km$	$5600 \sim 40000km$	$<7500km$
载荷孔径	20cm	$40 \sim 50cm^2$	101.6cm	
分辨力	20cm (3000km)	1m(770km)	30cm (4000km)	0dBsm (7500km 处)
工作波段	$0.3 \sim 0.9\mu m$	—	$0.3 \sim 0.9\mu m$	$440 \sim 444MHz$
探测信息	二维 （方位、高低角）	四维（方位角、高低角、距离、距离变化率）	二维 （方位、高低角）	四维（方位角、高低角、距离、距离变化率）
信号传输损失	$\propto R^2$	$\propto R^4$	$\propto R^2$	$\propto R^4$
轨道高度	898km	770km	—	—
系统类型	无源	有源	无源	有源
功耗	小	大	小	大
技术现状	试验阶段	理论研究	成熟	成熟

1.4.6　星敏感器

1.4.6.1　系统简介

姿态是影响运动物体运行轨迹和指向的重要参量,对于运行于太空的航天飞行器,姿态参数的测量尤其重要。获取姿态信息的姿态测量系统是航天飞行器的重要组成部分,它是姿态控制系统控制航天器稳定或平稳运动的前提,而姿态测量系统中的首要关键部件就是姿态敏感器。随着航天技术的不断发展,对航天飞行器姿态的测量精度也提出了更高的要求,从而进一步促进了姿态敏感器技术的迅速发展。其中,星敏感器是以恒星为参照系,以星空为工作对象的高精度空间姿态测量装置,通过探测天球上不同位置的恒星并进行解算,为卫星、洲际战略导弹、宇航飞船等航空航天飞行器提供准确的空间方位和基准,并且与惯性陀螺一样都具有自主导航能力,具有重要的应用价值。

目前主要使用 CCD、CMOS 有源像素传感器(APS)两种技术途径实现星敏感器。CCD 体积小、重量轻、功耗低、耐冲击、可靠性高、像元尺寸及位置固定、对磁场不敏感、适合空间应用需要,自 20 世纪 70 年代中期美国率先研发出基于 CCD 的星敏感器后,一直作为主流的图像传感器应用于星敏感器。基于 CCD 技术的产品包括德国 Jena-Optronik 的 ASTRO 系列、法国 SODERN 的星敏感器、美国 Lockheed Martin 的 AST-301 等。有源型 CMOS 图像传感器,是 20 世纪 90 年代美国 JPL 研发的一种 CMOS 图像传感器。与 CCD 星敏感器相比,APS 星敏感器具有明显的不同,主要表现为:较宽的视场($20° \times 20°$)。大的视场有更多的较亮的导航星,星敏感器星等阈值可以降低、光学部分的重量减轻、导航星表的容量减少。采用 CMOS 图像传感器。CMOS 图像传感器把光敏阵列、驱动和控制电路、模拟信号处理电路、存储器、模/数转换器、全数字接口电路等完全集成在一起,实现单芯片数字成像系统,并且是单电压电源供电,它具有极低的功耗、数据可重复性读出方式,减少了系统噪声。APS 图像传感器具随机窗口读取能力,这种能力简化了接口,使系统小型化。

1.4.6.2　光电特性分析

1) 德国 Jena-Optronik 公司的 ASTRO 系列

该公司的第一款星敏感器是 ASTRO 1,1984 年研制,1989 年应用于 MIR(和平)空间站上。其后的 ASTRO 5 是全自主星敏感器,重量轻、功耗小、价格便宜,但横滚轴精度较差,需要两台同时工作以提高精度。ASTRO 10 为分体式结构,电子模块与光敏模块分离,主要应用于近地轨道的各类卫星(SAR-Lupe,TerraSAR,DARPA's Orbital Express,我国的 HJ-1 与 FY-3 等)。ASTRO 10 集高精度、低功耗、低重量、低成本等优点于一身,是全自主式星敏感器。内置星表,无须先验知识定姿,遮光罩的遮光角可以自定。自主温控或者由飞行器控制。电子模块和敏感器头部相互独立,依靠电缆连接,便于在飞行器上的安装与调整。电子接口可选。可靠性高,在轨寿命长,抗辐射性能好。ASTRO 15 是 Jena-Optronik 目前最先进的自主式星敏感器(图1.36(a)),具有高度的可靠性、耐用性和广泛的适用性。被波音公司选定为 Boeing 702 platform 卫星的标准配置。同 ASTRO 10 相比,ASTRO 15 尺寸重量增大,视场基本不变,观星能力增强,单星精度提高,定姿时间缩短。具体技术参数见表1.5。

2) 法国 SODERN 公司的星敏感器

SED12 是 SODERN 公司第一款 CCD 星敏感器,自1989年在苏联 GRANAT 上使用以来10年无故障,3倍于设计寿命。1997年开始研制的 SED 16 于2001年5月随 SPOT 5 卫星首飞成功,SED16 可用于地球观察、科学探测、深空探测、地球同步轨道、ISS cargo 等多种任务,现在大量被客户采购。SED 26 是 SED 16 的国际军品贸易条例(ITAR)的自由版本(图1.36(b))。同样是多用途、全自主,可提供三轴姿态和载体运动角速度的星敏感器。最新的 SED 36 是专门为 Pléiades 卫星提供高姿态精度的星敏感器,设计源自 SED 26,使用同样的子部件,优化了热-机械设计,对光学畸变进行了精确的校正,升级了星表,增加了导航星数目。一体结构改为分体结构,以增强散热。具体技术参数见表1.5。

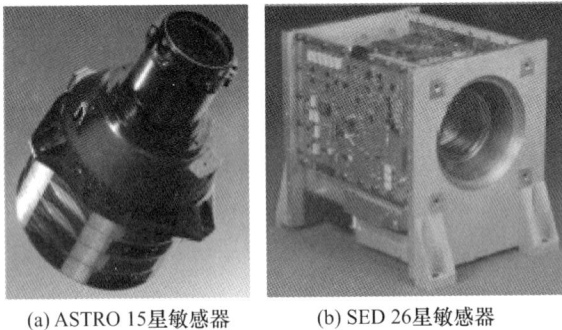

(a) ASTRO 15星敏感器   (b) SED 26星敏感器

图1.36　ASTRO 15 星敏感器及 SED 26 星敏感器

3) 美国 Lockheed Martin 公司的 AST-301

AST-301 作为主要的姿态传感器应用在 JPL2003年1月发射的空间红外望远镜装置(SIRTF)上。为实现 SIRTF 的要求,使用两个冗余的 AST-301 自主式星敏感器。可以 2 Hz 的频率输出姿态四元数,$X/Y/Z$ 轴精度分别达到 0.18″/0.18″/5.1″,优于 AST-201 星敏感器 5.5 倍。AST-301 使用 ACT 星表,71830 颗导航星,星图的质心算法提高到 1/50 像素的水平,并优化姿态估算。使用自主式延时积分完

成 X 轴向的图像移动补偿,防止由于飞行器的运动造成的精度降低。Y 轴向使用图像移动调节(IMA)处理图像拖尾,使合成图像信噪比最大,这样可以在 0.42 (°)/s 的速度下做到精确跟踪。没有任何先验信息的条件下,全天任何地方 3s 内成功获得姿态的概率为 99.98%。典型基于 CCD 技术的商业星敏感器见表 1.5,典型基于 CMOS APS 技术的商业星敏感器的主要技术参数见表 1.6。

表 1.5 基于 CCD 技术的主流商业星敏感器的主要技术参数

公司 (国家)	星敏感器	质量 /kg	功率 /W	精度(″) $1\sigma P/Y,R$	更新速率 /Hz	视场 /(°)	灵敏度	转动速率: /(°)s^{-1}
德国	ASTRO5	1.5	5	5,40	2 ~ 10	14.9 × 14.9	6.0	0.7(10Hz)
Jena-Optronik	ASTRO10	3.1	<14.5	2,15	8	17.6 × 13.5	6.0	0.6 ~ 1.0
	ASTRO15	6.0	<24	1,10	4	13.3 × 13.3	6.5	0.3 ~ 2.0
法国	SED16/26	3.3	8.5	3,15 (3σ,LFE)	1 ~ 10	17 × 17		<10
SODERN	SED36	3.7	8.4	1,6 (3σ,LFE)	小于8			<10
Denmark DTU	ASC[2]	1.2	8	1,8	1	22 × 16		1.2
USA Ball	CT-601	7.8	8 ~ 12	3	10	8 × 8	1.0 ~ 6.0	0.3 ~ 1.5
	HAST[3]			0.2 (小于1(°)/s)	2	8.8 × 8.8	5.5	0 ~ 4
USA HDOS	HD1003[4]	3.9	10	2,40	10	8 × 8	6.5	
Lockheed Martin	AST-301	7.1	18	0.18,5.1	2	5 × 5		0.42
Italy Galileo	A-STR	3.0	13.5	9,95 (3σ,0.5(°)/s)	10	16.4 × 16.4	1.5 ~ 5.5	0.5 ~ 2.0
U. K. SSTL	Altair-HB	1.8	2.8	15,50	1	15.7 × 10.5	6.0	0.5
Denmark Terma	HE-5AS	3.0	7	1,5	小于4	22 × 22	6.2	0.5 ~ 2.0
Russia SRI of RAS	BOKZ-MF	1.8	8	5,12	1			2.0

表 1.6 基于 CMOS APS 技术的商业星敏感器的主要技术参数

公司(国家)	星敏感器	质量 /kg	功率/W	精度(″) $1\sigma P/Y,R$	更新速率 /Hz	视场 /(°)	灵敏度	转动速率: /(°)s^{-1}
Jena-Optronik	ASTRO APS	1.8	6	2,15	10	20(cone)	5.8	0.3 ~ 5
SODERN	HYDRO	2.2	12	1.4,9.8 (1.0(°)/s)	1 ~ 30	—	—	小于10

（续）

公司(国家)	星敏感器	质量/kg	功率/W	精度(″) $1\sigma P/Y, R$	更新速率/Hz	视场/(°)	灵敏度	转动速率:/(°)s^{-1}
JPL	MAST[6]	0.042	0.069	7.5	50	20×20	5.4	—
Galileo Avionica	AA-STR	1.425	4~7	12,100 (2σ)	10	20(come)	5.4	<4
ESA	ASCoSS	0.31	2.4	30,	10	20×20	5.0	—
AeroAstro	MST	0.3	2	70(3σ)	1	30(cone)	4	小于10

本节按工作类型对面阵探测器件、军用光电系统进行了较为粗略的论述,特别对其工作模式、系统光学系统组成以及图像处理算法进行了分析,为光电对抗激光干扰效应与评估、激光损伤光电探测器件效应评估打下了基础。

参考文献

[1] 刘军. 超短脉冲激光放大理论与实验研究[D]. 西安:西北大学,2003.

[2] 刘文兵. 脉冲压缩中光栅失调及拼接问题的研究[D]. 成都:四川大学,2005.

[3] SPENCE D E, KEAN P N, SIBBETT W. 60-Fsec pulse generation from a self-mode-locked ti - sapphire laser[J]. Optics Letters, 1991, 16(1): 42 –44.

[4] SOROKINA I T, SOROKIN E, WINTNER E, et al. 14 – fs pulse generation in Kerr – lens mode – locked prismless Cr:LiSGaF and Cr:LiSAF lasers: observation of pulse self – frequency shift[J]. Optics Letters, 1997, 22(22): 1716 –1718.

[5] CHEN G, CHENG G, LING W. Generation and amplification of femtosecond laser technology [J]. Infrared and Laser Engineering, 2008, 37(2):195 –199.

[6] ZHANG J Y, HUANG J Y, SHEN Y R, et al. Optical parametric generation and amplification in barium borate and lithium triborate crystals[J]. Journal of the Optical Society of America B – Optical Physics, 1993, 10(9): 1758 –1764.

[7] STRICKLAND D, MOUROU G. Compression of amplified chirped optical pulses[J]. Optics Communications, 1985, 56(3): 219 –221.

[8] HENTSLCHEL M, KIENBERGER R, SPIEMANN C, et al. Attosecond metrology[J]. Nature, 2001, 414(6863):509 –513.

[9] PATEL C K. Interpretation of CO_2 optical maser experiments[J]. Physical Review Letters. 1964, 12(24): 684.

[10] PATEL C K. Selective excitation through vibrational energy transfer and optical maser action in $N_2 – CO_2$[J]. Physical Review Letters, 1964, 13(21):617.

[11] PATEL C K, TIEN P K, MCFEE J H. CW High – power $CO_2 – N_2 – He$ laser[J]. Applied

Physics Letters, 1965, 7(11): 290 - 292.

[12] 谢冀江, 李殿军, 张传胜, 等. 声光调 Q CO_2 激光器[J]. 光学精密工程, 2009, 17(5): 1008 - 1013.

[13] MARCUS S, CARTER G M. Electro optically Q-switched CO_2 waveguide laser[J]. Applied Optics, 1979, 18(16): 2824 - 2826.

[14] MCMILLAN R C, DAVIDSON R B, ROBERTSON R L, et al. Light - weight low - volume CO_2 ladar technology[C]. [s. l.]: SPIE, 1995: 132 - 141.

[15] ZNOTINS T, BYRON S, MOODY S, et al. Intracavity plasma shutter for transversely excited CO_2 lasers[J]. Review of Scientific Instruments, 1984, 55(6): 869 - 872.

[16] XIE J J, GUO R H. LI D J, et al. Theoretical calculation and experimental study of acousto - optically Q - switched CO_2 laser[J]. Optics Express, 2010, 18(12): 12371 - 12380.

[17] XIE J J, PAN Q K. Acousto - Optically Q - Switched CO_2 laser[J]. Laser Systems for Applications. Rijeka. InTech, 2012: 17 - 38.

[18] BOYLE W S, SMITH G E. Charge coupled semiconductor devices[J]. Bell Systems Technical Journal, 1970. 49: 587 - 593.

[19] THEUWISSEN A J. Solid - state imaging with charged - couple devices[M]. The Netherlands: Kluwer Academic Publishers, 1995: 317 - 348.

[20] HOLST G C. CCD arrays cameras and displays[M]. second edition. Washington USA: SPIE Optical Engineering Press, The International Society for Optical Engineering Bellingham, 1998. 3: 45.

[21] 吴晗平. 红外搜索系统[M]. 北京: 国防工业出版社, 2013: 13 - 38.

[22] 冯密荣. 世界无人机大全[M]. 北京: 航空工业出版社, 2004: 159 - 230.

[23] 汪志远, 孙家栋, 钱绍钧. 空军武器装备[M]. 北京: 原子能出版社, 2003: 182 - 188.

第 2 章

激光的传输及变换理论

2.1　激光的传输特性

2.1.1　麦克斯韦方程组

光是电磁波,光的传播可由麦克斯韦方程组描述。麦克斯韦方程组通常可写为微分和积分两种形式。微分形式的麦克斯韦方程组如式(2.1)~式(2.4)所示:

$$\nabla \cdot \boldsymbol{D} = \rho \tag{2.1}$$

$$\nabla \cdot \boldsymbol{B} = 0 \tag{2.2}$$

$$\nabla \times \boldsymbol{E} = -\frac{\partial \boldsymbol{B}}{\partial t} \tag{2.3}$$

$$\nabla \times \boldsymbol{H} = \boldsymbol{j} + \frac{\partial \boldsymbol{D}}{\partial t} \tag{2.4}$$

式中:$\boldsymbol{D}$、$\boldsymbol{B}$、$\boldsymbol{E}$ 和 $\boldsymbol{H}$ 分别为电位移矢量、磁感应强度、电场强度和磁场强度;ρ 为闭合曲面内包含的电荷密度;$\boldsymbol{j}$ 为闭合回路包围的传导电流密度矢量。

在麦克斯韦方程组中,$\boldsymbol{E}$ 和 $\boldsymbol{B}$ 是电磁场的基本物理量,而 $\boldsymbol{D}$ 和 $\boldsymbol{H}$ 仅是引入的辅助量。在各向同性介质中 $\boldsymbol{E}$ 和 $\boldsymbol{D}$、$\boldsymbol{B}$ 和 $\boldsymbol{H}$ 有如下关系:

$$\boldsymbol{D} = \varepsilon \boldsymbol{E} \tag{2.5}$$

$$\boldsymbol{B} = \mu \boldsymbol{H} \tag{2.6}$$

式中:ε 和 μ 分别为介电常数和磁导率。在真空中,$\varepsilon = \varepsilon_0 = 8.8542 \times 10^{-12} \mathrm{C}^2 / (\mathrm{N} \cdot \mathrm{m}^2)$,$\mu = \mu_0 = 4\pi \times 10^{-7} (\mathrm{N} \cdot \mathrm{s}^2) / \mathrm{C}^2$。对于非磁性物质,$\mu \approx \mu_0$。另外,对于导电物质有:

$$\boldsymbol{j} = \sigma \boldsymbol{E} \tag{2.7}$$

式中:σ 为电导率。式(2.5)~式(2.7)称作物质方程,它们描述物质在电磁场影响下的特性。

　　下面由麦克斯韦方程组出发,推导无限大各向同性介质中的波动方程。假设所研究空间远离辐射源,即不存在自由电荷和传导电流($\rho = 0, j = 0$),此时麦克斯韦方程组简化为

$$\nabla \cdot \boldsymbol{E} = 0 \tag{2.8}$$

$$\nabla \cdot \boldsymbol{B} = 0 \tag{2.9}$$

$$\nabla \times \boldsymbol{E} = -\frac{\partial \boldsymbol{B}}{\partial t} \tag{2.10}$$

$$\nabla \times \boldsymbol{H} = \frac{\partial \boldsymbol{D}}{\partial t} \tag{2.11}$$

取式(2.10)的旋度,并将式(2.11)代入,得到

$$\nabla \times (\nabla \times \boldsymbol{E}) = -\frac{\partial}{\partial t} \nabla \times \boldsymbol{B} = -\varepsilon \mu \frac{\partial^2 \boldsymbol{E}}{\partial t^2} \tag{2.12}$$

根据数学公式

$$\nabla \times (\nabla \times \boldsymbol{E}) = \nabla(\nabla \cdot \boldsymbol{E}) - \nabla^2 \boldsymbol{E} \tag{2.13}$$

由于 $\nabla \cdot \boldsymbol{E} = 0$,因此得到

$$\nabla^2 \boldsymbol{E} - \varepsilon \mu \frac{\partial \boldsymbol{E}}{\partial t} = 0 \tag{2.14}$$

同样,取式(2.11)的旋度,并将式(2.10)代入,也可得到磁场 $\boldsymbol{B}$ 的方程:

$$\nabla^2 \boldsymbol{B} - \varepsilon \mu \frac{\partial \boldsymbol{B}}{\partial t} = 0 \tag{2.15}$$

令

$$v = \frac{1}{\sqrt{\varepsilon \mu}} \tag{2.16}$$

则式(2.14)与式(2.15)化为

$$\nabla^2 \boldsymbol{E} - \frac{1}{v^2} \frac{\partial \boldsymbol{E}}{\partial t} = 0 \tag{2.17}$$

$$\nabla^2 \boldsymbol{B} - \frac{1}{v^2} \frac{\partial \boldsymbol{B}}{\partial t} = 0 \tag{2.18}$$

式(2.17)、式(2.18)具有一般的波动微分方程的形式,称作波动方程,v 为电磁波速。

2.1.2 标量衍射理论

波动方程的解通常为矢量形式。如果光传播过程中光学元件的尺寸大于光波长,衍射研究不临近衍射面,且麦克斯韦方程组中电磁矢量间的耦合可忽略,电矢量视作标量,那么光的传播过程便可由标量衍射理论准确描述。本节将简单介绍基尔霍夫(G. Kirchhoff)的标量衍射理论[1]。

假设有一单色光波通过如图 2.1 所示闭合曲面 Σ 传播。光场中点 P 的光振动 u 满足标量波动方程

$$\nabla^2 u - \frac{1}{v^2} \frac{\partial^2 u}{\partial t^2} = 0 \qquad (2.19)$$

则光振动 $u(P, t)$ 可表示为

$$u(P,t) = U(P)\exp(-\mathrm{i}2\pi vt) \qquad (2.20)$$

图 2.1　积分曲面

式中:$U(P)$ 为 P 点的复振幅;v 为光波频率。将上式代入表达式(2.19)则可以得到亥姆霍兹方程:

$$(\nabla^2 + k^2) U(P) = 0 \qquad (2.21)$$

式中:$k = 2\pi v/v = 2\pi/\lambda$ 为波数,λ 为波长。基尔霍夫选取适当的函数 G:

$$G = \frac{\exp(\mathrm{i}kr)}{r} \qquad (2.22)$$

式中:r 为考察点 P 与任一点之间的距离。函数 G 在曲面 Σ 和 Σ' 上及两曲面间的 V 内均有连续的一阶和二阶偏微商,且满足亥姆霍兹方程。因此利用格林定理和亥姆霍兹方程可得到如下结果:

$$U(P) = \frac{1}{4\pi} \oiint_{\Sigma} \left\{ \left[\frac{\exp(\mathrm{i}kr)}{r} \right] \frac{\partial U}{\partial n} - U \frac{\partial}{\partial n} \left[\frac{\exp(\mathrm{i}kr)}{r} \right] \right\} \mathrm{d}\sigma \qquad (2.23)$$

式中:$\partial/\partial n$ 为曲面 Σ 上每一点沿外法线方向的偏微商。式(2.23)称为亥姆霍兹 – 基尔霍夫积分定理。它的意义在于可将空间任一点的复振幅 $U(P)$ 用包围该点的任一封闭曲面上的场值 U 及 $\partial U/\partial n$ 进行表示。

利用式(2.23)可以推导平面衍射物的基尔霍夫积分公式。表示位于 S 的单色点光源照明无限大不透明屏上开孔 Σ_0 的情况。假定孔径的线度比波长大得多,但相比孔径到光源 S 和考察点 P 的距离要小得多。利用亥姆霍兹 – 基尔霍夫积分定理来求取观察点 P 的场值,需选取一包围 P 点的合适闭合曲面。如图 2.2 所示,该曲面由以下 3 部分组成:①孔径 Σ_0;②不透明屏右边面积 Σ_1;③以 P 为中心,R 为半径的大球部分 Σ_2。为了计算 P 点的场值,基尔霍夫提出了两个假设:①在

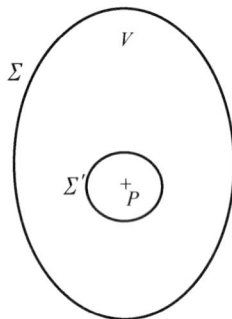

开孔 Σ_0 上各点的 U 和 $\partial U/\partial n$ 与不透明屏不存在时相同；②在不透明屏右边面积 Σ_1 上，各处的 U 和 $\partial U/\partial n$ 恒为零。以上两个假定通常称作基尔霍夫边界条件。

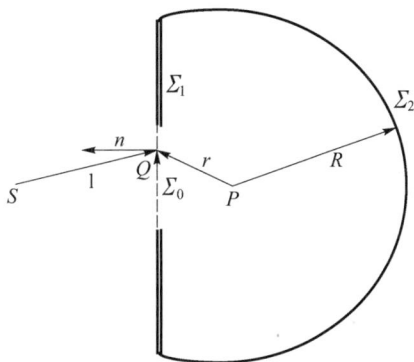

图 2.2　基尔霍夫曲面选择示意图

借助索末菲(A. Sommerfeld)辐射条件和基尔霍夫边界条件，式(2.23)简化为

$$U(P) = \frac{1}{4\pi}\iint\limits_{\Sigma_0}\left\{\left[\frac{\exp(\mathrm{i}kr)}{r}\right]\frac{\partial U}{\partial n} - U\frac{\partial}{\partial n}\left[\frac{\exp(\mathrm{i}kr)}{r}\right]\right\}\mathrm{d}\sigma \qquad (2.24)$$

式中：

$$\frac{\partial}{\partial n}\left[\frac{\exp(\mathrm{i}kr)}{r}\right] = \cos(\boldsymbol{n},\boldsymbol{r})\left(\mathrm{i}k - \frac{1}{r}\right)\frac{\exp(\mathrm{i}kr)}{r} \qquad (2.25)$$

$$U = U_0 = \frac{A\exp(\mathrm{i}kl)}{l} \qquad (2.26)$$

$$\frac{\partial U}{\partial n} = \frac{\partial U_0}{\partial n} = \cos(\boldsymbol{n},\boldsymbol{l})\left(\mathrm{i}k - \frac{1}{l}\right)\frac{A\exp(\mathrm{i}kl)}{l} \qquad (2.27)$$

式中：$\partial U/\partial n$ 为孔径 Σ_0 上每一点沿外法线方向的偏微商；U_0 为由点光源 S 发出的入射场；$\cos(\boldsymbol{n},\boldsymbol{r})$ 为孔径面外向法线 $\boldsymbol{n}$ 与从 P 到孔径上某一点 Q 的矢量 $\boldsymbol{r}$ 间夹角的余弦；$\cos(\boldsymbol{n},\boldsymbol{l})$ 为孔径面外向法线 $\boldsymbol{n}$ 与从 S 到孔径上某一点 Q 的矢量 $\boldsymbol{l}$ 间夹角的余弦。由于法线微商中的 $1/r$ 与 $1/l$ 比 k 小得多，可忽略，因此可得到

$$U(P) = \frac{1}{\mathrm{i}\lambda}\iint\limits_{\Sigma_0}\frac{A\exp(\mathrm{i}kl)}{l}\frac{\exp(\mathrm{i}kr)}{r}\left[\frac{\cos(\boldsymbol{n},\boldsymbol{r}) - \cos(\boldsymbol{n},\boldsymbol{l})}{2}\right]\mathrm{d}\sigma \qquad (2.28)$$

式(2.28)称为菲涅耳-基尔霍夫衍射公式。当点光源 S 离开孔 Σ 足够远时，以至于入射光可看成垂直入射到开孔的平面波，因此 $\cos(\boldsymbol{n},\boldsymbol{l}) \approx -1$，式(2.28)可简化为

$$U(P) = \frac{1}{\mathrm{i}\lambda}\iint\limits_{\Sigma_0}U_0(Q)\frac{\exp(\mathrm{i}kr)}{r}\frac{\cos(\boldsymbol{n},\boldsymbol{r}) + 1}{2}\mathrm{d}\sigma \qquad (2.29)$$

基尔霍夫公式是普遍情形下所适用的公式,实际应用中存在着对被积函数进行近似处理的条件。按照近似程度的不同,分为菲涅耳衍射(Fresnel Diffraction)和夫琅禾费衍射(Frauhofer Diffraction)。下面我们就该问题进行讨论。

如图2.3所示,考察不透明屏上开孔 Σ_0 对垂直入射单色平面波的衍射。一般情况下,孔径的线度比观察屏到孔径的距离 z_1 小得多,观察屏上的考察范围比 z_1 也要小得多。因此,可以作如下近似:① 取 $\cos(\boldsymbol{n}, \boldsymbol{r}) \approx 1$;② $1/r \approx 1/z_1$。以上两点近似称为傍轴近似,相应的表达式(2.29)可以写为

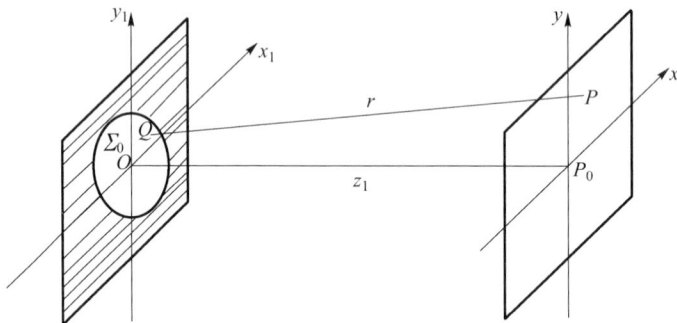

图 2.3　孔径 Σ_0 的衍射

$$U(P) = \frac{1}{\mathrm{i}\lambda z_1} \iint_{\Sigma_0} U_0(Q) \exp(\mathrm{i}kr) \mathrm{d}\sigma \tag{2.30}$$

经过以上近似,还不能用较简单的计算得到衍射场的分布,只有对式(2.30)指数部分中的 r 做进一步近似,才能简化计算。在孔径面和观察面分别取直角坐标系 (x_1, y_1) 和 (x, y),因此 r 可写成

$$\begin{aligned} r &= \sqrt{z_1^2 + (x - x_1)^2 + (y - y_1)^2} \\ &= z_1 \left[1 + \frac{(x - x_1)^2 + (y - y_1)^2}{z_1^2} \right]^{1/2} \end{aligned} \tag{2.31}$$

因 $\cos(\boldsymbol{n}, \boldsymbol{r}) \approx 1$,可将式(2.31)做二项式展开,得到

$$r = z_1 \left[1 + \frac{(x - x_1)^2 + (y - y_1)^2}{2z_1^2} - \frac{\left[(x - x_1)^2 + (y - y_1)^2 \right]^2}{8z_1^4} + \cdots \right] \tag{2.32}$$

当 z_1 取足够大值,展开式(2.32)等号右侧第三项以后各项对位相 kr 的作用远小于 π 时,式(2.32)中从第三项起都可以忽略不计,即 z_1 满足:

$$z_1^3 \geqslant \frac{1}{4\lambda} \left[(x - x_1)^2 + (y - y_1)^2 \right]_{\max}^2 \tag{2.33}$$

此时 r 可做如下近似:

$$r = z_1 \left[1 + \frac{(x - x_1)^2 + (y - y_1)^2}{2z_1^2} \right]$$

$$= z_1 + \frac{x_1^2 + y_1^2}{2z_1} - \frac{xx_1 + yy_1}{z_1} + \frac{x^2 + y^2}{2z_1} \qquad (2.34)$$

这一近似称作菲涅耳近似（Fresnel Approximation），此近似成立的区域称作菲涅耳衍射区。将式(2.34)代入式(2.30)，得到菲涅耳衍射公式如下所示：

$$U(x,y) = \frac{\exp(ikz_1)}{i\lambda z_1} \iint_{\Sigma_0} U_0(x_1,y_1) \exp\left\{ \frac{ik}{2z_1} \left[(x - x_1)^2 + (y - y_1)^2 \right] \right\} dx_1 dy_1$$

$$(2.35)$$

式中：(x,y) 和 (x_1,y_1) 分别为观察屏上考察点 P 和孔径上任一点 Q 的坐标值。当观察屏离开孔径的距离 z_1 进一步增加，其不仅满足菲涅耳近似条件，而且使得式(2.34)等号右侧的第二项可以忽略，即

$$z_1 \geqslant \frac{(x_1^2 + y_1^2)_{\max}}{\lambda} \qquad (2.36)$$

因此，式(2.34)可以进一步写为

$$r = z_1 - \frac{xx_1 + yy_1}{z_1} + \frac{x^2 + y^2}{2z_1} \qquad (2.37)$$

上述近似称作夫琅禾费近似（Frauhofer Approximation），这时观察屏所在区域为夫琅禾费衍射区。将式(2.37)代入式(2.30)，即可得到夫琅禾费衍射的计算公式：

$$U(x,y) = \frac{\exp(ikz_1)}{i\lambda z_1} \exp\left[\frac{ik}{2z_1}(x^2 + y^2) \right]$$

$$\times \iint_{\Sigma_0} U_0(x_1,y_1) \exp\left\{ - \frac{ik}{z_1}(xx_1 + yy_1) \right\} dx_1 dy_1 \qquad (2.38)$$

2.1.3　矩阵光学与柯林斯(Collins)公式

在几何光学中，常见光学系统一般是由折射率突变界面、反射镜、透镜、均匀或非均匀介质及它们的组合构成。光学系统中的光束传播可用光线表示，只要求得傍轴光线的光程便能较好地确定光学系统的性能[1]。在光学系统中垂直于光轴某一截面的傍轴光线可由其相对光轴的距离 x 和斜率 x' 来表征。傍轴光线通过光学系统的光程如图 2.4 所示。傍轴光线通过光学系统的光程由该光学系统的光学特性和入射条件决定，如光线在系统入射面的位置 x 和斜率 x'。对于傍轴光线，其斜率 x' 很小，相应的输出量 x_2 和 x_2' 线性依赖于输入量 x_1 和 x_1'。于是可以方便

地用矩阵形式表示如式(2.39):

$$\begin{bmatrix} x_2 \\ x_2' \end{bmatrix} = \begin{bmatrix} A & B \\ C & D \end{bmatrix} \begin{bmatrix} x_1 \\ x_1' \end{bmatrix} = \boldsymbol{M} \begin{bmatrix} x_1 \\ x_1' \end{bmatrix} \tag{2.39}$$

式(2.39)为空间傍轴光线变换的基本方程,其中的 $ABCD$ 矩阵 $\boldsymbol{M}$ 被称为光线变换矩阵。变换矩阵 $\boldsymbol{M}$ 对应行列式的值 $\det\boldsymbol{M}$ 为 n_1/n_2,即

$$\det\boldsymbol{M} = AD - BC = n_1/n_2 \tag{2.40}$$

式中:n_1 与 n_2 分别为入射与出射平面处介质的折射率,当光学系统处于同一介质空间时,式(2.40)变为

$$\det\boldsymbol{M} = AD - BC = 1 \tag{2.41}$$

光线变换矩阵为 $\boldsymbol{M}$ 的光学系统可以等效为傍轴透镜系统,矩阵元素 $ABCD$ 与系统的焦距 f 及主平面的位置相关,具体关系式如式(2.42)~式(2.44):

$$f = -\frac{1}{C} \tag{2.42}$$

$$h_1 = \frac{D-1}{C} \tag{2.43}$$

$$h_2 = \frac{A-1}{C} \tag{2.44}$$

式中:h_1 和 h_2 分别为图2.4所示主平面距输入与输出面的距离。

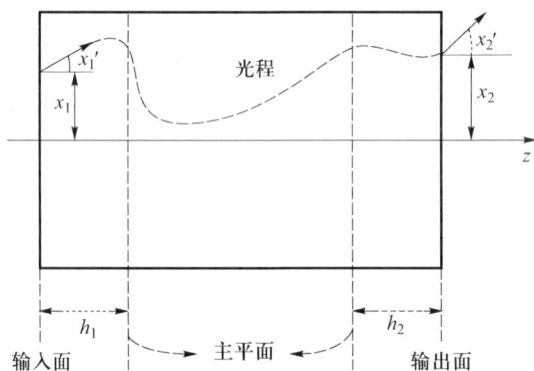

图2.4　傍轴光线通过光学系统的光程

按照几何光学理论,可以对常用光学元件建立相应的光线变换矩阵。为了实现计算,必须遵守相应的符号规则,具体规则如下:

(1) 对 x(光线离光轴距离)、x'(光线相对光轴斜率)正负号规定如图2.5所示,位于光轴上方为正,下方为负,光线出射方向指向光轴上方为正,下方为负。

（2）反射面曲率半径 ρ。对于凹面反射镜 $\rho < 0$，凸面反射镜 $\rho > 0$。

（3）折射面曲率半径 ρ。对于凹折射面 $\rho < 0$，凸折射面 $\rho > 0$。

（4）球面波波面曲率半径 R。对于会聚球面波 $R < 0$，发散球面波 $R > 0$。

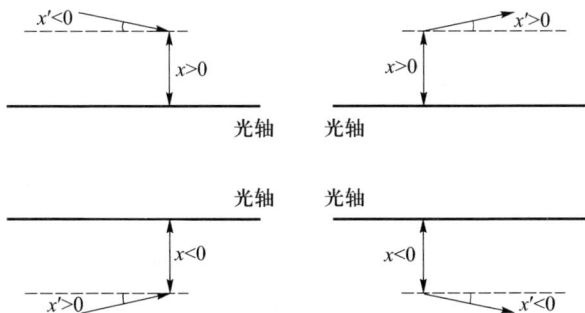

图 2.5　符号规则示意图

Collins 将衍射理论与矩阵光学相结合，在傍轴近似下推导出了光波通过光学系统的衍射积分公式——Collins 公式[1]。衍射积分的核由光学系统的变换矩阵元描述，并且该公式可适用于对称与非对称系统，具体形式如下所示：

$$U(x,y) = \frac{1}{i\lambda \sqrt{B_x B_y}} \exp(ikz_1) \iint_{\Sigma} dx_1 dy_1 U_0(x_1, y_1)$$

$$\times \exp\left[\frac{ik}{2B_x}(D_x x^2 - 2xx_1 + A_x x_1^2)\right]$$

$$\times \exp\left[\frac{ik}{2B_y}(D_y y^2 - 2yy_1 + A_y y_1^2)\right] \quad (2.45)$$

式中：$A_{x,y}$、$B_{x,y}$ 和 $D_{x,y}$ 分别为光学系统 x 和 y 方向的变换矩阵元。当衍射面与观察面间是自由空间时，$A_{x,y} = D_{x,y} = 1$，$B_{x,y} = z_1$，上述表达式转化为常见的菲涅耳衍射积分公式。

当光学系统具有对称性时，在衍射面与观察面分别引入极坐标 (r_1, θ_1) 和 (r, θ)，可得到

$$U(x,y) = \frac{1}{i\lambda B} \exp(ikz_1) \iint_{\Sigma} r_1 dr_1 d\theta_1 U_0(r_1, \theta_1)$$

$$\times \exp\left\{\frac{ik}{2B}[Ar_1^2 + Dr^2 - 2rr_1\cos(\theta - \theta_1)]\right\} \quad (2.46)$$

当光场具有旋转对称性时：

$$U(x,y) = \frac{k}{iB} \exp(ikz_1) \int_l U_0(r_1) \exp\left[\frac{ik}{2B}(Ar_1^2 + Dr^2)\right] J_0\left(\frac{krr_1}{B}\right) r_1 dr_1 \quad (2.47)$$

式中:$J_0(x)$ 为零阶一类贝塞尔函数。注意到当 $B=0$ 时,式(2.45)与式(2.47)不能直接运用,需要加以转化。借助 $ABCD$ 矩阵元关系式(2.41),式(2.45)改写为

$$U(x,y) = \frac{1}{i\lambda B}\exp(ikz_1)\exp\left[\frac{ikC}{2A}(x^2+y^2)\right]$$

$$\times \iint_\Sigma U_0(x_1,y_1)\exp\left\{\frac{ikA}{2B}\left[\left(x_1-\frac{x}{A}\right)^2+\left(y_1-\frac{y}{A}\right)^2\right]\right\}dx_1dy_1 \qquad (2.48)$$

当 $B\rightarrow 0$ 时,使用 δ 函数公式:

$$\delta(x,y) = \lim_{N\to\infty}N^2\exp\left[-N^2\pi(x^2+y^2)\right] \qquad (2.49)$$

式(2.48)化为

$$U(x,y) = \frac{1}{A}\exp(ikz_1)\exp\left[\frac{ikC}{2A}(x^2+y^2)\right]U_0\left(\frac{x}{A},\frac{y}{A}\right) \qquad (2.50)$$

式(2.46)与(2.47)在 $B=0$ 时的相应形式也可类似推出。

式(2.39)中二阶 $ABCD$ 矩阵 $\boldsymbol{M}$ 只能描述旋转对称的光学系统,对于具有非旋转对称的系统,例如柱面透镜,需要利用更多的自由度去描述该系统,因此需要增加矩阵 $\boldsymbol{M}$ 的维数,设该矩阵为 $\boldsymbol{T}$,则有:

$$\begin{pmatrix} \boldsymbol{r}_2 \\ \boldsymbol{p}_2 \end{pmatrix} = \begin{pmatrix} \boldsymbol{A} & \boldsymbol{B} \\ \boldsymbol{C} & \boldsymbol{D} \end{pmatrix}\begin{pmatrix} \boldsymbol{r}_1 \\ \boldsymbol{p}_1 \end{pmatrix} = \boldsymbol{T}\begin{pmatrix} \boldsymbol{r}_1 \\ \boldsymbol{p}_1 \end{pmatrix} \qquad (2.51)$$

式中:$\boldsymbol{r}=(x,y)^t$;$\boldsymbol{p}=(p_x,p_y)^t$,分别为几何光线的空间位置和传输方向二维坐标,所以 $(\boldsymbol{r},\boldsymbol{p})^t$ 也称为几何光线的相空间坐标,光线传输矩阵 $\boldsymbol{T}$ 为 4×4 矩阵,所以它的每个矩阵元都是一个 2×2 矩阵。作为光线传输矩阵,$\boldsymbol{T}$ 矩阵必须是辛矩阵,需要满足:

$$\boldsymbol{T}\boldsymbol{\Omega}\boldsymbol{T}^t = \boldsymbol{\Omega} \qquad (2.52)$$

式中:

$$\boldsymbol{\Omega} = \begin{pmatrix} 0 & \boldsymbol{I} \\ -\boldsymbol{I} & 0 \end{pmatrix} \qquad (2.53)$$

式中:$\boldsymbol{I}$ 为单位矩阵。如果将式(2.51)中 $\boldsymbol{T}$ 矩阵的各元素代入式(2.52)中,辛矩阵条件(2.52)还可以展开为

$$\begin{pmatrix} \boldsymbol{AB}^t-\boldsymbol{BA}^t & \boldsymbol{AD}^t-\boldsymbol{BC}^t \\ \boldsymbol{CB}^t-\boldsymbol{DA}^t & \boldsymbol{CD}^t-\boldsymbol{DC}^t \end{pmatrix} = \begin{pmatrix} 0 & \boldsymbol{I} \\ -\boldsymbol{I} & 0 \end{pmatrix} \qquad (2.54)$$

当 $\det\boldsymbol{B}\neq0$ 时,光场矩阵 $\boldsymbol{T}$ 表示的光学系统中传输的 Collins 积分的形式可以表示为:

$$E(\boldsymbol{r}_2) = \frac{\exp(\mathrm{i}\phi)}{\mathrm{i}\lambda\ \sqrt{\det\boldsymbol{B}}}\iint \mathrm{d}\boldsymbol{r}_1 E(\boldsymbol{r}_1)$$

$$\times \exp\left[\frac{\mathrm{i}k}{2}(\boldsymbol{r}_1^t\boldsymbol{B}^{-1}\boldsymbol{A}\boldsymbol{r}_1 - 2\boldsymbol{r}_1^t\boldsymbol{B}^{-1}\boldsymbol{r}_1 + \boldsymbol{r}_1^t\boldsymbol{D}\boldsymbol{B}^{-1}\boldsymbol{r}_1)\right] \tag{2.55}$$

式(2.55)为式(2.45)的推广形式。在更一般的情况下，Fresnel 公式与 Collins 公式可以归为一类称为线性正则变换(LCT)的运算，而且这种 LCT 变换的积分核与一阶光学系统的光线传输矩阵存在一一对应的关系，在研究对称性的群论中，两者具有相当紧密的联系，因此可以利用群论理论来讨论一阶光学系统的各种对称性。

2.1.4　衍射积分的计算方法

1）德拜积分与洛默尔函数

考虑单色球面波通过圆孔后会聚于轴上焦点 O。如图 2.6 所示，焦点附近的点 P 相对于焦点 O 的矢径为 $\boldsymbol{R}=\overrightarrow{OP}$，圆孔的半径为 a，a 约定于 λ 的数量级并且距离 $R=OP$ 和半径 a 均比穿过圆孔波阵面 W 的半径 $f=OC$ 小得多。

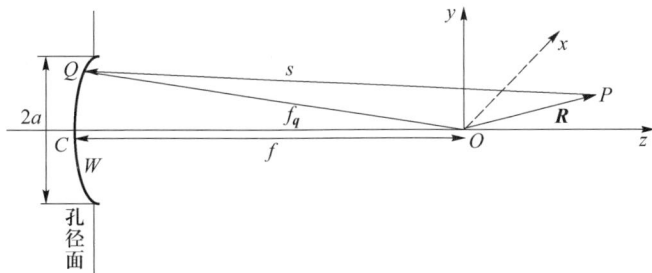

图 2.6　会聚球面波在圆孔上的衍射

设观察点 P 与波阵面 W 上某点 Q 的距离为 s，会聚球面波在 Q 点的振幅为 A/f，借助菲涅耳－基尔霍夫衍射公式和傍轴近似，则观察点 P 的光场 $U(P)$ 为[2,3]

$$U(P) = \frac{A\exp(-\mathrm{i}kf)}{\mathrm{i}\lambda f^2}\iint_W \exp(\mathrm{i}ks)\,\mathrm{d}S \tag{2.56}$$

令 $\boldsymbol{q}$ 为 OQ 方向上的单位矢量，由傍轴近似可知

$$s - f = -\boldsymbol{q}\cdot\boldsymbol{R} \tag{2.57}$$

则式(2.56)可写为

$$U(P) = \frac{A}{\mathrm{i}\lambda}\iint_\Omega \exp(-\mathrm{i}k\boldsymbol{q}\cdot\boldsymbol{R})\,\mathrm{d}\Omega \tag{2.58}$$

式中：$\mathrm{d}\Omega$ 为波阵面面元 $\mathrm{d}S$ 对焦点 O 所张的立体角元。式(2.58)为德拜积分，其把场表示为不同传播方向的平面波的叠加。

在焦点 O 处建立笛卡儿直角坐标系,令 z 轴沿 CO 方向,P 点的坐标为 (x,y,z),Q 点的坐标为 (ε,η,ζ),且令:

$$\begin{cases} \varepsilon = a\rho\sin\theta, & x = r\sin\psi \\ \eta = a\rho\cos\theta, & y = r\cos\psi \end{cases} \tag{2.59}$$

因点 Q 所在波阵面 W 为球面,则

$$\zeta = -\sqrt{f^2 - a^2\rho^2} = -f\left(1 - \frac{1}{2}\frac{a^2\rho^2}{f^2} + \cdots\right) \tag{2.60}$$

$$\boldsymbol{q} \cdot \boldsymbol{R} = \frac{x\varepsilon + y\eta + z\zeta}{f}$$

$$= \frac{a\rho r\cos(\theta - \psi)}{f} - z\left(1 - \frac{1}{2}\frac{a^2\rho^2}{f^2} + \cdots\right) \tag{2.61}$$

为了方便地表示观察点 P 的位置,引入如下两个无量纲变量 u 和 v:

$$u = \frac{2\pi}{\lambda}\left(\frac{a}{f}\right)^2 z, \quad v = \frac{2\pi}{\lambda}\left(\frac{a}{f}\right) r = \frac{2\pi}{\lambda}\left(\frac{a}{f}\right)\sqrt{x^2 + y^2} \tag{2.62}$$

当 $|v/u| > 1$ 时,观察点 P 位于几何阴影区,当 $|v/u| < 1$ 时,观察点 P 位于光束中。

若式(2.61)中 $a\rho/f$ 二次幂以上各项与 1 相比可略去,则

$$k\boldsymbol{q} \cdot \boldsymbol{R} = v\rho\cos(\theta - \psi) - \left(\frac{f}{a}\right)^2 u + \frac{1}{2}u\rho^2 \tag{2.63}$$

另有:

$$\mathrm{d}\Omega = \frac{a^2\rho\mathrm{d}\rho\mathrm{d}\theta}{f^2} \tag{2.64}$$

因此,式(2.58)可写为

$$U(P) = \frac{Aa^2\exp(\mathrm{i}uf^2/a^2)}{\mathrm{i}\lambda f^2}\int_0^1\int_0^{2\pi}\exp\left\{-\mathrm{i}\left[v\rho\cos(\theta - \psi) + \frac{1}{2}u\rho^2\right]\right\}\rho\mathrm{d}\rho\mathrm{d}\theta$$

$$= \frac{2\pi Aa^2\exp(\mathrm{i}uf^2/a^2)}{\mathrm{i}\lambda f^2}\int_0^1 J_0(v\rho)\exp\left(-\mathrm{i}\frac{1}{2}u\rho^2\right)\rho\mathrm{d}\rho \tag{2.65}$$

式中:$J_0(x)$ 为第一类零阶贝塞尔函数。式(2.65)中的积分可分为实部与虚部两部分分别进行计算,具体形式如下:

$$2\int_0^1 J_0(v\rho)\exp\left(-\mathrm{i}\frac{1}{2}u\rho^2\right)\rho\mathrm{d}\rho = C(u,v) - \mathrm{i}S(u,v) \tag{2.66}$$

其中

$$C(u,v) = 2\int_0^1 J_0(v\rho)\cos\left(\frac{1}{2}u\rho^2\right)\rho\mathrm{d}\rho \tag{2.67}$$

$$S(u,v) = 2\int_0^1 J_0(v\rho)\sin\left(\frac{1}{2}u\rho^2\right)\rho \mathrm{d}\rho \tag{2.68}$$

上述积分可借助下列洛默尔函数进行计算,相应洛默尔函数 $U_n(u,v)$ 和 $V_n(u,v)$
如下所示:

$$U_n(u,v) = \sum_{s=0}^{\infty} (-1)^s (u/v)^{n+2s} J_{n+2s}(v) \tag{2.69}$$

$$V_n(u,v) = \sum_{s=0}^{\infty} (-1)^s (v/u)^{n+2s} J_{n+2s}(v) \tag{2.70}$$

借助关系式:

$$\frac{\mathrm{d}}{\mathrm{d}x}\left[x^{n+1} J_{n+1}(x) \right] = x^{n+1} J_n(x) \tag{2.71}$$

并重复分部积分,最终可得到

$$C(u,v) = \frac{\cos(u/2)}{u/2} U_1(u,v) + \frac{\sin(u/2)}{u/2} U_2(u,v) \tag{2.72}$$

$$S(u,v) = \frac{\sin(u/2)}{u/2} U_1(u,v) - \frac{\cos(u/2)}{u/2} U_2(u,v) \tag{2.73}$$

上述结果只有当 $|v/u| > 1$,即观察点 P 位于几何阴影区时,才便于计算。当 $|v/u| <$
1,即观察点 P 位于光束中时,使用 v/u 的幂次展开式更为合适。借助关系式

$$\frac{\mathrm{d}}{\mathrm{d}x}\left[x^{-n} J_n(x) \right] = -x^{-n} J_{n+1}(x) \tag{2.74}$$

$$\lim_{x \to 0} \frac{J_n(x)}{x^n} = \frac{1}{2^n n!} \tag{2.75}$$

并重复分部积分,最终可得到

$$C(u,v) = \frac{2}{u}\sin(v^2/2u) + \frac{\sin(u/2)}{u/2} V_0(u,v) - \frac{\cos(u/2)}{u/2} V_1(u,v) \tag{2.76}$$

$$S(u,v) = \frac{2}{u}\cos(v^2/2u) + \frac{\cos(u/2)}{u/2} V_0(u,v) - \frac{\sin(u/2)}{u/2} V_1(u,v) \tag{2.77}$$

根据式(2.65)、式(2.66)、式(2.72)、式(2.73)、式(2.76)和式(2.77),焦点附近
的 $I = |U|^2$ 可由下列两个表达式给出:

$$I(u,v) = \left(\frac{2}{u}\right)^2 \left[U_1^2(u,v) + U_2^2(u,v) \right] I_0 \tag{2.78}$$

$$I(u,v) = \left(\frac{2}{u}\right)^2 \{1 + V_0^2(u,v) + V_1^2(u,v) - 2V_0(u,v)\cos[(u+v^2/u)/2]$$

$$-2V_1(u,v)\sin[(u+v^2/u)/2]\}I_0 \qquad (2.79)$$

式中：

$$I_0 = \left(\frac{\pi a^2 A}{\lambda f^2}\right)^2 \qquad (2.80)$$

式（2.78）至式（2.80）即光场分布计算结果。

2）矩阵表示法

Luciano Vicari 和 Francesco Bloisi 提出矩阵表示法，该方法将输出面光场与输入面光场通过描述光学系统的矩阵关联起来。这一方法适用于任一含有光阑的复杂 $ABCD$ 光学系统，并且仅在激光光束和光学系统具有旋转对称性时有效。当圆对称光束通过受光阑限制的旋转对称系统时，可借助有限 Hankel 变换将衍射积分写作有限个贝塞尔函数之和，进而以矩阵的形式进行描述[1,4]。

图 2.7 中，Σ_I 和 Σ_O 分别为输入面和输出面，$E_1,E_2,\cdots,E_P$ 为可由 $ABCD$ 变换矩阵表征的光学元件，$F_1,F_2,\cdots,F_N$ 为可由复透过率函数描述的孔径。$L_1,L_2,\cdots,$ L_{N+1} 为表征由相邻孔径分割的光学元件组的 $ABCD$ 变换矩阵。令 L_h 为介于孔径 F_{h-1} 和 F_h 间光学元件组的变换矩阵，z_h 为孔径 F_{h-1} 和 F_h 间的轴向距离，A_h、B_h、C_h 和 D_h 为矩阵 L_h 的组成元素。并且使用 I_h 和 O_h 来分别表征位于第 h 个孔径 F_h 上的输入和输出光场。特别地，位于输入面 Σ_I 和输出面 Σ_O 上的光场分别使用 O_0 和 I_{N+1} 来表示。

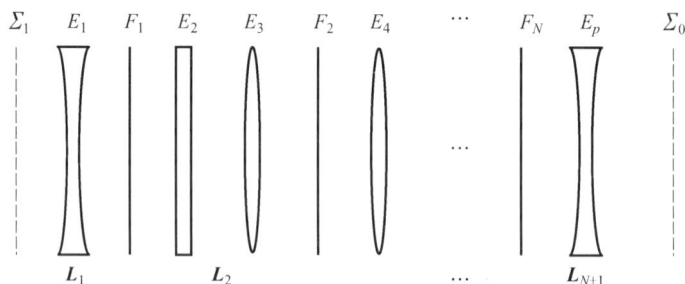

图 2.7　光学系统示意图

引入矩阵 $G_1,G_2,\cdots,G_{N+1}$ 和 $T_1,T_2,\cdots,T_N$，其中 G_h 为利用有限 Hankel 变换得到的描述光束在孔径 F_{h-1} 和 F_h 间传输的衍射积分的等价矩阵，T_h 为描述孔径 F_h 复透过率函数的等价矩阵，Z_h 为 F_{h-1} 和 F_h 间的光程，则位于输出面 Σ_O 和输入面 Σ_I 上的光场 I_{N+1} 和 O_0 之间的关系由式（2.81）～式（2.85）决定：

$$I_{N+1} = G \times O_0 \qquad (2.81)$$

$$G = G_{N+1} \times T_N \times G_N \times \cdots \times G_2 \times T_1 \times G_1 \qquad (2.82)$$

$$T_{h,ms} = \delta_{ms}t\left(j_m B_{h+1}/kR\right), \qquad 1 \leqslant h \leqslant N, 1 \leqslant m \leqslant M, 1 \leqslant s \leqslant M \qquad (2.83)$$

$$G_{h,ms} = \left(-\mathrm{i}2B_h/kR^2\right)\exp\left(\mathrm{i}kZ_h\right)\mathrm{J}_0\left(j_s j_m B_{h+1}/kR^2\right)\left[\mathrm{J}_1\left(j_s\right)\right]^{-2}$$
$$\times \exp\left(\mathrm{i}D_h j_m^2 B_{h+1}^2/2kR^2 B_h\right)\exp\left(\mathrm{i}A_h B_h j_s^2/2kR^2\right)$$
$$1 \leqslant h \leqslant N, 1 \leqslant m \leqslant M, 1 \leqslant s \leqslant M \qquad (2.84)$$

$$G_{N+1,qm} = \left(-\mathrm{i}2B_{N+1}/kR^2\right)\exp\left(\mathrm{i}kZ_{N+1}\right)\exp\left(\mathrm{i}kD_{N+1}r_q^2/2B_{N+1}\right)$$
$$\times \exp\left(\mathrm{i}A_{N+1}B_{N+1}j_m^2/2kR^2\right)\mathrm{J}_0\left(j_m r_q/R\right)\left[\mathrm{J}_1\left(j_m\right)\right]^{-2}$$
$$1 \leqslant q \leqslant Q, 1 \leqslant m \leqslant M \qquad (2.85)$$

式中:R 为光场空间分布的横向极限,即空间位置距光轴的横向距离 $r > R$ 时,光场振幅为零。t 为孔径 F_h 的复透过率函数;δ_{ms} 为克罗内克符号($m = s, \delta = 1$ 或 $\delta = 0$);$\mathrm{J}_0(x)$ 和 $\mathrm{J}_1(x)$ 分别为零阶和一阶一类贝塞尔函数;j_s 和 j_m 为零阶贝塞尔函数的正零点。M 为使 $j_{M+1} \geqslant kR^2/B_q$ 成立的最小正整数;B_q 为集合 $[B_1, B_2, \cdots, B_{N+1}]$ 中的最小值;r_q 为输出面 Σ_O 上某空间位置距光轴的横向距离;Q 为输出面 Σ_O 上所取空间位置的总数。

3)复高斯表示法

已知圆形孔径的光阑半径为 b,则其透过率函数为

$$\mathrm{circ}(r) = \begin{cases} 1, & r \leqslant b \\ 0, & r > b \end{cases} \qquad (2.86)$$

式(2.86)的透过率函数可写作有限个复高斯函数之和[5-7],即

$$\mathrm{circ}(r) = \sum_{n=1}^{M} A_n \exp\left(-B_n r^2/b^2\right) \qquad (2.87)$$

式中:A_n 和 B_n 分别为展开式系数和复高斯函数参数;M 为展开式项数。当 $M = 10$ 时,具体的系数 A_n 和 B_n 如表 2.1 所列。

表 2.1 复高斯展开系数

n	A_n	B_n
1	11.428 + 0.95175i	4.0697 + 0.22726i
2	0.06002 − 0.08013i	1.1531 − 20.933i
3	− 4.2743 − 8.5562i	4.4608 + 5.1268i
4	1.6576 + 2.7015i	4.3521 + 14.997i
5	− 5.0418 + 3.2488i	4.5443 + 10.003i
6	1.1127 − 0.68854i	3.8478 + 20.078i

（续）

n	A_n	B_n
7	$-1.0106 - 0.26955i$	$2.5280 - 10.310i$
8	$-2.5974 + 3.2202i$	$3.3197 - 4.8008i$
9	$-0.14840 - 0.31193i$	$1.9002 - 15.820i$
10	$-0.20850 - 0.23851i$	$2.6340 + 25.009i$

利用式（2.87）替代光阑的透过率函数式（2.86），可将贝塞尔-高斯、平顶高斯、厄米-高斯等光束通过含有光阑复杂 *ABCD* 光学系统的传输公式写为近似解析的形式，在确保精度的同时减少计算时间，并且仅在靠近光阑的近场处有一定误差。式（2.87）与光阑透过率函数式（2.86）的拟合见图 2.8 所示。由图 2.8 可知复高斯函数展开式的振幅与光阑透过率函数 circ(r) 不能完全拟合，尤其是在光阑的边界处具有较大差异。这一差异便是计算误差的来源。

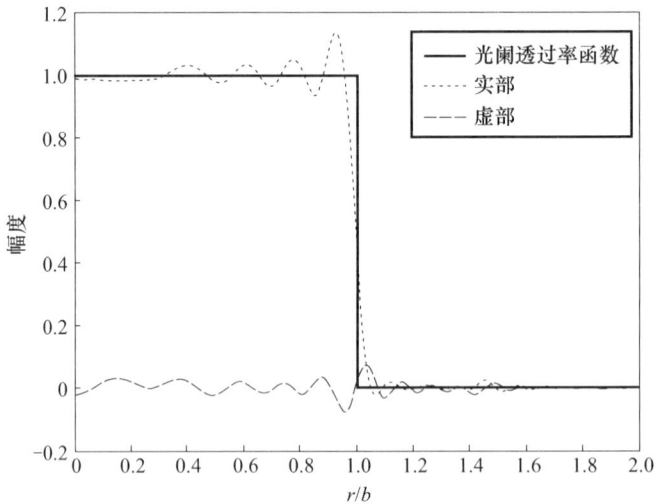

图 2.8　circ(r) 与拟合函数的实部与虚部

4）傅里叶变换计算方法

前面给出的理论方法一般只适用于一些特殊情况下衍射积分的计算，理论计算结果的主要特点就是计算简便迅速。而对于大多数更一般的情况而言，理论求解衍射积分的方法十分困难，需要采用数值计算法。对于衍射积分，目前广泛采用的数值计算方法是傅里叶变换法[8]。下面对该方法进行简要阐述。

此处为了叙述简洁，主要基于 Collins 公式的一维形式，二维情况可以通过一维情况直接扩展得到。Collins 公式的一维形式为

$$U(x) = \sqrt{\frac{-j}{\lambda B}} \exp\left(\frac{-j\pi z}{\lambda}\right) \int_{-\infty}^{\infty} U(x_0) \exp\left[\frac{-j\pi}{\lambda B}(Ax_0^2 - 2xx_0 + Dx^2)\right] dx_0$$

$$(2.88)$$

为了得到式(2.88)的数值计算方法,在数学形式上对式(2.88)重新整理,得到两个更有意义的形式。首先,将式(2.88)中变量 x 替换为 Ax 可得

$$U(Ax) = \sqrt{\frac{-j}{\lambda B}} \exp\left(\frac{-j\pi z}{\lambda}\right) \exp(j\beta x^2) \int_{-\infty}^{\infty} U(x_0) \exp[j\alpha(x - x_0)^2] dx_0$$

$$(2.89)$$

式中: $\alpha = -\pi A/(\lambda B)$; $\beta = -\pi A C/\lambda$ 。可以看出式(2.89)具有卷积的形式,如果令

$$q(x;a) = \exp(jax^2) \qquad (2.90)$$

则式(2.89)可以写为

$$U(Ax) = Kq(x;\beta)\mathrm{DFT}^{-1}\{\mathrm{DFT}[U(x_0)]\mathrm{DFT}[q(x_0;\alpha)]\} \qquad (2.91)$$

式中:DFT 为离散傅里叶变换;K 为式(2.89)中的常数项。因此,利用式(2.89),将 Collins 衍射积分转化为离散傅里叶变换的表示形式,可以使用标准的快速傅里叶变换(FFT)算法对衍射积分进行运算。

同样,式(2.88)还可以有另外一种不同于式(2.89)的表达形式:

$$U\left(\frac{-B\lambda}{2\pi}x\right) = \left(\frac{-j}{\lambda B}\right)\exp\left(\frac{-j\pi z}{\lambda}\right)\exp(j\beta'x^2)$$

$$\times \int_{-\infty}^{\infty} U(x_0)\exp(j\alpha x_0^2)\exp(-jxx_0) dx_0 \qquad (2.92)$$

式(2.92)与式(2.89)只是在数学形式上不同,为相互等价的形式。式(2.92)也可以表示为离散傅里叶变换的形式:

$$U\left(\frac{-B\lambda}{2\pi}x\right) = Kq(x;\beta')\mathrm{DFT}[U(x_0)q(x_0;\alpha)] \qquad (2.93)$$

式(2.91)与式(2.93)为 Collins 公式的两种计算形式,它们在物理意义上等价,但是由于算法在应用的过程中需要对二次调频函数式(2.90)进行采样,因此,导致式(2.91)与式(2.93)的适用范围不同,前者更加适合近距离传输,而后者则适用于远距离传输情况。由于更加具体的讨论需要涉及采样定理与傅里叶变换性质方面的知识,与本书的主旨无关,读者可以参考相应文献进行更加深入的了解。

2.1.5　部分相干光束的传输

如果光束是部分相干的,则没有一个固定的光场分布,一般利用一个时间的稳

定随机过程函数来描述，则此时有意义的是光场的统计特性，尤其是其互相干函数。光场的互相干函数定义为[2, 9]

$$\Gamma(\boldsymbol{r}_1, \boldsymbol{r}_2, \tau) = \langle E(\boldsymbol{r}_1, t) E^*(\boldsymbol{r}_2, t+\tau) \rangle \tag{2.94}$$

式中：$\boldsymbol{r}_1$ 与 $\boldsymbol{r}_2$ 为同一平面内两处不同位置处光场的位置矢量；$<\cdots>$ 代表对该量取系宗平均。根据互相干函数的定义，它表示 $\boldsymbol{r}_1$ 位置 t 时刻光场 $E(\boldsymbol{r}_1, t)$ 与 $\boldsymbol{r}_2$ 位置 $t+\tau$ 时刻光场 $E(\boldsymbol{r}_2, t+\tau)$ 的相关程度。互相干函数 $\Gamma(\boldsymbol{r}_1, \boldsymbol{r}_2, \tau)$ 用来表示部分相干光场的时域特性，对其做傅里叶变换，能够得到交叉谱密度函数 $W(\boldsymbol{r}_1, \boldsymbol{r}_2, \omega)$，它是互相干函数在频域的对应。交叉谱密度函数 $W(\boldsymbol{r}_1, \boldsymbol{r}_2, \omega)$ 的定义为

$$\begin{aligned} W(\boldsymbol{r}_1, \boldsymbol{r}_2, \omega) &= \langle E(\boldsymbol{r}_1, \omega) E^*(\boldsymbol{r}_2, \omega) \rangle \\ &= \int \Gamma(\boldsymbol{r}_1, \boldsymbol{r}_2, \tau) \exp(i\omega\tau) \, d\tau \end{aligned} \tag{2.95}$$

式中：$E(\boldsymbol{r}, \omega)$ 为时域光场的傅里叶变换，表征某频率下空间某点的光场强度，由于不同频率的光场之间无相关性，所以式(2.95)中只定义了一个频率 ω。交叉谱密度函数描述了 $\boldsymbol{r}_1$ 和 $\boldsymbol{r}_2$ 位置处某一频率成分光场振动的相关性。当 $\boldsymbol{r}_1 = \boldsymbol{r}_2 = \boldsymbol{r}$ 时，交叉谱密度函数为

$$I(\boldsymbol{r}, \omega) = W(\boldsymbol{r}, \boldsymbol{r}, \omega) \tag{2.96}$$

式中：$I(\boldsymbol{r}, \omega)$ 为光场在位置 $\boldsymbol{r}$ 处的光谱密度或者功率谱密度。由于交叉谱密度函数是非负定的，所以有

$$|W(\boldsymbol{r}_1, \boldsymbol{r}_2, \omega)| \le [W(\boldsymbol{r}_1, \boldsymbol{r}_1, \omega)]^{1/2} [W(\boldsymbol{r}_2, \boldsymbol{r}_2, \omega)]^{1/2} \tag{2.97}$$

根据式(2.97)可以将交叉谱密度函数归一化：

$$\begin{aligned} \mu(\boldsymbol{r}_1, \boldsymbol{r}_2, \omega) &= \frac{W(\boldsymbol{r}_1, \boldsymbol{r}_2, \omega)}{[W(\boldsymbol{r}_1, \boldsymbol{r}_1, \omega)]^{1/2} [W(\boldsymbol{r}_2, \boldsymbol{r}_2, \omega)]^{1/2}} \\ &= \frac{W(\boldsymbol{r}_1, \boldsymbol{r}_2, \omega)}{[I(\boldsymbol{r}_1, \omega)]^{1/2} [I(\boldsymbol{r}_2, \omega)]^{1/2}} \end{aligned} \tag{2.98}$$

式中：$\mu(\boldsymbol{r}_1, \boldsymbol{r}_2, \omega)$ 为在频率 ω 下空间两点的 $\boldsymbol{r}_1$ 与 $\boldsymbol{r}_2$ 的复相干度；$\mu(\boldsymbol{r}_1, \boldsymbol{r}_2, \omega)$ 的绝对值处于 $0 \sim 1$。如果 $\mu(\boldsymbol{r}_1, \boldsymbol{r}_2, \omega) = 0$，则 $\boldsymbol{r}_1, \boldsymbol{r}_2$ 两点光场完全非相干；如果 $\mu(\boldsymbol{r}_1, \boldsymbol{r}_2, \omega) = 1$，则 $\boldsymbol{r}_1, \boldsymbol{r}_2$ 两点光场完全相干。

将式(2.55)代入式(2.95)中，可以推导出衍射面与观察面上交叉谱密度函数的关系，即交叉谱密度函数的传播规律为

$$\begin{aligned} W_o(\boldsymbol{r}_{o1}, \boldsymbol{r}_{o2}, \omega) &= \frac{1}{\lambda^2 \det \boldsymbol{B}} \iint d\boldsymbol{r}_{i1} d\boldsymbol{r}_{i2} W_i(\boldsymbol{r}_{i1}, \boldsymbol{r}_{i2}, \omega) \\ &\quad \times \exp\left\{ \frac{ik}{2} [\boldsymbol{r}_{i1}^t \boldsymbol{B}^{-1} \boldsymbol{A} \boldsymbol{r}_{i1} - \boldsymbol{r}_{i2}^t \boldsymbol{B}^{-1} \boldsymbol{A} \boldsymbol{r}_{i2}) \right. \end{aligned}$$

$$- (2\boldsymbol{r}_{i1}^{t}\boldsymbol{B}^{-1}\boldsymbol{r}_{o1} - 2\boldsymbol{r}_{i2}^{t}\boldsymbol{B}^{-1}\boldsymbol{r}_{o2}) + (\boldsymbol{r}_{o1}^{t}\boldsymbol{D}\boldsymbol{B}^{-1}\boldsymbol{r}_{o1} - \boldsymbol{r}_{o2}^{t}\boldsymbol{D}\boldsymbol{B}^{-1}\boldsymbol{r}_{o2})]\Big\}$$

$$(2.99)$$

式中:角标 i 代表衍射面参数;角标 o 代表观察面上参数。利用坐标变换,将交叉谱密度函数中的两个空间坐标表示为平均位置与相对距离的关系,即令

$$\boldsymbol{r}_{i,o} = (\boldsymbol{r}_{i,o1} + \boldsymbol{r}_{i,o2})/2 \qquad (2.100)$$

$$\Delta \boldsymbol{r}_{i,o} = \boldsymbol{r}_{i,o1} - \boldsymbol{r}_{i,o2} \qquad (2.101)$$

以平均位置与相对距离作为变量,在计算某些特殊函数(如 Wigner 函数)时,能够简化计算。如果考虑到光线矩阵的辛条件,可以推导出如下对称关系:

$$\boldsymbol{B}^{-1}\boldsymbol{A} = (\boldsymbol{B}^{-1}\boldsymbol{A})^{t}, \boldsymbol{D}\boldsymbol{B}^{-1} = (\boldsymbol{D}\boldsymbol{B}^{-1})^{t} \qquad (2.102)$$

将式(2.100)、式(2.101)、式(2.102)代入式(2.99)中,可以得到以 $\boldsymbol{r}_{i,o}$ 与 $\Delta \boldsymbol{r}_{i,o}$ 为自变量的交叉谱密度函数传输方程为:

$$W_o(\boldsymbol{r}_o, \Delta \boldsymbol{r}_o, \omega) = \frac{1}{\lambda^2 \det \boldsymbol{B}} \iint \mathrm{d}\boldsymbol{r}_i \mathrm{d}\Delta \boldsymbol{r}_i W_i(\boldsymbol{r}_i, \Delta \boldsymbol{r}_i, \omega)$$

$$\times \exp\{\mathrm{i}k[\boldsymbol{r}_i^t \boldsymbol{B}^{-1}\boldsymbol{A}\Delta \boldsymbol{r}_i + \boldsymbol{r}_o^t \boldsymbol{D}\boldsymbol{B}^{-1}\Delta \boldsymbol{r}_o - (\Delta \boldsymbol{r}_i^t \boldsymbol{B}^{-1}\boldsymbol{r}_o + \boldsymbol{r}_i^t \boldsymbol{B}^{-1}\Delta \boldsymbol{r}_o)]\}$$

$$(2.103)$$

式(2.103)描述部分相干光束交叉谱密度函数的传输关系。理论上,该公式可以计算任意部分相干光束经过复杂光学系统的传输,但是由于 $W(\boldsymbol{r}_1, \boldsymbol{r}_2, \omega)$ 的维数较高(如果考虑二维光场传输,则 $W(\boldsymbol{r}_1, \boldsymbol{r}_2, \omega)$ 是四维函数),积分层数过多,所以实际计算起来十分复杂,在数值仿真中应用不多。由于此处讨论激光传输问题,从激光模式角度解决部分相干光束传输问题更符合仿真计算的要求。

2.1.6　高斯光束

1)基模高斯光束

激光光束在很多方面与平面波类似,然而它的强度分布是不均匀的,并且等相位面是略有弯曲的。稳定腔发出的光束为各种不同类型的高斯光束,非稳腔发出的基模光束通过准直,其强度分布在远场也是接近高斯型的。因此开展针对高斯光束场分布以及传播变换特性的相关研究具有重要意义[9]。

相干光的场分量 U 满足亥姆霍兹方程式(2.21),即

$$(\nabla^2 + k^2)U(P) = 0$$

式中: $k = 2\pi/\lambda$ 为波数, λ 为波长。对于光的传播,在 z 方向 U 可写为

$$U = \psi(x, y, z)\exp(-\mathrm{i}kz) \qquad (2.104)$$

式中：ψ 为沿 z 轴缓慢变化的复函数。它表示激光光束与平面波的区别，即不均匀的强度分布，随传播距离光束的展宽，相位波前的弯曲及一些其他的差异。将式 (2.104) 代入式 (2.103) 可得

$$\frac{\partial^2 \psi}{\partial x^2} + \frac{\partial^2 \psi}{\partial y^2} - 2ik\frac{\partial \psi}{\partial z} = 0 \tag{2.105}$$

由于 ψ 为沿 z 轴缓慢变化的复函数，因此它的二阶导数 $\partial^2 \psi / \partial z^2$ 可以忽略。式 (2.105) 与时间有关的薛定谔方程有着相似的形式，因此很容易得出

$$\psi = \exp\left\{ -i\left[P(z) + \frac{k}{2q(z)}r^2 \right] \right\} \tag{2.106}$$

是式 (2.106) 的一个解，其中

$$r^2 = x^2 + y^2 \tag{2.107}$$

式中：参数 $P(z)$ 是表征与光束传播相关的复相移；$q(z)$ 为复光束参数，它描述随光轴距离 r 呈高斯变化的光束强度，以及在轴附近为球面的波前曲率。将式 (2.106) 代入式 (2.105) 并比较 r 的同次幂，可得到下述关系式：

$$\frac{dq(z)}{dz} = 1 \tag{2.108}$$

$$\frac{dP(z)}{dz} = -\frac{i}{q(z)} \tag{2.109}$$

对式 (2.108) 积分可得到

$$q(z) = q_0 + z \tag{2.110}$$

式中：q_0 为积分常数，上述表达式可将输入面的光束参数与输出面的光束参数关联起来。具有高斯光强分布的相干光束并不是式 (2.105) 的唯一解，但或许是最为重要的解。相比下面将要提及的高阶模式，这一光束通常被称为基模光束。为了方便，引入与复光束参数 $q(z)$ 相关的两个实光束参数 $R(z)$ 和 $\omega(z)$ 如式 (2.111) 所示：

$$\frac{1}{q(z)} = \frac{1}{R(z)} - i\frac{\lambda}{\pi[\omega(z)]^2} \tag{2.111}$$

将式 (2.111) 代入式 (2.106)，参数 $R(z)$ 和 $\omega(z)$ 的物理意义便一目了然。可以看出，$R(z)$ 是截光轴于 z 处的波前曲率半径，$\omega(z)$ 为场振幅 E 远离光轴而减小的度量。

如图 2.9 所示，场振幅 E 以高斯形式减小，并且 ω 是场振幅 E 减小到光轴最大值 $1/e$ 时的横向距离。参数 ω 通常被称为光斑半径或光斑尺寸，相应的 2ω 被称为光斑直径。高斯光束在波前为平面的位置具有最小直径 $2\omega_0$，这一位置称为

束腰。假如将该束腰位置作为坐标的起点,光束的扩展定律便具有简单的形式。在束腰位置的复光束参数为纯虚数:

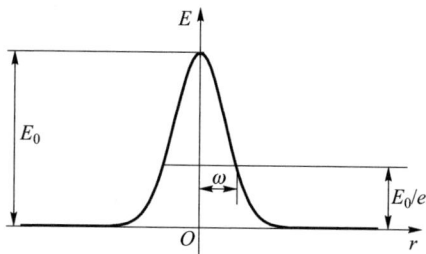

图 2.9　基模光束振幅分布

$$q_0 = \mathrm{i}\,\frac{\pi\omega_0^2}{\lambda} \tag{2.112}$$

并且距离束腰 z 处的复光束参数为

$$q = q_0 + z = \mathrm{i}\,\frac{\pi\omega_0^2}{\lambda} + z \tag{2.113}$$

联立式(2.111)与式(2.113),分别使其实部与虚部相等得到如下表达式:

$$\omega^2(z) = \omega_0^2 \left[1 + \left(\frac{\lambda z}{\pi\omega_0^2} \right)^2 \right] \tag{2.114}$$

$$R(z) = z \left[1 + \left(\frac{\pi\omega_0^2}{\lambda z} \right)^2 \right] \tag{2.115}$$

式(2.114)所描述的光束扩展如图 2.10 所示。

由图 2.10 可知,基模的光斑半径 $\omega(z)$ 随 z 按双曲线变化。双曲线的渐近线与 z 轴的交角为

$$\theta = \frac{\lambda}{\pi\omega_0} \tag{2.116}$$

该交角 θ 被称为基模高斯光束远场发散角。将式(2.113)代入式(2.109),可得到远离束腰位置 z 处的复相移因子:

$$\frac{\mathrm{d}P(z)}{\mathrm{d}z} = -\frac{\mathrm{i}}{q(z)} = -\frac{\mathrm{i}}{z + \mathrm{i}(\pi\omega_0^2/\lambda)} \tag{2.117}$$

对式(2.117)进行积分,得到如下结果:

$$\mathrm{i}P(z) = \ln\left[1 - \mathrm{i}(\lambda z/\pi\omega_0^2) \right]$$

$$= \ln\sqrt{1 + (\lambda z/\pi\omega_0^2)} - \mathrm{i}\arctan(\lambda z/\pi\omega_0^2) \tag{2.118}$$

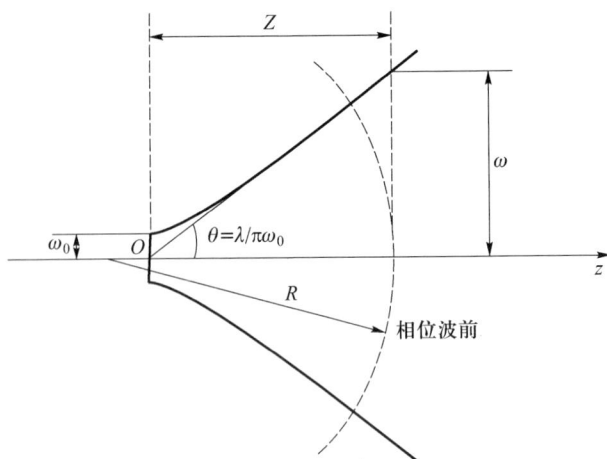

图 2.10　高斯光束轮廓图

参数 $P(z)$ 的实部表示高斯光束与理想平面波之间的相移差 Φ，其虚部给出了振幅因子 ω_0/ω，该因子描述了由光束扩展所产生的轴上光强衰减。借助式（2.106）、式（2.113）和式（2.118），式（2.104）可写为以下形式：

$$U(r,z) = \frac{\omega_0}{\omega(z)} \exp\left[-\mathrm{i}(kz - \Phi) - r^2\left(\frac{1}{\omega^2(z)} + \frac{\mathrm{i}k}{2R(z)} \right) \right] \qquad (2.119)$$

式中：

$$\Phi = \arctan(\lambda z/\pi\omega_0^2) \qquad (2.120)$$

式中：$\omega(z)$ 为光斑半径；$R(z)$ 为等相位面的曲率半径；Φ 为附加相移。

式（2.120）是波动方程（2.103）的一个特解，称为基模高斯光束。

2）高阶高斯光束

现在仅获得了亥姆霍兹方程（2.103）的基模解，其在垂直于光束传播方向上的任一截面上的场强为同一函数，即高斯函数。亥姆霍兹方程（2.103）仍有其他一些具有相似特性的解，它们连同基模解共同构成正交完备函数集，被称作传播模式。单色光波的任一场分布均可以这些模式展开。亥姆霍兹方程（2.103）在直角坐标系下的场分布，可由厄米多项式与高斯函数的乘积来描述[9]。因此，高阶高斯光束场的形式为

$$U_{mn}(x,y,z) = C_{mn}\frac{\omega_0}{\omega(z)} H_m\left(\frac{\sqrt{2}x}{\omega(z)} \right) H_n\left(\frac{\sqrt{2}y}{\omega(z)} \right) \exp\left[-\frac{r^2}{\omega^2(z)} \right]$$

$$\times \exp\left\{ -\mathrm{i}\left[kz - (m+n+1)\arctan\left(\frac{\lambda z}{\pi\omega_0^2} \right) \right] \right\} \exp\left[-\frac{\mathrm{i}kr^2}{2R(z)} \right]$$

$$(2.121)$$

式中：C_{mn} 为归一化常数；H_m 和 H_n 分别为 m 和 n 阶厄米多项式，整数 m 和 n 被称作横模阶数。由式(2.121)可以看出，高阶高斯光束在垂直于光轴横截面上的场强分布可由厄米多项式与高斯函数的乘积描述。对应不同的横模阶数 m 和 n，场强的横向分布不同。通常把由 m 和 n 所表征的横向分布称作高阶横模，并用 TEM_{mn} 表示。具体的光斑图样如图 2.11 所示。可以看出，光斑图样在 x 和 y 方向的零点数分别等于相应的横模阶数，并且随着横模阶数的增加，光斑所占据的面积增大。

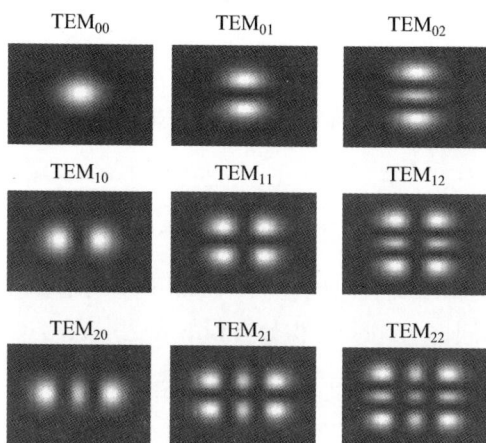

图 2.11　光斑图样

在式(2.121)中，参数 $R(z)$ 对于各阶模式是相同的，这意味着各阶厄米-高斯光束的波前曲率是相同的，并且以同样的方式变化。相移参数 Φ 为横模阶数的函数，具体关系如下：

$$\Phi = (m + n + 1)\arctan(\lambda z/\pi\omega_0^2) \qquad (2.122)$$

这一关系导致了谐振腔中不同横模谐振频率的不同。

亥姆霍兹方程(2.103)在柱坐标系下的场分布，可由拉盖尔多项式与高斯函数的乘积来描述。具体形式为

$$U_{pl}(r,\varphi,z) = C_{pl}\frac{\omega_0}{\omega(z)}\left[\frac{\sqrt{2}r}{\omega(z)}\right]^l L_p^l\left[\frac{2r^2}{\omega^2(z)}\right]$$

$$\times \exp\left[-\frac{\mathrm{i}kr^2}{2R(z)}\right]\exp\left[-\frac{r^2}{\omega^2(z)}\right]\begin{Bmatrix}\cos l\varphi\\\sin l\varphi\end{Bmatrix}$$

$$\times \exp\left\{-\mathrm{i}\left[kz - (2p+l+1)\arctan\left(\frac{\lambda z}{\pi\omega_0^2}\right)\right]\right\} \qquad (2.123)$$

式中:C_{pl}为归一化常数;L_{pl}为缔合拉盖尔多项式;p 和 l 分别为径向和角向模式数。决定角向分布的 $\cos(l\varphi)$ 和 $\sin(l\varphi)$ 因子任选一个。当 $l=0$ 时,只能取余弦项,否则整个表达式为零。如同直角坐标系中描述的那样,光束参数 $\omega(z)$ 和 $R(z)$ 对柱坐标系中所有的模式都是相同的,而相移参数 Φ 与模式数相关,具体关系如下:

$$\Phi = (2p + l + 1)\arctan(\lambda z / \pi \omega_0^2) \qquad (2.124)$$

2.1.7 激光模式分布与相干模式系数

由于物理上要求交叉谱密度函数 $W(\boldsymbol{r}_1, \boldsymbol{r}_2, \omega)$ 在空间区域内平方可积,而且 $W(\boldsymbol{r}_1, \boldsymbol{r}_2, \omega)$ 一定是非负定函数,则根据积分方程理论,交叉谱密度函数 $W(\boldsymbol{r}_1, \boldsymbol{r}_2, \omega)$ 一定可以展开为 Mercer 级数展开的形式:

$$W(\boldsymbol{r}_1, \boldsymbol{r}_2, \omega) = \sum_n \lambda_n \phi_n^*(\boldsymbol{r}_1, \omega)\phi_n(\boldsymbol{r}_2, \omega) \qquad (2.125)$$

式中:函数 $\phi_n(\boldsymbol{r}, \omega)$ 为第二类各向同性 Fredholm 积分方程的本征函数;参数 λ_n 为本征值。第二类各向同性 Fredholm 积分方程的表达形式为

$$\int W(\boldsymbol{r}_1, \boldsymbol{r}_2, \omega)\phi_n(\boldsymbol{r}_1, \omega)\mathrm{d}^2\boldsymbol{r}_1 = \lambda_n\phi_n(\boldsymbol{r}_2, \omega) \qquad (2.126)$$

它的本征值 λ_n 必须为非负实数,本征函数 $\phi_n(\boldsymbol{r}, \omega)$ 能够在积分区域内组成正交函数系。并且,进一步推导可以证明,本征函数 $\phi_n(\boldsymbol{r}, \omega)$ 满足玄姆霍兹方程,所以可以表示光场信号,则称 $\phi_n(\boldsymbol{r}, \omega)$ 为部分相干光的自然模式。

根据激光谐振腔理论,对不同形状的谐振腔腔型,可以得到不同的激光本征模式。方形镜条件下,谐振腔的本征模式为厄米-高斯(HG)光束。单一的 HG 模式光束是完全相干光,由于 HG 光束的完备性,激光器出射的部分相干光可以表示为不同 HG 模式光束的相干叠加:

$$E(x, y, \omega) = \sum_{n,m} c_{nm}(\omega)\psi_{nm}(x, y, \omega) \qquad (2.127)$$

根据交叉谱密度函数的定义可得

$$W(x_1, y_1, x_2, y_2, z, \omega)$$

$$= \langle E^*(x_1, y_1, z, \omega)E(x_2, y_2, z, \omega) \rangle$$

$$= \sum_{n,m,n',m'} \langle c_{nm}^*(\omega)c_{n'm'}(\omega) \rangle \psi_{nm}^*(x_1, y_1, z, \omega)\psi_{n'm'}(x_2, y_2, z, \omega)$$

$$= \sum_{n,m,n',m'} D_{nmn'm'}\psi_{nm}^*(x_1, y_1, z, \omega)\psi_{n'm'}(x_2, y_2, z, \omega) \qquad (2.128)$$

式中:$<\cdots>$ 代表系宗平均,当认为部分相干光束的随机光场是稳定各态经历的随

机过程时,系宗平均可以用时间平均代替;$D_{nmn'm'}$ 为组成随机光场的模式成分的二阶统计量,称为相干模系数,由于光场为准单色光,所以频率展宽 $\Delta\omega \ll \omega$。在此情况下,频率对相干模系数的影响一般忽略,因此 $D_{nmn'm'}$ 在不存在混淆的情况下,略去了频率 ω 自变量。当 $n = n'$, $m = m'$ 时,D_{nmnm} 为非负实数,表征 TEM$_{nm}$ 模所占激光总能量的分量。当 $n \neq n'$, $m \neq m'$ 时 $D_{nmn'm'}$ 可以为复数,描述 TEM$_{nm}$ 模与 TEM$_{n'm'}$ 模的互相关关系,$D_{nmn'm'}$ 的模代表两个模式的相关强度,而复数 $D_{nmn'm'}$ 的相位代表两个相干模式间的相位关系。

如果令式(2.128)中 $x_1 = x_2 = x$, $y_1 = y_2 = y$,交叉谱密度函数变为光谱密度,在准单色光条件下光谱密度可以近似认为是光强分布,即

$$I(x,y) = \langle E^*(x,y)E(x,y) \rangle$$
$$= \sum_{n,m,n',m'} D_{nmn'm'} \psi_{nm}^*(x,y) \psi_{n'm'}(x,y) \qquad (2.129)$$

利用模式间的正交关系,可以得到光束的总能量 P_t 为

$$P_t = \sum_{n,m} D_{nmnm} \qquad (2.130)$$

式(2.129)说明相干模式系数的互相关项对光场的能量没有贡献。

如果 $n \neq n'$, $m \neq m'$ 时,$D_{nmn'm'} \equiv 0$,则光束所包含的模式相互之间不存在相关,则式 (2.128) 与式(2.129)可以分别写为

$$W(x_1,y_1,x_2,y_2,z,\omega) = \sum_{n,m} D_{nmnm} \psi_{nm}^*(x_1,y_1,z,\omega) \psi_{nm}(x_2,y_2,z,\omega) \quad (2.131)$$

$$I(x,y) = \sum_{n,m,n',m'} D_{nmnm} |\psi_{nm}(x,y)|^2 \qquad (2.132)$$

对比式(2.125)与式(2.131),两式的形式基本相同,此时说明谐振腔的本征模式(HG 模)即该部分相干光束的自然模式,$\psi_{nm}(r,\omega)$ 与 $\phi_n(r,\omega)$ 等价。但是,由于激光器中工作介质非均匀性,谐振腔孔径及谐振腔共轴偏差的影响,激光谐振腔的不同模式间不可避免发生相关,$n \neq n'$, $m \neq m'$ 时 $D_{nmn'm'}$ 通常不为零。所以部分相干光束的自然模式与几何谐振腔的本征模式一般不相同,部分相干光场的自然模式 $\phi_n(r,\omega)$ 不是谐振腔的本征模式 $\psi_{nm}(r,\omega)$,如果仍然用 $\psi_{nm}(r,\omega)$ 表示该光场的交叉谱密度函数,则相干模系数 $D_{nmn'm'}$ 的交叉项不可忽略,式(2.131)不适用。

相干模式系数 $D_{nmn'm'}$ 的交叉项全部为零的情况又可以理解为所有模式之间是非相干的关系,由于非相干光之间是强度的叠加,所以激光束的光强分布表达式如式(2.132),为所有激光模式强度的叠加。

2.1.8　高斯–谢尔(GS)模型光束

一类重要的光源类型在激光理论研究中有重要价值,这种部分相干光源的模

型称为 GS 模型。这种光源出射的光束具有良好的方向性,但却是全局非相干的。GS 模型光束是仿真多模激光传输变换问题的常用模型。GS 模型光源产生的光束具有高度方向性以及高斯型的光强分布,在激光的部分相干性理论研究中有重要应用。谢尔(Schell)模型光源的交叉谱密度函数可以表示为

$$W(\boldsymbol{r}_1, \boldsymbol{r}_2, \omega) = [I(\boldsymbol{r}_1, \omega)]^{1/2} [I(\boldsymbol{r}_2, \omega)]^{1/2} \mu(\boldsymbol{r}_1 - \boldsymbol{r}_2, \omega) \qquad (2.133)$$

由式(2.133)可知,谢尔模型光源的复相干度只与两点距离 $\boldsymbol{r}_1 - \boldsymbol{r}_2$ 有关,与两点位置 $\boldsymbol{r}_1$ 与 $\boldsymbol{r}_2$ 的大小无关。如果式(2.133)中光强分布与光场相干度分布都是高斯GS 型函数:

$$I(\boldsymbol{r}, \omega) = A(0, \omega) \exp\left[-\frac{\boldsymbol{r}^2}{2\sigma_S^2(\omega)}\right] \qquad (2.134)$$

$$\mu(\boldsymbol{r}_1 - \boldsymbol{r}_2, \omega) = \exp\left[-\frac{|\boldsymbol{r}_1 - \boldsymbol{r}_2|^2}{2\sigma_\mu^2(\omega)}\right] \qquad (2.135)$$

满足式(2.133)、式(2.134)与式(2.135)的光源模型称为高斯 GS 模型。如果光源是准单色光,则频率参量 ω 一般可以省略。$2\sigma_S$ 为光源宽度/均方根谱宽(RMS),σ_μ 为 GS 源的相干长度。GS 源出射的光束模型与高斯光束相同,具有空间光强分布传输不变的特性。

Wolf 等人研究了 GS 模型光束在 HG 模式下的分解及相干模系数。为了简化,此处讨论一维 GS 模型光束的模式分解。假设 GS 模型光束在束腰处光强分布如式(2.134)所示,该光束的交叉谱密度函数可以分解为

$$W(x_1, x_2, \omega) = \sum_n \lambda_n \psi_n^*(x_1, \omega; v_0) \psi_n(x_2, \omega; v_0) \qquad (2.136)$$

式中:$\psi_n(x, \omega)$ 为一维 HG 模光束的一维形式。$W(x_1, x_2, \omega)$ 是式(2.133)的一维形式。基模 HG 光束的束腰大小为 v_0。将式(2.136)代入式(2.126)中,进行积分运算可以求得相干模 λ_n。为了进行模式分解,HG 模式的束腰大小 v_0 与 GS 模型的 RMS 光源宽度 $2\sigma_S$ 及相干长度 σ_μ 需要满足关系:

$$\frac{1}{\sigma_\mu^2} + \frac{1}{4\sigma_S^2} = \frac{4\sigma_S^2}{v_0^4} \qquad (2.137)$$

由此可见,已知相干度与光源宽度及 HG 模式的束腰大小三个参量中的两个可以确定 GS 模型光束的另一个参量。由于 $\sigma_\mu^2 \geq 0$,所以一定有 $v_0 \leq 2\sigma_S$,说明用于模式分解的 HG 模式的束腰宽度一定不大于光源的宽度。由此得到相干模系数为

$$\lambda_n = \lambda_0 q^n \qquad (2.138)$$

式中:

$$\lambda_0 = I(0) \left(\frac{\pi}{2} \right)^{1/2} \left(\frac{v_0^2}{\sigma_S} \right) \left[1 + \left(\frac{v_0}{2\sigma_S} \right)^2 \right]^{-1} \tag{2.139}$$

$$q = \frac{1 - [v_0/(2\sigma_S)]^2}{1 + [v_0/(2\sigma_S)]^2} \tag{2.140}$$

式(2.139)中 λ_0 表示基模高斯光束的模系数。式(2.138)表明,高阶 HG 光束的模系数 λ_n 与基模的模系数 λ_0 的比值随阶数 n 呈指数递减趋势。由于式(2.136)与式(2.131)形式相同,说明 GS 模型光束中各阶 HG 模式之间不相干,即其相干模系数交叉项全部为零。

图 2.12 所示为在 $z = 0$ 处(束腰处), $\sigma_S = 0.2\mathrm{mm}$ 与 $\sigma_S = 0.3\mathrm{mm}$ 的 GS 模型光束的横向光强分布。它们的束腰半径分别为 0.4mm 与 0.6mm,光强呈高斯分布。如果给定用于模式分解的 HG 模基模束宽 $v_0 = 0.25\mathrm{mm}$,则依据式(2.137)光束的相干长度 σ_μ 也唯一确定,光束的相干模式系数也同样唯一确定。

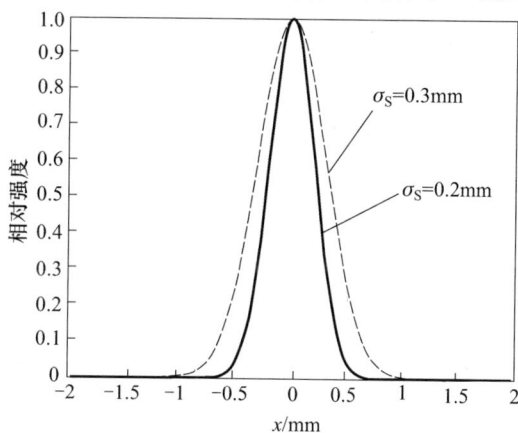

图 2.12　GS 模型光束束腰处横向光强分布

图 2.13(a)给出 $\sigma_S = 0.2\mathrm{mm}$ 的 GS 模型光束的相对相干模式系数,图 2.13(b)为 $\sigma_S = 0.3\mathrm{mm}$ 时 GS 模型的相对相干模式系数。此处相对相干模式系数 $\lambda_n^{(r)}$ 定义为

$$\lambda_n^{(r)} = \frac{\lambda_n}{\sum\limits_n \lambda_n} \tag{2.141}$$

此处相对相干模系数定义为 n 阶模式系数所占总模式系数的百分比,此定义在模式互为非相干情况下成立,相干情况将在用到时再给出。由图 2.13 所示,相对相干模式系数随阶数 n 增大按指数减小。对比图 2.13 可以看出,$2\sigma_S - v_0$ 的值越大,基模在总模式中所占比例越小,高阶模越多,所以当 v_0 一定时,GS 光束束宽 $2\sigma_S$

越大,光束的相干性越差。当 $2\sigma_S - v_0 = 0$,即 GS 光束束宽等于 HG 基模束宽时,HG 基模相对相干模系数为1,基模在总模式中所占比例为100%,因此,此时光束是完全相干光。

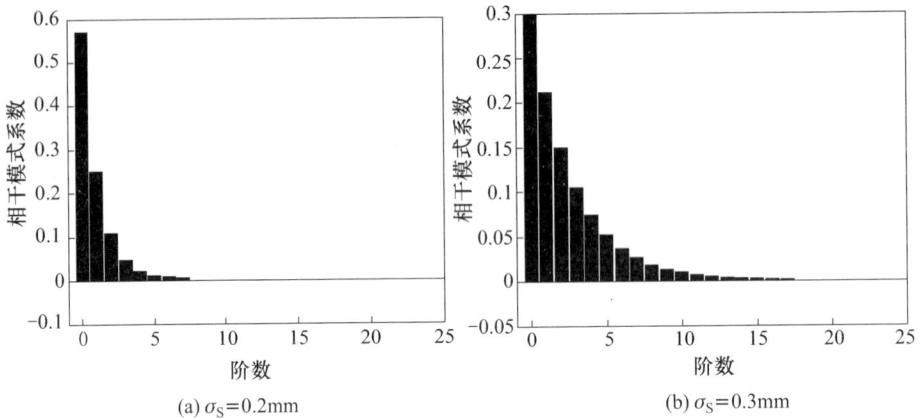

(a) $\sigma_S = 0.2$mm

(b) $\sigma_S = 0.3$mm

图 2.13　GS 光束相干模系数

2.2　激光经过光学系统的传输

2.2.1　理想光学系统对激光光束传输的影响

2.2.1.1　基模高斯光束通过光阑透镜分离系统的焦移

在不考虑光学系统像差的情况下,光学系统可以等效为傍轴透镜系统,因此可将上述光学系统简化为光阑透镜分离系统,以便于计算。对于含有限制孔径的复杂光学系统输出面光场计算,只需重复孔径面光场的计算过程即可[10]。下面考虑如图 2.14 所示光阑透镜分离系统。

在上述光学系统中,高斯光束入射到孔径 A.P 面,然后经过焦距为 f 的薄透镜 L 到达观察屏 O.S 面。透镜与孔径和观察屏的距离分别为 z_0 和 z。假设入射到孔径面的光场为 $U(r_1)$,那么透镜左侧光场 $U(r_0)$ 可由惠更斯 - 菲涅耳积分确定,具体形式如下:

$$U(r_0) = \frac{2\pi\exp(ikz_0)}{i\lambda z_0}\exp\left(\frac{ikr_0^2}{2z_0}\right)\int_0^a U(r_1)\exp\left[\frac{ikr_1^2}{2z_0}\right]J_0\left(\frac{kr_0r_1}{z_0}\right)r_1dr_1 \quad (2.142)$$

式中:参数 a 为孔径半径;λ 为波长;$k = 2\pi/\lambda$;J_0 为第一类零阶贝塞尔函数。

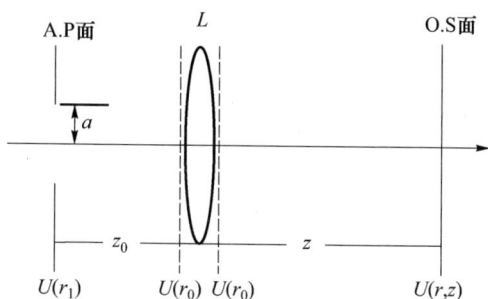

图 2.14　光阑透镜分离系统示意图

对于高斯形式的振幅入射,即

$$U(r_1) = \exp\left(-\frac{r_1^2}{\omega^2}\right) \tag{2.143}$$

式中:ω 为 $1/e$ 光斑半径,式(2.142)可化简为

$$U(r_0) = \frac{2\pi\exp(ikz_0)}{i\lambda z_0}\exp\left(\frac{ikr_0^2}{2z_0}\right)\int_0^a \exp\left[-\frac{r_1^2}{\alpha^2}\right]J_0\left(\frac{kr_0r_1}{z_0}\right)r_1 dr_1 \tag{2.144}$$

式中:

$$1/\alpha^2 = 1/\omega^2 - ik/2z_0 \tag{2.145}$$

值得注意的是式(2.144)假定束腰位于孔径位置,事实上通过在参数 $1/\alpha^2$ 加上 $ik/2R$ 项可以任意调整入射光束的曲率半径 R。

位于透镜右侧的光场 $U'(r_0)$ 通过乘以相应的相位因子便可得到,具体形式如下:

$$U'(r_0) = U(r_0)\exp\left(-\frac{ikr_0^2}{2f}\right) \tag{2.146}$$

式中:f 为透镜的焦距。

再次应用惠更斯－菲涅耳积分,观察屏 O.S 上的光场 $U(r)$ 可由式(2.147)表达:

$$U(r,z) = -\frac{4\pi^2\exp[ik(z_0+z)]}{\lambda^2 z_0 z}\int_0^\infty\int_0^a J_0\left(\frac{kr_0r_1}{z_0}\right)J_0\left(\frac{kr_0r}{z}\right)$$

$$\times\exp\left(\frac{ikr^2}{2z}\right)\exp\left[\frac{ikr_0^2}{2}\left(\frac{1}{z_0}+\frac{1}{z}-\frac{1}{f}\right)-\frac{r_1^2}{\alpha^2}\right]r_1 r_0 dr_1 dr_0$$

$$\tag{2.147}$$

利用贝塞尔函数的性质,能够将式(2.147)进行简化,给出光强分布的渐近解如下：

（1）当 $|\eta/v|<1$ 时，归一化输出面光强分布为

$$
\begin{aligned}
U_N(r,z) &= \frac{U(r,z)}{U(0,z)}\\
&= 1\Big/\Big\{\big[\exp(\eta/2)-1\big]\exp\Big[\frac{\mathrm{i}k\varepsilon r^2}{2(f^2-\varepsilon\xi)}\Big]\Big\}\times\sum_{n=1}^{\infty}(\eta/v)^n J_n(v)
\end{aligned}
$$

$$(2.148)$$

（2）当 $|\eta/v|>1$ 时，光强分布的为

$$
U_N(r,z) = \frac{U(r,z)}{U(0,z)} = \exp\Big[-\frac{\mathrm{i}k\varepsilon r^2}{2(f^2-\varepsilon\xi)}\Big]\Big/\big[\exp(\eta/2)-1\big]
$$

$$
\times\Big[\exp(\eta/2-v^2/2\eta)-\sum_{n=0}^{\infty}(-v/\eta)^n J_n(v)\Big] \quad (2.149)
$$

式中：

$$
\mu=\eta/2=\sigma+\mathrm{i}\mu_0/2, \mu_0=k\xi a^2/(f^2-\varepsilon\xi)
$$

$$
\sigma=a^2/\omega^2, v=kraf/(f^2-\varepsilon\xi)
$$

$$
\varepsilon=z_0-f,\ \xi=z-f
$$

式中：σ 为截断参数；ε 和 ξ 分别为相对于前后焦点的轴上坐标。

借助推导的归一化输出面光场，令 $r=0$ 最终可获得如下的轴上光强表达式：

$$
I(0,z)=I_0\frac{4}{4\sigma^2+\mu_0^2}\big[\exp(-2\sigma)-2\exp(-\sigma)\cos(\mu_0/2)+1\big] \quad (2.150)
$$

式中：

$$
I_0=\Big(\frac{\pi f}{\xi}F\Big)^2,\ \mu_0=-2\pi F,\ F=-\frac{a^2\xi}{\lambda(f^2-\varepsilon\xi)}
$$

高斯光束通过光阑透镜分离系统的轴上光强的相对极大和极小值可由式(2.150)的导数确定，通过对上述极值进行对比进而找出最大值及其所在的位置 $\xi=\Delta$，Δ 即为高斯光束通过光阑透镜分离系统的焦移[10,11]。

首先考察光阑透镜间距对焦移的影响，并确定光学系统和入射光束的具体参数为 $f=200\mathrm{cm}$，$\lambda=632.8\mathrm{nm}$，及 $\omega=0.8\mathrm{mm}$。在几组不同宽度的孔径下（ $a=0.8$，1.0，1.2，$1.6\mathrm{mm}$；$\sigma=1$，1.5625，2.25，4 ），光阑透镜间距与焦移的关系如图 2.15 所示。由图 2.15 可知，当光阑透镜间距 ε 为负时，轴上光强最大点向着靠近透镜的方向移动；光阑透镜间距 ε 为正时，轴上光强最大点向着远离透镜的方向移动。另外，发现焦移的绝对值 $|\Delta|$ 随着截断参数 σ 的增加而减小，为了解释这种现象，考

察截断参数 σ 趋于无穷的情况,此时可将入射光场视为无孔径限制的高斯光束。

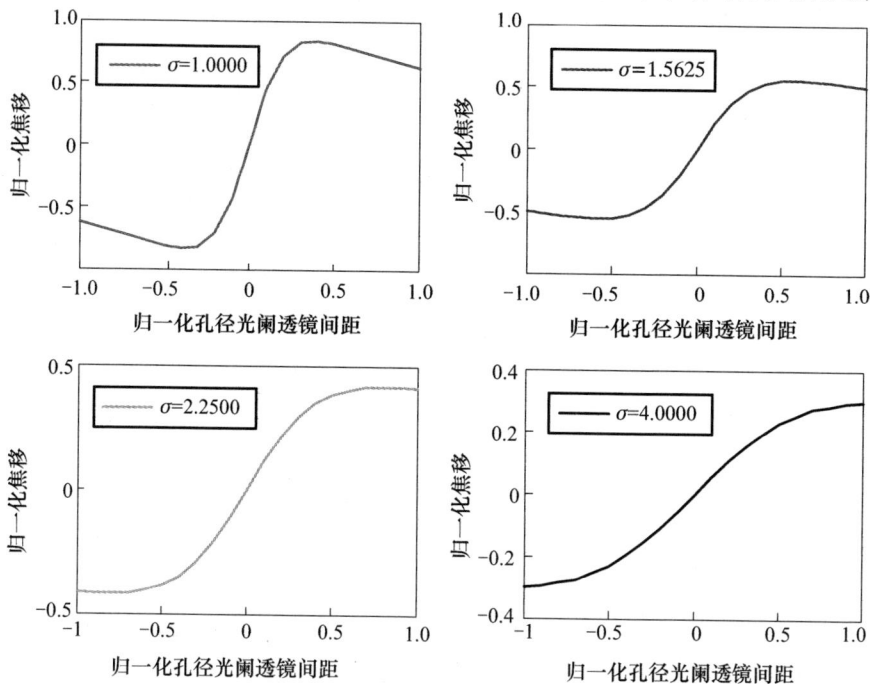

图 2.15　不同截断参数下归一化焦移与归一化光阑透镜间距的关系

当截断参数 σ 趋于无穷时,式(2.150)可化简为如下形式:

$$I(0,z) = \frac{f^2}{\left[\lambda(f^2 - \varepsilon\xi)/\pi\omega^2\right]^2 + \xi^2} \tag{2.151}$$

依据式(2.150)和式(2.151),焦移对截断参数的依赖关系可由图 2.16 描述。由图 2.16 可知,随着截断参数的增加,相应曲线逐渐与标有 $\sigma = \inf(\sigma \to \infty)$ 的曲线重合。也就是说,随着截断参数的增加,入射光场的衍射逐渐与无孔径限制的高斯光束情况相一致,并且当截断参数远大于 7.5625 时,入射光场便可视为无孔径限制的高斯光束。

在考察截断参数 σ 趋于无穷的情况后,接下来察看截断参数 σ 趋于零的情况,此时入射光场与均匀振幅光束的情况相一致。当截断参数 σ 趋于零时,式(2.150)可化简为如下形式:

$$I(0,z) = I_0\left[\frac{\sin(\mu_0/4)}{\mu_0/4}\right)\right]^2 = 4\left\{\frac{\sin\left[\pi N/2(f/\xi - \varepsilon/f)\right]}{\xi/f}\right\}^2 \tag{2.152}$$

式中:N 为菲涅耳数,具体形式为

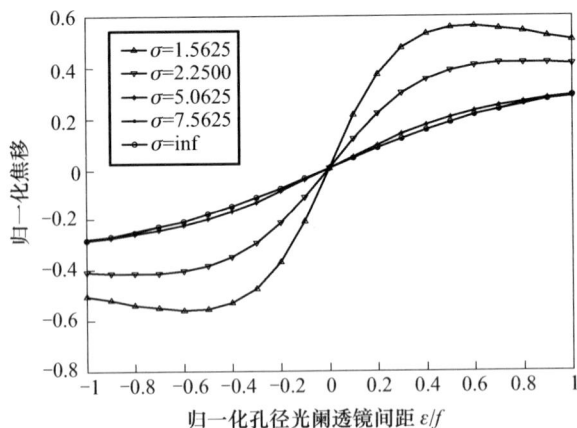

图 2.16　焦移与截断参数间的依赖关系

$$N = \frac{a^2}{\lambda f} \tag{2.153}$$

下面考察当截断参数 σ 趋于零时光阑透镜间距和菲涅耳数对焦移的影响，采用与先前一致的光学系统和入射光束参数，即 $f = 200\mathrm{cm}$，$\lambda = 632.8\mathrm{nm}$。在几组不同宽度的孔径下（$a = 0.1, 0.2, 0.3, 0.4\mathrm{cm}$；$N = 0.7901, 3.1606, 7.1113, 12.6422$），当光阑透镜间距 ε 为 $-f$ 和 f 时，归一化的轴上光强随归一化坐标 ξ/f 的变化如图 2.17 所示。

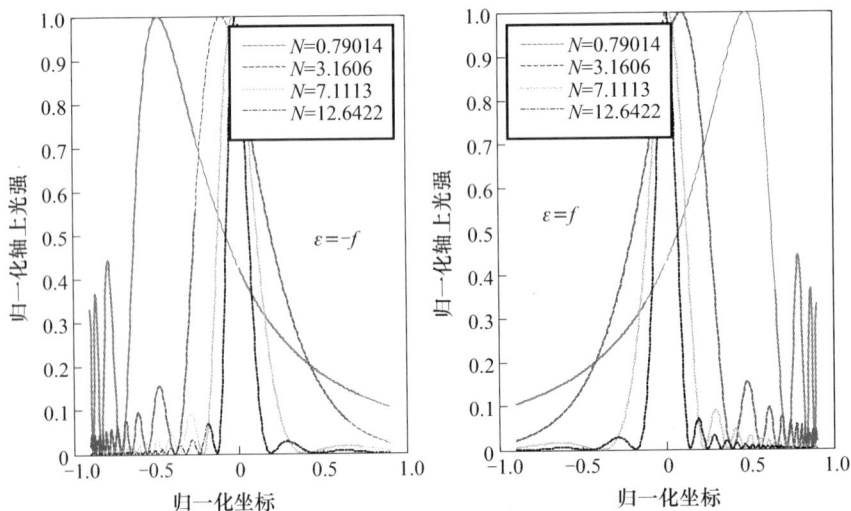

图 2.17　在光阑透镜间距 ε 为 $-f$ 和 f 时，归一化的
轴上光强随归一化坐标 ξ/f 的变化（见彩图）

由图 2.17 可知,随着菲涅耳数的增加,轴上光强最大点逐渐靠近几何焦点。相应地,当菲涅耳数较大时,焦移消失。另外,在菲涅耳数相同的情况下,对于相反的光阑透镜间距 $-f$ 和 f,其轴上光强关于焦点对称分布。焦移与菲涅耳数间的依赖关系如图 2.18 所示。

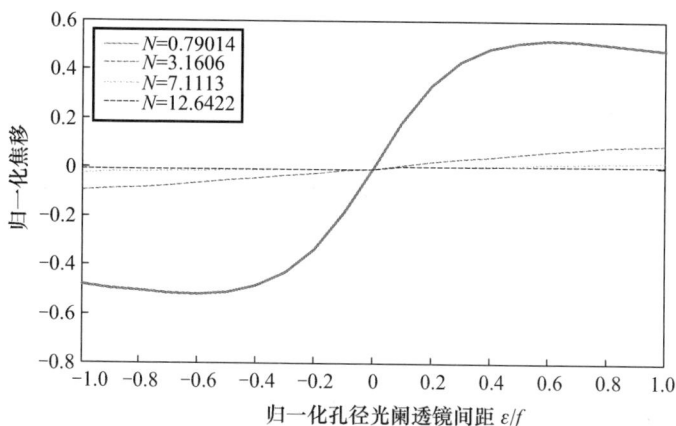

图 2.18　焦移与菲涅耳数间的依赖关系(见彩图)

图 2.18 描述了焦移与菲涅耳数之间的依赖关系,随着菲涅耳数的增加,焦移逐渐减小并且最终消失。另外,在菲涅耳数相同的情况下,焦移与光阑透镜间距的关系与先前一致。当光阑透镜间距 ε 为负时,轴上光强最大点向着靠近透镜的方向移动;光阑透镜间距 ε 为正时,轴上光强最大点向着远离透镜的方向移动。

2.2.1.2　高阶 HG 光束通过光阑透镜分离系统的焦移

在本节中,借助推导的 HG 光束通过含有限制孔径光学系统传播方程,探讨厄米 – 高斯光束通过光学系统的焦移情况。这里采取 2.2.1.1 节所使用的处理方式,将光学系统简化为光阑透镜分离系统,以便于计算。并且光阑透镜分离系统的具体结构参数与图 2.14 大体一致,只不过对应于 HG 光束,这里选取的是半宽度为 a 的矩形光阑。在上述光学系统中,HG 光束入射到孔径 A. P 面,然后经过焦距为 f 的薄透镜 L 到达观察屏 O. S 面。透镜与孔径和观察屏的距离分别为 z_0 和 z。对应于该光阑透镜分离系统的光线变换矩阵 $\boldsymbol{M}$ 可写作:

$$\boldsymbol{M} = \begin{bmatrix} A & B \\ C & D \end{bmatrix} = \begin{bmatrix} 1 - z/f & z_0(1 - z/f) + z \\ -1/f & 1 - z_0/f \end{bmatrix} \tag{2.154}$$

孔径 A. P 面的透过率由函数 $T(x, y)$ 表示,且其可展开为有限的复高斯函数和形式,即

$$T(x,y) = T(x)T(y) = \sum_{k=1}^{M} u_k \exp\left(-\frac{\theta_k x^2}{a^2}\right) \sum_{l=1}^{N} u_l \exp\left(-\frac{\theta_l y^2}{a^2}\right) \quad (2.155)$$

复常数 u_k、u_l、θ_k 和 θ_l 可由基于优化算法的计算机程序获得,所需复高斯函数的数目 M 和 N 设置为 10 时,具体的系数可由表 2.1 给出。

假设 HG 光束的束腰恰与入射面重合,即入射光场 E_i 的具体形式可由式 (2.156)描述:

$$E_i(x_i, y_i) = K_i \exp\left[-(x_i^2 + y_i^2)/\omega_0^2\right] H_m\left(\sqrt{2}\frac{x_i}{\omega_0}\right) H_n\left(\sqrt{2}\frac{y_i}{\omega_0}\right) \quad (2.156)$$

将入射光场 E_i 表达式(2.156)按 2.2.1.1 节基模高斯光束的计算步骤代入 Colins 公式进行积分,最终可得到输出面的光场分布 E 如下所示:

$$
\begin{aligned}
E(x,y,z) = {} & K_i \exp(-ikZ)\left(i\frac{\pi}{\lambda B}\right)\exp\left(-i\frac{\pi D}{\lambda B}x^2\right)\exp\left(-i\frac{\pi D}{\lambda B}y^2\right) \\
& \times \sum_{k=1}^{M} \frac{u_k}{Q_{x,k}}\left(1 - \frac{2}{\omega_0^2 Q_{x,k}^2}\right)^{m/2}\exp\left[-\left(\frac{\pi}{\lambda B Q_{x,k}}\right)^2 x^2\right]H_m(P_{x,k}x) \\
& \times \sum_{l=1}^{N} \frac{u_l}{Q_{y,l}}\left(1 - \frac{2}{\omega_0^2 Q_{y,l}^2}\right)^{n/2}\exp\left[-\left(\frac{\pi}{\lambda B Q_{y,l}}\right)^2 y^2\right]H_n(P_{y,l}y)
\end{aligned}
$$

$$(2.157)$$

式中:

$$Q_{x,k}^2 = \frac{1}{\omega_0^2} + i\frac{\pi A}{\lambda B} + \frac{\varepsilon_k}{a^2} \qquad Q_{y,l}^2 = \frac{1}{\omega_0^2} + i\frac{\pi A}{\lambda B} + \frac{\varepsilon_l}{a^2} \quad (2.158)$$

$$P_{x,k} = i\frac{\pi}{\lambda B Q_{x,k}(\omega_0^2 Q_{x,k}^2/2 - 1)^{1/2}} \quad (2.159)$$

$$P_{y,l} = i\frac{\pi}{\lambda B Q_{y,l}(\omega_0^2 Q_{y,l}^2/2 - 1)^{1/2}} \quad (2.160)$$

式中:$Z = z_0 + z$ 为孔径面与输出面间的光程。

输出面上的光强分布 $I(x,y,z)$ 可由式(2.161)表示:

$$I(x,y,z) = |E(x,y,z)|^2 \quad (2.161)$$

在 2.2.1.1 节中,将高斯光束通过光阑透镜分离系统后轴上光强最大值所在平面作为实际焦平面并由其来确定焦移。然而,对于 HG 光束来说,当其横模阶数 m 和 n 为奇数时,轴上光强为零,上述的处理方法对 HG 光束来说是不适用的。为了确定 HG 光束通过光阑透镜分离系统后的实际焦平面及其焦移,需要采取不同的方法,即使用如下的环围能量准则:

$$\frac{\int_{-\omega}^{\omega}\int_{-\omega}^{\omega} I(x,y,z)\,\mathrm{d}x\mathrm{d}y}{\int_{-\infty}^{\infty}\int_{-\infty}^{\infty} I(x,y,z)\,\mathrm{d}x\mathrm{d}y} = 0.8 \tag{2.162}$$

将光束的光斑半径定义为 ω,即在半径为 ω 的区域圆内包含了 80% 的光束总能量,并且光斑半径最小值 $\omega_{\min}$ 所在位置 $z_{\max} = f + \Delta$ 为实际焦平面,Δ 即为光束通过光阑透镜分离系统的焦移。另外需要说明的是,由于使用环围能量准则来定义光束的光斑半径,并将其最小值 $\omega_{\min}$ 所在位置 $z_{\max} = f + \Delta$ 作为实际焦平面计算光束通过光阑透镜分离系统的焦移,因此对于能量输送和耦合型的相关应用来说,焦移与光束质量的评价效果是一致的,即最小光斑半径 $\omega_{\min}$ 所在位置为最佳聚焦位置。相应的我们在本节会给出 HG 光束在不同结构参数下光束最小光斑半径的变化情况,以代替在不同结构参数下对 HG 光束通过光阑透镜分离系统后焦移与光束质量情况的考察。

由于篇幅的限制,只给出了 TEM_{11} HG 光束的计算结果,其他模式 HG 光束的光斑半径可通过类似计算得到。设置 $m = n = 1$,并将式(2.161)代入式(2.162),可以得到 TEM_{11} HG 光束通过光阑透镜分离系统的光斑半径的变化情况,进而反映实际焦平面位置、焦移及光束质量的相关情况。在这里光学系统和入射光束的具体参数与 2.2.1.1 节一致,即 $f = 200\text{cm}$,$\lambda = 632.8\text{nm}$,$\omega_0 = 0.8\text{mm}$。孔径的宽度和光阑透镜间距分别设置为 $a = 1.2\text{mm}$ 和 $z_0 = 0\text{mm}$。将上述参数代入光斑半径表达式,最终可获得 TEM_{11} HG 光束通过光阑透镜分离系统的实际焦平面为透镜后 112.5826cm 处,且该位置的光强分布如图 2.19 所示。

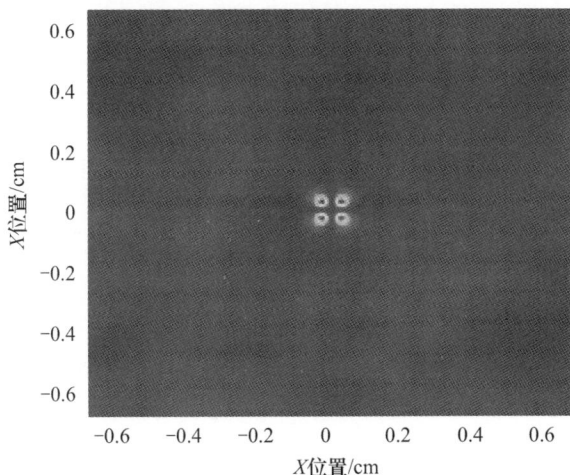

图 2.19　TEM_{11} HG 光束在实际焦平面的光强分布(见彩图)

在考察了 TEM_{11} HG 光束通过固定结构参数光阑透镜分离系统的具体情况后，接下来将探讨几种不同模式 HG 光束在不同结构参数下光束最小光斑半径所在位置的变化情况，进而描述在不同结构参数下 HG 光束通过光阑透镜分离系统后的焦移与光束质量情况。设置光学系统和入射光束的基本参数与先前一致，即 $f = 200cm，\lambda = 632.8nm，\omega_0 = 0.8mm$，计算 TEM_{11} 与 TEM_{22} 两种不同模式厄米 – 高斯光束在几组不同宽度的孔径下（$a = 1.2,1.8,2.2,2.4mm；\sigma = 2.25,5.0625,7.5625,9，\sigma = a_2/\omega_{02}$），光阑透镜间距 z_0 与光斑半径最小值 ω_{min} 所在位置 $z_{max} = f + \Delta$ 的关系，分别如图 2.20 和图 2.21 所示。由图 2.20 可知，当光阑透镜间距 z_0 小于 1 倍焦距时，光斑半径最小值 ω_{min} 所在位置 z_{max} 向着靠近透镜的方向移动；光阑透镜间距 z_0 大于 1 倍焦距时，光斑半径最小值 ω_{min} 所在位置 z_{max} 向着远离透镜的方向移动。另外，我们发现焦移的绝对值 $|\Delta|$ 随着截断参数 σ 的增加而减小，且相应曲线逐渐与标有 $\sigma = inf(\sigma \to \infty)$ 的曲线重合。也就是说，随着截断参数的增加，入射光场的衍射逐渐与无孔径限制的 HG 光束情况相一致。并且当截断参数远大于 7.5625 时，入射光场便可视为无孔径限制的 HG 光束。

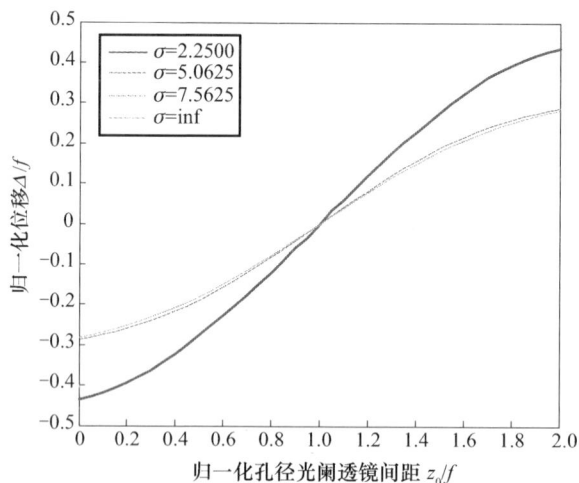

图 2.20　TEM_{11} HG 光束在不同截断参数下归一化
光阑透镜间距与归一化焦移的关系（见彩图）

图 2.21 为 TEM_{22} HG 光束在同样宽度的孔径下，光阑透镜间距 z_0 与光斑半径最小值 ω_{min} 所在位置 $z_{max} = f + \Delta$ 的具体关系情况。通过将图 2.21 与图 2.20 进行对比，发现对于 TEM_{22} HG 光束来说，光阑透镜间距 z_0 和截断参数 σ 对光斑半径最小值 ω_{min} 所在位置 z_{max} 的影响与 TEM_{11} HG 光束的情况基本一致，只是在相同的光阑透镜间距 z_0 和截断参数 σ 下 TEM_{22} HG 光束的焦移更为明显，但随着截断参数

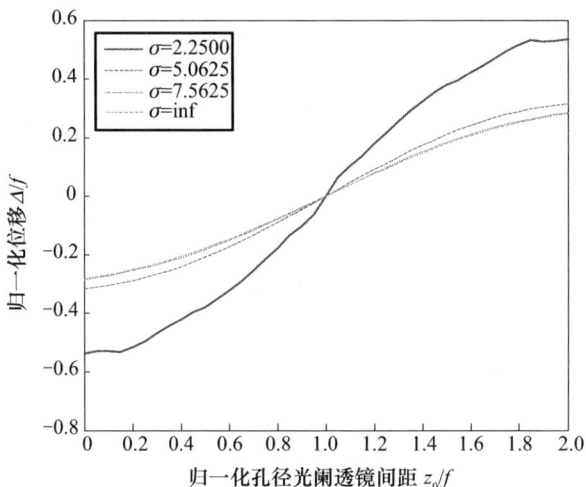

图 2.21　TEM$_{22}$ HG 光束在不同截断参数下归一化
光阑透镜间距与归一化焦移的关系(见彩图)

σ 的增加,它们之间的区别越来越小。

综合上述的分析,可以得出以下结论:最佳聚焦位置(光斑半径最小值 ω_{min} 所在位置 z_{max})与光阑透镜间距 z_0 和截断参数 σ 有关,并且当光阑越靠近透镜前焦点位置,孔径宽度越大,最佳聚焦位置距透镜后焦点位置越近。

2.2.2　光学系统像差对激光光束传输的影响

除了光学系统的一阶特性,光学系统的像差也会对激光的光束质量与传输特性产生重要影响[12]。光学系统的像差能够通过光线追迹得到,描述光瞳面上光场位相分布与理想球面位相分布的差异,因此像差主要影响激光的位相分布。在众多的像差表示法中,目前最广泛采用的是 Zernike 多项式对光学系统像差的拟合,并采用 Zernike 多项式系数描述系统的像差分布。本节对 Zernike 多项式表示的光学系统像差进行简要阐述,并给出激光经过有像差光学系统的计算方法。

2.2.2.1　Zernike 多项式

单位圆形光瞳面内,像差函数 $W(\rho,\theta)$ 能够展开为圆域 Zernike 多项式 $Z_j(\rho,\theta)$ 叠加的形式:

$$W(\rho,\theta) = \sum_{j=1}^{J} a_j Z_j(\rho,\theta) \tag{2.163}$$

式中:a_j 为多项式的展开系数,又称为光学系统的像差系数;(ρ,θ) 代表圆形光瞳内极坐标的一点,且有 $0 \leqslant \rho \leqslant 1, 0 \leqslant \theta \leqslant 2\pi$。Zernike 多项式的具体形式可以表示为

$$Z_{\mathrm{evenj}}(\rho,\theta) = \sqrt{2(n+1)}R_n^m(\rho)\cos(m\theta), \qquad m \neq 0 \tag{2.164}$$

$$Z_{\mathrm{oddj}}(\rho,\theta) = \sqrt{2(n+1)}R_n^m(\rho)\sin(m\theta), \qquad m \neq 0 \tag{2.165}$$

$$Z_j(\rho,\theta) = \sqrt{(n+1)}R_n^0(\rho), \qquad m = 0 \tag{2.166}$$

式中:m 与 n 为非负整数,且 $n - m$ 必须为非负偶数。根据式(2.164)到式(2.166),可以看出 Zernike 多项式具有坐标 ρ 与 θ 可分离的形式,其中径向坐标 ρ 的函数的具体表达式为

$$R_n^m(r) = \sum_{s=0}^{\frac{(n-m)}{2}} \frac{(-1)^s(n-s)!}{s!\left(\dfrac{n+m}{2}-s\right)!\left(\dfrac{n-m}{2}-s\right)!}\rho^{n-2s} \tag{2.167}$$

因此,经过推导可以得知 Zernike 多项式是互相正交的,即

$$\int_0^1\!\!\int_0^{2\pi} Z_j(\rho,\theta)Z_{j'}(\rho,\theta)\rho\mathrm{d}\rho\mathrm{d}\theta \bigg/ \int_0^1\!\!\int_0^{2\pi}\rho\mathrm{d}\rho\mathrm{d}\theta = \delta_{jj'} \tag{2.168}$$

利用 Zernike 多项式的正交关系,Zernike 像差系数 a_j 可以按下面方式求得

$$a_j = \frac{1}{\pi}\int_0^1\!\!\int_0^{2\pi} W(\rho,\theta)Z_j(\rho,\theta)\rho\mathrm{d}\rho\mathrm{d}\theta \tag{2.169}$$

式(2.164)~式(2.166)中:n 为多项式的阶数;m 为方位角频率,而 Zernike 多项式阶数 j 是 n 与 m 的函数。在利用 j 对 Zernike 多项式进行排序时,首先将 n 按从小到大排列,当 n 相同时,m 按从小到大排列,并且当 j 为偶数时,多项式按 $\cos(m\theta)$ 变化,当 j 为奇数时,按 $\sin(m\theta)$ 调制多项式。前 15 项 Zernike 多项式如表 2.2 所列。图 2.22 为 $j = 4,5,7,11$ 时,Zernike 像差在光瞳内的相位分布,对应的像差分别为离焦、像散、彗差与球差。

表 2.2　前 15 项标准 Zernike 多项式

j	n	m	$Z_j(\rho,\theta)$
1	0	0	1
2	1	1	$2\rho\cos\theta$
3	1	1	$2\rho\sin\theta$
4	2	0	$3^{1/2}(2\rho^2 - 1)$

（续）

j	n	m	$Z_j(\rho,\theta)$
5	2	2	$6^{1/2}\rho^2\sin2\theta$
6	2	2	$6^{1/2}\rho^2\cos2\theta$
7	3	1	$8^{1/2}(3\rho^3-2\rho)\sin\theta$
8	3	1	$8^{1/2}(3\rho^3-2\rho)\cos\theta$
9	3	3	$8^{1/2}\rho^3\sin3\theta$
10	3	3	$8^{1/2}\rho^3\cos3\theta$
11	4	0	$5^{1/2}(6\rho^4-6\rho^2+1)$
12	4	2	$10^{1/2}(4\rho^4-3\rho^2)\cos2\theta$
13	4	2	$10^{1/2}(4\rho^4-3\rho^2)\sin2\theta$
14	4	4	$10^{1/2}\rho^4\cos4\theta$
15	4	4	$10^{1/2}\rho^4\sin4\theta$

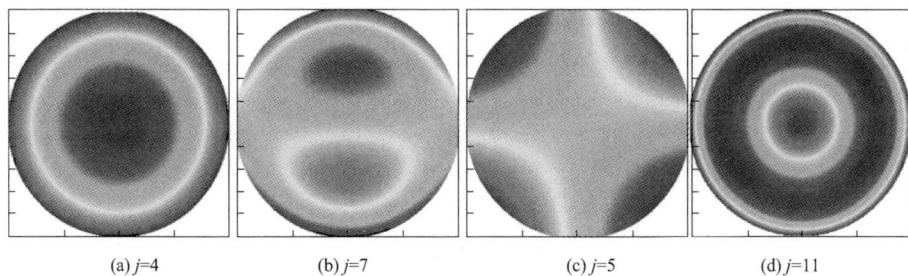

(a) $j=4$　　　　(b) $j=7$　　　　(c) $j=5$　　　　(d) $j=11$

图 2.22　Zernike 多项式像差在光瞳内的相位分布（见彩图）

2.2.2.2　像差衍射理论

　　光学系统的 ABCD 矩阵只能描述光学系统的一阶特性,当系统存在像差时,利用 ABCD 矩阵来描述光学系统是不完善的。下面介绍如何在系统一阶特性基础上,加入像差对激光光束传输影响。

　　为了讨论该问题,首先引入一点假设:激光在光学系统传输过程中,只考虑孔径光阑对激光光束的衍射效应,光学系统其他孔径对激光光束的衍射可以忽略。在不考虑系统渐晕的情况下,这一假设通常是成立的。出瞳是孔径光阑在系统像空间的像,光束强度分布在出瞳处有确定的边缘,因此当光束通过系统传输到出瞳面之前,可以认为光束没有发生孔径衍射,衍射发生在光束从出瞳到光学系统理想像点的传输过程中。而且由于出瞳上光束十分鲜明的边缘,因此将光学系统的像差加在出瞳面上是合适的。

根据上述原理,可以构建激光经过像差光学系统的传输模型,如图 2.23 所示。激光进入光学系统后,可以利用 *ABCD* 矩阵描述光场从入射面到系统出瞳的传输过程,由于在此传输期间,光场没有发生衍射,因此,可以直接使用 Collins 公式进行描述:

$$
E_p(r_p,\varphi_p,z_p) = \left(-\frac{\mathrm{i}}{\lambda B}\right)\exp(\mathrm{i}kz_p)\iint E_i(r_i,\varphi_i,0)
$$

$$
\times \exp\left\{\frac{\mathrm{i}k}{2B}[Ar_i^2 + Dr_p^2 - 2r_i r_p\cos(\varphi_i - \varphi_p)]\right\}r_i\mathrm{d}r_i\mathrm{d}\varphi_i
$$

$$(2.170)$$

式(2.170)为 Collins 公式的极坐标形式,其中入射面的坐标为$(r_i,\varphi_i,0)$,系统出瞳面坐标为(r_p,φ_p,z_p),A,B,D 为从入射面到出瞳面的光线传输矩阵元。在出瞳面上,光束被孔径函数 $P(r_p,\varphi_p)$ 截断发生衍射,同时由于光学像差的存在,像差对光场 $E_p(r_p,\varphi_p,z_p)$ 的相位进行调制,像差调制后的光束从出瞳面到高斯像点 P 的传输过程为自由空间传输,可以描述为

$$
E_o(r_o,\varphi_o,z_o) = -\frac{\mathrm{i}\exp(\mathrm{i}kL)}{\lambda L}\iint P(r_p,\varphi_p)
$$

$$
\times E_p(r_p,\varphi_p,z_p)\exp\left[2\mathrm{i}\pi W\left(\frac{r_p}{\Gamma},\varphi_p\right)\right]
$$

$$
\times \exp\left\{\frac{\mathrm{i}k}{2L}[r_p^2 + r_o^2 - 2r_p r_o\cos(\varphi_p - \varphi_o)]\right\}r_p\mathrm{d}r_p\mathrm{d}\varphi_p \quad (2.171)
$$

式中:$E_o(r_o,\varphi_o,z_o)$ 为输出面的光场分布;L 为出瞳面到输出面的距离。函数 $W(r_p/\Gamma,\varphi_p)$ 为光学系统的像差函数,根据式(2.163)可知,像差函数可以展开为 Zernike 多项式叠加的形式。

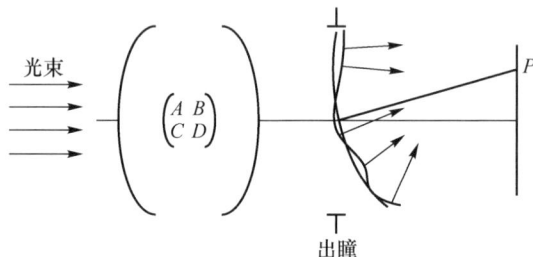

图 2.23　激光在像差光学系统中传输示意图

下面以单透镜激光聚焦系统为例说明该方法的应用。利用一平凸透镜对波长为 632.8nm 的激光进行聚焦,透镜凸面的曲率半径为 30mm,厚度为 5mm,所用折

射材料为 K9 玻璃,透光直径为 10mm。透镜折射平面到观察面距离为 52.519mm,激光的束腰半径为 5mm,束腰位置与透镜凸面定点所在平面重合,并且以 5°角倾斜入射。仿真中首先利用透镜参数计算了从入射面到出瞳面(此处出瞳面与入瞳面重合)的 *ABCD* 矩阵,并利用光学设计软件(例如 Zemax)获得了透镜的标准 Zernike 像差分布,如图 2.24(a)所示。将 *ABCD* 矩阵与 Zernike 像差代入式(2.170)与式(2.171),并通过快速 Fourier 变换算法,能够得到观察面上的激光聚焦光强分布如图 2.24(b)所示,此处将光斑平移到了坐标中心。根据图 2.24(b),可以看出光强分布呈椭圆形,具有较大的像散与彗差,这主要是由于激光斜入射光学系统引起的。

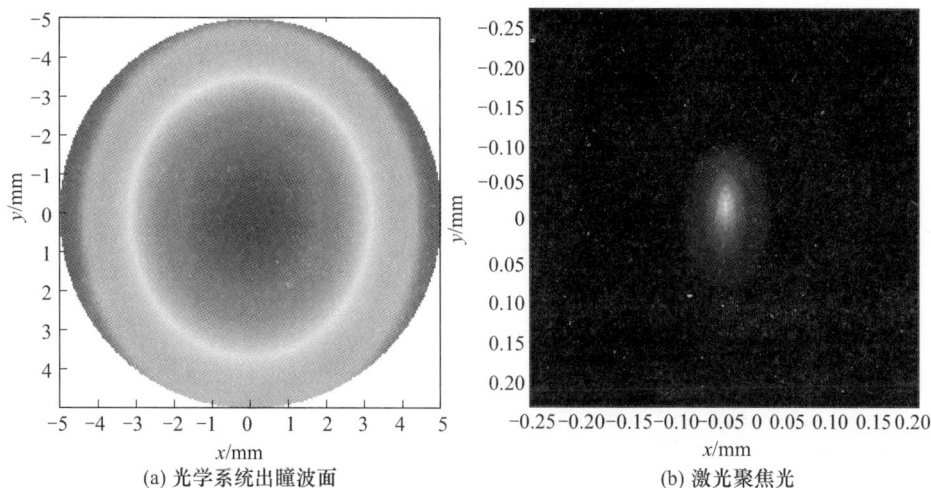

(a) 光学系统出瞳波面　　　　　(b) 激光聚焦光

图 2.24　激光经单透镜系统聚焦结果(见彩图)

2.3　激光经大气湍流传输

当激光光束通过大气传输时,由于湍流的影响激光的光束质量会发生明显退化[13-15]。本章以二阶矩束宽和桶中功率为特征参数,进行了激光光束通过湍流大气远场传输的光束质量退化研究,并给出了详细的数值分析结果。

2.3.1　大气湍流概述

2.3.1.1　层流与湍流

将大气看作流体,其含有两种截然不同的运动状态——层流和湍流。在有关湍流的研究中,Reynolds 使用相似性理论定义了一个无量纲量 $Re = Vl/v$,该量被称为雷诺数。其中 $V(\text{m/s})$ 为特征速度,$l(\text{m})$ 为特征尺度,$v(\text{m}^2/\text{s})$ 为运动黏性系数。并且存在一临界雷诺数 Re_c,当雷诺数 $Re < Re_c$ 时,流动为层流,而当雷诺数 $Re > Re_c$ 时,层流转化为湍流[14]。图 2.25 描述了层流和湍流的形成及转化。

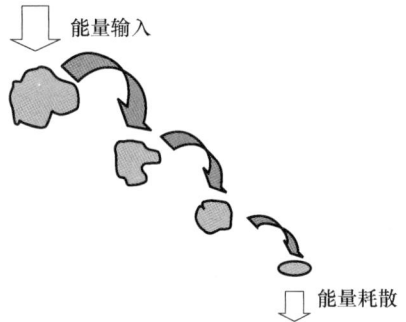

Richardson 的能量级串模型对大气湍流的结构作了很好的解释[13]。在大尺度上能量主要来自对流或风切变。在该模型下,风速增加直到其超过临界雷诺数 Re_c,此时便得到相应尺度为 L_0 的湍流涡旋。特征尺度 L_0 称为湍流的外尺度。在惯性力的影响下,较大的涡旋不断分裂成较小的涡旋,并进行能量传递,最终直到其动能完全转化为热能而无法分裂为更小的涡旋。此时的涡旋尺度为 l_0 称为湍流的内尺度。当尺度小于 l_0 时,涡旋消失,且动能耗散为热能,进入耗散区。图 2.26 描述了 Richardson 模型中能量随湍流形成的耗散过程。

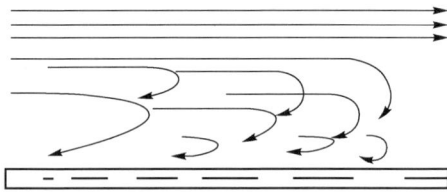

图 2.25　层流和湍流示意图　　　　图 2.26　湍流能量转换示意图

2.3.1.2　大气折射率结构常数

在给定的空间点 R,折射率 $n(R)$ 可表示为

$$n(R) = n_0 + n_1(R) \tag{2.172}$$

式中:$n_0 = \langle n(R) \rangle \approx 1$ 为折射率的均值,$\langle n(R) \rangle$ 表示对 $n(R)$ 取整体平均;$n_1(R)$ 表征折射率 $n(R)$ 对其均值 n_0 的随机偏离,因此 $\langle n_1(R) \rangle = 0$。折射率起伏与相应的温度和压力起伏是相关的。特别地,对于可见和红外波段,大气折射率可写作:

$$n(R) = 1 + 77.6 \times 10^{-6}(1 + 7.52 \times 10^{-3}\lambda^{-2})\frac{P(R)}{T(R)} \tag{2.173}$$

式中:λ 为以 μm 为单位的波长;P 为以 mbar 为单位的压强($1\text{mbar} = 10^2\text{Pa}$);$T$ 为温度(K)。由于在光频段对波长的依赖较小,所以在式(2.173)中将波长设定为 $0.5\mu\text{m}$ 可得 $n(R)$ 表达式如下:

$$n(\boldsymbol{R}) \cong 1 + 79 \times 10^{-6} \frac{P(\boldsymbol{R})}{T(\boldsymbol{R})} \tag{2.174}$$

对于统计均匀和各向同性湍流,相关的结构函数为

$$D_n(R) = \begin{cases} C_n^2 l_0^{-4/3} R^2, & 0 \leqslant R \leqslant l_0 \\ C_n^2 R^{2/3}, & l_0 \leqslant R \leqslant L_0 \end{cases} \tag{2.175}$$

式中: $R = |\boldsymbol{R}_1 - \boldsymbol{R}_2|$ 为两点间的距离, $\boldsymbol{R}_1$ 和 $\boldsymbol{R}_2$ 为相应空间点的坐标; l_0 和 L_0 分别为湍流的内外尺度; C_n^2 为折射率结构常数。当在地面某一固定高度时,可以将 C_n^2 视为常数。对于垂直和斜程,结构常数 C_n^2 作为地面高度的函数而变化,需要合适的模型来对其进行描述。最为常用的是 Hufnagle – Valley 模型,其具体表达式如下:

$$C_n^2(h) = 0.00594(w/27)^2 (10^{-5} h)^{10} \exp(-h/1000)$$
$$+ 2.7 \times 10^{-16} \exp(-h/1500) + A\exp(-h/100) \tag{2.176}$$

式中: h 为高度; $A = C_n^2(0)$ 为 C_n^2 在地面上时的值; w 为均方根风速,由式(2.177)决定:

$$w = \left[\frac{1}{15 \times 10^3} \int_{5 \times 10^3}^{20 \times 10^3} \left\{ w_s h + w_g + 30\exp\left[-\left(\frac{h - 9400}{4800} \right)^2 \right] \right\}^2 dh \right]^{1/2} \tag{2.177}$$

式中: w_g 为地面风速; w_s 为旋转速度。

2.3.1.3　大气湍流折射率功率谱

基于结构函数表达式(2.175)在惯性子区内满足三分之二定律,相关的惯性子区内折射率功率谱密度 $\varPhi_n(K)$ 描述为

$$\varPhi_n(K) = 0.033 C_n^2 K^{-11/3}, \qquad 1/L_0 \leqslant K \leqslant 1/l_0 \tag{2.178}$$

式(2.178)就是著名的 Kolmogorov 功率谱定律。由于 Kolmogorov 功率谱定律数学形式简单,因此在理论计算中被广泛运用。然而这一功率谱模型仅在惯性子区内 $1/L_0 \leqslant K \leqslant 1/l_0$ 有效。当内尺度和(或)外尺度的影响不可忽略时,需要引入其他的模型来进行计算。当功率谱式(2.178)扩展至 $K > 1/l_0$ 的耗散区时,需要引入一个将功率谱在高波数截断的函数。为了数学上的便利,Tatarskii 使用高斯函数来实现这一目的,得到的功率谱如下所示:

$$\varPhi_n(K) = 0.033 C_n^2 K^{-11/3} \exp\left(-\frac{K^2}{K_m^2} \right), \qquad K \geqslant 1/L_0 \tag{2.179}$$

式中: $K_m = 5.92/l_0$。式(2.179)被称为 Tatarskii 谱,由 Novikov 为速度起伏引入,后被 Tatarskii 采用。Kolmogorov 谱和 Tatarskii 谱在 $K = 0 (L_0 \to \infty)$ 时有一奇点。这意

味着折射率的结构函数可以计算,但其协方差函数却不能通过计算得出。Kolmogorov 谱和 Tatarskii 谱通常被修正以至于其在 $K < 1/L_0$ 时是有限且各向同性的。此时相应的协方差函数和结构函数均存在。修正的功率谱如下所示:

$$\Phi_n(K) = \begin{cases} \dfrac{0.033C_n^2}{(K^2 + K_0^2)^{11/6}}, & 0 \leqslant K \leqslant 1/l_0 \\[4mm] \dfrac{0.033C_n^2 \exp(-K^2/K_m^2)}{(K^2 + K_0^2)^{11/6}}, & 0 \leqslant K \leqslant \infty \end{cases} \qquad (2.180)$$

式中:$K_0 = 2\pi/L_0$ 或 $K_0 = 1/L_0$。式(2.180)上边的式子仅包含外尺度参数 K_0,是 Von Karman 谱的初始形式,下边的式子联了 Tatarskii 谱和 Von Karman 谱,被称为修正的 Von Karman 谱,其包含了内尺度和外尺度的影响。在惯性子区 $K_0 \leqslant K \leqslant K_m$,式(2.179)和式(2.180)简化为由式(2.178)定义的 Kolmogorov 谱。

2.3.2 湍流大气中光场计算方法

2.3.2.1 随机波动方程

光波在折射率平稳变化的无界连续介质中传播时,可用具有带有随机系数的微分方程进行描述。对于电磁波的矢量振幅 $\boldsymbol{E}(\boldsymbol{R})$,其麦克斯韦方程可以表示如下[14]:

$$\nabla^2 \boldsymbol{E} + k^2 n^2(\boldsymbol{R})\boldsymbol{E} + 2\ \nabla[\boldsymbol{E} \cdot \nabla \log n(\boldsymbol{R})] = \boldsymbol{0} \qquad (2.181)$$

式中:$\boldsymbol{R} = (x, y, z)$ 表征空间点坐标;$k = 2\pi/\lambda$ 为波数,λ 为波长;$n(\boldsymbol{R})$ 为相应位置的折射率,$\nabla^2 = \partial^2/\partial x^2 + \partial^2/\partial y^2 + \partial^2/\partial z^2$ 为拉普拉斯算符。若对传播光波施加一些基本假设,式(2.181)可得到进一步简化。下面是相应的假设条件:①后向散射可忽略;②消偏振效应可忽略;③折射率在传播方向 Delta 相关;④可援引傍轴近似。由于可见光波长 λ 相比湍流内尺度 l_0 要小得多,假设①和②是成立的,因此位于式(2.181)左边的最后一项可以忽略。式(2.181)可以简化为如下形式:

$$\nabla^2 \boldsymbol{E} + k^2 n^2(\boldsymbol{R})\boldsymbol{E} = \boldsymbol{0} \qquad (2.182)$$

上述方程可以被分解为三个简单的标量方程,每一个方程对应于光场 $\boldsymbol{E}$ 的一个分量。假如使用 $U(\boldsymbol{R})$ 来表示垂直于传播方向 z 轴的标量分量,那么式(2.182)可以转化为如下的标量随机亥姆霍兹方程:

$$\nabla^2 U + k^2 n^2(\boldsymbol{R})U = 0 \qquad (2.183)$$

根据假设(3),介质的折射率可被表示如下:

$$n(\boldsymbol{R}) = n_0 + n_1(\boldsymbol{R}) \qquad (2.184)$$

式中：$n_0 = <n(\boldsymbol{R})> \cong 1$，$<n_1(\boldsymbol{R})> = 0$，并且折射率的方差函数沿传播方向 z 轴 delta 相关，具体形式可表示如下：

$$<n_1(\boldsymbol{R}_1)n_1(\boldsymbol{R}_2)> = B_n(\boldsymbol{R}_1 - \boldsymbol{R}_2) \approx \delta(z_1 - z_2)A_n(\boldsymbol{r}_1 - \boldsymbol{r}_2) \qquad (2.185)$$

式(2.185)通常被称作马尔科夫近似(Markov Approximation)。式(2.185)中我们已经假设方差 B_n 为统计均匀的，即它可写作 $\boldsymbol{R}_1$ 与 $\boldsymbol{R}_2$ 差的函数，$\boldsymbol{R}_j = (\boldsymbol{r}_j, z_j)$，$j = 1$，2，且 $A_n(\boldsymbol{r}_1 - \boldsymbol{r}_2)$ 为二维方差函数。

为了求解式(2.183)，将介绍较为常见的 Born 近似和 Rytov 近似，这两种解法仅在弱湍流条件下适用。对于高斯光束与 Kolmogorov 谱，弱湍流条件如下：

$$\sigma_R^2 < 1 \text{ 以及 } \sigma_R^2\sigma^{5/6} < 1 \qquad (2.186)$$

式中：$\sigma_R^2 = 1.23C_n^2 k^{7/6}L^{11/6}C_n^2$ 折射率结构常数；$\Lambda = 2L/kW^2$，W 为接收面上光斑半径，L 为光波传播距离。对于高斯光束与任一谱模型，弱湍流条件也可描述如下：

$$q < 1 \text{ 以及 } q\Lambda < 1 \qquad (2.187)$$

式中：参数 $q = L/k\rho_{pl}^2$，ρ_{pl} 为平面波空间相干半径。

2.3.2.2　Born 近似

对于式(2.183)的求解，最为经典便是 Born 近似和 Rytov 近似扰动理论。这两者之间的主要区别在于 Born 近似基于扰动项的加法，而 Rytov 近似则为扰动项的乘积。为了求解式(2.183)，首先将折射率的平方写成如下形式：

$$n^2(\boldsymbol{R}) = [n_0 + n_1(\boldsymbol{R})]^2 \cong 1 + 2n_1(\boldsymbol{R}), \qquad |n_1(\boldsymbol{R})| \approx 1 \qquad (2.188)$$

式中：$n_0 = <n(\boldsymbol{R})> \cong 1$ 为折射率的均值，$<n(\boldsymbol{R})>$ 表示对 $n(\boldsymbol{R})$ 取整体平均；$n_1(\boldsymbol{R})$ 表征折射率 $n(\boldsymbol{R})$ 对其均值 n_0 的随机偏离且 $<n_1(\boldsymbol{R})> = 0$，相比 $n_1(\boldsymbol{R})$ 可将 $n_1^2(\boldsymbol{R})$ 忽略。假设光波沿 z 轴方向传播，在 $z = L$ 处光场可以表征为如下多项和的形式：

$$U(\boldsymbol{R}) = U_0(\boldsymbol{R}) + U_1(\boldsymbol{R}) + U_2(\boldsymbol{R}) + \cdots \qquad (2.189)$$

式中：$U_0(\boldsymbol{R})$ 为不存在湍流时的未扰动项，其余各项表征由随机不均匀引起的一阶、二阶、三阶等扰动。在弱湍流条件下，我们通常假设 $|U_2(\boldsymbol{R})| \ll |U_1(\boldsymbol{R})| \ll |U_0(\boldsymbol{R})|$。将式(2.188)和式(2.189)代入式(2.183)，并令相同阶数的项相等，可得到如下的方程组：

$$\nabla^2 U_0 + k^2 U_0 = 0 \qquad (2.190)$$

$$\nabla^2 U_1 + k^2 U_1 = -2k^2 n_1(\boldsymbol{R})U_0(\boldsymbol{R}) \qquad (2.191)$$

$$\nabla^2 U_2 + k^2 U_2 = -2k^2 n_1(\boldsymbol{R})U_1(\boldsymbol{R}) \qquad (2.192)$$

以上方程组仅列出了前二阶扰动，对于更高阶扰动采用上述方法亦可获得。采用

Born 近似进行处理的优点之一便是将带有空间依赖随机系数的式(2.183)转变为只含常数系数的齐次方程和一组非齐次方程。特别地,随机系数 $n_1(\boldsymbol{R})$ 已被迁移到式(2.191)和式(2.192)的右边。齐次方程(2.190)的解为未扰动场 $U_0(\boldsymbol{R})$,相应非齐次方程的解可借助格林函数获得。对于给定的未扰动场 $U_0(\boldsymbol{R})$,式(2.191)的解可表达为如下的积分形式:

$$U_1(\boldsymbol{R}) = \iiint_v G(\boldsymbol{S},\boldsymbol{R})\left[2k^2 n_1(\boldsymbol{S})U_0(\boldsymbol{S})\right]\mathrm{d}^3 S$$

$$= 2k^2 \iiint_v G(\boldsymbol{S},\boldsymbol{R})n_1(\boldsymbol{S})U_0(\boldsymbol{S})\mathrm{d}^3 S \tag{2.193}$$

式中:$G(\boldsymbol{S},\boldsymbol{R}) = G(\boldsymbol{R},\boldsymbol{S})$ 为自由空间的格林函数,其具体表达式如下:

$$G(\boldsymbol{S},\boldsymbol{R}) = \frac{1}{4\pi|\boldsymbol{R}-\boldsymbol{S}|}\exp(ik|\boldsymbol{R}-\boldsymbol{S}|) \tag{2.194}$$

式(2.193)为一阶 Born 近似,描述了场扰动 $U_1(\boldsymbol{R})$ 为散射区 V 内各点 $\boldsymbol{S}$ 发出球面波的叠加,并且各点 $\boldsymbol{S}$ 的振幅正比于未扰动场 $U_0(\boldsymbol{S})$ 与折射率 $n_1(\boldsymbol{S})$ 的乘积。

引入如下的柱坐标表示:

$$\boldsymbol{R} = (\boldsymbol{r},L), \boldsymbol{S} = (\boldsymbol{s},z) \tag{2.195}$$

并使用假设条件式(2.194),式(2.195)可改写为如下形式:

$$G(\boldsymbol{S},\boldsymbol{R}) \cong G(\boldsymbol{s},\boldsymbol{r};z,L) = \frac{1}{4\pi(L-z)}\exp\left[ik(L-z) + \frac{ik}{2(L-z)}|\boldsymbol{s}-\boldsymbol{r}|^2\right] \tag{2.196}$$

借助式(2.196),一阶扰动式(2.193)可以表示为

$$U_1(\boldsymbol{r},L) = \frac{k^2}{2\pi}\int_0^L \mathrm{d}z \iint_{-\infty}^{\infty} \mathrm{d}^2 s \exp\left[ik(L-z) + \frac{ik|\boldsymbol{s}-\boldsymbol{r}|^2}{2(L-z)}\right]U_0(\boldsymbol{s},z)\frac{n_1(\boldsymbol{s},z)}{L-z} \tag{2.197}$$

由于 $<n_1(\boldsymbol{s},z)> = 0$,所以一阶 Born 近似的整体平均不存在,即 $<U_1(\boldsymbol{r},L)> = 0$。下面进一步考虑高阶扰动。注意到式(2.191)和式(2.192)极其类似,因此采用与一阶扰动相似的方法,可以得到二阶扰动的表达式如下:

$$U_2(\boldsymbol{r},L) = \frac{k^2}{2\pi}\int_0^L \mathrm{d}z \iint_{-\infty}^{\infty} \mathrm{d}^2 s \exp\left[ik(L-z) + \frac{ik|\boldsymbol{s}-\boldsymbol{r}|^2}{2(L-z)}\right]U_1(\boldsymbol{s},z)\frac{n_1(\boldsymbol{s},z)}{L-z} \tag{2.198}$$

式中:$U_1(\boldsymbol{s},z)$ 为式(2.197)所定义的一阶扰动,且 $<U_2(\boldsymbol{r},L)> \neq 0$。更为一般地,第 m 阶扰动可用如下形式进行表达:

$$U_m(\boldsymbol{r},L) = \frac{k^2}{2\pi}\int_0^L dz \iint_{-\infty}^{\infty} d^2s \exp\left[ik(L-z) + \frac{ik\mid \boldsymbol{s}-\boldsymbol{r}\mid^2}{2(L-z)}\right]U_{m-1}(\boldsymbol{s},z)\frac{n_1(\boldsymbol{s},z)}{L-z},$$

$$m = 1,2,3\cdots \tag{2.199}$$

2.3.2.3　Rytov 近似

另外一种求解方程(2.183)的常见方法为 Rytov 近似,由 Obukhov 引入,主要应用于随机介质中的波动传播[14]。后来,Tatarskii 将 Rytov 方法引入了其作品之中。适用于弱湍流条件下的 Rytov 方法可将光场表达为如下形式:

$$U(\boldsymbol{R}) = U(\boldsymbol{r},L) = U_0(\boldsymbol{r},L)\exp\left[\psi(\boldsymbol{r},L)\right] \tag{2.200}$$

式中:ψ 为湍流引起的复相位扰动,其具体形式如下:

$$\psi(\boldsymbol{r},L) = \psi_1(\boldsymbol{r},L) + \psi_2(\boldsymbol{r},L) + \cdots \tag{2.201}$$

式中:ψ_1 和 ψ_2 分别称作一阶和二阶复相位扰动。为了将 Rytov 扰动与 Born 扰动关联起来,下面引入归一化的 Born 近似,相应表达式如下所示:

$$\Phi_m(\boldsymbol{r},L) = \frac{U_m(\boldsymbol{r},L)}{U_0(\boldsymbol{r},L)}, \qquad m=1,2,3,\cdots \tag{2.202}$$

由 Rytov 扰动与 Born 扰动的一阶项相等,即

$$U_0(\boldsymbol{r},L)\exp\left[\psi_1(\boldsymbol{r},L)\right] = U_0(\boldsymbol{r},L) + U_1(\boldsymbol{r},L)$$
$$= U_0(\boldsymbol{r},L)\left[1+\Phi_1(\boldsymbol{r},L)\right] \tag{2.203}$$

将式(2.203)两端除以 $U_0(\boldsymbol{r},L)$ 并取自然对数,发现一阶 Rytov 扰动等于归一化的一阶 Born 扰动,即

$$\psi_1(\boldsymbol{r},L) = \ln\left[1+\Phi_1(\boldsymbol{r},L)\right]$$
$$\approx \Phi_1(\boldsymbol{r},L), \quad \mid\Phi_1(\boldsymbol{r},L)\mid \approx 1 \tag{2.204}$$

其中

$$\Phi_1(\boldsymbol{r},L) = \frac{U_1(\boldsymbol{r},L)}{U_0(\boldsymbol{r},L)}$$
$$= \frac{k^2}{2\pi}\int_0^L dz \iint_{-\infty}^{\infty} d^2s \exp\left[ik(L-z) + \frac{ik\mid \boldsymbol{s}-\boldsymbol{r}\mid^2}{2(L-z)}\right]\frac{U_0(\boldsymbol{s},z)}{U_0(\boldsymbol{r},L)}\frac{n_1(\boldsymbol{s},z)}{(L-z)}$$

$$\tag{2.205}$$

令 Rytov 扰动与 Born 扰动的前二阶项相等,即

$$U_0(\boldsymbol{r},L)\exp\left[\psi_1(\boldsymbol{r},L)+\psi_2(\boldsymbol{r},L)\right] = U_0(\boldsymbol{r},L) + U_1(\boldsymbol{r},L) + U_2(\boldsymbol{r},L)$$
$$= U_0(\boldsymbol{r},L)\left[1+\Phi_1(\boldsymbol{r},L)+\Phi_2(\boldsymbol{r},L)\right]$$

$$\tag{2.206}$$

同样地将式(2.206)两端除以 $U_0(r,L)$ 并取自然对数,可以得到如下表达式:

$$\psi_1(r,L) + \psi_2(r,L) = \ln\left[1 + \Phi_1(r,L) + \Phi_2(r,L)\right]$$

$$\cong \Phi_1(r,L) + \Phi_2(r,L) - \frac{1}{2}\Phi_1^2(r,L)$$

$$|\Phi_1(r,L)| \approx 1, |\Phi_2(r,L)| \approx 1 \qquad (2.207)$$

式(2.207)右边的麦克劳林级数仅取到第二阶。由 $\psi_1(r,L) = \Phi_1(r,L)$,二阶 Rytov 扰动可由式(2.208)表征:

$$\psi_2(r,L) = \Phi_2(r,L) - \frac{1}{2}\Phi_1^2(r,L) \qquad (2.208)$$

由表达式(2.198)和式(2.202)可得:

$$\Phi_2(r,L) = \frac{U_2(r,L)}{U_0(r,L)}$$

$$= \frac{k^2}{2\pi}\int_0^L dz \iint_{-\infty}^{\infty} d^2 s\, \frac{U_0(s,z)}{U_0(r,L)} \frac{\Phi_1(s,z)n_1(s,z)}{(L-z)}$$

$$\times \exp\left[ik(L-z) + \frac{ik\,|\,s-r\,|^2}{2(L-z)}\right] \qquad (2.209)$$

2.3.2.4　扩展的 Huygens – Fresnel 原理

对于式(2.183)还有一种求解方法,该方法在弱湍流和强湍流条件下都是适用的,并具有如下形式:

$$U(r,L) = -\frac{ik}{2\pi L}\exp(ikL)\iint_{-\infty}^{\infty} d^2 s U_0(s,0)\exp\left[\frac{ik\,|\,s-r\,|^2}{2L} + \psi(r,s)\right]$$

$$(2.210)$$

式中: $\psi(r,s)$ 为在湍流介质中球面波从点 $(s,0)$ 传播到点 (r,L) 时其复相位的随机部分,式(2.210)被看作 Huygens – Fresnel 公式的扩展形式,并称为扩展的 Huygens – Fresnel 原理。

2.3.3　激光经大气湍流的传输

2.3.3.1　激光光束的参量描述

假设高斯光束由 $z = 0$ 的发射面到 $z > 0$ 的接收面视距传播,定义传播参数 $p(z)$ 可表达如下:

$$p(z) = 1 + i\alpha_0 z = \Theta_0 + i\Lambda_0 \qquad (2.211)$$

式中:Θ_0 和 Λ_0 分别为参数 $p(z)$ 的实部和虚部,被称作发射面光束参数,其具体形式如下所述:

$$\Theta_0 = 1 - \frac{z}{R_0}, \qquad \Lambda_0 = \frac{2z}{k\omega_0^2} \tag{2.212}$$

式中:ω_0 和 R_0 分别为位于 $z=0$ 发射面内的光斑半径和波前曲率半径。借助发射面光束参数 Θ_0 和 Λ_0,式(2.211)也可以表示为

$$p(z) = \sqrt{\Theta_0^2 + \Lambda_0^2} \exp\left(i \arctan \frac{\Lambda_0}{\Theta_0} \right) \tag{2.213}$$

相应地,基模高斯光束的传输方程可写作如下形式:

$$U_0(r,z) = \frac{1}{1 + i\alpha_0 z} \exp\left[ikz + \frac{ik}{2z} \left(\frac{i\alpha_0 z}{1 + i\alpha_0 z} \right) r^2 \right]$$

$$= \frac{1}{\sqrt{\Theta_0^2 + \Lambda_0^2}} \exp\left(-\frac{r^2}{\omega^2} \right) \exp\left[i\left(kz - \varphi - \frac{kr^2}{2R} \right) \right] \tag{2.214}$$

式中:参数 φ、ω 和 R 分别为传播路径位置 z 处的径向相位平移、光斑半径和曲率半径,并且这些参量可由发射面光束参数 Θ_0 和 Λ_0 表示,具体形式如下所示:

$$\varphi = \arctan \frac{\Lambda_0}{\Theta_0} \tag{2.215}$$

$$\omega = \omega_0 \sqrt{\Theta_0^2 + \Lambda_0^2} \tag{2.216}$$

$$R = \frac{k\omega_0^2}{2} \left[\frac{\Lambda_0(\Theta_0^2 + \Lambda_0^2)}{\Theta_0(1 - \Theta_0) - \Lambda_0^2} \right] = \frac{R_0(\Theta_0^2 + \Lambda_0^2)(\Theta_0 - 1)}{\Theta_0^2 + \Lambda_0^2 - \Theta_0} \tag{2.217}$$

另外,可以将高斯光束式(2.214)轴上的复振幅写作如下形式:

$$A(z) = \frac{1}{1 + i\alpha_0 z} = \frac{1}{\Theta_0 + i\Lambda_0} = \Theta - i\Lambda \tag{2.218}$$

式中:Θ 和 Λ 被称作接收面光束参数,具体形式如下:

$$\Theta = \frac{\Theta_0}{\Theta_0^2 + \Lambda_0^2}, \qquad \Lambda = \frac{\Lambda_0}{\Theta_0^2 + \Lambda_0^2} \tag{2.219}$$

引入如下补充参数:

$$\overline{\Theta} = 1 - \Theta \tag{2.220}$$

相应地,式(2.214)也可写作如下形式:

$$U_0(r,z) = (\Theta - i\Lambda) \exp\left[ikz + \frac{ik}{2z}(\overline{\Theta} + i\Lambda) r^2 \right]$$

$$= \sqrt{\Theta^2 + \Lambda^2} \exp\left(-\frac{k\Lambda r^2}{2z} \right) \exp\left[i\left(kz - \varphi + \frac{k\overline{\Theta}r^2}{2z} \right) \right]$$

$$(2.221)$$

通过比较式(2.221)和式(2.214),可以得到类似式(2.212)的关于 Θ 和 Λ 的如下表达式:

$$\Theta = 1 + \frac{z}{R}, \qquad \Lambda = \frac{2z}{k\omega^2}$$

$$(2.222)$$

分别表征传播路径位置 z 处的径向相位平移、光斑半径和曲率半径的参数 φ、ω 和 R 也可由接收面光束参数 Θ 和 Λ 表示,具体形式如下所示:

$$\varphi = \arctan \frac{\Lambda}{\Theta}$$

$$(2.223)$$

$$\omega = \frac{\omega_0}{\sqrt{\Theta^2 + \Lambda^2}}$$

$$(2.224)$$

$$R = \frac{R_0(\Theta^2 + \Lambda^2 - \Theta)}{(\Theta - 1)(\Theta^2 + \Lambda^2)}$$

$$(2.225)$$

同理,利用上述方法,能够将高阶 Hermite – Gauss 光束表述为接收面参数 Θ 和 Λ 参数的形式:

$$U_{0mn}(x,y;z) = (\Theta - i\Lambda) \left(\frac{\Theta - i\Lambda}{\Theta + i\Lambda} \right)^{\frac{(m+n)}{2}} H_m\left(\frac{\sqrt{2}}{\omega} \right) H_n\left(\frac{\sqrt{2}}{\omega} \right)$$

$$\times \exp\left[ikz + \frac{ik}{2z}(\overline{\Theta} + i\Lambda)(x^2 + y^2) \right]$$

$$(2.226)$$

2.3.3.2 大气湍流中 HG 光束的传输

HG 光束通过湍流大气传播的光强分布表达式可由扩展的 Huygens – Fresnel 原理获得,具体形式如下所示:

$$< I(\boldsymbol{r},L) > = \left(\frac{k}{2\pi L} \right)^2 \int_{-\infty}^{\infty} \int_{-\infty}^{\infty} \int_{-\infty}^{\infty} \int_{-\infty}^{\infty} d^2 s_1 d^2 s_2 U_0(\boldsymbol{s}_1,0) U_0^*(\boldsymbol{s}_2,0)$$

$$\times \exp\left[\frac{ik|\boldsymbol{s}_1 - \boldsymbol{r}|^2}{2L} \right] \exp\left[-\frac{ik|\boldsymbol{s}_2 - \boldsymbol{r}|^2}{2L} \right] \exp\left[-\frac{1}{2} D_{sp}(Q) \right]$$

$$(2.227)$$

式中:U_0 为位于发射面的光场;k 为波数;$\boldsymbol{Q} = \boldsymbol{s}_1 - \boldsymbol{s}_2$;$D_{sp}$ 为球面波结构函数,其具体形式如下:

$$D_{sp}(Q) = 1.093C_n^2 k^2 L Q^{5/3}$$

$$= 1.093C_n^2 k^{7/6} L^{11/6} \left(\frac{kQ^2}{L} \right)^{5/6} \tag{2.228}$$

对式(2.228)做近似处理,可将其写作 Rytov 方差(σ_R^2)的形式,即:

$$D_{sp}(Q) = 0.89\sigma_R^2 \left(\frac{kQ^2}{L} \right), \quad \sigma_R^2 = 1.23C_n^2 k^{7/6} L^{11/6} \tag{2.229}$$

将球面波结构函数表达式(2.229)与 HG 光场表达式(2.226)代入光强分布表达式(2.227),可以得到 HG 光束通过湍流大气传播的光强分布[16]。现以 TEM$_{10}$ HG 光束为例,进行具体的数值计算和分析,其通过湍流大气传播的具体光强分布为

$$< I(x,y,L) >_{10} = \exp \left[-\frac{2(x^2+y^2)}{\omega^2(1+1.78\sigma_R^2 \varLambda)} \right]$$

$$\times \left[\frac{8x^2\omega_0^2}{\omega^4(1+1.78\sigma_R^2 \varLambda)^3} + \frac{3.56\sigma_R^2 \varLambda(1+\varLambda\sigma_R^2)}{(1+1.78\sigma_R^2 \varLambda)^3} \right] \tag{2.230}$$

式中:x 和 y 为直角坐标;$\varLambda = 2L/k\omega^2$。在不同大气湍流强度下,TEM$_{10}$ HG 光束通过湍流大气传播的光强分布情况如图 2.27 所示。假如考虑自由空间的传播情况,式(2.230)便可简化为

$$< I(x,y,L) >_{10} = \frac{8x^2\omega_0^2}{\omega^4}\exp \left(-\frac{2r^2}{\omega^2} \right) \tag{2.231}$$

式(2.231)结果表明自由空间传输后厄米 – 高斯光束保持形式不变,与 HG 光束传输理论一致。

由图 2.27 可以看出,随着参数 σ_R^2 的增加,TEM$_{10}$ HG 光束光强分布的极大值逐渐减小,极小值逐渐增加,同时光束展宽。并且通过式(2.230)与式(2.231)的对比,发现 TEM$_{10}$ HG 光束光强分布极小值的增加主要来源于式(2.230)非指数项,与坐标无关的第二项部分。另外,利用式(2.221)和式(2.227)可以得到 TEM$_{00}$高斯光束通过湍流大气传播的光强分布如下:

$$< I(r,L) > = \frac{\omega_0^2}{\omega_e^2}\exp \left(-\frac{2r^2}{\omega_e^2} \right) \tag{2.232}$$

其中:

$$\omega_e = \omega(1+4q\varLambda/3)^{1/2}, \quad q = 1.22\sigma_R^{12/5} \tag{2.233}$$

在不同大气湍流强度下,TEM$_{00}$ HG 光束通过湍流大气传播的光强分布情况如图 2.28 所示。由图 2.28 可以看出,随着参数 σ_R^2 的增加,TEM$_{00}$ HG 光束光强分布的最大值逐渐减小,并且光束在逐渐展宽。

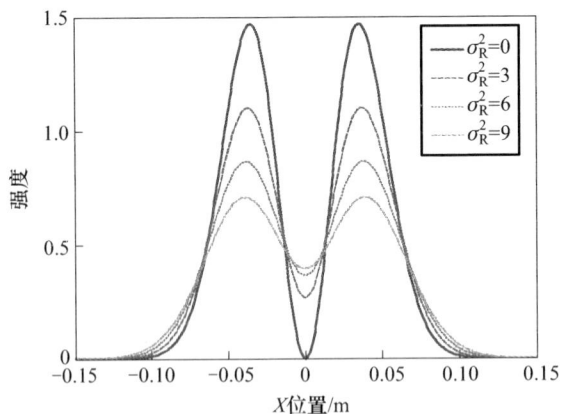

图 2.27   不同大气湍流强度下,TEM$_{10}$ HG 光束

通过湍流大气传播的光强分布(见彩图)

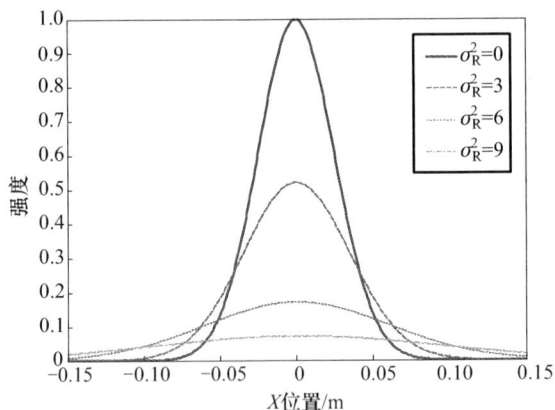

图 2.28   不同大气湍流强度下,TEM$_{00}$ HG 光束通过湍流大气传播的光强分布

2.3.3.3   大气湍流对 HG 光束质量的影响

基于 Carter 的二阶束宽定义:

$$\sigma_s^2(L)_l = \frac{2\iint_{-\infty}^{\infty} s^2 I(x,y,L)\,\mathrm{d}x\mathrm{d}y}{\iint_{-\infty}^{\infty} I(x,y,L)\,\mathrm{d}x\mathrm{d}y} \qquad (2.234)$$

式中:l 表示横模阶数 m 或 n;s 代表方向 x 或 y。将式(2.230)和式(2.232)分别代入式(2.234),可得到 TEM$_{10}$ 和 TEM$_{00}$ HG 光束通过湍流大气传播的 x 方向束宽,其具体形式分别如下所示:

$$\sigma_x^T(L)_1 = \omega(1 + 1.78\sigma_R^2\Lambda)^{1/2}\left[\frac{6\omega_0^2(1 + 1.78\sigma_R^2\Lambda) + 3.56\sigma_R^2\omega^2\Lambda(1 + \sigma_R^2\Lambda)}{4\omega_0^2(1 + 1.78\sigma_R^2\Lambda) + 7.12\sigma_R^2\omega^2\Lambda(1 + \sigma_R^2\Lambda)}\right]^{1/2}$$

$$(2.235)$$

$$\sigma_x^T(L)_0 = \omega_e/\sqrt{2} \tag{2.236}$$

式中:T 表示 HG 光束通过湍流大气传播的束宽。将 HG 光束表达式代入式 (2.234),可得到 TEM_{10} 和 TEM_{00} HG 光束在自由空间传播的 x 方向束宽,即

$$\sigma_x(L)_1 = \sqrt{3}\omega/\sqrt{2} \tag{2.237}$$

$$\sigma_x(L)_0 = \omega/\sqrt{2} \tag{2.238}$$

将式(2.237)、式(2.238)分别与式(2.235)、式(2.236)做比,可得到 TEM_{10} 和 TEM_{00} HG 光束相对自由空间的束宽展宽。在不同大气湍流强度下,TEM_{00} 和 TEM_{10} HG 光束相对自由空间的束宽展宽情况由图 2.29 所示。

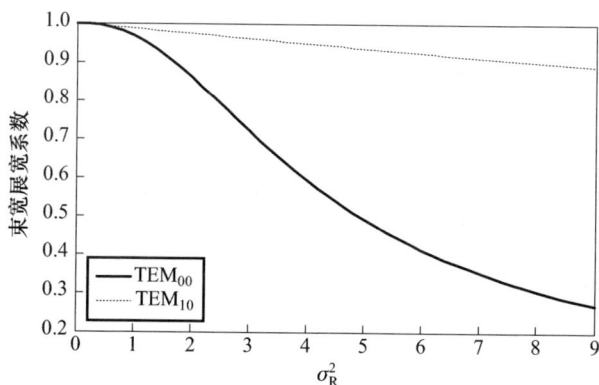

图 2.29　不同大气湍流强度下,TEM_{00} 和 TEM_{10} HG 光束相对自由空间的束宽展宽

由图 2.29 可以看出,随着参数 σ_R^2 的增加,TEM_{00} 和 TEM_{10} HG 光束相对自由空间的束宽比逐渐偏离值 1,即随着湍流的增强,TEM_{00} 和 TEM_{10} HG 光束相对自由空间的束宽逐渐展宽,这与图 2.27、图 2.28 所描述的情况相一致。并且在同样的参数 σ_R^2 下,TEM_{00} 模相对 TEM_{10} 的光束展宽更为显著[17]。

由上述推导的 Carter 二阶束宽,可以发现,当激光光束通过湍流大气进行远场传输时,激光光束会随着湍流的增强而逐渐展宽。这对我们研究激光光束的远场聚焦具有一定的意义,但并不能具体反映目标处光束的能量集中度。基于二阶矩方法、桶中功率等方法都是描述光束质量的一种方法。关于二阶矩方法相关方法的介绍见第 5 章。下面采用桶中功率作为光束质量的评价准则来考察激光光束远场传输后光强分布的具体细节,进而描述远场目标处光束的能量集中度。桶中功

率的定义具体如下所示:

$$\text{PIB} = \int_{-b}^{b} \int_{-b}^{b} I(x,y,L) \, dx dy \Big/ \int_{-\infty}^{\infty} \int_{-\infty}^{\infty} I(x,y,L) \, dx dy \qquad (2.239)$$

其描述了给定尺寸的桶内含有的激光功率占总功率的比值,b 为功率桶的半宽度。PIB 描述了光束的聚焦能力,在相同的半宽度下,PIB 值越高,光束质量越好[18, 19]。将式(2.230)代入式(2.239),可得到 TEM_{10} HG 光束通过湍流大气传播的桶中功率 PIB 表达式如下:

$$\text{PIB}_{10} = \frac{3.56\sigma_{\text{R}}^2 \Lambda \omega^4 (1 + \sigma_{\text{R}}^2 \Lambda) \left[\text{erf}(\sqrt{p}b) \right]^2}{4\omega_0^2/p + 3.56\sigma_{\text{R}}^2 \Lambda \omega^4 (1 + \sigma_{\text{R}}^2 \Lambda)}$$
$$+ \frac{8\omega_0^2 \text{erf}(\sqrt{p}b) \left[\text{erf}(\sqrt{p}b)/2p - (b/\sqrt{\pi p}) \exp(-pb^2) \right]}{4\omega_0^2/p + 3.56\sigma_{\text{R}}^2 \Lambda \omega^4 (1 + \sigma_{\text{R}}^2 \Lambda)} \qquad (2.240)$$

式中:

$$p = \frac{2}{\omega^2 \left[1 + 1.78\sigma_{\text{R}}^2 \Lambda \right]} \qquad (2.241)$$

$$\text{erf}(x) = \frac{2}{\sqrt{\pi}} \int_0^x \exp(-t^2) \, dt \qquad (2.242)$$

借助式(2.240),得到 TEM_{10} HG 光束通过湍流大气传播的桶中功率情况如图 2.30 所示。由图 2.30 可知,在功率桶的半宽度 b 小于一定的尺寸 b_0 时,TEM_{10} 厄米 - 高斯光束的桶中功率 PIB 随着参数 σ_{R}^2 的增加而增大,当功率桶的半宽度 b 大于一定的尺寸 b_0 时,桶中功率 PIB 随着参数 σ_{R}^2 的增加反而减小,并且随着参数 σ_{R}^2 的增加,桶中功率 PIB 值到达 1 时的桶宽 b 逐渐增大。上述现象说明了 TEM_{10} 厄米 - 高斯光束通过湍流大气传播时,在远场光斑一定尺寸的内部其光强随着参数 σ_{R}^2 的增加而增大,而后在一定尺寸的外部随着参数 σ_{R}^2 的增加而减小,并且 TEM_{10} 厄米 - 高斯光束会随着参数 σ_{R}^2 的增加其束宽逐渐展宽。显然上述结论与图 2.27 一致,即随着参数 σ_{R}^2 的增加,TEM_{10} HG 光束光强分布的极大值逐渐减小,中央极小值逐渐增加,同时光束展宽。

将式(2.232)代入式(2.239),同样可得到 TEM_{00} HG 光束通过湍流大气传播的桶中功率 PIB,其具体形式如下:

$$\text{PIB}_{00} = \left[\text{erf}\left(\frac{\sqrt{2}b}{\omega_{\text{e}}} \right) \right]^2 \qquad (2.243)$$

借助式(2.243),得到 TEM_{00} HG 光束通过不同湍流强度大气传播的 PIB 曲线如图 2.31 所示。由图 2.31 可知,在给定的功率桶半宽度 b 下,TEM_{00} HG 光束的桶中功率 PIB 随着参数 σ_{R}^2 的增加而增大,并且随着参数 σ_{R}^2 的增加,桶中功率 PIB 值到

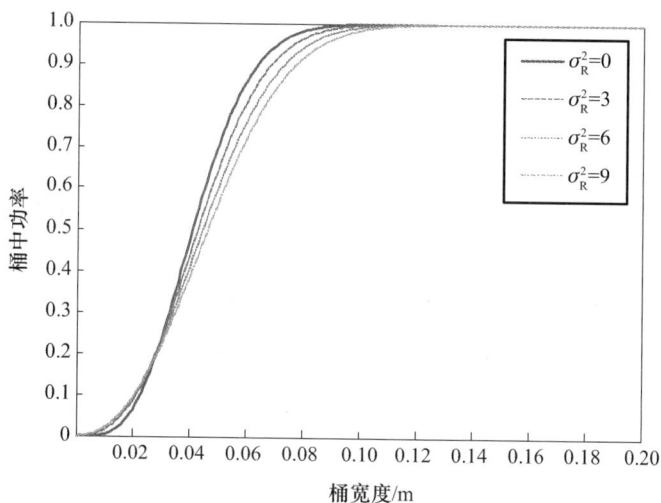

图 2.30　不同大气湍流强度下,TEM_{10} HG 光束
通过湍流大气传播的 PIB 曲线(见彩图)

达 1 时的桶宽 b 逐渐增大。这说明 TEM_{00} HG 光束通过湍流大气传播时,远场光斑的光强随着参数 σ_R^2 的增加而减小,并且其束宽随着参数 σ_R^2 的增加逐渐展宽。很明显这与图 2.28 的结论一致,即随着参数 σ_R^2 的增加,TEM_{00} HG 光束光强分布的中心最大值逐渐减小,并且其光束在逐渐展宽。

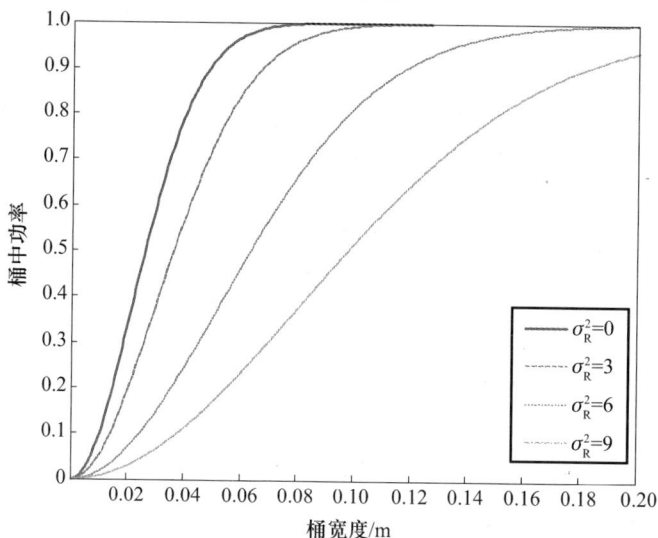

图 2.31　不同大气湍流强度下,TEM_{00} HG 光束通过湍流大气传播的 PIB 曲线

参考文献

[1] SIEGMAN A E. Lasers[M]. Mill Valley：University Science Books,1986.

[2] BORN M, WOLF E. Principles of optics[M]. Oxford：Pergamon Press,1987.

[3] WOLF E, LI Y. Conditions for the validity of the debye integral representation of focused fields [J]. Optics Communications, 1981. 39(4)：205 – 210.

[4] TAO N X. Recurrence propagation equation of Hermire – Caussian beams through a parexial optical ABCD system with hourd – edge aperfure[J]. Optik. – International Jourmal for Liglht and Electon Optics,2003. 114(3)：113 – 117.

[5] 季小玲,刘雅静,吕百达. 两种硬边衍射光束计算模拟方法的比较[J]. 强激光与粒子束, 2005. 17(6)：801 – 807.

[6] 吕百达. 激光光学[M]. 成都：四川大学出版社,1986.

[7] HOLMES D A, KORKA J E, AVIZONIS P V. Parametric study of apertured focused gaussian beams[J]. Appl Opt, 1972, 11(3)：565 – 574.

[8] GOODMAN J W. Introduction to fourier optics[M]. New York：McGraw – Hill,1968.

[9] 吕百达. 激光光学：光束描述、传输变换与光腔技术物理[M]. 北京：高等教育出版社,2003.

[10] LI Y, WOLF E. Focal shifts in diffracted converging spherical waves[J]. Optics Communications, 1981, 39(4)：211 – 215.

[11] CARTER W H. Focal shift and concept of effective fresnel number for a gaussian laser beam[J]. Applied Optics, 1982, 21(11)：1989 – 1994.

[12] SIEGMAN A E. Analysis of laser beam quality degradation caused by quartic phase aberrations [J]. Applied Optics, 1993,32(30)：5893 – 901.

[13] TATARSKII V I. Wave propagation in a turbulent medium [M]. New York：McGraw – Hill,1961.

[14] PHILLIPS R L. Laser beam propagation through random media[M]. second edition. [s. t.]：SPIE PRESS,2005.

[15] JI G, JI X. Effect of turbulence on the beam quality of apertured partially coherent beams[J]. Journal of the Optical Society of America a Optics Image Science & Vision, 2008, 25 (6)：1246.

[16] ANDREWS L C, PHILLIPS R L, MILLER W B. Mutual coherence function for a double – passage retroreflected opticalwave in atmospheric turbulence [J]. Applied Optics, 1997, 36 (3)：698.

[17] RICKLIN J C, MILLER W B, ANDREWS L C. Effective beam parameters and the turbulent beam waist for convergent gaussian beams[J]. Applied Optics, 1995, 34(30)：7059 – 7065.

第 3 章

激光干扰探测器件的效应与评估

●●●●●●●

3.1 激光对 CCD、CMOS 器件的干扰效应及机理

干扰效应可以分成三类:①随着入射到 CCD 或 CMOS 相机的激光脉冲能量的增加,饱和扩散到周围的像素,并在图像中产生饱和光斑;②出现一些电荷传导过程中的电学效应,这些效应与激光重复频率和 CCD 或 CMOS 相机读出频率之间的比率有直接关系;③相机光学元件(透镜和孔径)产生的光学效应造成饱和光斑极大改变。

3.1.1 CCD 器件的饱和效应

单像素饱和效应是指入射光较强时输出信号不再随光强线性增加甚至停止变化的现象[1]。线性响应区间内,信号电荷量 $Q = q\eta I d^2 \tau h\nu$,式中 d 为像元尺寸,η 为量子效率,I 为光强,τ 为积分时间,q 为电子电量,$h\nu$ 为光子能量。随着信号电荷的增加,信号势阱的耗尽区变窄,达到一定程度后导致光电转换效率降低,CCD 进入非线性响应区。实用系统常截取线性响应段的绝大部分作为工作区间,故图像灰度饱和时对应的信号电荷量 Q_{Gsat} 与阈值光强 I_{Gsat} 近似满足线性关系:

$$I_{Gsat} = Q_{Gsat} h\nu q\eta d^2 \tau \tag{3.1}$$

CCD 的饱和信号(电荷)量 Q_{sat} 可从器件手册直接查得或间接求出。真实器件的 Q_{Gsat} 和 Q_{sat} 通常差别不大,例如,Kodak(现 TRUESENSE Imaging)公司 KAI-1020 型 CCD 产品手册所列相关双采样输出灵敏度为 $13\mu V/e^-$,饱和电压为 $500mV$,算得电学(图像灰度)饱和信号电荷量为 $38.5ke^-$,非常接近其光学饱和信号电荷量 $40ke^-$。因此,通过饱和信号电荷量、像元尺寸和量子效率等工作参数可分析器件单像素饱和阈值的相对大小。

典型激光场内干扰实验方案如图 3.1 所示[2]。波长为 632.8nm 的 He-Ne 激光器作为干扰源。CCD 相机为带有 1/3 英寸(1 英寸 = 2.54cm)CCD 图像器件的黑白相机(CAM-590B)。衰减器用于衰减到达 CCD 的激光功率。功率计探测激光器输出功率,而计算机用于对图像进行采样和存储。

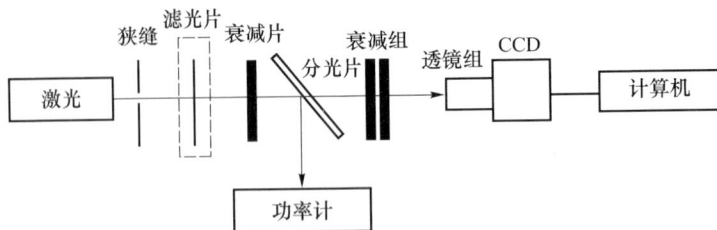

图 3.1　激光干扰 CCD 实验装置示意图

原始图像和激光视场内干扰图像显示在图 3.2 中。图 3.2(a)为原始图像,而图 3.2(b)到图 3.2(h)显示了不同功率的干扰图像,如 5.6μW、10.4μW、22.4μW、64.3μW、83.5μW、104.2μW、127.2μW。从图 3.2 可以观察到,随着激光功率的增加,激光光斑的尺寸逐渐增大,然后保持不变。

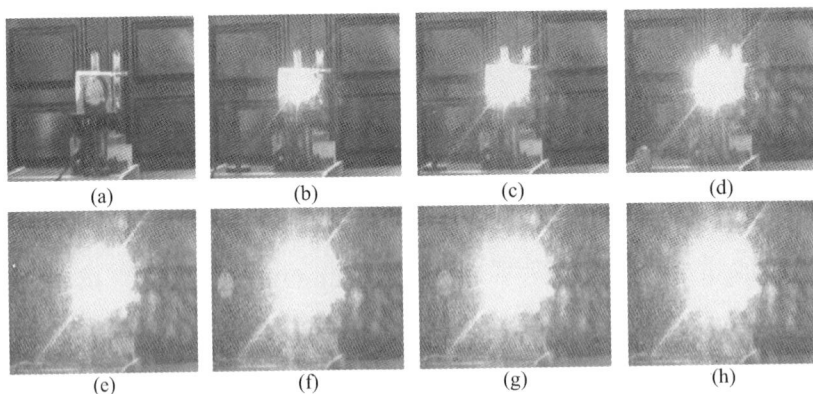

图 3.2　原始图像和激光干扰图像

图 3.3 显示激光光斑水平方向和垂直方向尺寸与激光功率的关系。虚线为真实光斑尺寸,实线为对应拟合光斑尺寸。

点扩展函数可以很好地描述点源的图像。对于衍射极限圆光学元件,准直激光束通过光学元件并在 CCD 的焦平面显示出埃里斑。点扩展函数可由式(3.2)描述:

$$\mathrm{PSF}(x) = \frac{I}{I_0} = \left(\frac{2\mathrm{J}_1(x)}{x}\right)^2 \tag{3.2}$$

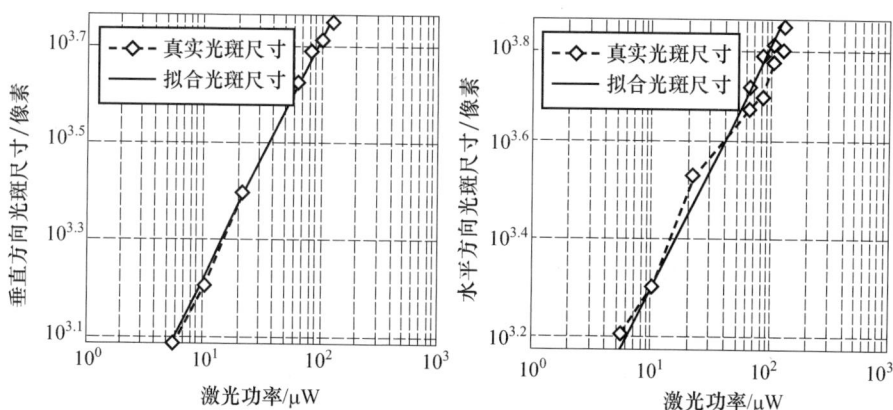

图 3.3　光斑尺寸随激光功率的变化

式中:x 为与波长和光学元件数值孔径有关的径向坐标;$J_1(x)$ 为第一类一阶贝塞尔函数;I 为在 x 坐标的光强;I_0 表征中心光强,可以表示为

$$I_0 = \frac{(\pi a^2)^2}{(\lambda f)^2} A^2 \tag{3.3}$$

式中:A^2 为到达 CCD 透镜的强度;λ 为激光波长;f 为焦距;a 为孔径直径。

对于 CCD 图像,假设光斑中心的坐标为 $(x,0)$,x 和 CCD 像素的关系为 $x = \varepsilon \times \Delta n$,$E$ 为 x 方向的像素宽度,$\Delta n = n - n_0$ 为距离光斑中心的像素数,n 表示像素位置,而 n_0 描述 CCD 焦平面的埃里斑中心。因此,

$$x = \frac{ka\varepsilon\Delta n}{f} = \frac{2\pi a\varepsilon(n-n_0)}{\lambda f} \tag{3.4}$$

通过式(3.2)到式(3.4),图像中的强度 I 可以描述为

$$I = \left(\frac{2J_1\left[\dfrac{2\pi a\varepsilon(n-n_0)}{\lambda f}\right]}{\dfrac{2\pi a\varepsilon(n-n_0)}{\lambda f}} \right)^2 \frac{(\pi a^2)^2}{(\lambda f)^2} A^2 \tag{3.5}$$

图 3.3 中水平和垂直方向的拟合曲线斜率都为 0.5,因此,拟合函数可以表示为

$$S(y) = a \times y^{0.5} \tag{3.6}$$

式中:y 为激光功率(μW);$S(y)$ 为激光光斑的对应面积;a 为常数。

通过式(3.2)到式(3.6),可以获得对应图 3.3 的模拟图像,模拟激光光斑的图像显示在图 3.4 中。

从器件角度来讲,也可以用 CCD 光载流子扩散模型来研究饱和效应[3]。这一模型中包括连续性方程(式(3.7)和式(3.8))和泊松方程(式(3.9))。连续性方程计

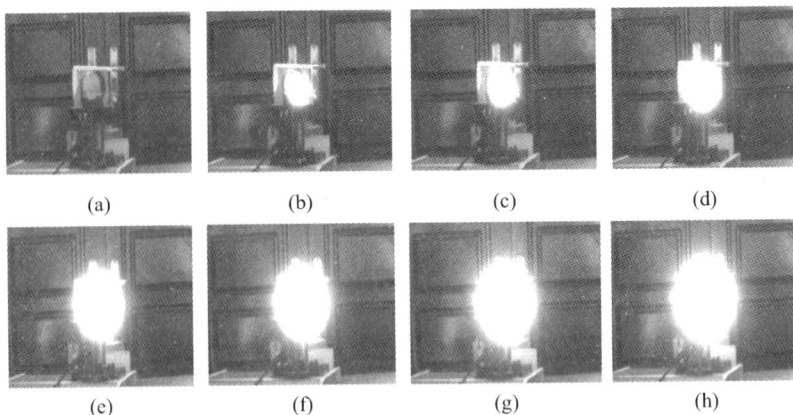

图 3.4　原始图像和模拟激光光斑图像

算光载流子密度随时间的演化。q 为电子电荷（C），n 为自由电子密度（$e^- \cdot m^{-3}$），G_n 为电子产生速率（$e^- \cdot m^{-3}s^{-1}$），τ_n 为电子寿命（s），J_n 为电流密度（$A \cdot cm^{-2}$），μ_n 为电子迁移率（$cm^2V^{-1}s^{-1}$），D_n 为扩散系数（cm^2s^{-1}），E 为电场（Vcm^{-1}）。

$$\frac{\partial n}{\partial t} = G_n - \frac{n}{\tau_n} + \frac{1}{q}\mathrm{div}(\vec{J}_n) \tag{3.7}$$

$$\vec{J}_n = q(n\mu_n\vec{E} + D_n\mathrm{grad}(n)) \tag{3.8}$$

电场由泊松方程（式（3.8））计算的势能（V）分布决定，n 和 p 分别由自由电子和自由空穴密度决定。受主密度由 N_A 给出，而施主密度由 N_D 给出。

$$\Delta V = \frac{q}{\varepsilon}(n - p + N_A - N_D) \tag{3.9}$$

在图 3.5 展示了埋沟 CCD 的图解模型。假设所有入射光子全部被材料吸收，同时定义 z 轴两个不同的吸收层。第一层位于硅层底部，具有用于电荷收集的电场，厚度等于耗散深度（与光载流子数的成反比）。在这一层，沟道截断环阻止 CCD 列（x 轴方向）的电荷扩散，但是势阱饱和导致光载流子溢出到相邻列的（y 轴方向）势阱内。第二吸收层位于第一层下面，不具有电场，因此载流子发生各向同性扩散。无场层的一些光载流子有可能束缚在第一层中。可用两个定义平面的有限差分解来计算以上方程。

3.1.2　CCD 器件的串扰效应

串扰效应是指强光照射下 CCD 输出图像中沿器件传输沟道方向出现不同程

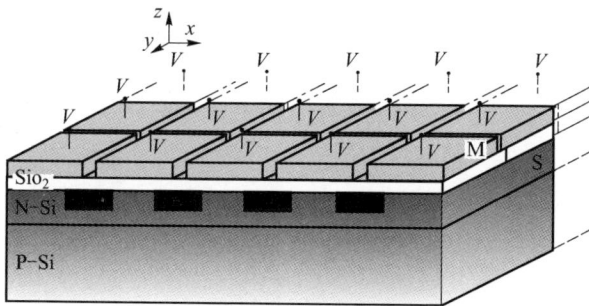

图 3.5　埋沟 CCD 图像模型
黑色区域表示沟道截断环

度的亮线。单像素饱和阈值越高,信号电荷越难从其产生的像素溢出,串扰线越不易出现。串扰效应也与器件的噪声水平、输出通道数、光晕抑制率和垂直拖尾系数等参数相关。势阱容量相同时,噪声水平越高,越容易产生串扰。输出通道数描述器件读出区域划分,区域内串扰比区域间更容易发生,其他参数相同时,读出通道数越少,串扰越容易发生。光晕抑制率和垂直拖尾系数属于器件保护特性参数,分别衡量器件的光晕抑制能力和拖尾现象严重程度。光晕抑制率指光晕区域达到一定程度(常为光斑大小的 2 倍)时所需光强与单像素饱和阈值之比,光晕抑制率越小,光斑扩展越容易产生。垂直拖尾系数定义为漏光信号强度与正常信号之比,直观上看,垂直拖尾系数越大,串扰越容易产生。分析认为,噪声水平与读出通道数给串扰阈值带来的差异不显著。

　　串扰效应的典型实验装置如图 3.6 所示[3-4]。532nm 激光通过窄带滤波器和准直扩束系统,最终照射在 CCD 相机透镜上。

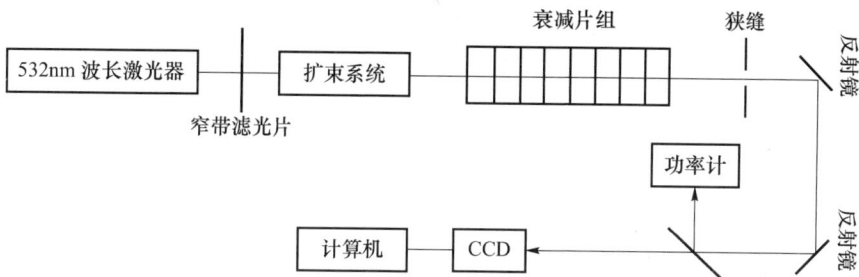

图 3.6　串扰实验装置图

　　图 3.7 显示了一条通过饱和光斑中心的竖直亮线,这一实验结果被称为"串扰"现象。从图中像素对应输出电平值可以看到,竖直亮线分成两部分,上半部分输出电平由下到上逐渐增大接近饱和,而下半部分强度始终处于饱和电平,如图

3.8 所示。

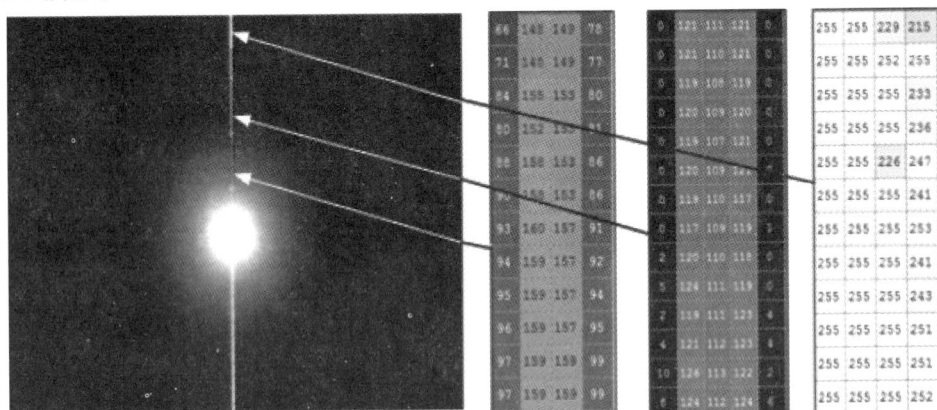

图 3.7　串扰现象图像及竖直亮线上半部分像素输出电平值

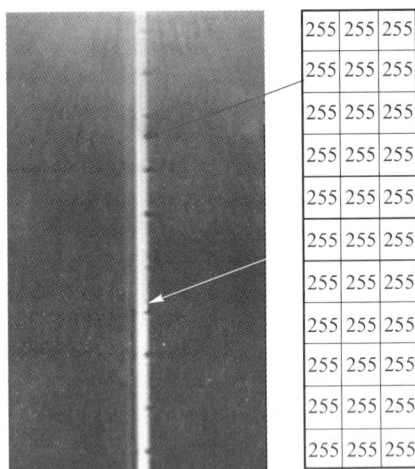

图 3.8　竖直亮线下半部分放大图及对应像素输出电平值

CCD 探测器的传导方式为线内传导,其结构简图显示在图 3.9 中。包括 4 个主要部分,即光二极管、纵向 CCD、横向 CCD 和测试放大器。光载流子信号的产生和积累在光二极管内完成。光二极管内所有的信号电子都传导给对应的纵向 CCD。纵向 CCD 和横向 CCD 负责信号电子的传输。

如图 3.10 所示,载流子信号传输是一个动态连续过程。中心区域 Y 是图 3.10 中唯一激光辐照区域。光电转换过程通过在 Y 位置的光二极管完成。为了简单,假设稳定图像中的每一个框架包含 9 个像素。主光斑位于图像的中心,包括 5 个像素。假设第一次读出时主光斑标记为 5。由于高功率激光的连续照射,Y 光

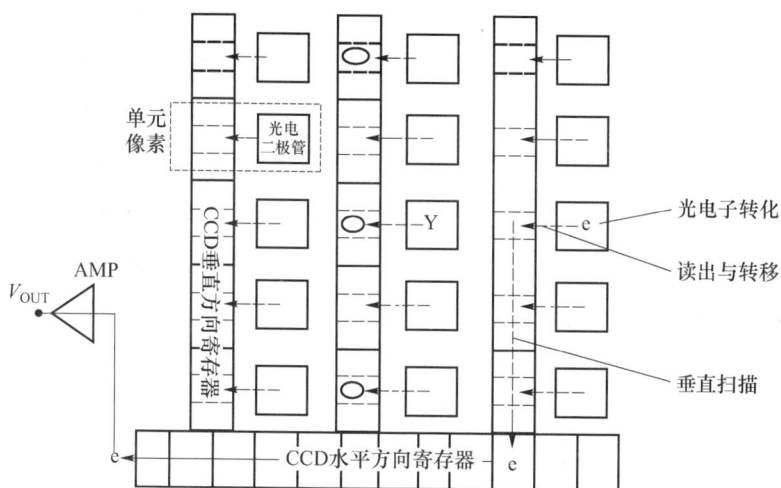

图 3.9　线内传导方法示意图

二极管瞬间饱和过剩电荷同时渗入对应的纵向 CCD。从 Y 光二极管渗入的电荷数量逐渐增加并最终饱和。通过 Y 的电荷在图中标记为 4,3,2,1。当 9,8,7,6 经过 Y 时,电荷的渗透已经被饱和了。所以,在这四个点,传输的电荷数量基本是相同的。然后,在第二次读出信号时,Y 光二极管的信号电荷传输进入横向 CCD 的对就点,形成主光斑 5。再一次纵向扫描重复以上过程。从图中的电荷数可以看到,上半部分的电平数是由小到大变化的,而下半部分电平数趋于稳定。

3.1.3　CCD 器件的过饱和效应

典型的激光干扰 CCD 相机的实验方案如图 3.11 所示[5]。使用的 Nd:YAG 激光器为二极管泵浦固体激光器,脉冲重复频率可在 10Hz ~ 100kHz 变化。为了防止后向散射光损坏激光器,光学隔离器放置在激光束的出口。单脉冲能量在 10Hz 时为 4mJ,在 100kHz 时为 0.2mJ,若重复频率不超过 20kHz,则单脉冲能量高于 1mJ。Nd:YAG 激光器通过双透镜器件聚焦于 KTP 倍频晶体,产生 532nm 输出。通过偏振衰减器、非镀膜玻璃板和一系列中性滤波片对激光功率进行衰减。最后激光束透过参考背景屏照射到 CCD 相机上。实验中所用 CCD 相机为 SanyoVCB 3440 – P 相机,8 位分辨率,542 × 584 像素,带有 1/3 英寸 CCD 图像器件。相机中带有可关闭的自动电子学工具,包括自动增益控制、背景光补偿和电子虹膜。相机读出时间为 (1/50) ~ (1/10000)s。

若相机接收的脉冲能量较低,首先能观察到的效应是激光入射点所在像素的饱和。在非常低的能量水平下,只有几个像素饱和(通常为 4 个像素,对应激光在

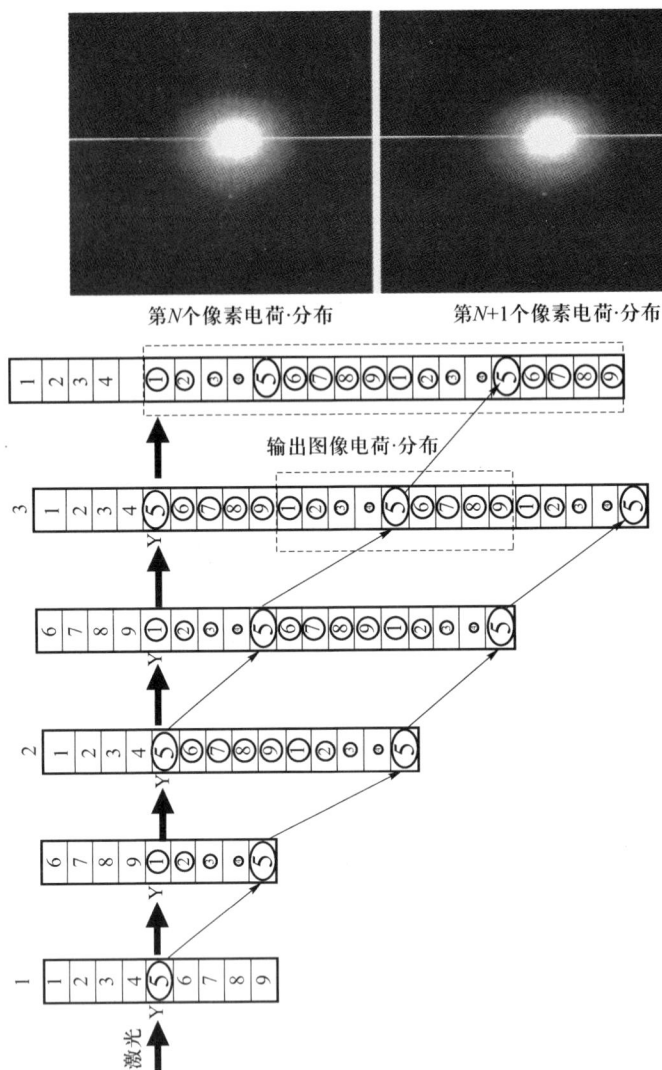

第N个像素电荷·分布　　　第N+1个像素电荷·分布

图 3.10　信号传导动态效应示意图

焦平面上大约 20 μm 的光斑直径），在图像中很少观察到激光炫目。随着脉冲能量的增加，过度曝光的区域扩散到大量的像素，在图像中形成一个白色的亮斑。下一步将出现一些"仪器效应"。有一些器件效应是激光通过透镜或相机孔径引起的光学效应，其中包括"透镜闪耀"效应，但是更通常情况下，出现复杂照明结构表明"仪器效应"是由多次反射、相机透镜的衍射和散射效应共同造成的。更多亮斑出现在过度曝光区域周围(图 3.12)，并且当脉冲能量增加时，受损的图像面积将变大。

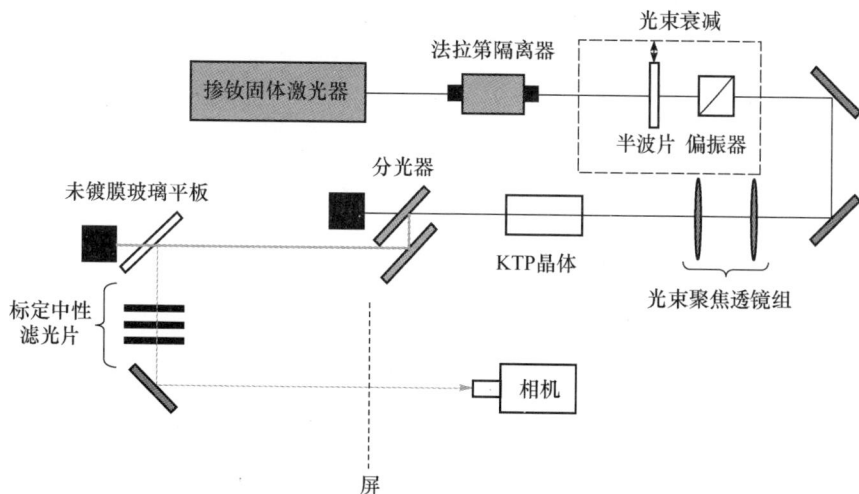

图 3.11　干扰研究实验装置示意图

图 3.12　低单脉冲能量干扰效应

当激光能量进一步增加时,这些效应继续急剧上升。在图像中将观察到以激光光斑为中心的多重同心环。这些环是由相机透镜对光的多次反射和衍射造成的。

当脉冲能量足够高时,与激光光斑在同一列的像素也开始出现饱和情况(图 3.13[6])。由于激光束没有直接照射这些像素,所以这种饱和应该与 CCD 相机电荷传导过程中发生的电学效应有关。在电荷传导过程中,电荷应该从地线流出。但是,高能量水平同时产生大量的电荷,使得电荷流溢出并到达 CCD 相机的读出电路。然而,由于这些电荷与电荷传导过程不同步,所以其中一些电荷在传导过程开始之后产生。因此,相机将这些电荷编译为激光炫目像素所在同一列其他像素产生的电荷,并且像素之间的距离由电荷传导过程开启和溢出电荷产生之间的时间延迟决定。所以,同一列内饱和光斑的数量与激光重复频率和相机的读出频率的比率有关,更准确地说,与总读出时间内到达相机的激光脉冲数有关。

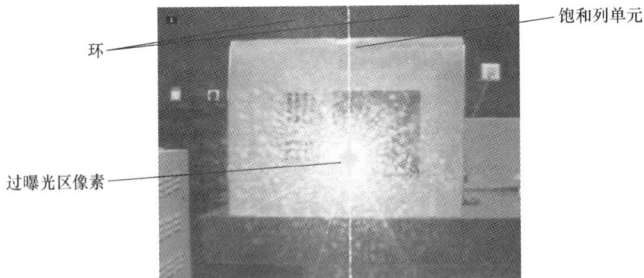

图 3.13 高单脉冲能量干扰效应

低重复频率下,在被炫目像素的列只能观察到几个饱和光斑。但是在高重复频率下,整个列都被饱和,这是因为产生了太多的饱和点使得这些饱和点互相重叠并充满整列。

最后,在非常高的脉冲能量下,饱和光斑中心位置的像素趋向于变灰,这说明这些点没有保持在最高水平上。当辐照激光强度超过一定阈值时,CCD 的饱和白色图像信号将变黑,这种现象称为过饱和效应。强激光引起的黑色图像主要是由CCD 相机系统的异化波形和相关二次采样技术引起的。波形的异化就是参考电平变得与饱和数据电平相等。参考电平的变化表明 CCD 的电荷测量过程不正常。

CCD 的正常波形在一个像素周期内必须具有三个基本部分,包括重置馈通电平、参考电平和数据电平,如图 3.14 所示[7]。CCD 电荷测量结果的输出放大器对波形进行测量,其内部物理过程显示在图 3.15 中。

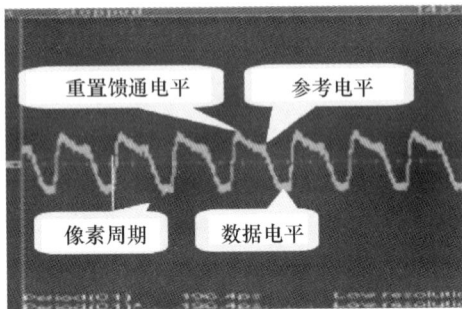

图 3.14 CCD 的正常波形

在 CCD 中,所有信号电荷以包的形式储存在势阱中,势阱可以分为积分势阱、传导势阱和测量势阱。积分势阱收集光生信号电荷。除了测量势阱,所有相邻的势阱在驱动时间的控制下相互耦合,向测量结构的读出节点传导收集的信号电荷。通过输出传导门的固定偏置电压提供的势垒(在图 3.15 中称为输出偏置),测量势阱与传导通道的末端势阱分离。末端势阱由通常与驱动时钟不同的时钟控制（在图 3.15 中称为注入时钟）。在注入时钟的周期内,除了信号电荷注入测量势阱的时间外,大部分时间电压都处于高电平,以便准备接收来自最终势阱的信号电荷并使时钟对参考电平的影响抵消对信号电平的影响。在一些双相位驱动时钟系统里,注入时钟通常是驱动时间的相位之一,可以忽略对输出的影响。

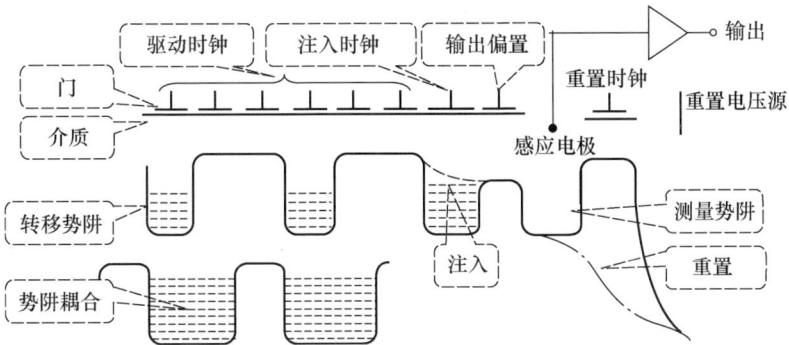

图 3.15　正常工作状态下 CCD 输出结构的内部物理过程

通过控制驱动时钟和注入时钟,电荷包可以逐一在通道中传导并注入测量势阱。在像素周期内,在电荷包注入测量势阱之前,测量结果的放大器输出参考电平。电荷注入之后,电荷改变读出节点的电压（图 3.15）。变化输入到放大器,数据电平从放大器输出,通常满足如下关系:

$$|V_{dat} - V_{ref}| = \beta \Delta V_{sn} = \beta |Q_s|/C_E \tag{3.10}$$

式中:V_{dat} 和 V_{ref} 分别为数据电平和参考电平;β 为放大的增益系数;ΔV_{sn} 为信号电荷导致的读出节电压改变量;Q_s 为信号电荷的数量;C_E 为读出节的等效电容。

为了测量下一个信号电荷包,测量势阱中的信号电荷必须清理,这一过程由重置门的时钟和重置电压源来完成（图 3.15）。在重置过程中,重置脉冲可以通过耦合电容影响读出节点的电压,进而影响放大器的输出,所以重置馈通电平被输出。重置之后,放大器的输出回到参考电平。通常,CCD 的参考电平为恒定电平。

在过饱和波形中,参考电平发生变化并等于饱和数据电平,如图 3.16 所示。过饱和状态下的 CCD 输出放大器可以测量波形。参考电平的变化表明 CCD 电荷测量过程不正常。

当足够强的激光辐照 CCD 时,光诱导信号电荷从积分势阱溢出,并被传导势阱收集。如果所有的传导势阱都被填满,则剩余的信号电荷将消除驱动时钟。剩余的信号电荷被称为过饱和信号电荷,这是引起过饱和波形参考电平变化的主要原因。以 N 型埋沟为例,过饱和信号电荷的运动分析如下:

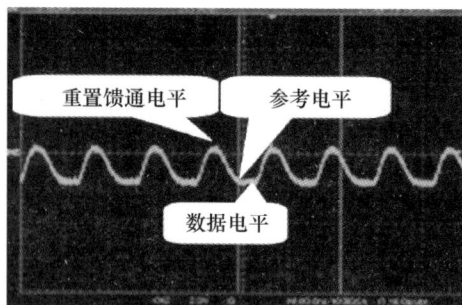

图 3.16　CCD 过饱和波形

　　由于反转和闩锁效应,无论 CCD 门的负电压有多高,半导体和绝缘体界面的电势(对于可见光 CCD 为 $Si - SiO_2$)都不能低于沟道截断环的电势,后者等于衬底的电势。并且作为势垒的 N 型埋沟的最低电势必须大于界面电势。所以,对于电子来说,沿沟道的势垒低于沟道截断环,如图 3.17 所示。

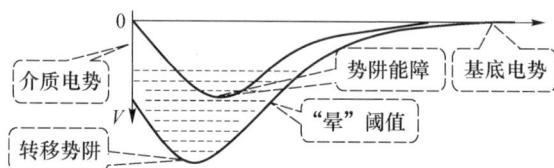

图 3.17　CCD 的 N 型埋沟中势阱分布

　　所有传导势阱被填满之后,过饱和信号电荷不会完全从衬底扩散。如图 3.18 所示,大量的过饱和信号电荷将留在传导沟道内,并且在自感漂移和热扩散机制作用下沿传导沟道移动。这些过饱和信号电荷将在没有驱动和注入时钟的控制下进入测量势阱。在时钟控制之前,参考电平将被进入测量势阱的过饱和信号电荷改变。如果过饱和信号电荷将测量势阱填满,参考电平将等于饱和数据电平,随后的信号电荷将从衬底扩散掉。

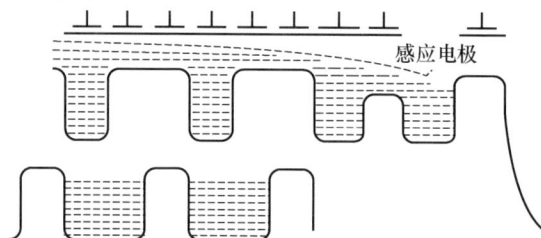

图 3.18　CCD 过饱和效应机制

　　如果激光一直辐照 CCD,过饱和信号电荷将持续生成并进入传导沟道。在传导沟道内,相邻门之下的势阱相互耦合并从耦合中恢复。在势阱耦合过程中,沟道的电容被放大(图 3.18),向测量势阱注入过饱和信号电荷的过程将会减弱或中断。当势阱从耦合中恢复时,沟道电容将缩小,向测量势阱的注入将开启或加强。在一个像素周期内,耦合和恢复行为的时间等于驱动时钟的相位数,在周期内均等分布。所以在参考电平的时间内,至少会发生一个向测量势阱的强注入,使得测量势阱被填满。

3.1.4　CCD 器件的光散射效应

一般情况下,相机透镜设计得非常好,使得杂散光可以被忽略。但是由于激光具有高亮度,激光诱导的杂散光仍可以在 CCD 相机内引起明显的光斑。例如,激光在扫描 CCD 内诱导的侧斑,侧斑是由扫描过程中激光在透镜和成像探测器之间的多次反射造成的。所以,可以预期两侧斑是关于主光斑对称的。对于两维图像,如果 CCD 相机在时序上捕捉到激光的不同部分,背景亮度时间上的变化可能引起亮度空间上的变化。对于扫描 CCD 图像探测器,相机在时序上捕捉到不同的纵向线条。对于隔行扫描 IT CCD,图像被分成由两个不同积分时间段形成的场。背景亮度时序上的变化可能是由脉冲激光的散射光造成的。

1) 侧斑现象

典型侧斑图像显示在图 3.19 中[8]。图 3.19 中水平方向对应相机扫描方向,在这一方向上可观察到三个激光光斑。中间的光斑比两侧的光斑更亮,并且形状规则。在较低激光功率下,两侧的光斑是不可见的,如图 3.19(a)所示。所以可以预期中间的光斑是正入射激光束的图像。产生两侧的光斑可能的原因是激光高阶模式,相机光束外的多次反射或透镜的衍射。

相机内的光路由透镜的后表面和 CCD 的前表面决定。透镜的后表面通常是凹的,如图 3.20 所示,而 CCD 感光线阵的两侧是光滑的镀银面,如图 3.21 所示。入射激光有可能被镀银面镜面反射,反射光束辐照透镜的凹形后表面,被再次会聚反射回到 CCD 电路上。如果二次返回的光线辐照在感光像素上,将导致图像中出现两侧光斑。如果二次反射的光斑辐照在镀银面上,则可能被第三次反射。这样光线将在相机内发生多次反射,激光束第一次被反射的位置决定多次反射的方向和反射光线照射在 CCD 电路上的位置。

线阵 CCD 相机通过扫描目标区域获得平面图像。在扫描过程中,会聚于透镜焦平面的激光束将沿垂直于 CCD 线性像素阵列的方向运动。光斑将依次通过第一个镀银平面、空隙、感光像素、第二个空隙和第二个镀银面。光束被反射的位置将持续变化,这使得多次反射光的方向也连续变化。

反射光线辐照到敏感像素的几种可能情况显示在图 3.22 中,其中纸平面表征

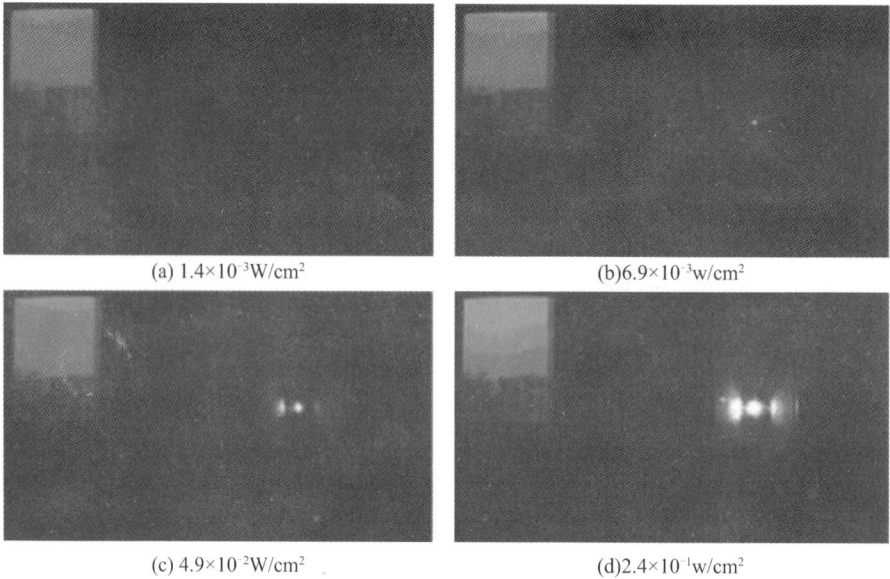

(a) $1.4 \times 10^{-3} \mathrm{W/cm^2}$

(b) $6.9 \times 10^{-3} \mathrm{w/cm^2}$

(c) $4.9 \times 10^{-2} \mathrm{W/cm^2}$

(d) $2.4 \times 10^{-1} \mathrm{w/cm^2}$

图 3.19　典型激光侧斑图像

图 3.20　相机透镜后表面

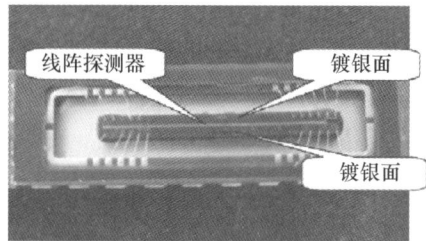

图 3.21　CCD 芯片表面结构

垂直于线性感光像素的平面,并假设激光束为平行光束,由单光线代替。根据 CCD 电路和透镜光线的距离 s,可能的三种情况显示在图 3.22 中。符号 r 表征透镜后凹面的曲率半径,符号 Δl 表征透镜光心和后表面的距离。

当镀银面某处发生第一次反射,第二次反射光线可以辐照相机的感光像素。

$$(r + \Delta l)/2 < s < r + \Delta l \tag{3.11}$$

当镀银面某处发生第一次反射时,第四次反射光线可以辐照相机的感光像素。

$$0 < s < (r + \Delta l)/2 \tag{3.12}$$

即使发生第一次反射,多次反射光线不可能辐照感光像素。

$$s > r + \Delta l \tag{3.13}$$

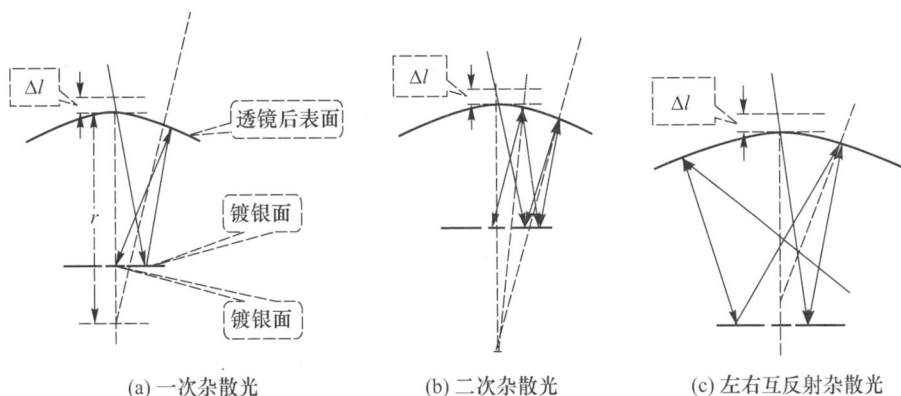

(a) 一次杂散光　　　　(b) 二次杂散光　　　　(c) 左右互反射杂散光

图 3.22　侧斑形成的光程示意图

由于激光束具有高亮度,多次反射光线的强度相对高敏感的 CCD 相机是不可忽略的。当多次反射光线辐照相机的感光像素,两侧光斑将出现在图像中。由于激光束不可能与相机的主光轴完全匹配,两侧光斑不可能完全对称。

2）条纹现象

在皮秒激光照射下,相机的输出图像显示在图 3.23 中[9]。除了光斑区域的饱和现象,在整个画面内都存在暗条纹。画面中共存在 12 条暗条纹,所有条纹都平行于图像的竖直行。相邻条纹的间隔占据大约图像的 64 行,单根条纹占据大 16 行。图 3.24 显示了图像一些水平线上的灰度值分布。接近激光光斑位置的条纹可见度较高。

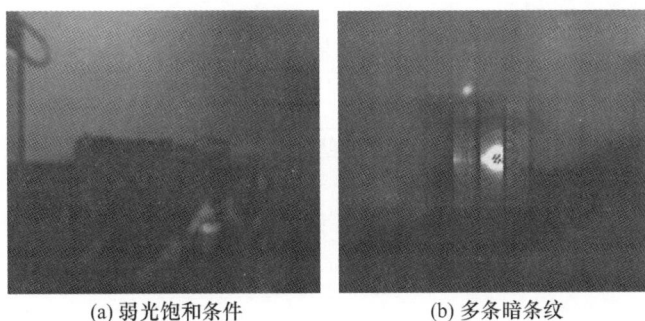

(a) 弱光饱和条件　　　　　　　(b) 多条暗条纹

图 3.23　20H 皮秒脉冲激光器辐照 TDI CCD 图像

定性来说,系统对激光束进行散射,散射光弥散在相机的整个视场内,形成了图像的背景。散射光的重频和脉冲宽度与激光相同。所以背景的亮度随激光一起起伏振荡。条纹是图像的暗背景。虽然激光脉冲的占空比较低,但是散射光脉冲可以瞬间照亮整个 TDI CCD 电路的 64 行,并占据 64 行输出数据的一大部分时间,所以条纹的间隔比条纹自身宽度大得多。散射光在光斑附近变得更强。背景亮度的变化幅度随着散射光的强度增加,所以越接近激光光斑,条纹的可视度越高。

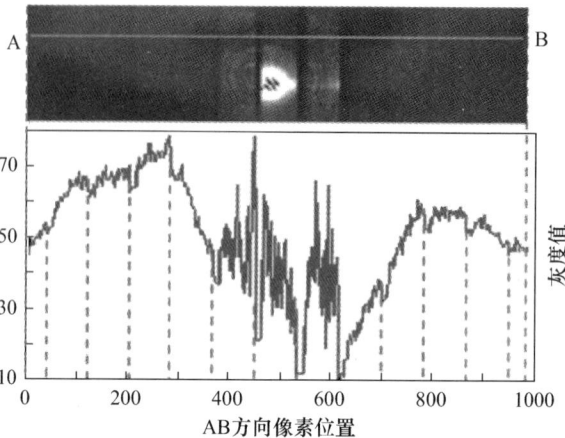

图 3.24　图像水平方向灰度值分布图

为了定量计算条纹参数,需要首先了解 TDI CCD 的操作过程和设置。TDI CCD 电路的结构与全框架平面阵列 CCD 相似,如图 3.25 所示,包括光敏区域和一个行输出 CCD 计数器。光敏区像素行的数量为信号积分的台阶数。行输出 CCD 计数器覆盖有一层金属膜用于遮挡光线。点目标在 TDI CCD 相机成像的过程如下。

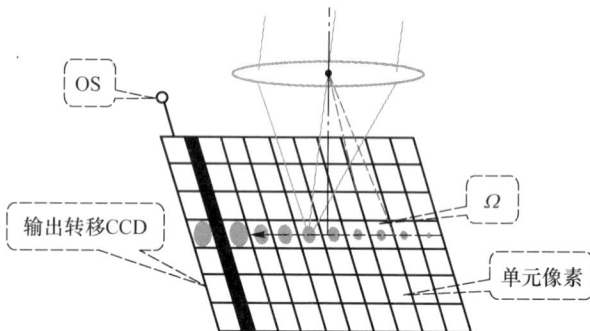

图 3.25　TDI CCD 探测器结构与数据处理过程(见彩图)

对于成像,TDI CCD 相机必须沿固定方向扫描得到从光敏区第一行运动到最后一行的目标实像,而最后一行就是与 TDI CCD 输出计数器相邻的一行。当点目标进入相机的视场的,其实像将位于光敏区第一行某个像素。随着相机的扫描运动,实像从第一行运动到第二行、第三行……,直到实像到达第 64 行,最终离开光敏区。在这一过程中,图像对应的积分信号电荷包跟随图像到达最后一行的势阱。

到达 CCD 输出行的积分信号是 64 步积分的结果。

　　任意目标是由一系列点目标构成的。点目标的每一个实像沿光敏区的 64 行扫描,其信号进行了 64 步积分。所以整个目标的信号都包括 64 步积分。为了避免相邻行的信号发生混乱,信号处理必须在将信号电荷包输出给输出 CCD 计数器(称为行输出)的一步积分时间(τ)内完成。另外,为了避免在相邻行之间插入空信号,行输出的时间(T)不能太短。所以,最佳的选择是使行输出的时间等于一步积分时间。这一特征在相机内建立。只需设置相机的行输出频率(F),一步积分时间(τ)将被自动设定,两者之间的关系为

$$F = 1/T = 1/\tau \tag{3.14}$$

为了避免两个相邻点目标(间隔等于相机分辨力)的信号混乱,每一点的实像和积分信号必须始终保持在同一像素内。所以点图扫描 CCD 一个像素的时间 t_0 必须等于相机的一步积分时间(τ):

$$t_0 = \tau \tag{3.15}$$

CCD 光敏区内点图的扫描运动是由于步进电机的旋转。假设步进电机的旋转速度为 ω,时间 t_0 为

$$t_0 = \Omega / \omega \tag{3.16}$$

式中:Ω 为相机的角分辨力,由式(3.11)决定

$$\Omega = \frac{180°}{\pi}\frac{d}{l} = \frac{180°d}{\pi f} = \frac{180° \times 13\,\mu m}{\pi \times 50\,mm} = 0.0149° \tag{3.17}$$

式中:d 为像素尺寸,设为 $13\,\mu m$;l 为透镜光心到光敏区的距离,通常等于透镜的焦距 $f = 50\,mm$。在实验中,步进电机的转速设为

$$\omega = 24°/s \tag{3.18}$$

根据式(3.14)到式(3.18),相机的行输出频率必须设置为

$$F = \frac{1}{\tau} = \frac{1}{t0} = \frac{\omega}{\Omega} = \frac{24°/s}{0.0149°} = 1610\,Hz \tag{3.19}$$

散射光的脉冲宽度(τ')等于激光的脉冲宽度,即

$$\tau' \approx 10\,ps \tag{3.20}$$

从式(3.20)可知,一步积分时间为

$$\tau = 1/F = 1/1610\,s = 0.621\,ms \tag{3.21}$$

明显

$$\tau' < \tau \tag{3.22}$$

因此,一个散射光脉冲可以照亮 TDI CCD 电路的全部 64 行。

散射光脉冲的重复频率(F')等于激光的重复频率,即

$$F' = 20\text{Hz} \tag{3.23}$$

所以,散射光的时间周期(T')为

$$T' = 1/F' = 1/20\text{s} = 0.05\text{s} \tag{3.24}$$

在激光脉冲周期内,TDI CCD 输出行的数量(n_0)为

$$n_0 = FT' = 1610 \times 0.05 = 80.5 \tag{3.25}$$

这一现象显示在图 3.26 中。散射光影响 64 行,形成暗条纹的间隔;剩余的 16 行不受散射光的影响,形成暗条纹。

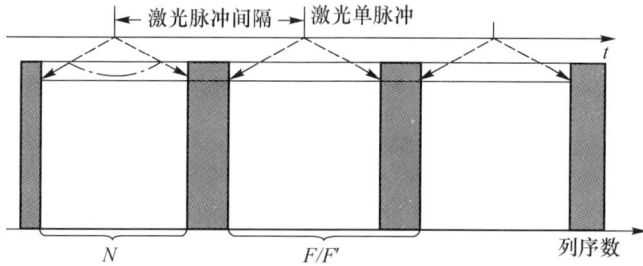

图 3.26 TDI CCD 图像中激光诱导条纹

3.1.5 CMOS 器件的饱和效应

CMOS 图像传感器是用标准的 CMOS 工艺实现的,主要包含有像素阵列、行选通逻辑、列选通逻辑、定时和控制电路、模拟信号处理器等功能模块,如图 3.27 所示[10]。有的 CMOS 图像传感器还集成了模/数转换器。像素单元阵列的主要用途是收集有用的光信号,并将此光信号转化为电信号;模拟信号处理电路完成信号的积分、放大、取样和保持功能,通过处理电路提高信号的信噪比;行选通逻辑单元与列选通逻辑单元配合使用可以实现图像的窗口提取功能;定时和控制电路限制信号读出模式、设定积分时间、控制数据输出率等。模/数转换器(ADC)是数字成像系统所必需的,可将模拟信号转换为计算机能识别的数字信号。

正是由于 CMOS 图像传感器在工作原理上的特点,使得其与 CCD 器件相比具有扫描速度快、响应光谱范围宽、集成度高、功耗低、成本低等优势,对于抗激光干扰的阈值也要比 CCD 器件高。缺点是在灵敏度、分辨力、噪声控制能力等方面相比 CCD 器件来说还有差距。

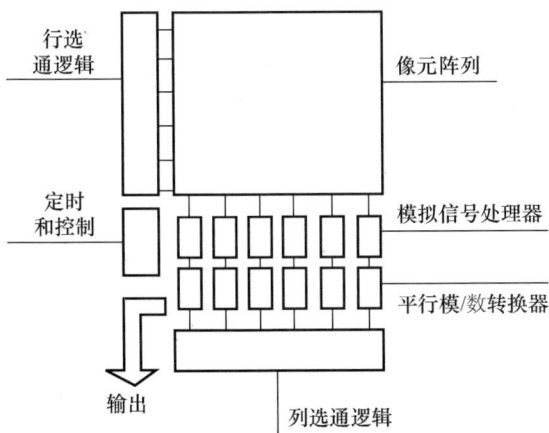

图 3.27　CMOS 图像传感器总体结构

1）超连续光源对 CMOS 器件的饱和干扰

实验中采用的光源为自研的超连续谱光源,其最大输出功率 3W,重复频率 32MHz,脉冲宽度 154ps,单脉冲能量为 0.094μJ,对应的峰值功率可达 0.6kW,输出光谱范围 600~1700nm(受光谱仪测量量程的限制),10dB 带宽大于 900nm。采用的是国产某型 CMOS 图像传感器,传感器采用 1/3 英寸靶面,像元大小为 $3.75\mu m \times 5\mu m$。实验原理如图 3.28 所示[10]。

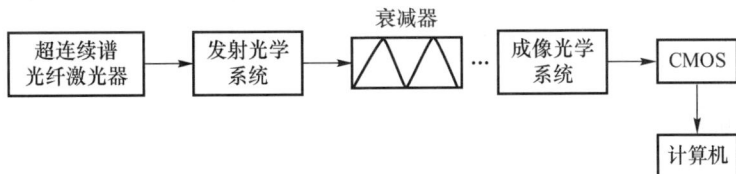

图 3.28　实验原理图

超连续谱光源发出的光通过后续的发射光学系统整形发射;衰减器中的衰减片各自呈一定角度放置,以减少多次反射,保证较为准确的衰减倍率。光束通过成像光学系统入射到 CMOS 图像传感器靶面上,传感器连接计算机获得并分析处理图像。

实验中,通过适当控制入射到接收光学系统及 CMOS 图像传感器上的光功率,分别得到如图 3.29 的干扰效果图。对应的超连续谱功率分别为 0.12W、0.73W、1.25W、1.86W、2.32W 和 2.68W,若假设接收光学系统的传输损耗为 0.1,则图 3.29(a)~(e)对应的功率密度分别为 $0.14 \times 10^{-3} W/cm^2$、$0.86 \times 10^{-3} W/cm^2$、$1.46 \times 10^{-3} W/cm^2$、$2.18 \times 10^{-3} W/cm^2$、$2.72 \times 10^{-3} W/cm^2$、$3.14 \times 10^{-3} W/cm^2$。将上述图像输入计算机,通过图像处理软件对其中每个像元的灰度数据进行处理,将

其灰度划分成 0 ~ 255 阶。考虑到 CMOS 器件及数据采集电路等的随机干扰因素, 此时规定灰度值大于 235 即认为该像元的输出已经接近饱和,不能正常提供图像信息数据。在后续处理时将这些像元的数据标白,而其他未饱和的像元数据标黑。处理完后的图像如图 3.30 所示。

(a) 0.14×10⁻³W/cm²　　　　(b) 0.86×10⁻³W/cm²　　　　(c) 1.46×10⁻³W/cm²

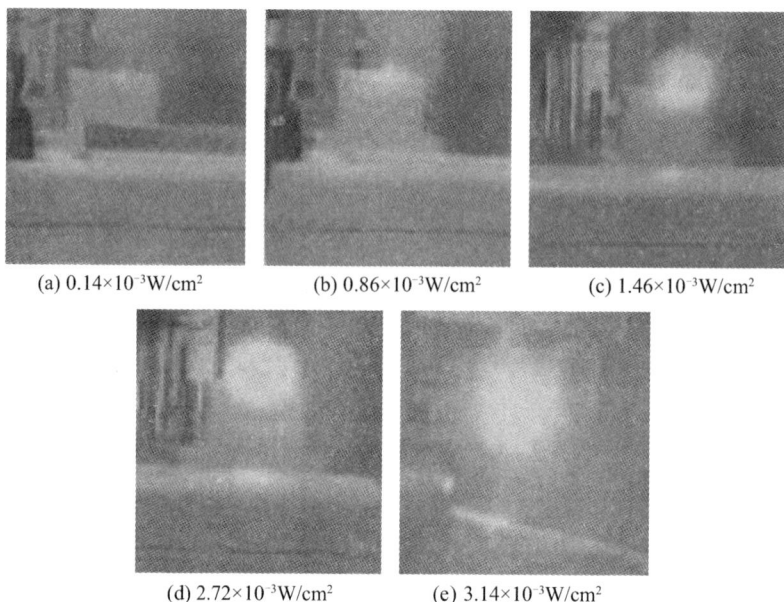

(d) 2.72×10⁻³W/cm²　　　　(e) 3.14×10⁻³W/cm²

图 3.29　在不同功率密度水平下 CMOS 图像传感器输出的干扰图像

通过分析,认为出现远超出像元级别大小饱和区的原因主要是由于 CMOS 图像传感器在强光辐照的情况下,光生电荷从被辐照的像元中"溢出"至周边的像元。随着入射光强的增强,被"溢出"填满的像元就越多,因此造成了成像器件的大面积饱和。

2) 高重频脉冲激光对 CMOS 相机饱和干扰

实验中采用高重频 YAG 激光器作为干扰源, 激光波长 1.06μm,重频 64kHz, 脉宽 10ns,平均功率 1.5W。CMOS 相机为敏通公司的 1/3 寸靶面彩色可见光相机,其探测器为索尼的 IMX035LQZ - C 彩色图像传感器,基底材料为硅, 靶面像素尺寸为 1280(水平)×1024(垂直), 感光面积为 3.63μm × 3.63μm,最低照度为 0.1lx(F = 1.2 时)。光学系统光圈数为 F = 1.8,焦距为 50mm,镜头的材料为石英玻璃。实验系统布局如图 3.31 所示[11]。激光器出口处用可调衰减片作适当衰减,滤光片用来阻止激光器 880nm 的泵浦光进入相机,用分光镜将光束一分为二, 其中一部分进入功率能量计实时监测激光器功率变化,另一部分进入相机后对相机进行干扰,视频采集卡和计算机对相机输出图像进行实时采集和存储。

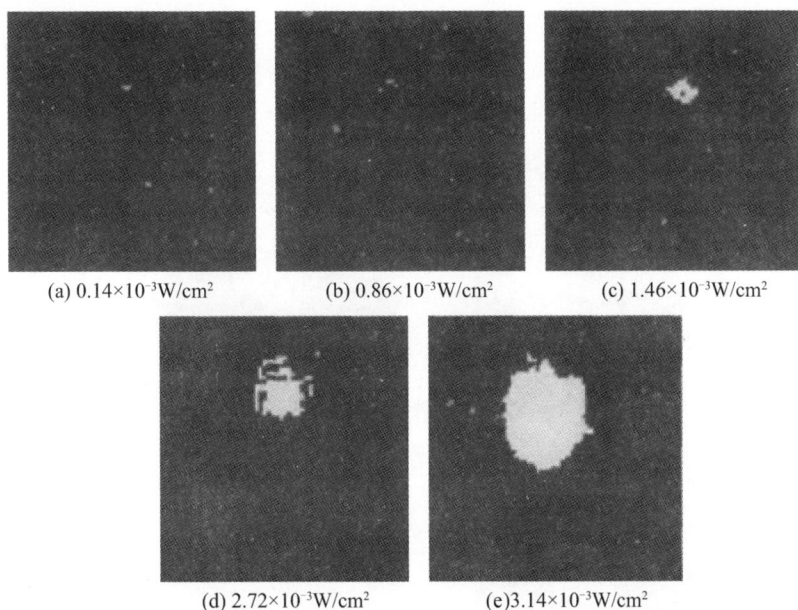

(a) 0.14×10⁻³W/cm²　　(b) 0.86×10⁻³W/cm²　　(c) 1.46×10⁻³W/cm²

(d) 2.72×10⁻³W/cm²　　(e)3.14×10⁻³W/cm²

图 3.30　在不同功率水平输出下 CMOS 图像传感器像元干扰效果图

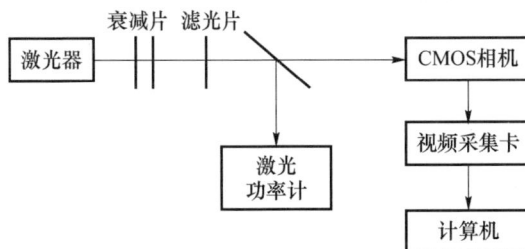

图 3.31　实验布局示意图

　　调整激光束与 CMOS 相机光轴对准,利用计算机监视器观察 CMOS 输出的图像,通过观察监视器的图像判断入射到 CMOS 的光信号是否使 CMOS 饱和。首先,将激光衰减到使 CMOS 处于线性工作区功率范围,然后,逐渐减小衰减直至 CMOS 处于临界饱和状态。当入射到 CMOS 靶面的激光功率密度为 $4.8 \times 10^{-3}\,\text{W/cm}^2$ 时,CMOS 相机工作在线性工作区域,对应的靶面面积约为 $0.18 \times 10^{-4}\,\text{cm}^2$,视频采集卡采集到光斑图像及光强灰度分布如图 3.32(a) 所示。逐渐减小激光衰减,CMOS 进入饱和状态,此时 CMOS 靶面上的激光功率密度为 $35.8\,\text{W/cm}^2$,干扰图像如图 3.32(b) 所示。继续减小激光衰减,CMOS 进入深度饱和状态,饱和像元数增多,此时 CMOS 靶面上的功率密度为 $4.3 \times 10^3\,\text{W/cm}^2$,采集到的干扰图像如图 3.32(c) 所示。因此,通过实验可知,1.06μm 的高重频激光对可见光面阵

CMOS 探测器具有干扰作用,随着入射激光功率的增加,CMOS 相机被干扰的面积逐渐增大。

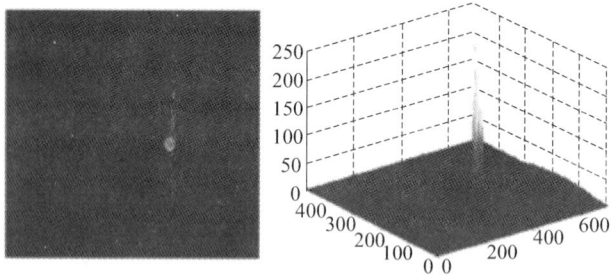

(a) CMOS探测器表面功率密度为$4.8 \times 10^{-3} \mathrm{W/cm^2}$

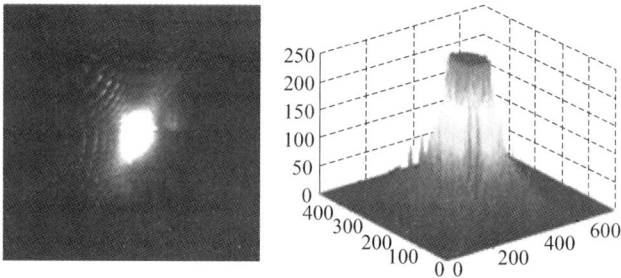

(b) CMOS探测器表面功率密度为$35.8 \mathrm{W/cm^2}$

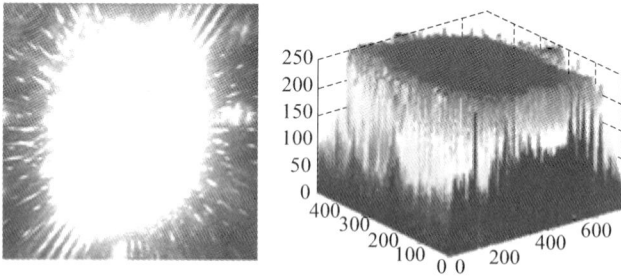

(c) CMOS探测器表面功率密度为$4.3 \times 10^{3} \mathrm{W/cm^2}$

图 3.32　高重频脉冲激光对 CMOS 相机干扰图像及灰度图

　　在对 CMOS 实施干扰过程中,当激光器能量逐渐增加时,并没有出现类似 CCD 干扰的"饱和串音"现象,这主要是因为 CMOS 相机和 CCD 相机感光元件的结构和数据传递的方式存在较大的差异。CMOS 相机中除了位于核心地位的感光二极管之外, 每个感光像元都直接整合了放大器和模/数转换电路,当感光二极管受到激光辐照时,进行光电转换产生与入射光信号成比例的模拟电信号,电信号首先被感光元件中的放大器放大,然后由模/数转换电路直接转换为对应的数字信号,再采用类似闪存电路的方式将数据输出,CMOS 图像传感器的这种结构使得它各个像元之间的串扰很小,所以相对 CCD 传感器来说,用相同功率的激光很难对 CMOS 图像传感器造成大面积的饱和干扰,其也不存在类似"饱和串音"现象。

由于在干扰图像中,未饱和干扰图像的灰度分布反映了干扰光斑的功率分布,而每个像素灰度值的相对大小代表了干扰激光在这些像素上分配功率的大小。因此,如果得到了干扰光在这些像素上分配的总功率,就可以求得图像中每个像素上单位灰度的功率密度值。实验中采集到一幅未饱和的光斑图像,光斑与背景的灰度分布如图 3.32(a) 所示,光斑区域中像素灰度的最大值为 225,未到达饱和,该光斑对应的激光入射功率为 7.3×10^{-3} mW。将光强降为 $1/e^2$ 处作为光斑的边缘,则可知图像中灰度值高于 $225/e^2$ 的区域内灰度值之和为 696,由于每个像素单元的面积为 $13.2\mu m^2$,则可计算出图像中每个像素上单位灰度代表的激光功率密度为 68.7mW/cm^2。由于相机的像素尺寸基本是统一的,所以灰度相对分布代表着像素激光功率密度的相对分布;又由于像素尺寸极小,每个像素上的激光功率密度值可以看成是像素所处位置的光强值。因此,可得 CMOS 相机的图像饱和激光功率密度阈值为 17.5W/cm^2。

利用计算机和视频采集卡,采集到不同激光功率条件下的 CMOS 相机干扰图像。通常,高斯光束经过透镜后的光强分布仍为高斯分布,因此,将激光光强降为 $1/e^2$ 处作为光斑的边缘,以图像的灰度值来对应光强的大小。故在输出图像中,将大于光斑灰度最大值 $1/e^2$ 的像素点的灰度值视为有效干扰光斑灰度阈值,对激光干扰图像进行处理,得到了在不同激光功率辐照下,CMOS 探测器上干扰有效面积占整个探测器面积的比例,如图 3.33 所示。为方便看出区别,其中横、纵坐标均采用以 10 为底的对数形式表示。

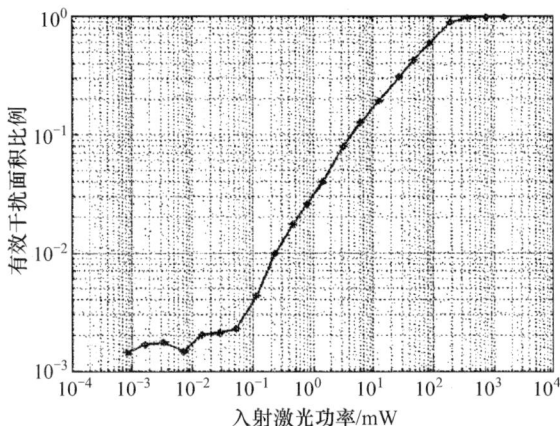

图 3.33　激光入射功率与饱和干扰有效面积的关系

从图 3.33 中可以看出：CMOS 相机的饱和干扰有效面积并不是激光入射功率的线性函数。在入射激光功率较小时，随着入射激光功率的增加，干扰有效面积增加较为缓慢；在入射激光功率较大时，干扰有效面积增加较快。从图像出现饱和到干扰有效面积接近 100%，需要的激光功率跨越约 6 个数量级。

图 3.34 给出了 CMOS 相机干扰图像中灰度值达到 255 的饱和像元数目和入射激光功率之间的关系。为方便看出两者之间的关系，将横、纵坐标均取以 10 为底的对数。从图 3.34 中可以看出，CMOS 图像传感器单元像素达到饱和的激光功率约在 1×10^{-2} mW 左右；其饱和像元数的对数与入射激光功率的对数近似满足线性关系，随着入射激光功率的增加，饱和像元数成对数比例增长。

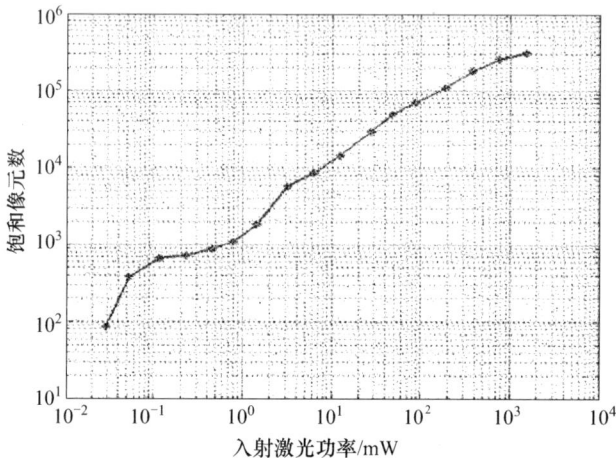

图 3.34　激光入射功率与饱和像元数的关系

为了定量评价入射激光功率对 CMOS 相机干扰效果的影响，可利用干扰前后图像之间的协方差系数来表示干扰前后图像之间的相关度。两幅图像协方差的计算公式为

$$r = \frac{\sum\limits_{m} \sum\limits_{n} (A_{mn} - \bar{A})(B_{mn} - \bar{B})}{\sqrt{\left(\sum\limits_{m} \sum\limits_{n} (A_{mn} - \bar{A})\right)^2 \left(\sum\limits_{m} \sum\limits_{n} (B_{mn} - \bar{B})\right)^2}} \tag{3.26}$$

利用上述公式对 CMOS 相机干扰前后的图像质量进行了计算。图 3.35 是受到干扰后 CMOS 相机输出图像相关度随入射激光功率的变化曲线。从图 3.35 中可以看出：在小功率干扰条件下，CMOS 相机受到干扰后的图像与起初受到干扰后的图像变化不大。随着入射激光功率的增大，CMOS 相机干扰前后图像的相关度减小，图像质量下降，干扰效果迅速提高。

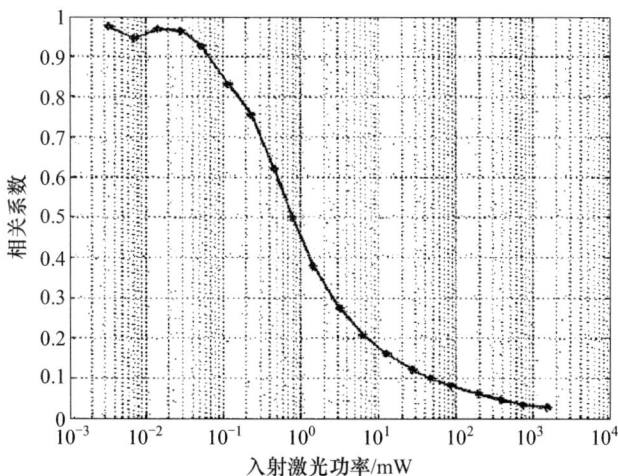

图 3.35 入射激光功率与图像相关度的关系

3.2 激光对红外焦平面阵列器件的干扰效应及机理

3.2.1 红外焦平面阵列器件的饱和效应

3.2.1.1 氟化氘(DF)激光器干扰镉汞碲红外探测器(CMT)相机实验

CMT 相机为图 3.36 所示的红外成像导引头模拟系统[12],探测器为带快速读出电路的 256 × 256 探测器,视场大小为 4.4° × 4.4°。实验过程中,相机采用固定的 1ms 积分时间和 100Hz 的帧频。视场大小由累斯莱棱镜单元调节,这一视场调节单元增加了额外的光学单元,可能引起比普通相机光学系统更强的散射效应。除了额外的透镜,累斯莱棱镜本身将增加 8 个光学元件。

实验使用激光器为带有声光调制器的连续氟化氘(DF)化学激光器。该激光系统带有校准衰减器,可以产生可控功率的连续激光输出和脉冲列。实验中,激光在连续波(CW)模式和脉冲模式下工作,后者带有不同的脉冲重复频率(5kHz 和 20kHz)和不同的脉冲宽度(5μs 和 100μs)。激光在相机入瞳的辐照度量级在 $10^4 \text{pW/cm}^2 \sim 10^7 \text{pW/cm}^2$ 变化。激光束与相机光轴准直,避免鬼像对实验结果的干扰。

图 3.37 显示了激光辐照度对 CMT 相机图像的影响。干扰光斑接近圆形,激光辐照度较低时,可以观察到激光光斑旁边作为模拟目标的光点。当激光辐照度

图 3.36　带有 CMT 红外焦平面相机的图像导引头模拟器

量级为 $10^5 \mathrm{pW/cm^2}$ 时，干扰区域的直径为 8 个像素。当激光辐照度量级为 $10^7 \mathrm{pW/cm^2}$ 时，干扰区域的尺寸增加到 60 个像素。在更高的辐照级下，在饱和区域外将出现灰色环形阴影和径向锥状物。经过大量的激光脉冲实验，得到了激光光斑直径与激光辐照度的关系，结果绘制在图 3.38 中。

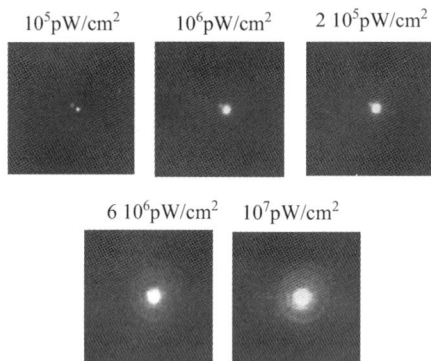

图 3.37　不同连续功率辐照度量级的 DF 激光对 CMT 相机图像的影响

图 3.38 展示了两个有趣的特点：①通过数据点的直线具有 1/3 的斜率；②在高辐照度量级情况下，干扰区域直径的增长速度变快，斜率接近达到 1/2。1/3 的斜率说明如下的经验规律：激光功率增加 3 倍，饱和光斑尺寸增加 1 倍。除高辐照度量级以外，这一规律对几乎所有的实验结果都有效。图 3.38 中的大菱形表示饱和一个像素的辐照度估计值。两个标记是根据两种不同方法得到的。第一种方法利用如下相机数据：$F^{\#} = 2.8$，焦距 $f = 100 \mathrm{mm}$，光学系统透过率 $\tau_{\mathrm{optics}} = 0.5$，填充因数为 0.9，量子效率 $\eta = 0.65$，探测器势阱电容为 3.7×10^7 电子。对于给定的 $F^{\#}$ 和光学系统焦距，入瞳面积约为 $10 \mathrm{cm^2}$。假设来自点源的所有激光能量全部照射到探测器上，并且所有入射的光子经过传输都进入电容。这种近似假设了一个非常

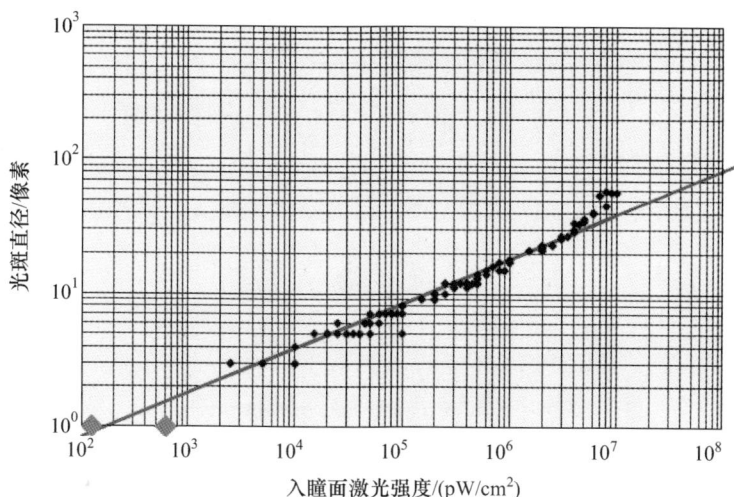

图 3.38 CMT 相机图像观察到的激光干扰区域直径随 DF 激光辐照度的变化

窄的点扩展函数,只对粗略求值有效。假设势阱电容为 3.7×10^7 个电子,则需要 $3.7 \times 10^7 / (0.65 \times 0.9 \times 0.5)$ 个光子进入光学系统才能使探测器达到饱和,这意味着入瞳的光子密度为 1.26×10^7 个光子/cm^2。这也是在 1ms 积分时间内到达探测器的光子数量。波长 $4\mu m$ 的单光子能量为 $5 \times 10^{-20}J$。因此,饱和辐照度量级为 $5 \times 10^{-20}J$/光子 $\times 1.26 \times 10^{10}$ 个光子/$(s \cdot cm^2) = 625pW/cm^2$。第二种方法根据阵列推导饱和辐照度。在另外的实验中,估算饱和的瞬时温度为 385K。在 3.7 ~ $4.8\mu m$ 波段内,探测器可以观察到 $13.78W/(m^2 \cdot sr)$ 的黑体辐照度。因此,单一探测器观察到的 0.3mrad 瞬时方形视场将在相机透镜上传递 $124pW/cm^2$ 的辐照度。如图 3.38 所示,这两个饱和辐照度的估计值与使用经验规律推断的实验饱和数据非常接近。

3.2.1.2 周期性极化铌酸锂(PPLN)OPO 激光器干扰 InSb 相机实验

InSb 相机为标准的 256×320 阵列相机,带有窄($1.5° \times 2.0°$)和宽($4.5° \times 6.0°$)两种视场。相机采用固定积分时间和标准 NTSC 帧频。激光器为 $Nd:YVO_4$ 泵浦的 PPLN OPO 激光器。激光脉冲宽度为典型的 1 ~ 100ns 量级,而脉冲重复频率由泵浦激光的脉冲重复频率确定,设定为 30kHz。这一脉冲重复频率保证,在相机典型的 1ms 积分时间内,有大量脉冲照射到探测器上。校准衰减器可以在 4 个数量级范围内控制照射到相机上的辐照度。实验在距离为 300m 的室内进行。激光与相机之间的最大距离为 275m。激光与探测器的光轴准直以避免鬼像。

图 3.39 显示了 PPLN OPO 激光器在不同辐照度下辐照 InSb 相机得到的图像。图像由窄视场模式工作下的相机获得,激光位于视场的中心。

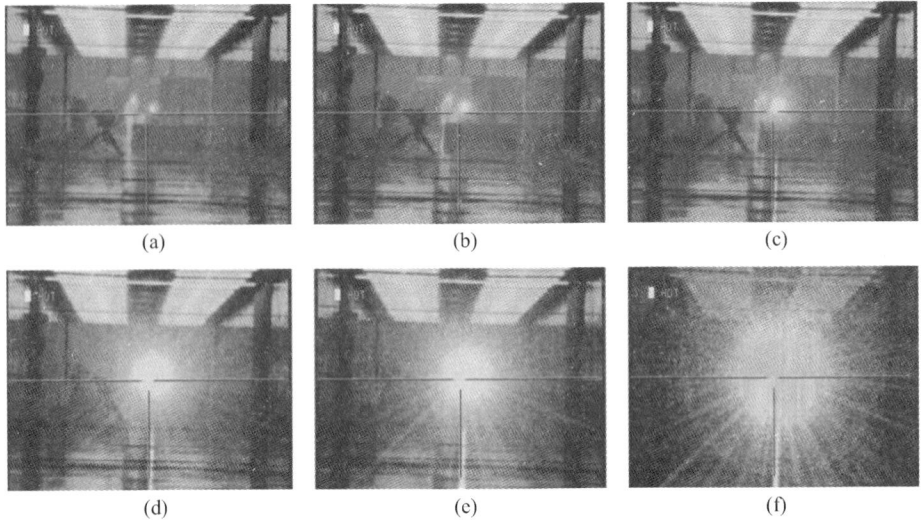

图 3.39　不同激光辐照度对 InSb 相机图像的影响,中性滤波片
对激光的衰减程度分别为:4.4、3.3、2.6、1.3、0.6 和 0

图 3.40 绘制出了相机饱和区域直径和辐照度之间的关系。除图 3.39 数据外,其他数据是在宽视场模式下收集的,激光位置偏离中心 1° 和 3°,这两个角度分别对应窄视场和宽视场的边缘。上面两条曲线(蓝色)为窄视场模式下获得的结果,下面两条曲线(红色)是宽视场模式下获得的结果。所有曲线在 2.5×10^2 都有明显的下降。这是由于衰减倍率为 0.6 的中性滤波片安装不准直导致激光束反射造成的。由于使用了中性滤光片(ND),在其他的辐照度也出现相同的下降,但是影响不明显。实线对数据进行了很好的拟合,并且斜率为 0.32,这一结果与图 3.38 中的经验规律相同。

3.2.1.3　PtSi 相机和 PPLN OPO 激光器

实验中使用的 PtSi 相机为标准的 256×256 阵列相机,视场大小为 $16° \times 16°$。相机使用固定积分时间和 30Hz 帧频。激光器和相机之间的距离近似为 1m。相机的焦距可调,用于补偿剩余激光束散角。激光器为 Nd:YVO$_4$ 泵浦的 PPLN OPO 激光器。激光脉冲宽度为典型的 1~100ns 量级,而脉冲重复频率由泵浦激光的脉冲重复频率确定,设定为 30kHz。

图 3.41 显示了 PPLN OPO 激光器对 PtSi 相机干扰效应的一些图例。除了饱和中心区域,可以观察到两个效应。从图 3.41(a)可以观察到中心位于饱和区域的类似于散射的十字形图案,在其他厂家生产的 PtSi 相机中也观察到这种典型的十字形图案。这些现象是由于入射光线与探测器输出电路的水平结构不垂直造成

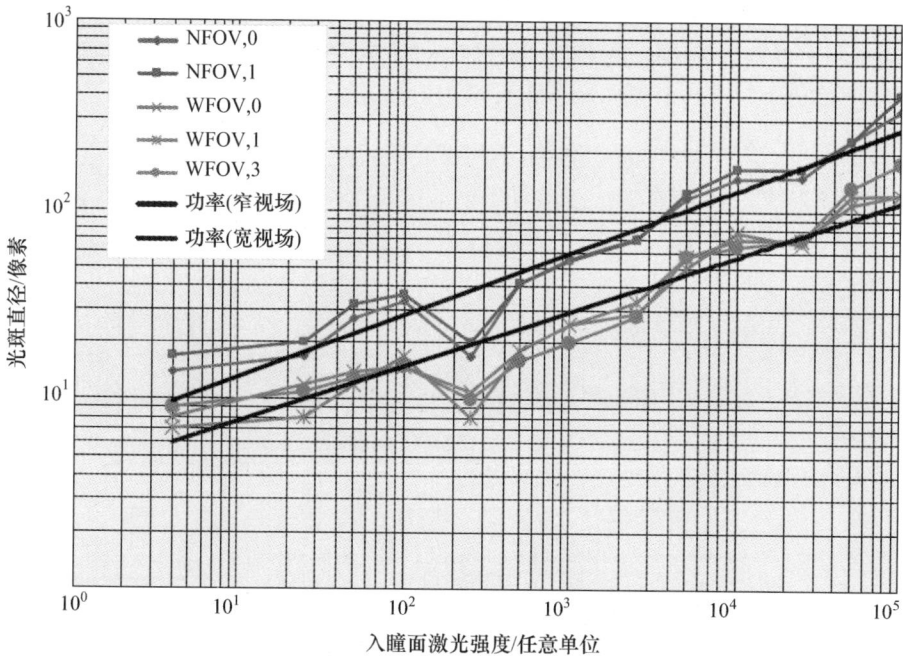

图 3.40 InSb 相机激光干扰面积随激光辐照度的变化(见彩图)

的;这些效应仍可能与读出电路相关,因为只有 PtSi 相机的探测器在同一芯片上, CMT 和 InSb 相机的探测器是分离的。因此,读出电路的周期性结构有可能导致十字形的散射图样。图 3.41(b)也同时显示出环形结构。这些结构只在最高的辐照级下才能观察到,相信这些效应与相机衍射光学元件的散射有关。

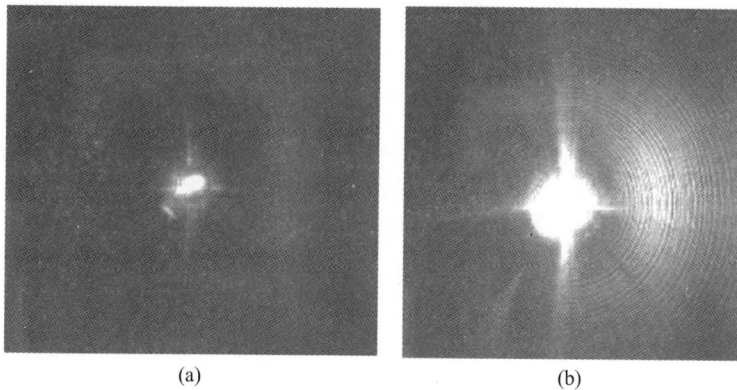

(a)   (b)

图 3.41 激光辐照度对 PtSi 相机图像影响的实例

图 3.42 绘制出了该相机饱和区域直径与辐照度之间的关系。不同的数据点

符号表示饱和区域水平和竖直方向直径的测量值。拟合直线的斜率为 1/3,与图 3.38 所示经验规律相同。在相对低的辐照度量级下,可以观察到与 CMT 和 InSb 相机较大的偏差,这些偏差归因于上述散射效应。

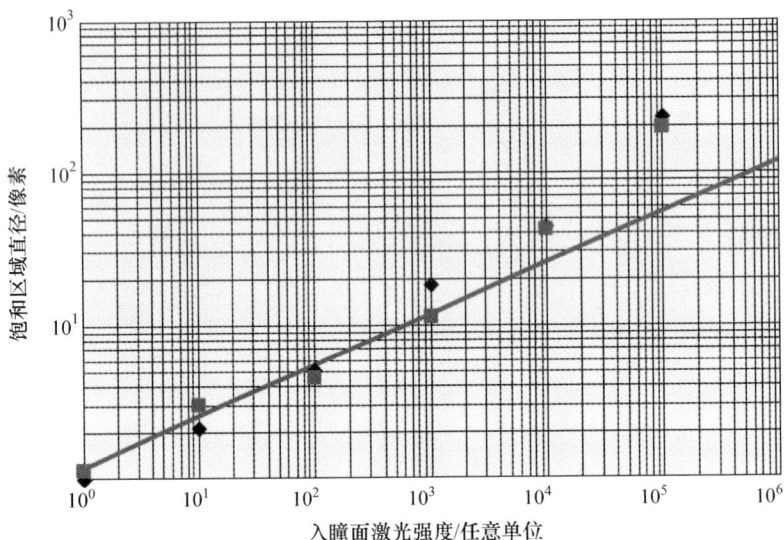

图 3.42　PtSi 相机激光干扰区域直径随激光辐照度的变化

3.2.1.4　饱和效应机理分析

以上实例说明红外相机可以在很大的辐照度动态范围内正常工作。另外,扫描 InSb 相机的实例表明,饱和效应与读出机制无关。因此,可以推导出图像饱和区域半径(x_{sat})与激光功率(I_0)基于光学效应的关系。这一推导很好地解释了经验规律并且可以解释高辐照级下饱和面积快速增的现象[13]。

1)衍射极限点扩展函数

点扩展函数(PSF)可以很好地解释点源的图像。对于衍射极限圆形光学系统,点扩展函数由埃里函数给出:

$$\mathrm{PSF}(x) = \left(\frac{2\mathrm{J}_1(x)}{x}\right)^2 \tag{3.27}$$

式中:x 为与波长和光学元件数值孔径有关的径向坐标;J_1 为第一类一阶贝塞尔函数。对于低强度源,通常只对焦平面点源中心很小距离 x 内的点扩展函数感兴趣。然而,在干扰的情况下,也对远离中心位置的点扩展函数感兴趣。远离中心位置,即当 $x \gg 1$ 时,贝塞尔函数 J_1 可以近似为

$$\mathrm{J}_1(x) \approx \sqrt{\frac{2}{\pi x}}\cos\left(x - \frac{3\pi}{4}\right) \tag{3.28}$$

将式(3.28)代入式(3.27)得

$$\mathrm{PSF}(x) \approx \frac{8}{\pi x^3} \cos^2\left(x - \frac{3\pi}{4}\right) \tag{3.29}$$

式中:$\cos^2$ 项描述埃里函数的振荡行为,而前置因数决定环的峰值强度。在典型相机系统中,暗环之间的距离在尺寸上与像素的尺度相当,这意味着相机不能分辨暗环,$\cos^2$ 项将取平均值,大小为1/2。点扩展函数可以描述为

$$\mathrm{PSF}(x) \approx \frac{4}{\pi x^3} \tag{3.30}$$

初始埃里函数的曲线(式(3.27))和式(3.30)近似结果显示在图3.43(a)。值得注意的是,对于小 x,这一近似不再有效,由于知道 PSF 在小 x 时将会聚为1,将提出如下近似:

$$\mathrm{PSF}(x) \approx \frac{4}{\pi x^3 + 4} \tag{3.31}$$

这一近似显示在图3.43左侧中间的图中。当饱和阈值给定为 I_{sat},可以推导出图中饱和区域尺寸和辐照度之间的关系,即 $I_{\mathrm{sat}} = I_0 \mathrm{PSF}(x_{\mathrm{sat}})$,式中 I_0 为点扩展函数中心的激光辐照度。改写这一公式可以给出饱和区域的如下表达式:

$$x_{\mathrm{sat}} = \sqrt[3]{\frac{4}{\pi}\left(\frac{I_0}{I_{\mathrm{sat}}} - 1\right)} \tag{3.32}$$

这一函数曲线显示在图3.43(d)的图中。对比右上图证明,当 $I_0/I_{\mathrm{sat}} < 1$ 时没有区域饱和。实际上,不可能观察到这一部分区域,因此亚像素水平的饱和面积是无意义的。测量过程中的典型误差也不允许这些类型的精确测量,这意味着我们只能观察到曲线 $x_{\mathrm{sat}} > 1$ 的部分。最重要的结论是从这一表达式中可以看到 x_{sat} 正比于 $I_0^{1/3}$,证实了实验测量中的经验规律。但表达式仍不能解决高辐照度时的快速增长。

2) 散射对饱和区域尺寸的影响

高辐照级下,饱和区域尺寸偏离式(3.32)预测的数值。通常可以观察到一个更快速的增加,这主要是由于光学元件的散射变得更重要。这一部分将推导包括散射项的 x_{sat} 表达式。

假设相机入瞳透镜散射一部分 ρ 入射辐射。入瞳透镜一点上被散射的辐射通常分散到像平面源点周围。所有散射辐射在像平面的分布可以通过散射分布和入瞳函数的卷积来计算。散射分布的准确形状随 x 的变化与许多参数有关,其他光学元件的散射和多重反射增加了许多复杂性。为了说明问题,使用了一种简单的方法:假设散射分布在整个焦平面处于(较低的)恒定水平 ρ。将这一散射背底引

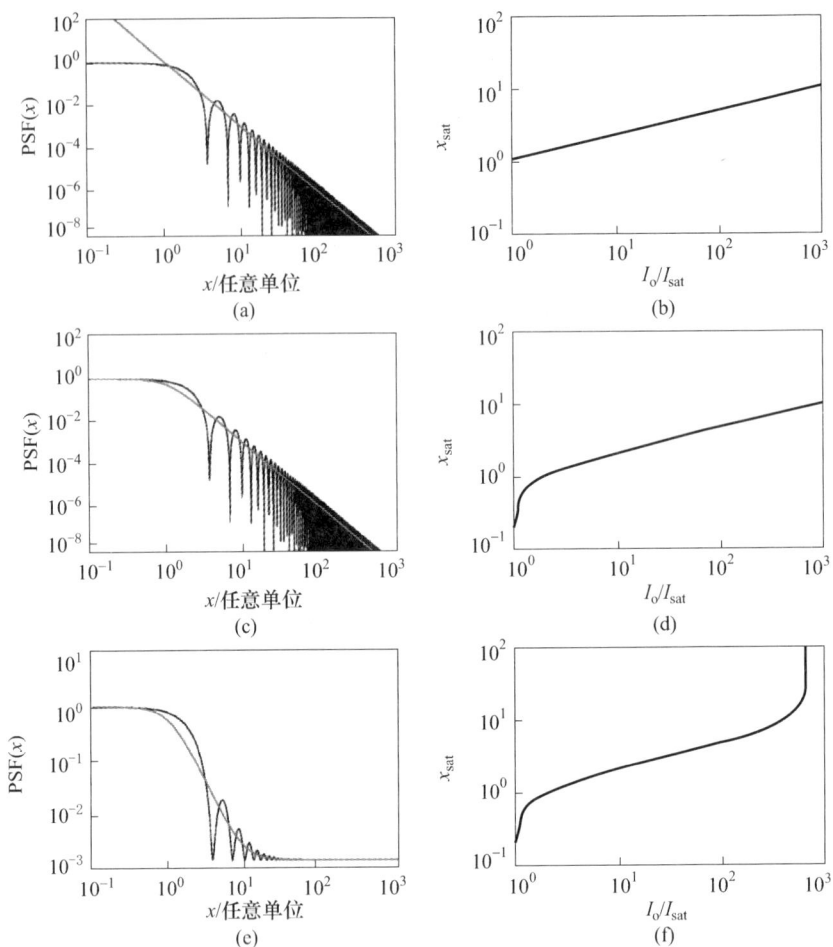

图 3.43　左侧显示埃里函数(黑色)及其近似值(红色),右侧显示饱和
区域对应尺寸随辐照度量级与饱和辐照度比值的变化(见彩图)

入点扩展函数,则函数变为

$$\mathrm{PSF}(x) \approx (1-\rho)\frac{4}{\pi x^3 + 4} + \rho \qquad (3.33)$$

式中:等式右侧第一项是由衍射造成的;等式右侧第二项是由散射造成的。对于比较小的 ρ 值,假设 $(1-\rho)$ 前置因数可以忽略是合理的。因此,饱和区域尺寸函数变为

$$x_{\mathrm{sat}} = \sqrt[3]{\frac{4}{\pi}\left(\frac{I_0}{I_{\mathrm{sat}} - \rho I_0} - 1\right)} \qquad (3.34)$$

为了观察附加散射项的影响,将式(3.33)绘制在图 3.43 的左下图中,将式(3.34)绘制在图 3.43(f),并假设 $\rho = 0.0015$。再一次看到,当 $\rho I_0 \ll I_{sat}$ 时,$x_{sat} \propto I_0^{1/3}$,而在较高辐照度量级下,由于 $I_{sat} - \rho I_0$ 趋于 0,可以预期 x_{sat} 将快速增长。一般情况下,如果取散射分布的形式为 ρx^{-n},n 为正实数,当 $\rho I_0 \sim I_{sat}$ 时,x_{sat} 将具有 $(I_0/I_{sat})^{1/n}$ 的形式。因此,高辐照度时,$x_{sat}(I_0/I_{sat})$ 的斜率与光学元件的散射分布有关。

应该注意的是,从激光光斑的中心移动到视场的边缘,式(3.33)描述的散射强度显示出单调下降直到一个稳定值。饱和区域内的分布明显不能检验,因此饱和区域的尺寸不支持这一描述。图像非饱和区域的观察显示强度水平不是均匀分布的,然而式(3.33)很好地描述了平均水平。

这一节已经推导了激光辐照相机图像饱和区域尺寸的表达式,可以解释之前章节显示的测量结果。需要注意的是,推导表达式过程中没有假设任何读出机制和探测器材料,这表明饱和区域的面积与这些参数无关,而只与光学机制有关。

3)激光干扰饱和效应模拟图像

作为事例,模拟了激光干扰效应。起点选择了图 3.39(a)未被干扰的图像。饱和图像的动态范围不变,将式(3.30)描述的焦平面激光强度分布添加到图中。结果显示在图 3.44 中。相机孔径的模拟激光辐照度与图 3.39 相同。除了散射行为,模拟结果与图 3.39 的效应非常相似。使用上述理论方法,图中的散射强度只能用平均值来描述。正如实验中观察到的,真实的散射要复杂得多。散射机制的复杂性还不能通过现有模型进行模拟,因此没有在模拟中引入散射。

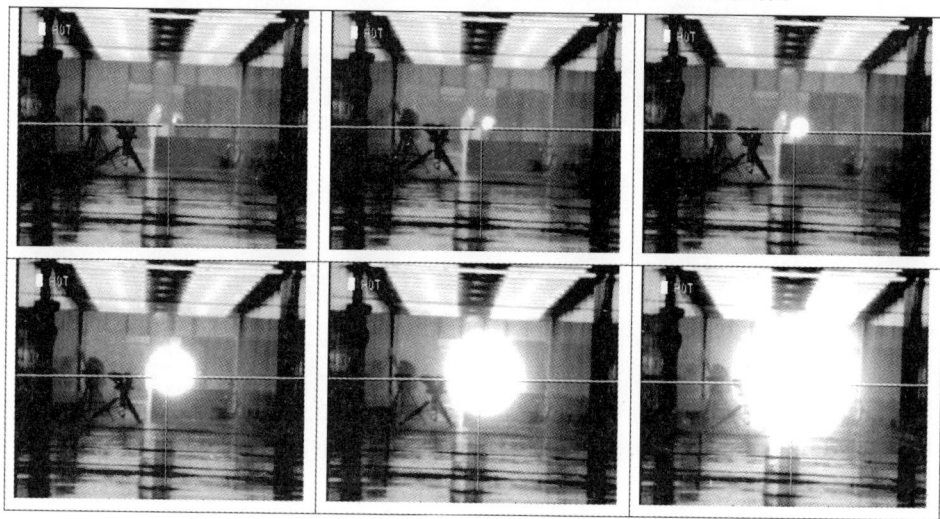

图 3.44　不同激光辐照度对窄视场 InSb 相机图像的模拟影响,
中性滤波片对激光的衰减程度分别为 4.4、3.3、2.6、1.3、0.6 和 0

3.2.2　红外焦平面阵列器件的非线性效应

3.2.2.1　高功率 PPLN OPO 激光器干扰 InSb 相机实验

进一步观察图 3.39 中的图像发现,在更高的辐照度下,激光光斑的中心饱和区域不再是均匀分布的,这一现象在图 3.45 显示的放大图像中更加明显。在干扰区域的中心部分,观察不到最大的灰度水平。探测器明显存在非线性效应减少了高辐照下的探测器输出。这一非线性行为不但在最高辐照度下可以观察到,也可以在辐照度下降 10 倍的图像中观察到。尽管存在这一非线性行为,干扰区域尺寸的增长仍满足式(3.32)给出的关系。通过仔细观察饱和区域的边缘可以解释这一现象,探测器阵列的强度水平未超过饱和水平很多,因此仍在线性体制。

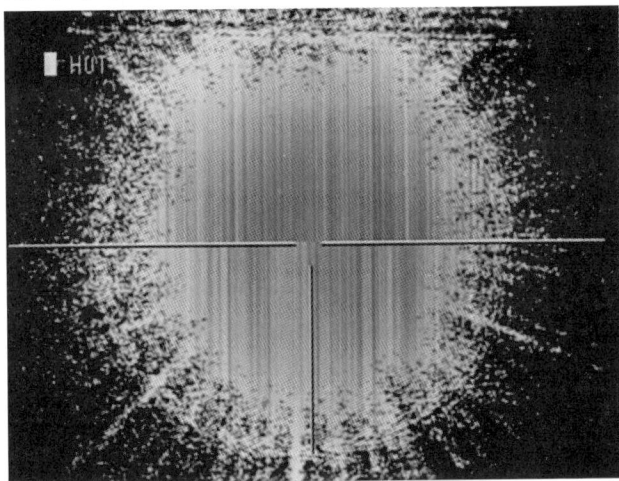

图 3.45　高功率短脉冲(9 ns)辐照下,InSb 相机激光干扰图像

3.2.2.2　高功率短脉冲倍频 CO_2 激光器干扰 CMT 相机实验

CMT 相机如 3.2.1 节所述,为带快速读出电路的 256×256 探测器,视场大小为 $4.4° \times 4.4°$。实验过程中,相机采用固定的 1 ms 积分时间和 100 Hz 的帧频。激光器为输出波长 $4.62 \mu m$ 的倍频 CO_2 激光器,脉冲重复频率可以在 2 Hz ~ 105 kHz 选择,脉冲宽度在 10 kHz 下为 8.8 ns,与 PPLN OPO 激光器非常相似,远小于 DF 激光器脉冲宽度。100 kHz 对应最大功率为 1.4 W。10 kHz 对应单脉冲能量为 38 μJ,得到最大平均功率为 380 mW。实验中激光与相机之间的光程约为 2 ~ 3 m,如图 3.46 所示。在相机透镜前测量的最大激光辐照度为 $10 \mu W/cm^2$,比 DF 激光干扰实验中的最大辐照度高 10 倍。由于脉冲宽度较短,单脉冲最大能量为 $0.01 \mu J/cm^2$,比 DF 激光器实验中的最大单脉冲能量大 100 ~ 1000 倍。

图 3.46　倍频 CO_2 激光器干扰 CMT 图像导引头模拟器相机实验装置图

与 DF 激光器实验相比,倍频 CO_2 激光器平均功率高 10 倍以上,最初计划用于获得图 3 中 $10^7 \sim 10^9 pW/cm^2$ ($10 \sim 100\mu W/cm^2$) 的额外数据点。然而,最大的区别是 DF 激光器限制在 $5 \sim 100\mu s$ 相对较长的脉冲,而 CO_2 激光器产生宽度缩小 $1000 \sim 10000$ 倍的脉冲,这允许研究更高单脉冲能量的影响。

第一个实验验证一系列相对低单脉冲能量的短脉冲产生相同的平均功率,是否可以使探测器阵列保持线性响应。这一工作通过增加相机 1ms 积分时间内的脉冲数量同时保持单脉冲能量不变来完成。使用中性滤波片衰减激光来避免更高脉冲重复频率引起的饱和。结果显示在图 3.47 中。每一板块显示一张探测器灰度水平图像和对应的通过光斑中心的强度水平。

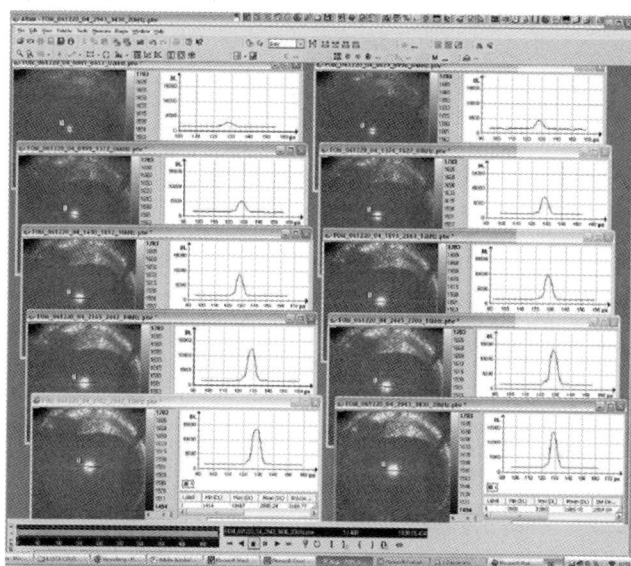

图 3.47　激光照射的 CMT 相机图像,脉冲重复频率从 2 kHz 增加到 20 kHz,
每张图显示了通过光斑中心的对应强度扫描曲线

从图 3.47 不同板块的脉冲峰值水平可以观察到,当脉冲重复频率从 2kHz 增加到 20kHz 时,使一个图像帧频积分时间内的脉冲个数从 2 增加到 20,强度大约从 1000 输出电平线性增加到 10000 输出电平。脉冲半高全宽保持不变,应该注意到所有显示的图像都是在同一动态范围。每一图像中的激光光斑的中心的最大强度都超过这一范围。这一实验的结果表明低能脉冲体制的一系列脉冲可以代替相等平均功率的连续源,产生相同的探测器响应。

图 3.47 中的图像全都是在最大功率衰减 5000 倍的情况下获得的。在第二个实验中,10kHz 设置为起始点,连续移出衰减器。结果显示在图 3.48 中,从左到右,从上到下功率水平分别是 0.0002、0.001、0.006、0.003、0.18 和 1.0 倍的最大功率。所有图像再次展示在同一动态范围。第一步可以预期尖值高度增加 5 倍,但是事实上尖峰只是展宽并且高度也降低了。16000DL 的图像强度饱和水平始终没有达到。进一步减少衰减得到同样的结果。可以观察到响应曲线的负斜率:尖峰高度随着功率增加而降低。在这之后的几步实验都没有观察到饱和。但是同时可以观察到中心激光光斑周围区域灰度水平的上升。这一区域的尺寸随着激光功率的上升而上升,但灰度水平基本保持不变。这些现象说明探测器阵列的非线性响应与短脉冲高强度激光照射有关。虽然 InSb 与其他材料的性质不同,但仍可以在相同辐照级下观察到 InSb 图像与 CMT 图像相同的非线性行为。

3.2.2.3 短脉冲响应与长脉冲响应的对比实验[14]

实验中所用 InSb 相机为标准 256×256 阵列相机,视场大小为 $5° \times 5°$,带有卷帘百页积分模式和标准 NTSC 帧频,每个像素 12 位的动态范围右移 4 位来适应 8 位显示器的图像。所有电子补偿器件全部关闭,如自动增益控制等。实验中所用两种激光器的属性显示在表 3.1 中。两个激光器的脉冲宽度相差 3 个数量级。实验在户外进行,激光器与相机之间距离为 178m。

表 3.1　激光器参数列表

项目	准连续激光器	调 Q 激光器
类型	OPO PPLN	OPO PPLN
波长(λ)	3.96 μm	3.92μm
脉冲宽度	32 μs	10 ns
脉冲重复频率	10 kHz	20 kHz
占空比	0.32	0.002
最大辐照度(入瞳)(E_{max})	$\approx 110\mu W/cm^2$	

光栅衰减器能够在两个数级内控制到达相机的激光辐照级。图 3.49 显示了随着辐照度量级增加的图像。第一行图片由准连续激光器实现,第二行由调 Q 激

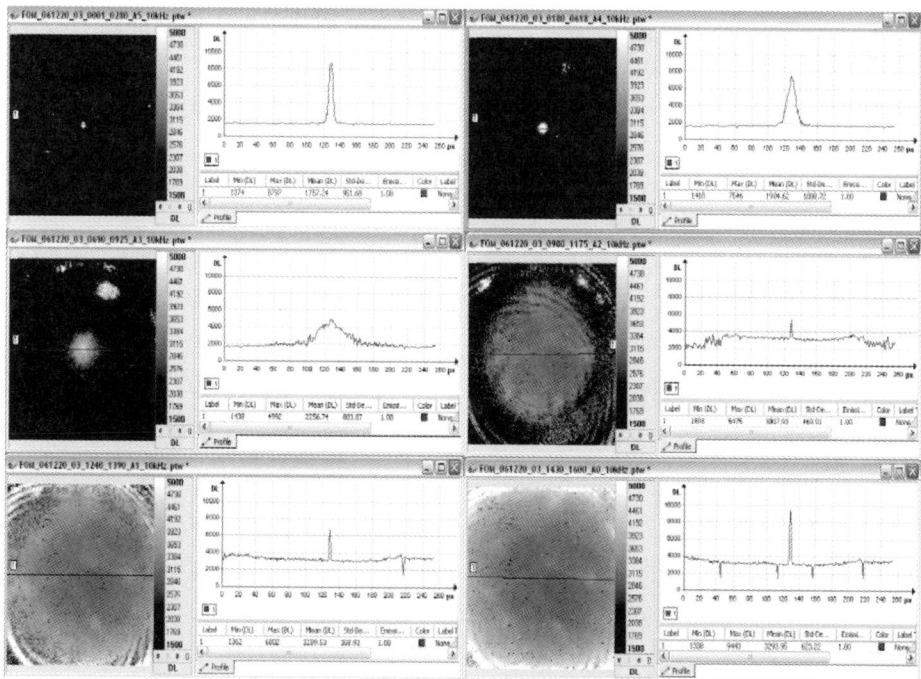

图 3.48　激光照射的 CMT 相机图像,辐照度分别为 0.002、0.001、0.006、0.033、0.18 和
1 倍的最大功率值(每张图显示了通过光斑中心的对应强度扫描曲线)

光器实现。每一列显示的图像是在相同辐照度量级下获得的。第一行显示饱和光
斑随着辐照度变大。在相同辐照度下,第二行图像中的光斑没有饱和,而且随着激
光增加光斑面积减少。这一现象揭示了短脉冲相互作用下 InSb 焦平面探测器的
一些非线性行为。

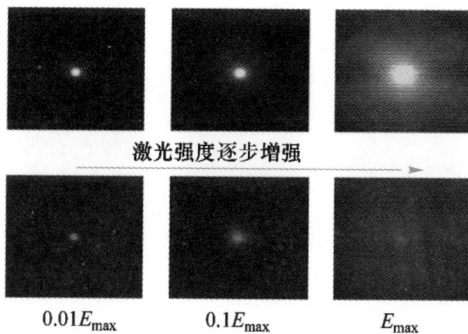

激光强度逐步增强

$0.01E_{max}$　　　$0.1E_{max}$　　　E_{max}

图 3.49　激光辐照下获得的相机图像,上排图像通过准连续激光获得(32μs,10kHz),
下排图像通过短脉冲激光获得(10ns,20kHz)积分时间为 131μs

这一结论由图 3.50 证实,其中绘制了 4 个像素的输出电平随辐照度的变化曲线。每一张图像提取了一对像素的输出电平:一个像素位于焦点,另一个像素距离焦点 15 个像素远。可以观察到红外焦平面相机受到准连续激光照射时行为是线性的。事实上,焦点像素的输出电平在最大水平时显示平的饱和输出电平(8 位图像对应 255 输出电平),而 15 个像素远的输出电平随着辐照度向饱和水平增加。当相机受到调 Q 激光照射时,行为是不同的。在焦点处,远离饱和水平的输出电平呈现缓慢下降的趋势。在 15 个像素远的位置,输出电平值在激光功率达到 $10\mu W/cm^2$ 之前与长脉冲实验结果相同,在更高的辐照度量级下,像素对趋向于相同的平台。

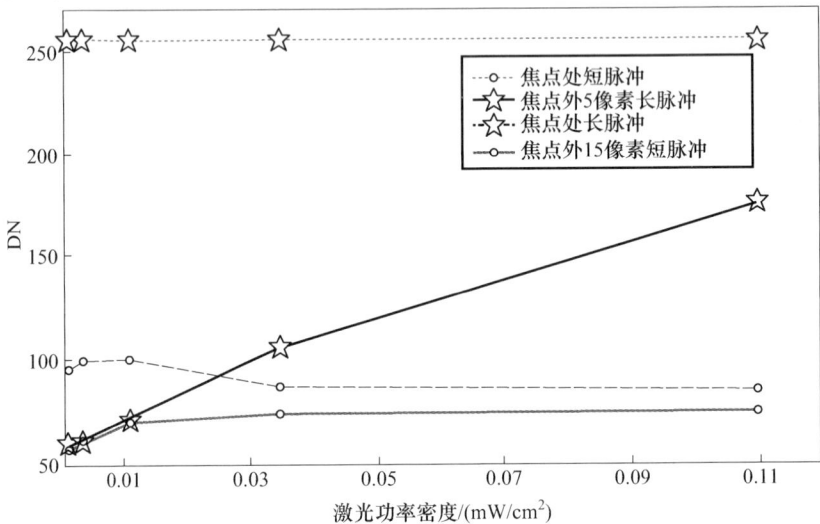

图 3.50　像素响应随短脉冲和长脉冲辐照度的响应

积分时间为 $131\mu s$。

在进一步缩短脉冲宽度的实验中,激光器为 PPLN OPO 激光器。实验使用激光波长为 $3.8\mu m$ 左右。脉冲重复频率和脉冲宽度由 Nd:YVO$_4$ 泵浦激光器决定,为 1kHz 和 30ps,这一频率意味着在 1.6ms 的曝光时间内,一到两个脉冲会与相机进行相互作用。使用若干校准衰减器使得在相机入瞳的平均辐照度可以在 6 个数量级内变化:$0.25 \sim 0.25mW/cm^2$。在焦平面 $1/e^2$ 的激光光斑为 4 个像素宽,在入瞳为 7.7mm 宽。

实验方案如图 3.51 所示,参考图像由差分黑体产生,由 KCl 玻璃棱镜完成激光与红外背景的合并,并消除了激光后向散射,激光器与相机之间的距离为 3m。

InSb 相机为标准的 256×256 红外焦平面相机,视场大小为 $4.4° \times 4.4°$,采用卷帘百页积分模式,帧频设定为 70Hz,积分时间设定为 1.6ms。特征曲线显示在图 3.52 中。

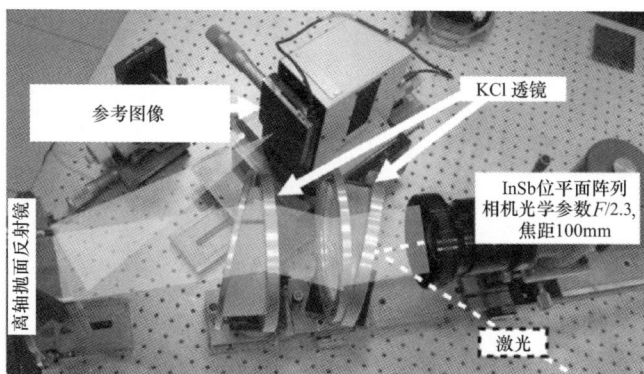

图 3.51　光学台架的实验方案

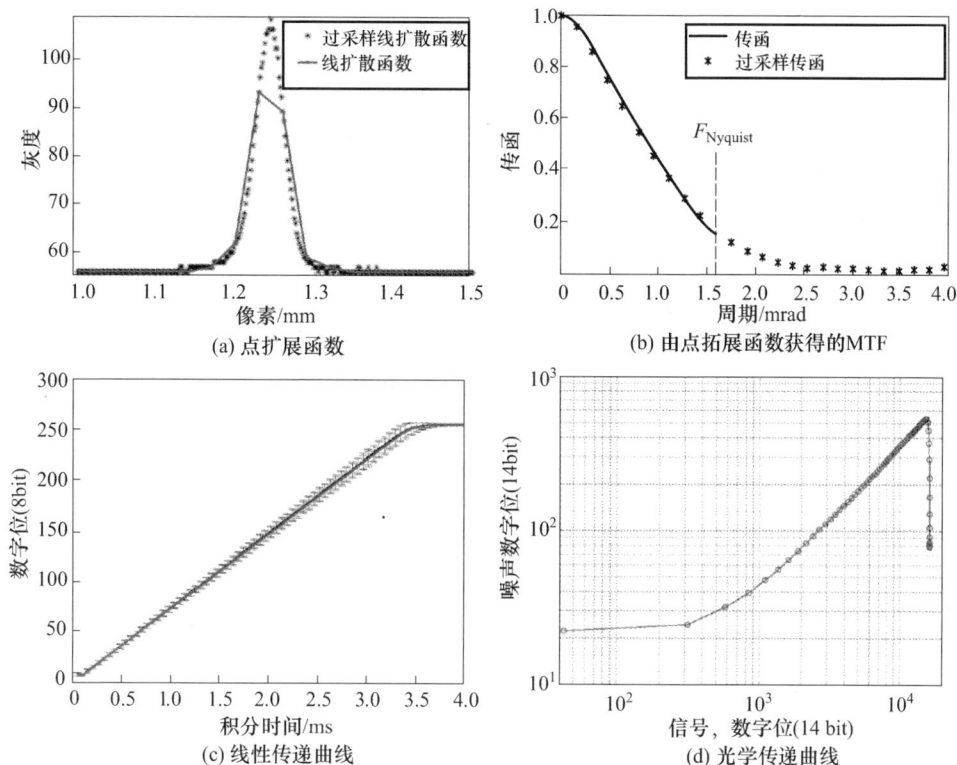

(a) 点扩展函数

(b) 由点拓展函数获得的MTF

(c) 线性传递曲线

(d) 光学传递曲线

图 3.52　相同红外焦平面相机的标准光学实验曲线

　　每个激光辐照级进行了四次测量,其中一次为均匀背景,另外三次带有激光辐射,如图 3.53 所示。人们可以注意到,在 1.6ms 积分时间内有可能记录两个脉冲。在图 3.53 中所示的序列中,记录了 5 个脉冲,得到的输出电平比单脉冲获得的输出电平高 2 倍,这是由于读出电路的线性行为与辐照级无关:在 1kHz 的激光脉冲之间,底板直接注入电路具有足够的时间提取所有的积分电荷。在曲线的末端,背景输出电平与激光辐照输出电平相当,这种类偏置效应是由激光诱导损伤引起的暗电路上升造成的,在最后四个辐照度量级中(三个连续采样的包络中),可以观察到采样中输出电平的连续缓慢上升,这表明偏置水平随着激光曝光时间而增加。

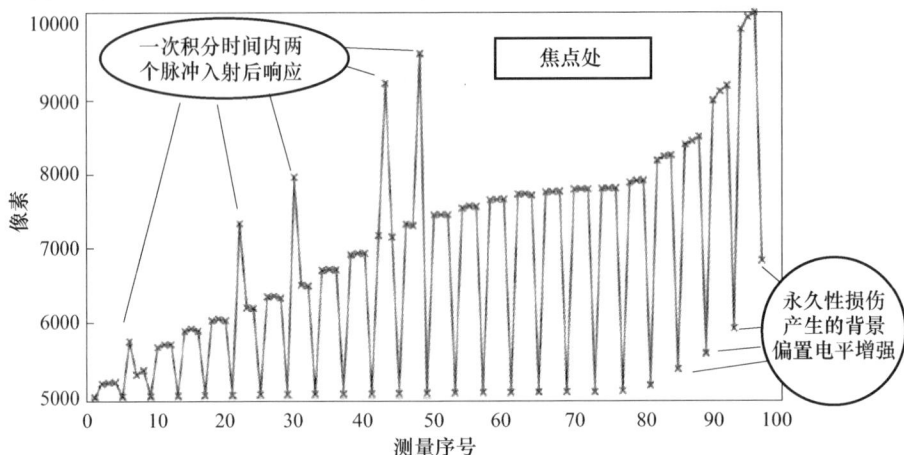

图 3.53　焦点像素响应的测量结果序列。对于每一个激光辐照级,
测量了一个背景输出电平和三个激光辐照输出电平。积分时间为 1.6ms

采样输出电平随入瞳辐照度量级的变化绘制在图 3.54 中,距离焦点不同位置像素输出电平的趋势也同样绘制在图 3.54 中。焦点输出电平连续出现 4 种阶段:

(1) 线性阶段:从开始直到平均功率为 1nW/cm²,即峰值功率为 140W/cm²,焦点一直处于线性趋势。对于整个红外焦平面,输出电平的上限是一致的。低于这一峰值辐照度量级,红外焦平面的行为与图 3.52(c)预测的线性曲线一致。

(2) 对数阶段:从平均功率 1nW/cm² 开始,即峰值功率为 140W/cm²,焦点一直处于对数趋势。像素之间的输出电平上限不再相同,并受到下降阶段的影响。

(3) 下降阶段:从平均功率 0.64μW/cm² 开始,即峰值功率为 88kW/cm²,焦点处于下降趋势。事实上,这一趋势减少了正向对数斜率,甚至使焦点周围像素的斜率反转。这是平台水平的开始,随着辐照功率的上升,平台趋向于扩散到整个红外焦平面。

(4) 线性阶段:焦点的线性趋势开始于平均功率 50μW/cm²,即峰值功率为 7MW/cm²。这是由材料损伤引起的永久偏置造成的,只影响焦点处的像素输出电平。

图 3.55 绘制了穿过焦点的像素响应,从下到上,相邻曲线辐照度量级增加一个数量级。前三条曲线在线性体制内,然后,在接下来三个辐照度量级下,光斑轮

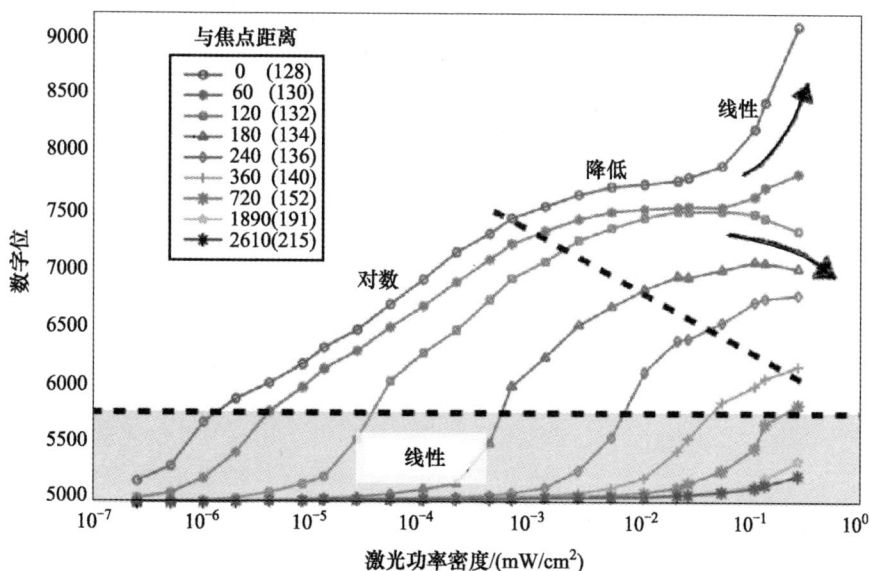

图 3.54　距离焦点不同位置的像素输出电平随入瞳辐照度的变化趋势

廓增大而输出电平最大水平对数增加。在最后的三条曲线中,平台水平逐渐明显。在顶端曲线的焦点像素开始明显出现激光损伤。

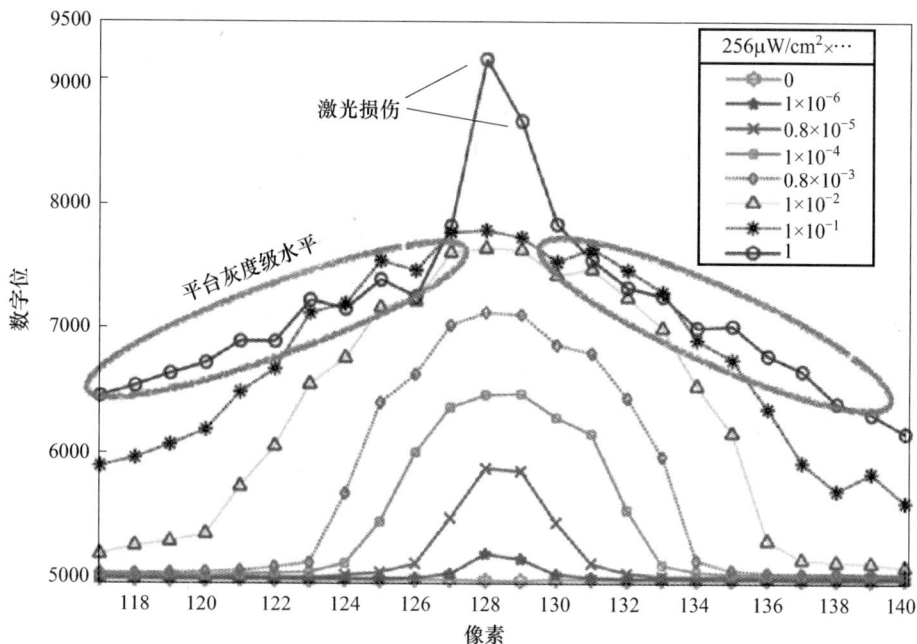

图 3.55　穿过焦点的像素响应曲线

3.2.2.4 非线性效应机理讨论

非线性行为的原因仍不很明显。探测器材料的高强度非线性效应可以分成三类:①光学饱和;②电子学饱和;③器件饱和。这些效应可以进一步受到激光辐照吸收诱导热效应的影响。这里尚未考虑读出电路中的饱和效应。

光学饱和定义为光电转换过程中的效应,导致光子吸收的增加而不能导致探测器输出的增加。产生这一现象的主要原因是自由载流子吸收,其中从价带激发到导带的载流子可以通过吸收光子进一步激发到导带的更高能级。只有高于一定的光学强度,自由载流子的密度才能变得足够对总吸收率产生可测量的贡献。另一个导致吸收非线性增加的光学效应是载流子的雪崩放大。在超过一定光学强度阈值后,带隙之间激发产生的自由载流子可以从光电场强度中吸收能量,通过碰撞电离产生新的载流子,这是自由载流子雪崩放大的结果。但是,在第一个激光辐照CMT相机的实验中,这两种效应都不能使响应曲线显示出负斜率,因此观察到的实验现象不太可能归因于光学饱和。

电子学效应定义为,当大量光电子产生时,足够强的电子密度产生一些限制探测器响应的饱和过程,如电子空穴复合。在第一个实验中,直接复合速率正比于导带有效电子的数量和价带空穴的数量。Vest和Grantham研究硅光二极管对脉冲辐照的响应,并证明光二极管的积分电荷响应与脉冲能量有关。在实验中观察到随着脉冲能量的增加积分电荷响应下降的过程,并认为这一现象是由于高入射脉冲能量下多数载流子浓度增加使得直接复合时间减少造成的。积分电荷响应在脉冲能量为 $0.1 \sim 1\mu W$ 开始下降,在更高的脉冲能量下开始变强。VEST等人证明积分电荷响应是总脉冲能量的函数,与 $60ns \sim 1\mu s$ 的脉冲宽度无关。也有学者认为当脉冲宽度达到几个微秒,即入射脉冲宽度超过硅二极管脉冲响应时间时,积分电荷响应会有重大变化。实验复合速率也将与探测器设计有关,因为复合时间与载流子通过耗尽层所需时间相竞争,后者与载流子迁移率、耗尽层宽度和接点电势有关。

通过器件饱和,可以将非线性响应归因于高光学功率下大量光生电荷载流子对光二极管内部电场的屏蔽作用。这将导致光电流饱和。内部电场的屏蔽减少了光生载流子的速度以及输运时间,导致光二极管影响降低。

经过以上讨论认为,非线性效应是电子饱和和器件饱和造成的。所有的材料参数,包括复合速率、漂移速度和迁移率都与温度有关。吸收高强度激光辐照引起的光二极管温度的增加也因此对探测器的非线性行为具有额外的影响。

3.3　激光对成像光电系统的干扰评估

光电成像探测系统用于采集局部区域信息,探测目标位置动向,可以为操作人员提供区域精确布置图,为制导武器提供高分辨力模板图,其预警功能还可以实现对目标的精确跟踪。该系统的终端输出一般为分辨力较高的图像,但是系统中的成像器件受到激光干扰后,导致图像中不仅有目标,还会出现激光光斑,此时,图像中光斑周围亮度升高,对比度下降,分辨力下降,图像质量下降,同时光斑会遮挡一部分图像信息,造成关键信息无法提取。同时,探测视场中的激光光斑会造成目标提取和跟踪算法失效,最终导致目标丢失。

对于以 CCD 或 CMOS 为成像元件的光电系统来说,激光干扰会导致局部像元饱和或损伤,使得成像质量下降甚至无法成像。这类器件最终的输出端用户一般是人员或图像处理系统,因此人类从主观视觉角度观察图像时,对图像质量的下降的人为感知,图像处理系统从图像中提取信息的准确性都能体现出激光干扰对光电系统的影响。通过定量判定干扰产生的效果,光电器件达到饱和的程度,以及激光光斑对图像中关键信息的遮挡程度,可以为激光干扰光电系统的分析提供评估准则与定量数据支持,为相关的防护技术研究提供依据。因此开展激光干扰效果评估工作具有重要意义。

3.3.1　激光对成像侦察光电系统的干扰评估

对于成像侦察系统,其终端用户是操作人员,所以人眼对图像质量的主观感知就反映了图像质量的变化程度。针对该类系统,本章介绍了基于小波的多尺度加权结构相似度算法(WWMS-SSIM),该方法模拟了人类视觉系统对图像处理的滤波过程以及对不同频带信息的敏感程度,使评价结果与主观感知比较一致。针对激光光斑对图像中信息的掩盖效应、图像特征的损失程度,以及实际试验条件下,原始图像很难获取的问题,介绍了基于光斑特性加权及结构相似度算法(WFSIM)和无参考特征变化度质量评价算法(FVM),这两种算法在分析人类视觉系统特性的基础上,考虑了光斑的大小、强度和位置等特性对图像质量的影响,实现了光斑信息变化与图像信息损失的结合,突出了激光干扰图像的特点,评价结果能更真实地反映干扰效果。

3.3.1.1　WWMS-SSIM

人类视觉系统对不同的颜色、不同方向和不同的空间频率有不同的响应敏感程度。对图像采用多分辨力思想进行分析,可以更准确地观察出图像中边缘、纹理等细节信息的变化程度。小波变换很好地模拟了人类视觉系统对图像的处理过程，具有多分辨力分析的特点。同时开源的 H. 264 编码器在近期版本中使用了 SSIM 算法，OpenCV 提供了 SSIM 的标准算法程序，SSIM 算法是公认的、效果较好的基于人类视觉特性的评价方法[15-17]。基于以上分析提出了 WWMS-SSIM。

1) 基于小波的 SSIM 算法介绍

SSIM 算法包含以下 3 个部分：

亮度相似度比较函数为

$$l(x,y) = \frac{2\mu_x\mu_y + C_1}{\mu_x^2 + \mu_y^2 + C_1} \tag{3.35}$$

对比度相似度比较函数为

$$c(x,y) = \frac{2\sigma_x\sigma_y + C_2}{\sigma_x^2 + \sigma_y^2 + C_2} \tag{3.36}$$

结构相似度比较函数为

$$s(x,y) = \frac{\sigma_{xy} + C_3}{\sigma_x^2 + \sigma_y^2 + C_3} \tag{3.37}$$

式中：μ_x 和 μ_y 为图像块 x 和 y 的平均灰度值；σ_x 和 σ_y 为图像块 x 和 y 的灰度方差值；σ_{xy} 为图像块 x 和 y 之间的灰度协方差值；C_1，C_2 和 C_3 为正常数，$C_1 = (K_1 G)^2$，$C_2 = (K_2 G)^2$，$C_3 = (C_2/2)^2$，G 是图中的最高灰度级，$K_1 << 1$，$K_2 << 1$，它们也都是正常数。

基于小波的多尺度结构相似度算法（WMS – SSIM），在低频部分计算亮度比较函数，在高频部分计算对比度比较函数和结构比较函数。

四级小波低频子带质量计算公式为

$$\text{WMS} - \text{SSIM}_4^{(LL)}(x,y) = [\,l_4^{(LL)}(x,y)\,]^{\alpha} \tag{3.38}$$

四级小波高频子带质量计算公式为

$$\text{WMS} - \text{SSIM}_j^{(i)}(x,y) = [\,c_j^{(i)}(x,y)\,]^{\beta}[\,s_j^{(i)}(x,y)\,]^{\gamma}$$

$$(i) = \{LH, HL, HH\}, j = \{1,2,3,4\} \tag{3.39}$$

式中：l、c 和 s 的定义见式(3.35)、式(3.36)和式(3.37)；i 为小波变换方向；j 为小波变换级次。$\alpha > 0$，$\beta > 0$，$\gamma > 0$，它们是用来调整 3 个比较函数相对重要性的系数，本算法中，认为 3 个部分同样重要，同时为了计算方便设 $\alpha = \beta = \gamma = 1$。如果实验中更关注亮度的变化情况，可以设 $\alpha = 1$，$\beta = \gamma = 0.5$。

2) 视觉加权因子计算

人类视觉系统对不同方向和不同频率的刺激存在不同的敏感程度。对比度敏感函数(CSF)可以用来描述人类视觉系统对不同的空间频率信息所具有的不同敏感程度。研究证明,对比敏感度是空间频率的函数,并具备带通滤波器的特性,而且高频部分和低频部分的对比敏感度响应值较小,说明视觉系统对这部分空间频率的信息不敏感。Marcus 和 Ahmet 提出的 CSF 的表达形式[18,19]如下:

$$H(r) = 2.6 \times (0.0192 + 0.114r)\exp(-(0.114r)^{1.1})$$

$$\text{其中 } r = \sqrt{R_f^2 + C_f^2} \tag{3.40}$$

式中:r 为合成的空间频率;R_f 和 C_f 分别为水平和垂直方向的空间频率,它们的计算方法见式(3.41)和式(3.42)。

$$R_f = \sqrt{\frac{1}{MN}\sum_{i=1}^{M}\sum_{j=2}^{N}[f(i,j)-f(i,j-1)]^2} \tag{3.41}$$

$$C_f = \sqrt{\frac{1}{MN}\sum_{i=2}^{M}\sum_{j=1}^{N}[f(i,j)-f(i-1,j)]^2} \tag{3.42}$$

当 $R_f = C_f$ 时,对角线方向的空间频率为 $r_d = \sqrt{2}\times R_f$。对角线方向的 CSF 函数定义为

$$H(r) = 2.6 \times (0.0192 + 0.114 \times \sqrt{2}R_f)\exp(-(0.114 \times \sqrt{2}R_f)^{1.1}) \tag{3.43}$$

图像经四级小波变换被分解成 13 个子带图像,包括 4 个 HL 子带,4 个 LH 子带,4 个 HH 子带和 1 个 LL 子带。CSF 函数曲线被分为 5 个部分(HL 和 LH 可以看作同一种类型)。图 3.56 是水平/垂直方向的加权 CSF 曲线,最左侧低频部分 LL 的加权值设为 1,因为低频部分集中了图像中的大部分能量,其他 4 个加权值对应 HL/LH 的各级频带,从图 3.56 中可知加权值在中频部分的权值比低频和高频段大,这是因为图像中大量的细节信息都集中在中频部分,人类视觉系统对中频信息更加敏感。图 3.57 是对角线方向的加权 CSF 曲线,加权值的设定方法与图 3.56 相同。

3) 小波加权多尺度结构相似度

通过以上分析,WWMS-SSIM 定义为

$$\text{WWMS-SSIM} = \frac{\sum_{(i)}\sum_{j=1}^{4}W(j)\times\text{WMS-SSIM}_j^{(i)}(x,y) + \text{WMS-SSIM}_4^{\text{LL}}(x,y)}{\sum_{j=1}^{4}W(j)+1}$$

$$(i) = \{\text{LH,HL,HH}\} \tag{3.44}$$

WMS-SSIM 的计算方法见式(3.38)和式(3.39)。

WWMS-SSIM 的流程图如图 3.58 所示,原始图像和失真图像经 4 级小波变换

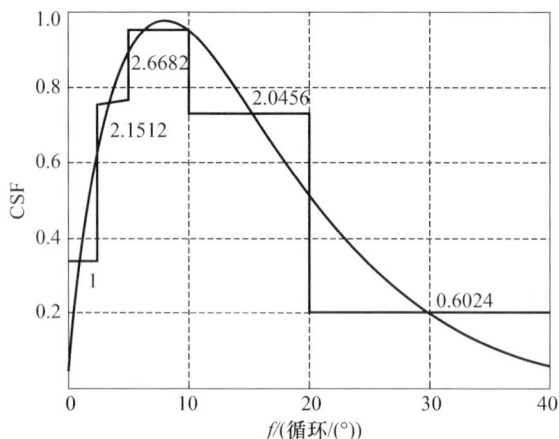

图 3.56　加权的水平/垂直方向的 CSF 函数曲线

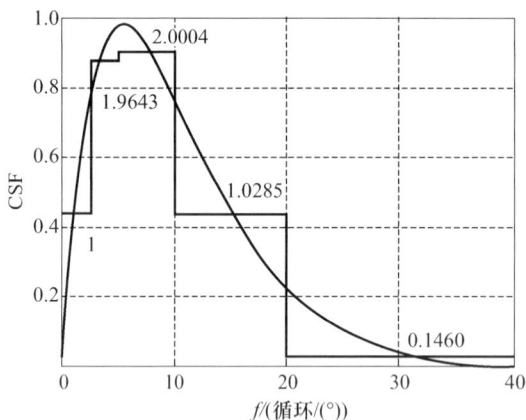

图 3.57　加权的对角线方向的 CSF 函数曲线

后,分别被分解为 1 个低频子带图像(LL)和一系列高频子带图像(HL、LH 和 HH),原始子带图像和失真子带图像使用 WMS-SSIM 算法进行比较,不同子带图像所得评价值经对应的 CSF 函数加权因子加权,得到最终的评价结果 WWMS-SSIM。

　　4)对 Live 数据库图像的质量评估

　　图 3.59 是不同失真类型的 Monarch 图片。

　　使用基于灰度误差的正则均方误差(NMSE)、结构相似度 SSIM 和 WWMS-SSIM 算法评价图 3.59 中的图像,评价结果见表 3.2 所列。

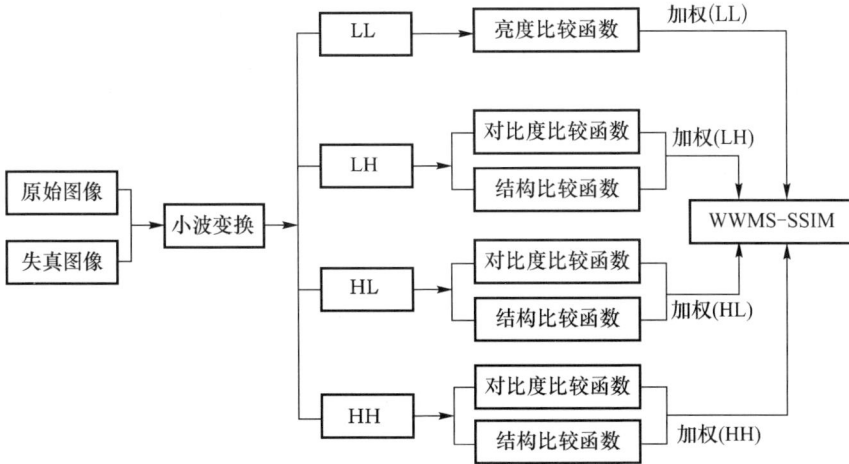

图 3.58　WWMS-SSIM 算法的流程图

表 3.2　Monarch 图像质量评价值

评价算法	(b)	(c)	(d)	(e)	(f)
NMSE	0.0134	0.0056	0.0030	0.0028	0.0016
SSIM	0.8365	0.8698	0.9539	0.9482	0.9686
WWMS-SSIM	0.6923	0.7071	0.8061	0.9787	0.9304

从主观感知来看,图 3.59(e)—(f)—(d)—(c)—(b)的质量逐渐下降,NMSE 的评价值应逐渐升高,SSIM 和 WWMS-SSIM 的评价值应逐渐降低。从表 3.2 数据可知,NMSE 和 SSIM 的评价值都出现了与主观评价不一致的情况,而 WWMS-SSIM 的评价结果与主观评价比较一致。

为了评估 WWMS-SSIM 的准确性,采用 VQEG[20] 制定的基于统计学的评估标准,评估该算法的评价结果与主观评价值 DMOS 之间的相关程度。图 3.60 是两种客观评价算法的散点图,图 3.60(a)表示 SSIM 算法,图 3.60(c)表示 WWMS-SSIM,图 3.60(b)和图 3.60(d)分别是两种算法非线性拟合后的散点图。图 3.60 中的每个点都表示一幅图像,客观算法的评价值越接近主观评价,所有散点的分布就越接近一条直线或曲线。从图 3.60 中可知,WWMS-SSIM 的评价结果比 SSIM 更符合主观感知。

除散点图外,还可以通过几种定量方法评估客观算法的性能,包括线性相关系数(CC)、均方根误差(RMSE)、平均绝对误差(MAE)和误点率(OR)。表 3.3 给出了不同算法的 CC、MAE、RMSE 和 OR 值。

(a) 原始图像

(b) JPEG压缩

(c)JPEG2000 压缩

(d) 高斯模糊

(e) 白噪声

(f) 快速衰减

图 3.59　不同失真类型 Monarch 图像(见彩图)

表 3.3　客观评价方法性能比较

评价算法	CC	MAE	RMSE	OR
NMSE	0.8716	7.3613	9.2909	0.4018
SSIM	0.9157	5.7204	7.4669	0.0039
WWMS-SSIM	0.9222	5.6095	7.2556	0.0013

CC 的值越大说明客观方法与主观评价的相关性越好,而 RMSE、MAE 的值越小说明客观方法的评价误差越小,OR 的值越小说明客观方法与主观评价越一致。从表 3.3 中可知,WWMS-SSIM 的评价相关性、准确性和一致性分别比 NMSE 算法高 5.8%、5.2% 和 4.8%,比 SSIM 高 0.7%、1.6% 和 2.6%,因此,WWMS-SSIM 更

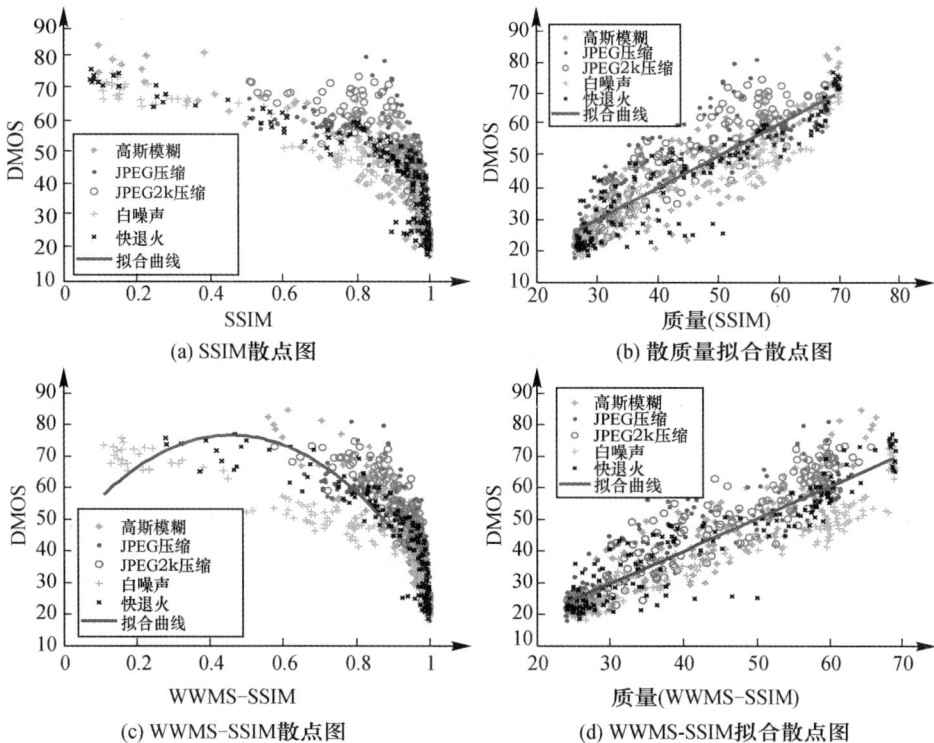

图 3.60　客观评价算法散点图(见彩图)

能准确地反映人眼主观感知。

5) 不同激光功率的干扰图像质量评估

为了验证 WWMS-SSIM 评价激光干扰图像质量的有效性,实验中使用波长为 532nm 的二极管泵浦固体激光器照射远处的目标,并使用 Dalsa Falcon HG 1M120CMOS 相机作为接收装置采集图像,像元尺寸为 $7.4\mu m$,帧频为 30fps,图像分辨力为 1024×1024。软件编程环境为 Pentium Dual-Core CPU、2.60GHz 主频、内存 2G、matlab2008a。

图 3.61 是不同激光功率的干扰图像,图 3.61(a)是原始图像,图 3.61(b)~(f)是激光干扰图像,图中的工具座是设定目标。

从图 3.61 可知,不同的激光功率将导致不同的干扰效果,图 3.61(b)~(f)中的激光功率逐渐增大。随着激光功率的增大,光斑面积逐渐增大,光斑遮挡了图像中更多的细节信息,同时光斑周围像素点的灰度值增大,光斑区域对比度下降。干扰图像的质量评价值见表 3.4。

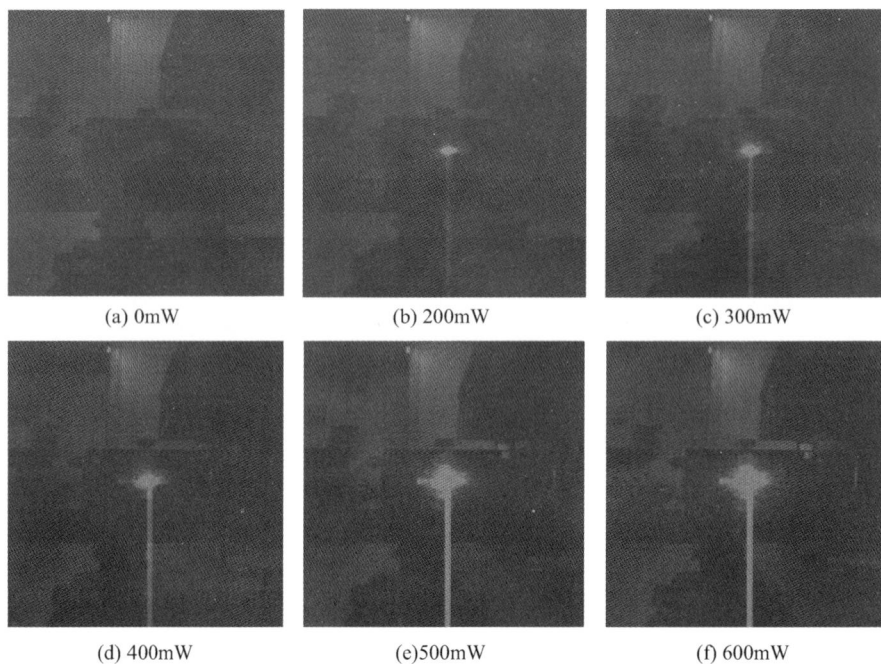

(a) 0mW   (b) 200mW   (c) 300mW

(d) 400mW   (e)500mW   (f) 600mW

图 3.61　不同激光功率干扰图像

表 3.4　激光干扰图像质量评价值

评价算法	(b)	(c)	(d)	(e)	(f)
NMSE	0.0477	0.0936	0.2222	0.6220	0.7822
SSIM	0.9712	0.9519	0.9095	0.8187	0.7734
WWMS – SSIM	0.8571	0.8042	0.7225	0.5947	0.5702

　　从主观角度出发,图 3.61(b)~(f)的质量逐次下降,从表 3.4 中可以看出,NMSE 的值逐渐升高,SSIM 和 WWMS-SSIM 的值逐渐下降,它们的评价结果都与主观评价一致。

　　图 3.62 是 3 种评价方法的评价值曲线,从图中可以看出,随着激光干扰功率的增大,图像质量逐渐下降,NMSE 曲线升高,SSIM 曲线下降,WWMS-SSIM 曲线下降,3 条曲线趋势都反映了图像质量变化的规律,与主观比较一致。

　　6) 不同光斑位置的激光干扰图像质量评估

　　图 3.63(a)是原始图像,图 3.63(b)和图 3.63(c)是光斑位置不同的激光干扰图像,图 3.63(b)中的光斑面积大于图 3.63(c)。

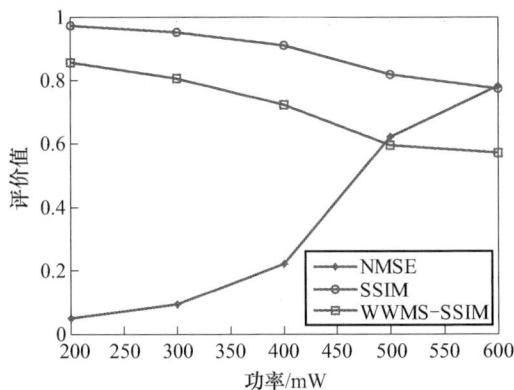

图 3.62　不同激光干扰功率下的评价值曲线

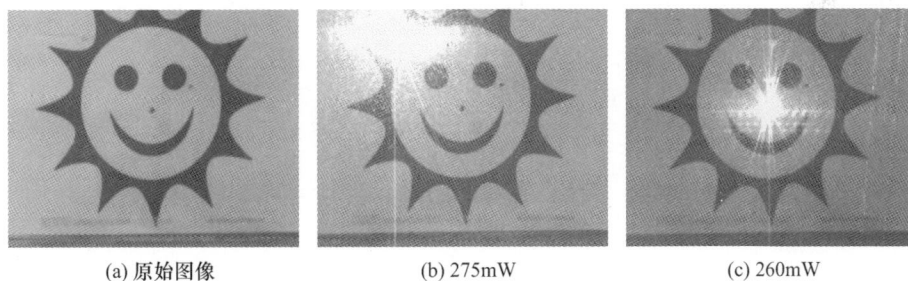

(a) 原始图像　　　　　　　(b) 275mW　　　　　　　(c) 260mW

图 3.63　不同光斑大小和位置干扰图像

运用图像质量评价方法 NMSE、PSNR(峰值信噪比)、SSIM 和 WWMS-SSIM,对激光干扰图像进行评价,评价结果见表 3.5。

表 3.5　不同光斑位置激光干扰图像评价结果

评价算法	(b)	(c)
NMSE	0.0635	0.0631
PSNR	15.9573	15.9869
SSIM	0.7683	0.8103
WWMS-SSIM	0.7333	0.5337

从主观角度出发,虽然图 3.63(b)中的光斑面积较大,但光斑位于图像的左上角,并没有遮挡图像中的主要信息,而图 3.63(c)中的光斑正好位于图像的中心,导致图像信息损失更严重,质量差于图 3.63(b)。NMSE、PSNR 和 SSIM 方法评价结果都出现了偏差,只有 WWMS-SSIM 结果与主观感知一致。

图 3.64 是一组光斑位置变化的激光干扰图像,图 3.64(a)是原始图像,图
3.64(b)~(f)是干扰图像,图中的枪为设定目标,模拟光斑从枪的左上方向右下
方移动,图下的数值为光斑中心到目标枪中心的距离。

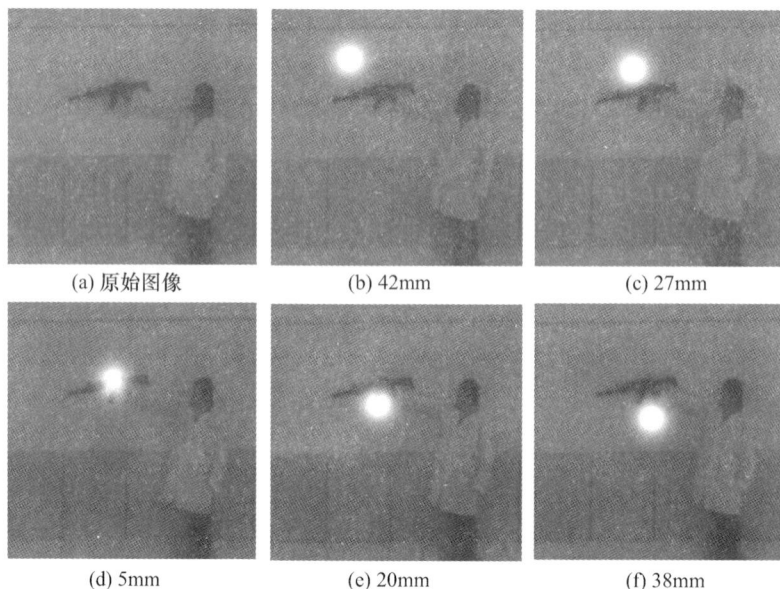

(a) 原始图像   (b) 42mm   (c) 27mm

(d) 5mm   (e) 20mm   (f) 38mm

图 3.64   不同光斑位置激光干扰图像

图 3.64 中的激光光斑大小相同,但光斑位置不同,导致干扰效果也不尽相同。
图 3.64(b)~(f)中,光斑逐渐接近目标中心,然后再逐渐远离。当光斑中心距离
目标中心很近时,目标中大部分的信息都被光斑掩盖,当光斑距离目标较远时,激
光干扰对图像质量基本没有影响。表 3.6 是不同光斑位置的激光干扰图像质量评
价值。

表 3.6   激光干扰图像质量评价值

评价算法	(b)	(c)	(d)	(e)	(f)
NMSE	0.0286	0.0281	0.0331	0.0293	0.0372
SSIM	0.9968	0.9576	0.8017	0.8315	0.9515
WWMS – SSIM	0.9921	0.5910	0.2879	0.3888	0.9912

从主观角度出发,图 3.64(d)的质量最差,图 3.64(b)—(f)—(c)—(e)—
(d)的质量逐渐下降。从表 3.6 中可知,NMSE 和 SSIM 的评价结果都与主观感知
不一致。

图 3.65 是 3 种评价方法的评价值曲线,从图中可以看出,随着光斑位置逐渐

远离目标中心,NMSE 和 SSIM 曲线都出现了拐点,而且 SSIM 曲线基本呈一条直线,无法看出图像质量是否有明显变化。所以 NMSE 和 SSIM 方法都无法准确地衡量光斑位置变化对图像质量的影响。WWMS-SSIM 曲线随着光斑距离的增大而增大,比较准确地反映了激光干扰效果。

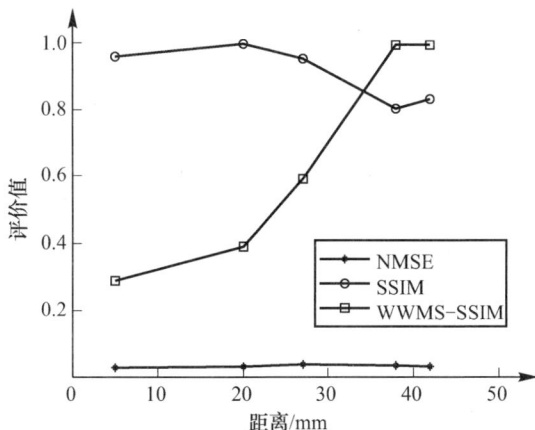

图 3.65　不同光斑位置下的评价值曲线

3.3.1.2　WFSIM

图像受到激光干扰后,光斑周围的亮度、对比度都将发生改变,导致图像的清晰度下降,同时,光斑遮挡了图像中的一部分细节信息,这将导致光斑区域内特征点无法提取或引入其他与目标无关的误匹配特征点[21-26]。基于以上分析,提出了 WFSIM。WFSIM 的具体计算过程如下:首先分别计算原始图像和干扰图像的亮度、对比度、边缘清晰度和局部特征点保持度比较函数,4 个比较函数相乘得到特征相似指数,然后运用光斑的大小、强度和位置信息对相似指数进行加权,最后得到归一化的评价结果。

1) 特征相似度算法分析

算法通过比较亮度与对比度的变化来衡量像素点灰度值改变对图像质量的影响,用梯度幅值的大小来衡量边缘等细节信息的损失情况和清晰度的变化,用干扰前后特征点信息的变化来衡量目标检测与匹配识别的失效程度。

综合以上分析,定义的图像特征相似度评价包含四个部分:亮度比较函数、对比度比较函数、边缘清晰度比较函数和局部特征点保持度比较函数。

亮度比较函数 $l(x,y)$ 为

$$l(x,y) = \frac{2L_x(i,j)L_y(i,j) + T_1}{L_x^2(i,j) + L_y^2(i,j) + T_1} \tag{3.45}$$

167

式中:x 代表原始图像;y 代表干扰图像;L_x、L_y 分别为原始图像和干扰图像的亮度值,如果认为 x 为无失真图像,则通过比较 y 相对于 x 的质量改变情况,可以判断出 y 的失真程度。式(3.45)中,图像亮度 L 定义为

$$L(i,j) = \lg p(i,j) \tag{3.46}$$

式中:$p(i,j)$ 为单像素的灰度值。

对比度比较函数 $c(x,y)$ 为

$$c(x,y) = \frac{2C_x(i,j)C_y(i,j) + T_2}{C_x^2(i,j) + C_y^2(i,j) + T_2} \tag{3.47}$$

式中:C_x、C_y 分别为原始图像和干扰图像的对比度。定义对比度 C 来表示单像素点灰度值相对于图像整体平均灰度值的变化情况,式(3.48)中 C 定义为

$$C(i,j) = \frac{p(i,j)}{\mu[p(i,j)]} \tag{3.48}$$

式中:$\mu[p(i,j)]$ 为整幅图像平均灰度值,计算方法为

$$\mu[p(i,j)] = \frac{1}{M}\sum_{i=1}^{M} p(i,j) \tag{3.49}$$

式中:M 为图像中像素总数。

边缘清晰度比较函数 $d(x,y)$ 为

$$d(x,y) = \frac{2G_x(i,j)G_y(i,j) + T_3}{G_x^2(i,j) + G_y^2(i,j) + T_3} \tag{3.50}$$

式中:G_x、G_y 分别为原始图像和干扰图像的梯度幅值。使用 Sobel 算子对图像求偏导数,得到水平和垂直方向的梯度分量为 $G(h)$ 和 $G(v)$,式(3.50)中梯度幅值 G 定义为

$$G(i,j) = \sqrt{G_{(i,j)}^2(h) + G_{(i,j)}^2(v)} \tag{3.51}$$

G 不为零时,说明对应点处存在灰度变化,为图像边缘,G 值越大,该点处具有越锐利的边缘信息,可以用梯度幅值表征图像的边缘清晰度。

式(3.45)、式(3.47)和式(3.50)中,T_1,T_2,T_3 均为正常数,可以防止分母为零或接近零时计算不稳定。

局部特征点保持度比较函数 $r(x,y)$ 为

$$r(x,y) = \frac{|F_x \cap F_y|}{|F_x \cup F_y|} \tag{3.52}$$

式中:F_x、F_y 分别为从原始图像和干扰图像中提取的特征点的集合,分母为两幅图像特征点的并集元素个数,分子为干扰前后仍可准确匹配的特征点集合的元素个数。

本章中运用图像角点检测算法提取图像中的特征点,选择图像中某一像素点

为圆心,在以 3.4 个像素长度为半径的圆上的 16 个像素点中,若至少有 9 个连续的像素点灰度值比中心像素点大或者小,则当前像素点定义为一个 FAST 特征点。用此方法遍历整幅图像,可以得到若干特征点。$r(x,y)$ 的值越大说明干扰图像中提取的可正确匹配的特征点越多,图像中重要信息的损失越少。因为特征点的提取是一个动态目标识别过程,所以将局部特征点保持度作为评价激光干扰对光电成像系统目标识别影响的评估算子。

结合式(3.45)、式(3.47)、式(3.50)和式(3.52)中的 4 个比较函数,定义特征相似度(FSIM)图像评价算法为

$$\text{FSIM}(x,y) = [l(x,y)]^{\alpha}[c(x,y)]^{\beta}[d(x,y)]^{\gamma}[r(x,y)]^{\delta} \tag{3.53}$$

参数 $\alpha > 0, \beta > 0, \gamma > 0, \delta > 0$ 主要用来调整 4 个部分的相对重要性,本算法取 $\alpha = \beta = \gamma = \delta = 1$。

整幅图像的平均特征相似度(MFSIM)为

$$\text{MFSIM}(x,y) = \frac{1}{M}\sum_{j=1}^{M}\text{FSIM}(x,y) \tag{3.54}$$

式中:M 为整幅图像中的像素点数目。

2)加权因子分析

激光干扰图像中只有光斑区域严重失真,远离光斑的区域的图像信息受到的干扰较小,因此光斑性质才是影响图像质量的关键因素。WFSIM 算法选择激光光斑大小、强度和位置特征作为加权因子。用饱和像素率表示光斑大小改变对图像质量的影响,用信噪比表示光斑强度改变对图像质量的影响。

饱和像素率加权函数 N 定义为

$$N = \frac{N_s}{M} \tag{3.55}$$

式中:N_s 为干扰图像饱和像素点数目;M 为干扰图像中包含的像素点个数。激光干扰会使一部分像素达到饱和,完全饱和时像素灰度值变为 255。算法中,若干扰图像中的像素灰度值大于 245,则认为该像素点为饱和像素点。

信噪比加权函数 $\text{SNR}(x,y)$ 定义为

$$\text{SNR}(x,y) = \frac{\text{SNR}_y}{\text{SNR}_x} \tag{3.56}$$

式中:SNR_x 为原始图像信噪比;SNR_y 为干扰图像信噪比。

SNR 计算方法为

$$\text{SNR} = 10\log\left[\frac{\mu[p(i,j)]}{\sigma[p(i,j)]}\right] \tag{3.57}$$

式中:$\mu[p(i,j)]$ 为图像平均灰度值,计算方法如式(3.49);$\sigma[p(i,j)]$ 为灰

度标准差,其计算方法为

$$\sigma[p(i,j)] = \sqrt{\frac{1}{M-1}\sum_{i=1}^{M}[p(i,j) - \mu[p(i,j)]]^2} \tag{3.58}$$

干扰效果不仅取决于光斑的大小和强度,还会受到光斑位置的影响。当光斑位于图像中的目标区域附近(原始图像中人眼最感兴趣的区域,可通过人为设定),所掩盖的重要信息较多,这时干扰效果明显;当光斑远离目标区域,即使光斑覆盖的面积比较大,但因为所遮挡的部分多是背景区域,所包含的重要信息较少,干扰效果就不明显。光斑所处位置不同,其干扰效果也完全不同,因此引入光斑视觉区域重要性函数。

光斑视觉区域重要性函数定义为

$$D = \sqrt{(x_0 - x_t)^2 + (y_0 - y_t)^2}/d_{max} \tag{3.59}$$

式中:x_0、y_0 为激光光斑中心位置;x_t、y_t 为目标中心位置;d_{max} 为单像素点到目标中心的最大距离。为了求得设定目标和光斑的准确位置信息,分别对原始图像和激光干扰图像采用自适应阈值法选取阈值,并进行二值化处理。由于原始图像的背景比较纯净,目标的提取通常比较简单,经过二值变化后得到的二值图像中灰度为1(或0)的区域为目标区域,则灰度为0(或1)的是背景区域,运用最小二乘法可以计算目标区域的中心。激光光斑位置计算过程如下:

(1)对激光干扰图像的二值图像进行区域分割,选取二值图中任一点为中心,如果该中心点上、下、左或右某位置点的像素值与其不同,认为此区域不连通,反之则连通。遍历整个图像,据此得到若干个连通区域。

(2)在图像采集过程中,图像二值化后,如果灰度值为1(背景灰度值为0)的区域面积大于总面积的3%时,人眼就可以明显地识别该区域。因此,若灰度值为1的某连通区域中像素个数大于图像总像素个数的3%,则认为该区域可能存在激光光斑,否则舍弃该区域。

(3)由于光斑形状一般近似为圆形,所以在保留的区域中选择长宽比趋于1的区域为激光光斑区。当激光功率足够强时,激光光斑区所包含的像素个数通常最多,最后运用最小二乘法计算光斑中心。

综上所述,WFSIM算法的加权因子包括饱和像素率、信噪比的下降程度和光斑视觉区域重要性。

3)基于光斑性质加权的特征相似度算法

根据以上分析,WFSIM定义为

$$WFSIM(x,y) = (1 - N) \times SNR(x,y) \times D \times MFSIM \tag{3.60}$$

式(3.60)中前3项为加权因子:饱和像素率 N、信噪比 $SNR(x,y)$ 和光斑视觉区域重要性函数 D。其中,N 越大,光斑越大,图像中被遮挡的范围越大,WFSIM 值越小,即 N 与 WFSIM 值成反比,所以取 $1-N$ 作为加权因子之一。$SNR(x,y)$ 越小,图像失真程度越高,WFSIM 值越小,即 $SNR(x,y)$ 与 WFSIM 值成正比。D 越小,说明光斑距离目标区域越近,对图像重要信息的遮盖越多,WFSIM 值越小,即 D 与 WFSIM 值成正比。加权值与 MFSIM 结果相乘,得到归一化的图像质量评价值。

　　4）不同激光功率和不同背景强度的干扰图像质量评价

　　运用 NMSE、PSNR、SSIM 及 WFSIM 图像质量评价方法,对不同激光功率和不同背景强度的干扰图像进行评价,试验中采集的干扰图像如图 3.66 所示。

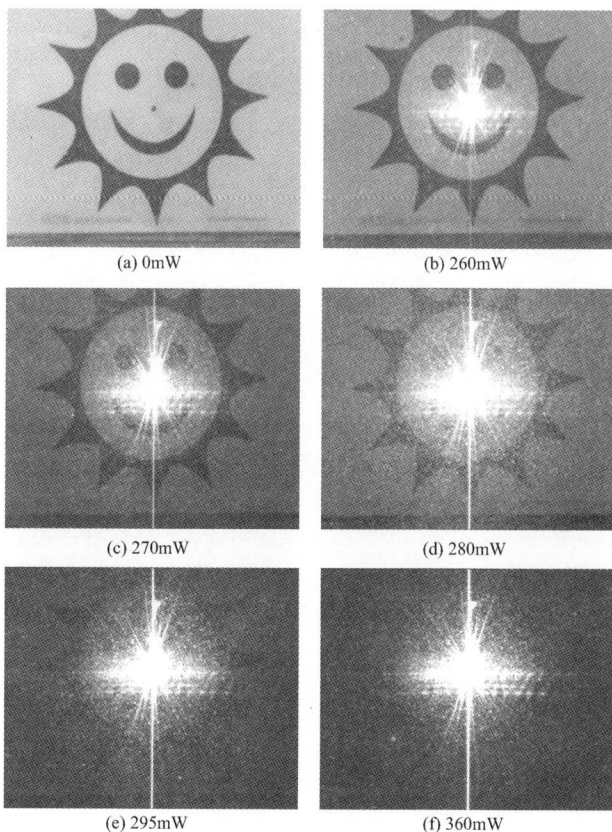

(a) 0mW

(b) 260mW

(c) 270mW

(d) 280mW

(e) 295mW

(f) 360mW

图 3.66　不同激光功率和背景强度干扰图像

　　图 3.66 中由于激光功率不同,对图像的干扰程度也不同。图 3.66(a)是原始图像,图 3.66(b)~(f)的激光干扰功率逐次增强,图 3.66(d)的背景强度比其他图像略有升高。从主观评价出发,图 3.66(b)~(f)中光斑大小逐渐增大,光斑遮挡的区域面积逐渐增大,干扰效果逐渐增强,图像质量逐渐下降。经过计算,4 种不同算法得到的评价结果如表 3.7 所列。

表 3.7　不同激光功率和背景强度干扰图像评价结果

评价算法	（b）	（c）	（d）	（e）	（f）
NMSE	0.0631	0.1959	0.1615	0.3515	0.4084
PSNR	15.9869	11.0666	11.9045	8.5266	7.8755
SSIM	0.8103	0.5924	0.6936	0.3513	0.3060
WFSIM	0.6045	0.4599	0.1790	0.1269	0.0929

从表 3.7 结果可以看出,对于激光干扰功率不同的图像,随着激光干扰功率的增加,光斑面积逐渐增大,干扰效果逐渐增强,图像质量逐渐下降,NMSE 评价结果应逐渐增大,PSNR、SSIM、WFSIM 评价结果应逐渐减小。从主观角度出发,图 3.66(c)的质量要高于图 3.66(d),但是由于图像 3.66(d)的背景强度比原始图像有所升高,使得 NMSE、PSNR 及 SSIM 都没有给出合理的评价结果。而 WFSIM 方法能够克服背景强度不一致对评价结果的影响,评价结果符合人类主观感知。

图 3.67 是 NMSE、SSIM 和 WFSIM 方法的评价值曲线图,从图中可知,随着激光功率的增加,图像质量下降,NMSE 曲线应逐渐上升,SSIM 和 WFSIM 曲线应逐渐下降,但 NMSE、SSIM 曲线都出现了拐点,说明这两种方法评价结果都存在偏差,只有 WFSIM 方法可以克服背景强度不同对图像质量评价的影响,评价结果能正确反映激光干扰效果。

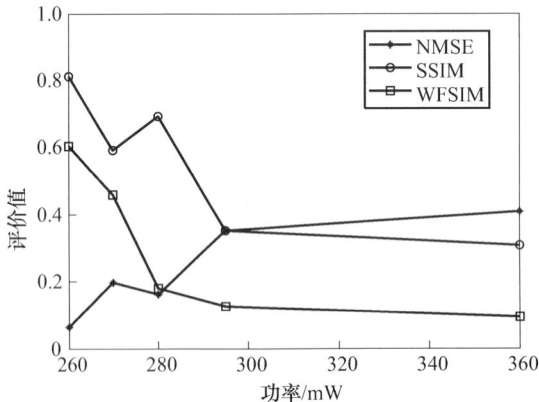

图 3.67　不同方法评价值曲线图

5）不同光斑位置的激光干扰图像质量评价

运用客观图像质量评价方法 NMSE、PSNR、SSIM 和 WFSIM,对光斑位置不同的激光干扰图像进行评价,干扰图像及光斑提取图像如图 3.68 所示。

图 3.68 中可以看出由于激光光斑所处位置不同,对图像的干扰程度不同。图 3.68(a)是原始图像。图 3.68(b)是原始图像经二值化后得到的目标提取图,从图

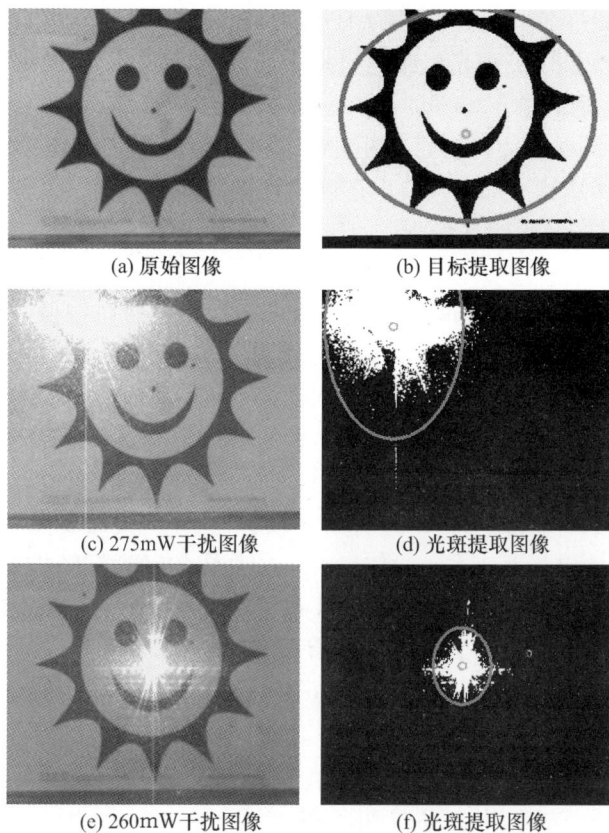

(a) 原始图像   (b) 目标提取图像

(c) 275mW 干扰图像   (d) 光斑提取图像

(e) 260mW 干扰图像   (f) 光斑提取图像

图 3.68 不同光斑位置干扰图像及光斑提取图(见彩图)

中可以确定目标中心的位置。图 3.68(c)中光斑位于目标左上方,虽然形成了一部分饱和区域,但是没有掩盖图像中的重要信息,只是对背景产生了一定的干扰。图 3.68(d)是图 3.68(c)经二值化后得到的光斑提取图,从图中可以确定光斑中心的位置。图 3.68(e)中光斑正好位于目标中心位置,虽然光斑面积小于图 3.68(c),但仍掩盖了一部分重要信息。图 3.68(f)是图 3.68(e)经二值化后得到的光斑提取图。经过计算,4 种不同算法得到的评价结果如表 3.8 所列。

表 3.8 不同光斑位置激光干扰图像评价结果

评价算法	(c)	(e)
NMSE	0.0635	0.0631
PSNR	15.9573	15.9869
SSIM	0.7683	0.8103
WFSIM	0.7586	0.6045

虽然图 3.68(c)中光斑的面积大于图 3.68(e),但图 3.68(c)中光斑距离目标中心较远,而图 3.68(e)中光斑距离目标中心较近,所以从主观视觉角度来看,图 3.68(c)的质量好于图 3.68(e),图 3.68(c)的 NMSE 值应该小于图 3.68(e),PSNR、SSIM 和 WFSIM 值应大于图 3.68(e)。但是从表 3.8 的结果可以看出 NMSE、PSNR、SSIM 算法都没有给出正确的评价结果。WFSIM 算法结合了光斑的大小、位置等特性,给出的 3.68 图(c)的评价值高于图 3.68(e),评价结果符合主观感知。

为了评价客观算法的时间性能,截取不同尺寸的待评价图像进行实验,图像大小从 64×64 增加到 1024×1024。

图 3.69 是不同算法对于不同尺寸图像的平均运算时间。从图 3.69 可以看出 NMSE、PSNR、SSIM 三种算法的耗时均小于 WFSIM,这是由于 WFSIM 考虑了图像特征、特征点和光斑信息的变化程度,计算复杂度高于其他三种算法。但是通过前文讨论可知其他 3 种算法考虑的评价因素较少,在评价交叉失真和激光干扰图像时,结果与主观评价相差较大。总体来看 4 种算法的运算时间均随图像尺寸的增加而增加,4 条曲线近似于线性。WFSIM 在实验测试中随着数据量的增加,曲线斜率基本保持不变,时间开销呈近似线性增长,说明算法具有较好的可扩展性,能够满足对激光干扰图像质量评估的时间要求。

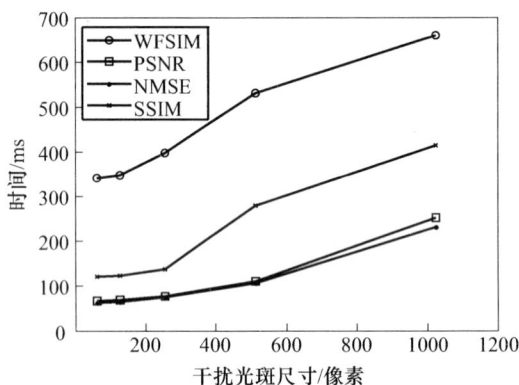

图 3.69　不同算法的平均运算时间曲线表

3.3.1.3　光斑性质与图像特征结合的评估算法

算法分析了激光干扰后图像特征的损失情况、光斑信息的变化以及光斑位置对目标的遮挡程度,提出了一种结合光斑和图像特征的 FVM。算法首先计算干扰过程中光斑大小以及光斑与目标中心的距离,然后分析光斑遮挡对图像目标区域特征点和边缘提取以及清晰度的影响,最后利用这些评价因子得到归一化的图像质量评价值,并通过实验对评价方法的性能进行了分析[27]。

1）光斑变化度评价函数分析

在激光干扰图像中光斑通常位于图像的某一固定区域,该区域的像素灰度值基本相同,随着激光功率的增强,光斑逐渐变大,目标被遮挡的范围增大,图像质量下降,因此可以通过图像中饱和像素的数量来衡量激光光斑的大小,并作为评价光斑特征改变对图像质量影响的评价因子之一。

饱和像素率函数 N 定义为

$$N = \frac{N_s}{N_p} \tag{3.61}$$

式中:N_s 为目标区域内饱和像素点数目;N_p 为目标区域内所有像素点个数。

为了减小计算量,算法中仅在图像规定的目标区域计算评价因子。激光干扰会导致光斑周围区域的像素灰度值升高甚至饱和,饱和时像素灰度值为 255。本算法中,若干扰图像中的像素灰度值大于 245,则认为该像素点已经饱和。N 的值越大,说明干扰图像目标区域中达到饱和的像素点越多,光斑覆盖的面积越大,激光干扰效果越明显。

此外,虽然激光干扰仅发生在图像局部区域,但是当激光干扰功率相同时,如果光斑出现的位置不同,干扰效果也会有所不同。当光斑接近目标时,由于掩盖效应,目标区域内可用的识别信息减少,而当光斑远离目标时,虽然一部分区域被光斑遮挡,但特征提取和目标识别一般不受影响[28-31]。因此可以利用光斑与目标中心的距离衡量激光干扰对目标识别的影响,选择激光光斑位置信息作为一个衡量光斑特征改变的因子,定义光斑重要性表示光斑位置的改变对图像质量的影响。

光斑重要性函数 D 定义为

$$D = \sqrt{(x_0 - x_t)^2 + (y_0 - y_t)^2}/d_{max} \tag{3.62}$$

式中:x_0、y_0 为激光光斑中心位置;x_t、y_t 为目标中心位置;d_{max} 为目标区域内单像素到目标中心的最大距离。为了求得设定目标和光斑的准确位置信息,对模板图像和激光干扰图像采用自适应阈值法选取阈值,并进行二值化处理。在模板图像中运用最小二乘法可以计算目标中心位置,通过坐标变换得到该中心在干扰图像中的相对位置,并与干扰图像中得到的光斑中心位置进行比较计算。激光光斑位置计算过程如前文所述。D 的值越大,说明干扰图像中光斑距离目标越远,对目标特征点、边缘等信息提取的影响越小,图像质量越好,目标识别受到激光干扰的影响程度越小。反之,D 的值越小,说明干扰图像中光斑距离目标越近,则图像质量越差,目标识别受到激光干扰的影响程度越大。

2）图像变化度评价函数分析

光电成像系统需要利用目标局部特征进行目标检测与匹配识别，一般通过提取目标的特征点来实现。简单来说，图像的特征点就是图像中一些灰度变化剧烈的点或图像边缘曲线上具有曲率极大值的点，特征点的丰富程度反映了目标可识别信息的多少，特征点越多说明目标特征越明显，识别结果的准确性越高，最后通过特征点匹配可以确定目标位置[22, 32]。

当图像受到激光干扰后，光斑区域的像素灰度值趋于饱和，光斑遮挡了图像的边缘等细节信息，导致特征点提取算法失效，所以可以选择特征点数目的变化情况作为衡量干扰效果的评价因子，定义为特征点保持度。运用 FAST 方法计算图像特征点，即选择图像中某一像素点为圆心，在以 3.4 个像素长度为半径的圆上的 16 个像素点中，若至少有 9 个连续的像素点灰度值全比中心像素点大或者小，则当前像素点定义为一个 FAST 特征点。用此方法遍历整幅图像，可以得到若干特征点[33-35]。

特征点保持度函数 S 定义为

$$S = \gamma \times \delta \times \frac{N_R}{H \times V} \tag{3.63}$$

式中：H 和 V 分别为干扰图像目标区域的行和列包含的像素数；N_R 表示整个目标区域提取到的特征点数目，γ 和 δ 为加权值，计算方法如式(3.64)：

$$\gamma = \frac{1}{1 + \frac{1}{1 + \log_2 \frac{N_R(i)_{max}}{H}}}, \delta \frac{1}{1 + \frac{1}{1 + \log_2 \frac{N_R(j)_{max}}{V}}} \tag{3.64}$$

式中：$N_R(i)_{max}$（$N_R(j)_{max}$）为包含特征点数目最多的那一行（列）中的特征点数，当某一行（列）中的特征点数目接近行（列）中像素数时，γ 和 δ 接近 1。

S 的值越大，说明目标区域的特征点比较密集，图像中灰度信息的损失比较小，干扰图像特征点的提取受到激光干扰的影响程度越小。

图像中视觉信息的改变有时不会影响主观感知，而人类视觉系统在处理图像时更关注类似于边缘变化这种会导致图像底层特征改变的因素。同时，边缘信息组成的目标轮廓也通常被用于图像的识别与匹配，而且边缘点也是特征点的重要组成部分。因此，该算法选取干扰后图像中边缘点的丰富程度来衡量图像边缘的损失程度。

边缘复杂度函数 E 定义为

$$E = \sum_{i=1}^{N_R} \sum_{l=1} P_i(l) \log_2 \frac{1}{P_i(l)}$$

$$以及 P_i(1) = 1 - P_i(0) \tag{3.65}$$

在图像中目标区域进行边缘提取,将边缘点处的灰度值设为 1,其他位置灰度值设为 0,它们出现的概率分别为 $P_i(l)$,则每种灰度值所具有的信息复杂度分别为 $\log_2[1/P_i(l)]$,N_R 是目标区域中包含的像素点个数。E 的值越大,说明目标区域内边缘信息越丰富,激光干扰对图像边缘提取的影响越小。

梯度可以反映图像中微小细节的差异和纹理分布特性,梯度幅值越大,表示图像沿此方向的灰度变化越明显,边缘的清晰度越高。光斑区域内的灰度变化被弱化,边缘模糊,图像质量下降。干扰后图像梯度幅值的变化情况可以反映出边缘清晰程度的变化,该算法选取梯度幅值来衡量激光干扰对图像清晰度的影响。

边缘清晰度函数 G 定义为

$$G = \frac{1}{H \times V} \sum_{i=1}^{H} \sum_{j=1}^{V} g(i,j) \tag{3.66}$$

式中:H 和 V 分别为干扰图像目标区域的行和列包含的像素数;G 为整个目标区域的平均梯度幅值。为了计算方便,对其进行归一化处理:

$$G_{\text{Normal}} = \frac{|G|}{|G_{\max}|} \tag{3.67}$$

式中:$G_{\max}$ 为所有 G 值的最大值。

式(3.66)中 $g(i,j)$ 对应每个像素点的梯度幅值,其计算方法为

$$g(i,j) = \sqrt{\begin{array}{l} g_{i,j}^2(45°) + g_{i,j}^2(90°) + g_{i,j}^2(135°) + g_{i,j}^2(180°) + \\ g_{i,j}^2(225°) + g_{i,j}^2(270°) + g_{i,j}^2(315°) + g_{i,j}^2(360°) \end{array}} \tag{3.68}$$

在图像目标区域中每个像素点上计算 8 个方向(45°、90°、135°、180°、225°、270°、315°、360°)的梯度值,累加后得到单像素点梯度幅值 $g(i,j)$。

G 的值越大,说明目标的清晰程度越高,激光对图像的干扰效果不明显。

3)光斑和图像特征变化度评价函数分析

根据以上分析,结合光斑和图像特征的特征变化度评价算法分为两个部分,分别是基于光斑特征的评价函数以及基于图像特征的评价函数。光斑变化度评价函数包含 2 个部分:饱和像素率 N 和光斑重要性 D。其中,N 越大,说明图像中达到饱和的像素点越多,图像失真程度越高。D 越小,说明光斑位置距离目标中心越近,对图像重要信息的遮盖程度越高。图像变化度评价函数包含 3 个部分:特征点保持度函数 S、边缘复杂度函数 E、边缘清晰度函数 G。其中,S 越大,说明干扰图像中能提取到的特征点越多,光斑对图像中灰度变化信息的遮挡越少,图像中可用于识别的信息越多。E 越大,说明图像中能提取到的边缘信息越多,图像的边缘信息越丰富,图像整体轮廓易于识别。G 越大,说明图像中的边缘越锐利,图像的清

晰度越高,图像的分辨力越高,图像的细节信息越丰富。为了方便比较,结合式(3.61)、式(3.62)、式(3.63)、式(3.65)和式(3.66)的5个比较函数,定义结合光斑与图像特征的特征变化度 FVM 图像评价算法为

$$FVM = [(1-N) \times D]^{\alpha} [S \times E \times G_{Normal}]^{\beta} \tag{3.69}$$

式中:N 越大,图像失真程度越高,FVM 值越小,即 N 与 FVM 值成反比,所以取 $1-N$ 为评价因子之一。D、S、E、G_{Normal} 均与 FVM 值成正比。参数 $\alpha > 0$,$\beta > 0$,主要用来调整2个部分的相对重要性,2个参数取值分别为 $0 \sim 1$。如果实际应用中更关注图像特征的变化,则可以设 $\alpha = 0.5$,$\beta = 1$。本算法认为光斑和图像特征对图像质量影响的程度相当,因此取 $\alpha = \beta = 1$。该算法所有评价因子都仅在目标区域中计算。

4. 不同激光功率的干扰图像质量评价

由于本实验采用的成像识别系统通常以仅包含目标的图像作为基础模板,因此只在目标区域中计算 FVM 中的5个评价因子。通过灰度匹配划分出图像中的目标区域后,实验中运用结合光斑特征与图像特征的 FVM,对不同激光功率的干扰图像质量进行评价,实验图像如图3.70所示,该图为在夜间环境下,使用激光照射350m 远处的物体。图3.70(a)是目标模板,大小为 128×128,图3.70(b)是其中一幅干扰图像,图3.70(c)是图3.70(b)的激光光斑提取图,用来计算光斑的位置,图3.70(d)是图3.70(b)的特征点提取图,通过与图3.70(a)进行匹配可以确定目标区域位置,图3.70(e)是光斑位置不变,激光功率逐渐增大的干扰图像,大小为 256×256,图中的枪为设定的目标。

针对图3.70(e)中的一组干扰图像,从主观评价出发,随着激光功率的增强,光斑逐渐增大,干扰效果逐渐增强,光斑掩盖的信息逐渐增多,图像质量逐渐下降。经过计算,5种评价因子的结果如表3.9所列。

表3.9 不同激光功率的干扰图像质量评价结果

功率 评价值	200mW	220mW	240mW	260mW	280mW
D	0.4880	0.4880	0.4880	0.4880	0.4880
N	0.0269	0.0328	0.0355	0.0382	0.0409
S	0.0082	0.0075	0.0074	0.0072	0.0072
E	0.1121	0.1116	0.1105	0.1096	0.1087
G	5.3024	5.2885	5.2742	5.2552	5.2375
$FVM(\times 10^{-3})$	0.4365	0.3808	0.3567	0.3250	0.3046

（续）

评价值＼功率	300mW	320mW	340mW	360mW	380mW
D	0.4880	0.4880	0.4880	0.4880	0.4880
N	0.0441	0.0466	0.0491	0.0521	0.0541
S	0.0068	0.0067	0.0065	0.0063	0.0063
E	0.1061	0.1019	0.1019	0.1006	0.1006
G	5.2179	5.2032	5.1855	5.1675	5.1467
FVM（$\times 10^{-3}$）	0.2628	0.2359	0.2142	0.1906	0.1744

评价值＼功率	400mW	420mW	440mW	460mW	480mW
D	0.4880	0.4880	0.4880	0.4880	0.4880
N	0.0565	0.0598	0.0625	0.0649	0.0679
S	0.0063	0.0059	0.0059	0.0056	0.0052
E	0.1002	0.1002	0.0968	0.0968	0.0962
G	5.1282	5.1083	5.0889	5.0672	5.0482
FVM（$\times 10^{-3}$）	0.1593	0.1347	0.1166	0.0964	0.0775

评价值＼功率	500mW	520mW	540mW	560mW	580mW
D	0.4880	0.4880	0.4880	0.4880	0.4880
N	0.0699	0.0726	0.0756	0.0785	0.0814
S	0.0051	0.0051	0.0049	0.0045	0.0043
E	0.0962	0.0939	0.0939	0.0918	0.0918
G	5.0248	5.0031	4.9828	4.9594	4.9169
FVM（$\times 10^{-3}$）	0.0623	0.0485	0.0355	0.0205	0.0109

表 3.9 中是图 3.70 中 20 幅不同激光功率干扰图像的质量评价值,从表中数据可知,光斑位置不变,光斑与目标中心相距 $D = 0.488$,随着激光干扰功率的增加,达到饱和的像素点数目逐渐增多,N 值逐渐增大,目标区域内被光斑遮挡的信息逐渐增多,在目标枪位置能提取到的特征点和边缘点数目减小,S 和 E 值减小,同时,图像中灰度起伏的区域被遮挡,导致该区域梯度幅值减小,清晰度下降,G 值减小。综合 5 个评价因子,随着激光干扰功率增大,FVM 评价值逐渐减小,说明图像质量逐渐下降,干扰效果逐渐增强,FVM 算法给出的评价结果符合人类视觉系统的主观感知。

(a) 目标图像   (b) 干扰图像   (c) 光斑提取   (d) 特征点提取

(e) 不同功率激光干扰图像

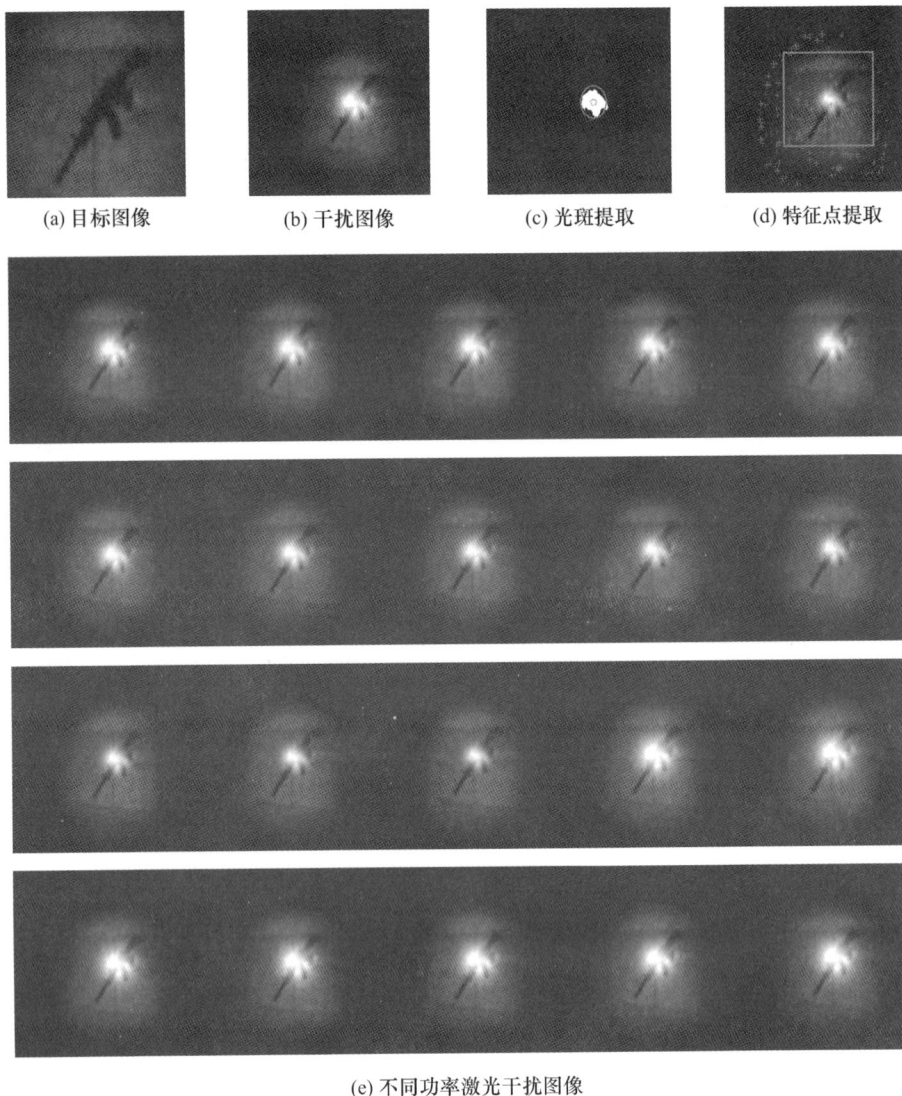

图 3.70   不同激光功率干扰图像(见彩图)

从图 3.71 中可知,随着激光干扰功率的增加,图像质量逐渐下降,图像饱和像素率增加,N 值增大;图像特征点减少,边缘点减少,清晰度下降,S、E 和 G 值逐渐减小;FVM 评价值下降。

5) 不同光斑位置的干扰图像质量评价

运用结合光斑特征与图像特征的 FVM,对不同光斑位置的激光干扰图像进行

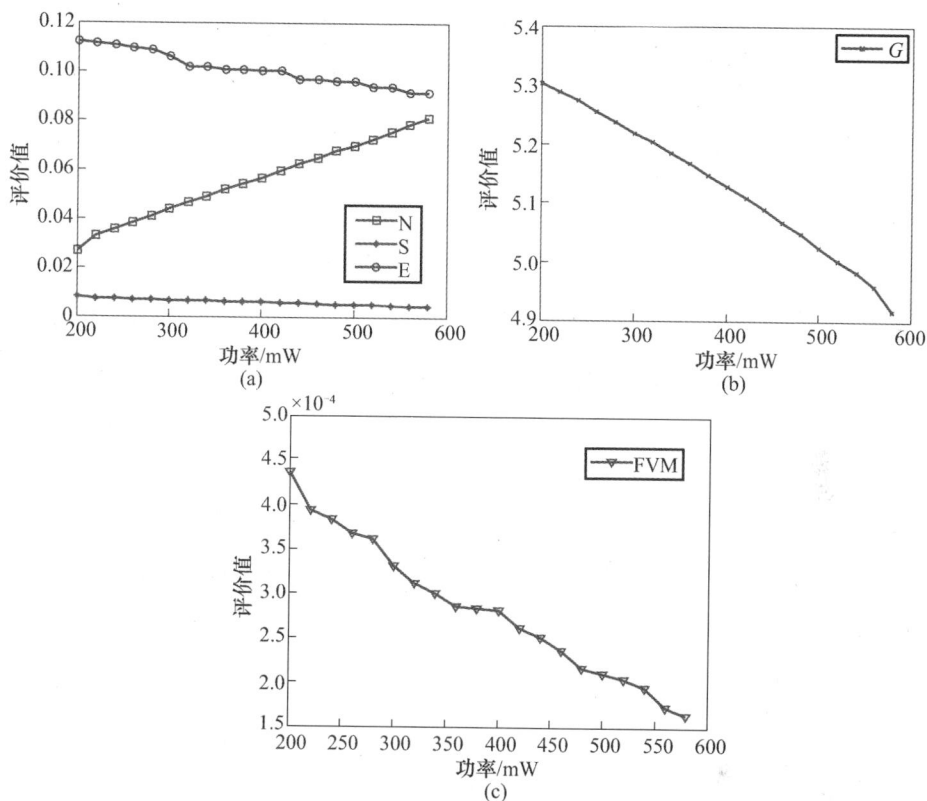

图 3.71　不同激光功率评价值曲线

质量评价,干扰图像如图 3.72 所示,图中实验人员手持目标枪支。该图是在日间环境下,使用激光照射 400m 远处的物体。图 3.72(a)是目标模板,大小为 96×44,枪为设定的识别目标,图 3.72(b)是一幅激光干扰图像,图 3.71(c)是图 3.72(b)的激光光斑提取图,用来计算光斑的位置,图 3.72(d)是图 3.72(b)的特征点提取图像,通过与图 3.72(a)模板进行匹配确定目标区域位置,图 3.72(e)是多帧激光干扰图像,大小为 256×256。

图 3.72(e)中激光干扰功率不变,光斑位置改变,其中前两行图片为光斑从枪中心向枪尾端移动,第 3 行图片为光斑从枪中心向枪前端移动,第 4 行图片为光斑从枪中心向枪上方移动,第 5 行图片为光斑从枪中心向枪下方移动。从主观评价出发,当光斑距离目标枪较远时,光斑遮挡的重要信息较少,图像质量较好,而当光斑接近目标枪时,图像中枪的细节信息很难提取,图像质量下降明显。经过计算,5 种评价因子的结果如表 3.10 所列。

(a)目标图像　　　　　(b)干扰图像　　　(c)光斑提取　　　(d)特征点提取

(e) 不同位置激光干扰图像

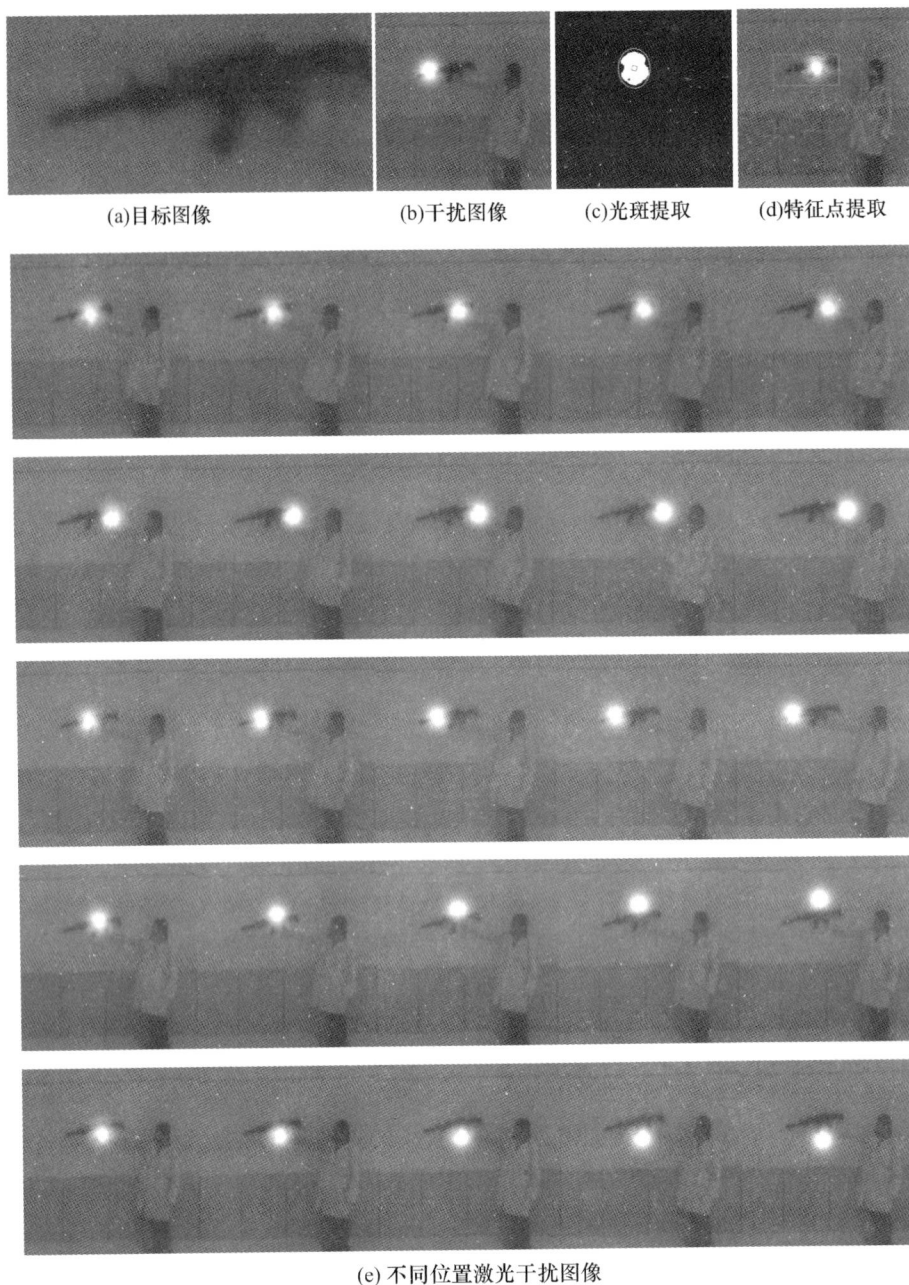

图 3.72　不同光斑位置激光干扰图像(见彩图)

表 3.10　不同光斑位置激光干扰图像质量评价结果

距离/mm 评估值	14.5129	20.0700	25.5353	31.3538	36.5941
D	0.1512	0.2091	0.2660	0.3266	0.3812
N	0.1527	0.1527	0.1527	0.1527	0.1527
S	0.0085	0.0109	0.0140	0.0144	0.0154
E	0.0663	0.0693	0.0712	0.0715	0.0722
G	4.7621	5.1299	5.2338	5.2476	5.3086
FVM($\times 10^{-3}$)	0.0564	0.1126	0.1928	0.2452	0.3127
距离/mm 评估值	41.8597	46.3763	50.7397	55.3115	59.9696
D	0.4360	0.4831	0.5285	0.5762	0.6247
N	0.1527	0.1527	0.1527	0.1527	0.1527
S	0.0166	0.0168	0.0178	0.0180	0.0189
E	0.0744	0.0753	0.0767	0.0793	0.0813
G	5.6570	5.9396	6.0430	6.0932	6.0971
FVM($\times 10^{-3}$)	0.4234	0.5044	0.6060	0.6964	0.8133
距离/mm 评估值	5.2319	9.9873	14.0776	18.3599	23.3356
D	0.0545	0.1040	0.1466	0.1912	0.2431
N	0.1527	0.1527	0.1527	0.1527	0.1527
S	0.0097	0.0104	0.0104	0.0114	0.0133
E	0.0647	0.0757	0.0757	0.0761	0.0780
G	6.1773	6.4510	6.6527	6.7681	6.8472
FVM($\times 10^{-3}$)	0.0529	0.1086	0.1681	0.2312	0.3165
距离/mm 评估值	13.8765	17.1973	20.0385	23.3585	27.2209
D	0.1445	0.1791	0.2087	0.2433	0.2836
N	0.1527	0.1527	0.1527	0.1527	0.1527
S	0.0104	0.0128	0.0147	0.0154	0.0156
E	0.0699	0.0715	0.0741	0.0751	0.0751
G	5.3379	5.4041	5.5080	5.8202	5.8491
FVM($\times 10^{-3}$)	0.0765	0.1211	0.1571	0.1991	0.2570

（续）

距离/mm 评估值	17.9414	22.4060	27.1985	31.1601	34.7798
D	0.1869	0.2334	0.2833	0.3246	0.3623
N	0.1527	0.1527	0.1527	0.1527	0.1527
S	0.0142	0.0152	0.0180	0.0185	0.0187
E	0.0719	0.0751	0.0767	0.0770	0.0770
G	5.4145	5.7981	5.9502	6.1623	6.2121
FVM($\times 10^{-3}$)	0.1709	0.2181	0.3174	0.3886	0.4420

表 3.10 是图 3.72 中 25 幅不同光斑位置的激光干扰图像的质量评价值,图中的激光功率相同,随着光斑位置的移动,激光干扰的效果也不相同。

表 3.10 中第 1~3 组数据为光斑水平移动的干扰图像,其中第 1 组和第 2 组为光斑从中心向尾部移动,第 3 组数据为光斑从中心向前端移动,D 值增大表示光斑逐渐远离枪中心。当光斑距离目标中心较远时,虽然光斑周围区域的像素点灰度值发生了变化,但是枪中主要部分的特征信息损失很少,激光干扰影响不大。随着 D 值逐渐增大,S、E 和 G 值逐渐增大,FVM 评价值逐渐增大,图像质量提高。从表 3.10 中可知,第 3 组图像的 S、E 和 G 值比相近位置的第 1 组数据值大,这是由于枪前部的图像特征没有后部的丰富。第 4 组和第 5 组数据为光斑垂直移动的干扰图像,随着 D 值的增大,S、E 和 G 值逐渐增大,FVM 评价值增大。

图 3.73 是光斑位置不同的干扰图像质量评价值曲线,图 3.73(a) 中光斑是从枪中心向枪尾部移动,图 3.73(b) 中光斑是从枪中心向枪前部移动,图 3.73(c) 中是光斑垂直于枪体运动。

从图 3.73 中可知,激光干扰功率不变,随着光斑距离目标枪中心距离的增加,光斑对图像中重要信息的遮挡逐渐减少,目标中可提取到的特征点、边缘点增多,清晰度升高,S、E 和 G 值逐渐增大,FVM 评价值逐渐增大,图像质量逐渐升高。

3.3.2 激光对末制导系统的干扰评估

对于图像处理系统,是否能够准确提取图像特征反映了图像质量的变化程度。针对该类系统,本节介绍特征与相似度图像质量评价算法(FPSIM)和无参考特征点复杂度图像质量评价算法(NRFPCM),这两种算法考虑了干扰发生前后特征点数量、位置等信息的变化以及特征点周围亮度、对比度等图像信息的变化,使评价方法与目标识别准确性相结合,能够准确反映图像质量变化对目标识别的影响。由于激光干扰通常是一种连续变化的累积过程,仅对单帧干扰图像进行评估无法

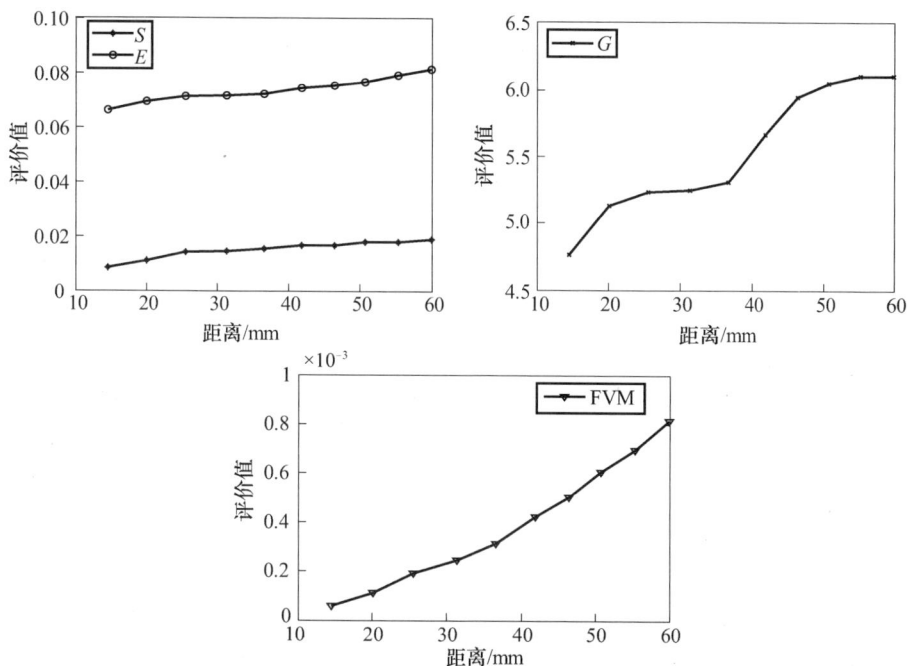

(a) 光斑从中心向后

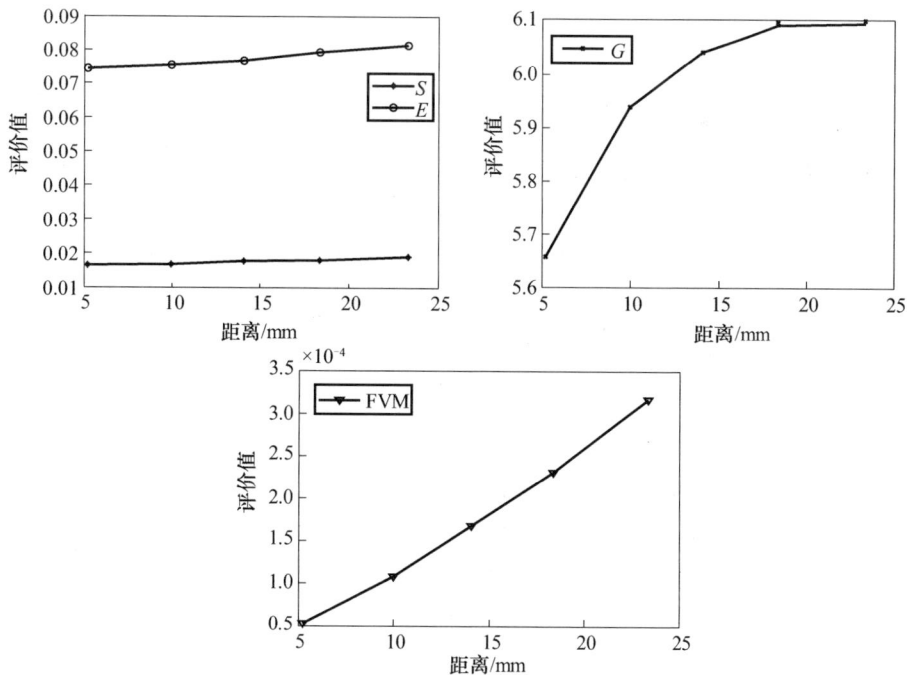

(b) 光斑从中心向前

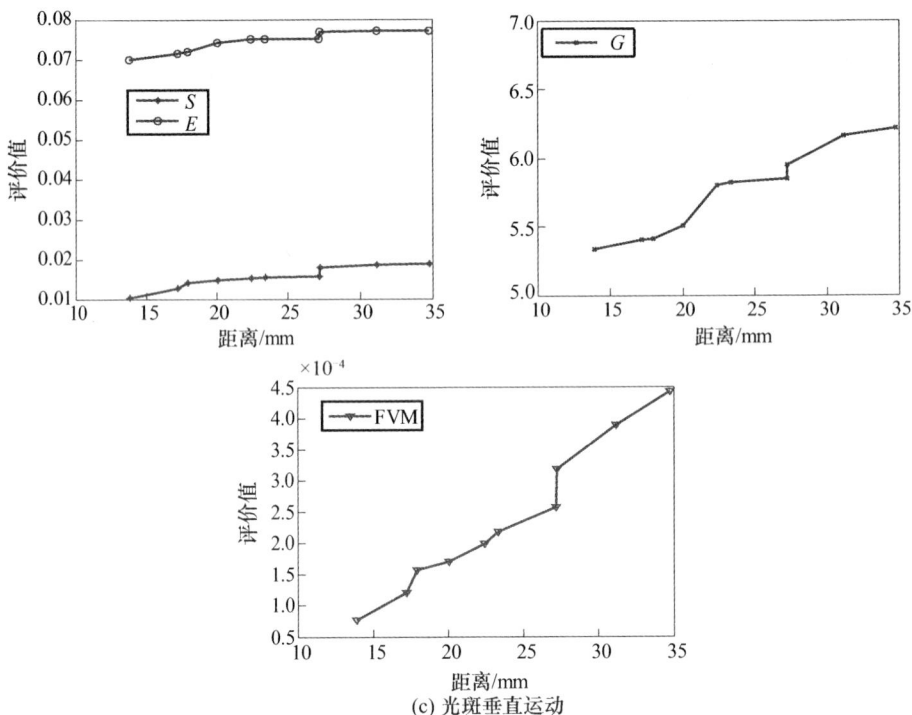

图 3.73　不同光斑位置干扰图像质量评价值曲线

反映整体干扰效果,所以需要对多帧图像的质量变化加以评估。针对这类问题,介绍了特征与动态性图像质量评价算法(FPD),算法不但可以评价单帧图像的质量,还可以分析多帧图像的综合干扰累积效果。对于图像处理系统,图像特征的损失程度就反映了图像质量的变化情况。通过以定量方式表示特征点及其周围像素的信息变化,提出了基于特征点分布特性的全参考图像质量评价方法和特征点复杂度无参考图像质量评价方法。

3.3.2.1　FPSIM

本算法在分析特征点数目、位置变化以及分布特性的基础上,提出 FPSIM,该算法考虑了激光干扰图像中光斑本身和光斑周围区域的图像特征以及光斑遮盖对特征点提取的影响。算法首先使用 FAST 方法提取原始图像和干扰图像中的特征点,通过灰度匹配确定图像中的目标区域,在目标区域内比较两幅图像特征点的一致性和稳定性,然后在原始图像目标区域内每个特征点的位置处构建大小为 3×3 的图像矩阵,在干扰图像相同位置构建相同大小矩阵,并比较两幅图像中相同位置所对应图像矩阵的亮度和对比度相似程度,并综合以上 4 个评价指标得到归一化的质量评价值,最后通过实验对评估算法的性能进行了比较[36]。

1) 特征点比较函数分析

光电成像系统需要利用目标局部特征进行目标检测与匹配识别,简单来说,特征点提取的过程就是寻找各方向上灰度变化较大的像素点。当图像受到激光干扰后,原始图像中平滑区域内的像素点灰度值可能出现突变,这种突变的像素点会被定义为特征点。光斑区域会掩盖图像中的细节信息,导致原始图像中存在特征点的位置在受干扰后无法提取到特征点。此外,图像的旋转、尺度缩放和几何变形也会影响特征点的提取,以上畸变都会使原始和干扰图像相同位置处出现灰度差异,最终导致提取到的特征点数目或位置不相同。因此,可以利用干扰前后图像中特征点信息的变化建立评估模型。

FPSIM 运用 FAST 方法提取图像中的特征点,通过灰度匹配方法划分出图像中的目标区域,FPSIM 只在目标区域中计算特征点的变化情况。综合以上分析,为了了解干扰前后特征点数目和位置的变化情况,可以通过计算干扰后仍能够准确匹配的特征点数目得到,定义了特征点保持度 $m(x,y)$。

特征点保持度比较函数 $m(x,y)$ 为

$$m(x,y) = 1 - \frac{1}{4}\sum_{i=1}^{4} \frac{w(i) \times \left| N_R(i) - \sum_{j=1}^{N_R(i)} d_j(i) \right|}{N_R(i) \times \sum_{i=1}^{4} w(i)} \tag{3.70}$$

式中:x、y 为原始图像和干扰图像的目标区域,分别把它们分为 4 个图像块;$N_R(i)$ 为原始图像目标区域第 i 个图像块提取到的特征点的个数;$d_j(i)$ 为干扰图像目标区域第 i 个图像块中仍准确提取到的特征点,式中 d_j 的计算方法如下:

$$d_j = \begin{cases} 1, & |D_x - D_y| \leq \text{dis}; \\ 0, & |D_x - D_y| > \text{dis}; \end{cases} \tag{3.71}$$

记录原始图像中特征点的位置,在干扰图像中相同位置处寻找距离该点位置最近的特征点,若两点间距离 $|D_x - D_y|$ 小于或等于 dis 个像素长度时(本算法取 dis = 2),认为干扰图像中该位置处提取到了准确的特征点。$w(i)$ 为各图像块的加权因子,可以根据目标特征点分布情况灵活设置,通常特征点密集区域是目标结构和纹理变化明显的区域,应赋以较大的权值,因为该区域受激光干扰后,特征点数目与位置的变化对目标识别准确率的影响很大。

$m(x,y)$ 的值越大,说明原始图像和干扰图像中提取的特征点数目和位置越相近,目标识别受到激光干扰的影响程度越小,图像质量较好。

为了分析干扰前后灰度信息和图像清晰程度的变化,可以通过计算特征点周围梯度幅值的变化情况得到,因此定义了特征点稳定度 $s(x,y)$。

特征点稳定度比较函数 $s(x,y)$ 为

$$s(x,y) = \frac{1}{N_R}\sum_{i=1}^{N_R} g(i) \tag{3.72}$$

首先在原始图像目标区域中提取特征点,并以该特征点为中心,分别取其上、下、左、右、左上、右上、左下和右下的 8 个像素点,即取特征点的 8 邻域,组成 3×3 的矩阵,然后在干扰图像的相同位置处用相同方法提取 3×3 的矩阵,最后计算两个矩阵的梯度幅值相似度 g。式中 $g(i)$ 为第 i 个特征点对应矩阵的梯度相似度,原始图像目标区域中特征点总数为 N_R,则经计算后共得到 N_R 个 $g(i)$ 值。

$$g(i) = \frac{\sum_{i=1}^{N_R} G_x(i) G_y(i)}{\sqrt{\sum_{i=1}^{N_R} G_x^2(i) \sum_{i=1}^{N_R} G_y^2(i)}} \tag{3.73}$$

式中: $G_x(i)$、$G_y(i)$ 分别为原始和干扰图像目标区域中第 i 个 3×3 矩阵的梯度幅值。

$$G(i) = \sqrt{\begin{array}{l} G_i^2(45°) + G_i^2(90°) + G_i^2(135°) + G_i^2(180°) + \\ G_i^2(225°) + G_i^2(270°) + G_i^2(315°) + G_i^2(360°) \end{array}} \tag{3.74}$$

式(3.74)的计算步骤为:在每个特征点对应的矩阵上计算该特征点 8 个方向(45°、90°、135°、180°、225°、270°、315°、360°)的梯度值,累加后得到 $G(i)$。

$s(x,y)$ 的值越大,说明特征点周围灰度信息的变化越小,清晰度变化越小,特征点稳定程度越高,干扰对目标识别的影响效果不明显。

2) 图像特征比较函数分析

特征点提取主要是基于寻找灰度突变的边缘点、角点或交叉点等,激光干扰改变了图像的亮度和对比度信息,使得与原始图像相比,干扰图像中提取的特征点位置出现偏差或者无法提取某些位置的特征点。所以在干扰图像中亮度和对比度的失真对特征点的准确提取会产生影响。为了分析这类失真对特征点提取的影响,可以通过计算特征点周围图像整体特征的变化情况得到,因此定义了亮度失真度 $l(x,y)$ 和对比度失真度 $c(x,y)$。

亮度失真度比较函数 $l(x,y)$ 为

$$l(x,y) = \frac{1}{N_R}\sum_{i=1}^{N_R} l_p(i) \tag{3.75}$$

同式(3.72)中方法,提取两幅图像对应特征点位置的 3×3 图像矩阵,式中

$l_p(i)$ 为第 i 个特征点对应矩阵的亮度相似度。

$$l_p(i) = \frac{1}{9} \sum_9 \frac{2 L_{i,x}(j,\theta) L_{i,y}(j,\theta)}{L_{i,x}^2(j,\theta) + L_{i,y}^2(j,\theta)} \tag{3.76}$$

$$L_i(j,\theta) = \lg p_i(j,\theta) \tag{3.77}$$

式中：$L_{i,x}$、$L_{i,y}$ 分别为原始图像和干扰图像目标区域第 i 个矩阵内各单像素点的亮度值；$p_i(j,\theta)$ 为第 i 个矩阵内的单像素点灰度值。因为每个特征点对应的矩阵中包含 9 个像素点，所以式（3.76）对 9 个单像素点亮度相似度取平均值，得到对应每个特征点的矩阵的亮度相似度。

对比度失真度比较函数 $c(x,y)$ 为

$$c(x,y) = \frac{1}{N_R} \sum_{i=1}^{N_R} c_p(i) \tag{3.78}$$

式中：$c_p(i)$ 为第 i 个特征点对应矩阵的对比度相似度。

$$c_p(i) = \frac{1}{9} \sum_9 \frac{2 C_{i,x}(j,\theta) C_{i,y}(j,\theta)}{C_{i,x}^2(j,\theta) + C_{i,y}^2(j,\theta)} \tag{3.79}$$

$$C_i(j,\theta) = \frac{p_i(j,\theta)}{\mu_i[p(j,\theta)]} \tag{3.80}$$

式中：$C_{i,x}$、$C_{i,y}$ 分别为原始图像和干扰图像目标区域第 i 个矩阵内各单像素点的对比度值；$\mu_i[p(j,\theta)]$ 为第 i 个矩阵的平均灰度值。

式（3.75）和式（3.78）中 $l(x,y)$ 和 $c(x,y)$ 的值越大，说明相对于原始图像，特征点周围区域灰度变化较小，干扰图像的亮度和对比度失真程度较小，干扰对目标识别的影响较小，激光干扰对图像质量的影响较小。

3）特征点相似度算法

所以，结合式（3.70）、式（3.72）、式（3.75）式（3.78）中的 4 个比较函数，定义 FPSIM 计算公式为

$$\text{FPSIM}(x,y) = [m(x,y)]^\alpha [s(x,y)]^\beta [l(x,y)]^\gamma [c(x,y)]^\delta \tag{3.81}$$

参数 $\alpha > 0, \beta > 0, \gamma > 0, \delta > 0$ 主要用来调整 4 个部分的相对重要性，4 个参数取值分别为 0～1。在本算法中，认为 4 个比较函数的重要程度相当，因此取 $\alpha = \beta = \gamma = \delta = 1$。在其他实验条件下 α、β、γ 和 δ 可以取不同值，反映出对各种图像信息不同的关注程度，若取 $\alpha = 1, \beta = \gamma = \delta = 0.5$，则计算结果更关注干扰前后特征点的变化。FPSIM 的算子包含四个部分：特征点保持度比较函数 $m(x,y)$ 反映了干扰前后特征点数目和位置的变化情况，特征点稳定度比较函数 $s(x,y)$ 从特征点周围梯度的变化情况出发，反映了特征点周围图像信息的清晰程度，亮度失真度比较函数

$l(x,y)$ 和对比度失真度比较函数 $c(x,y)$ 反映了特征点周围像素整体特征的变化情况,4 个比较函数相乘最终得到归一化的比较结果。通过 FPSIM 计算值可以分析出特征点信息及其周围图像特征的变化情况。

4）不同激光功率和不同背景强度的干扰图像质量评价

运用传统的客观图像质量评价方法、结构相似度及特征点相似度算法,对不同激光干扰功率和不同背景强度的干扰图像进行质量评价,实验图像如图 3.74 所示。图 3.74(a)是目标模板,大小为 128×128,图 3.74(b)是 2×2 大小的加权矩阵,4 个区域分别对应式(3.70)中 $w(i)$,w 的大小和数值可以根据实际情况调整,一般沿目标方向取较大权值。图 3.74(c)是原始图像,图 3.74(d)~(h)是激光干扰图,大小为 256×256,图中的枪为设定的目标。

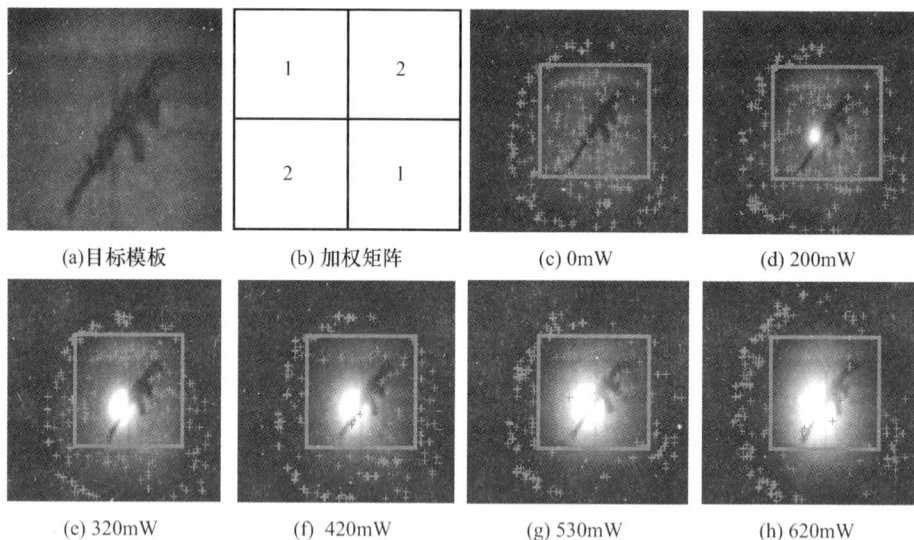

(a)目标模板　　　　(b)加权矩阵　　　　(c) 0mW　　　　(d) 200mW

(e) 320mW　　　　(f) 420mW　　　　(g) 530mW　　　　(h) 620mW

图 3.74　不同激光功率和背景强度的激光干扰图像(见彩图)

图 3.74 中由于激光干扰功率不同,对图像的干扰程度也不同。图 3.74(c)~(h)的激光干扰功率逐渐增强,其中图 3.74(e)的背景强度比其他图像略有升高。随着激光干扰功率的增大,光斑大小逐渐变大,光斑掩盖的目标信息逐渐增多,光斑周围的像素点灰度值逐渐增加,使用 FAST 算法对图像提取特征点,此时算法提取的特征点位置与原始图像特征点位置出现偏差,甚至提取不到特征点。从图 3.74(c)~(h)中可以看出,与原始图像 3.74(c)相比,干扰图像中光斑周围的特征点逐渐减少,光斑遮挡的枪前部位置已经提取不到特征点。经过计算,3 种不同算法得到的评价结果如表 3.11 所列。

表 3.11　不同激光功率和背景强度的干扰图像质量评价结果

评价方法	(d)	(e)	(f)	(g)	(h)
NMSE	0.2271	0.6811	0.3224	0.6880	0.9876
SSIM	0.9492	0.8551	0.9068	0.8824	0.8759
FPSIM	0.6143	0.5885	0.4966	0.2478	0.1580

　　从主观角度分析,随着激光干扰功率增大,图 3.74 按(d)~(h)顺序图像质量逐次下降,NMSE 评价值应逐渐增大,SSIM 评价值应逐渐减小。从表 3.11 结果可以看出,除图 3.74(e)外 MSEN、SSIM 都能给出合理的结果,但是由于图 3.74(e)的背景强度比原始图像有所升高,使得评价方法 NMSE 和 SSIM 无法给出合理的评价结果。而 FPSIM 评价方法能够克服背景强度不一致对评价结果的影响,随着激光干扰功率的增大,FPSIM 算法给出的评价值逐渐下降,评价结果符合人类主观感知。

　　图 3.75 为表 3.11 中评价值曲线图,从图中可以看出,随着激光干扰功率的增加,图像质量下降,FPSIM 和 SSIM 曲线应逐渐下降,NMSE 曲线应逐渐升高,但图中 NMSE 曲线出现了拐点,拐点处对应图 3.74(e)的评价值。但是该图只是背景与原始图像不同,图像质量却高于后续图片,由于 NMSE 是基于像素间灰度差异来评价图像质量的,虽然图像中细节信息没有损失,但只要像素灰度值发生变化,该方法就会认为图像质量下降,导致评价结果与主观评价相差较大。SSIM 曲线的变化比较平缓,但是仍然出现拐点,由于该方法是基于图像的整体特征来评价图像质量的,对于光斑仅位于图像某一局部区域的激光干扰图像来说,它没有反映出局部信息的损失情况,不能正确评价图像质量。而 FPSIM 从特征点信息变化的角度评价图像质量,同时考虑了图像局部亮度和对比度的变化,评价值曲线逐渐下降,符合主观评价。

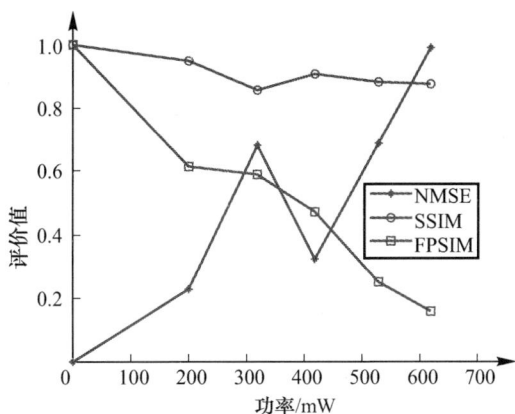

图 3.75　不同激光功率和背景强度图像质量评价值曲线

5）不同光斑位置的激光干扰图像质量评价

运用 NMSE、SSIM 及 FPSIM，对光斑位置不同的激光干扰图像进行质量评价，激光干扰图像如图 3.76 所示。

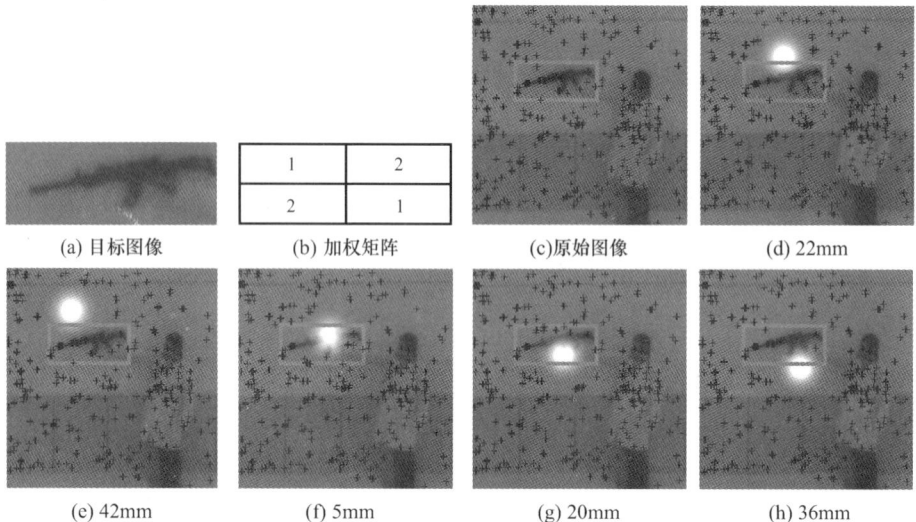

(a) 目标图像　　　　(b) 加权矩阵　　　　(c)原始图像　　　　(d) 22mm

(e) 42mm　　　　(f) 5mm　　　　(g) 20mm　　　　(h) 36mm

图 3.76　不同光斑位置激光干扰图像(见彩图)

图 3.76 中激光干扰功率不变，但由于激光光斑所处位置不同，对图像的干扰程度不同。图 3.76(c)是原始图像，枪为设定的目标。图 3.76(d) ~ (h)中光斑从目标枪斜上方入射，逐渐接近目标中心，然后逐渐远离目标。当光斑正好位于目标位置，光斑的遮挡导致枪中部的信息损失，该位置处的特征点无法提取。当光斑远离目标，虽然光斑周围区域的像素点灰度值也发生了变化，但是枪中主要部分的特征点基本能够准确提取。经过计算，3 种不同算法得到的评价结果如表 3.12 所列。

表 3.12　不同光斑位置激光干扰图像评价结果

评价方法	(d)	(e)	(f)	(g)	(h)
NMSE	0.6645	0.5940	0.8255	0.7926	0.7127
SSIM	0.9760	0.9771	0.9734	0.9788	0.9782
FPSIM	0.7254	0.9323	0.4679	0.5218	0.8824

从特征点提取的角度分析，图 3.76(f)中特征损失最严重，特征点提取误差最大。从主观角度分析，图 3.76(f)的质量最差，图 3.76(e)—(h)—(d)—(g)—(f)质量逐渐下降。由于激光干扰功率不变，图中光斑面积大小不变，从表 3.12 结果可以看出 NMSE 和 SSIM 评价值与主观评价不一致，而且 SSIM 值基本没有明显变化。

FPSIM 算法从特征点信息的变化角度分析图像质量变化情况,给出了符合主观感知的判断。

图 3.77 为表 3.12 中评价值曲线图,从图中可以看出,随着光斑远离目标枪,光斑对目标细节的遮挡减少,图像质量逐渐升高,FPSIM 和 SSIM 曲线应逐渐上升,NMSE 曲线应逐渐下降。但是图中 NMSE 曲线出现了拐点,说明评价值出现误差,不能真实反映图像质量,这是由于 NMSE 只根据两幅图像的像素灰度差异来衡量图像质量,没有考虑图像信息的损失程度。SSIM 曲线值变化不明显,不能反映出光斑与目标相对位置发生变化时图像质量的变化情况。而 FPSIM 在目标区域统计特征点的变化情况,确切地反映了光斑位置对特征提取和图像质量的影响,其评价值曲线逐渐上升,符合主观评价。

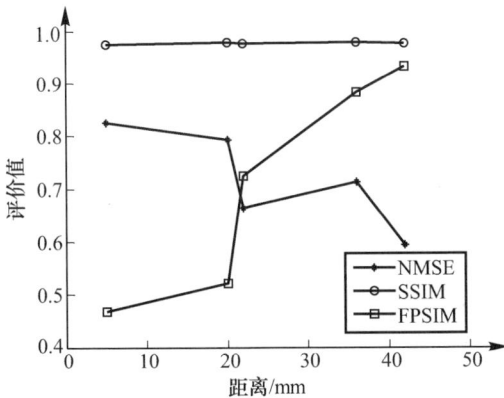

图 3.77　不同光斑位置激光干扰图像质量评价值曲线

为了评价算法的时间性能,截取不同尺寸的激光干扰图像进行实验,图像大小从 64×64 增加到 1024×1024。图 3.78 是 3 种不同算法对于不同尺寸图像的平均运算时间。图中可以看出 NMSE、SSIM 两种算法的耗时均小于 FPSIM,这是由于 FPSIM 考虑了特征点的分布特性和特征点周围的亮度、对比度失真情况,计算复杂度高于其他两种算法。但是通过前文讨论可知其他两种算法考虑的评价因素较少,不适合评价激光干扰图像。总体来看 3 种算法的运算时间均随着图像尺寸的增加而增加,时间曲线接近于线性。随着数据量的增加,FPSIM 时间曲线的斜率基本保持不变,时间开销呈现近似线性增长,说明算法具有较好的可扩展性,能够满足评价激光干扰图像的时间要求。

3.3.2.2　NRFPCM

NRFPCM 分析了特征点数目、位置的变化以及分布的疏密程度,同时分析了特征点周围图像特征的变化。NRFPCM 首先根据灰度匹配法确定图像的目标区域,然

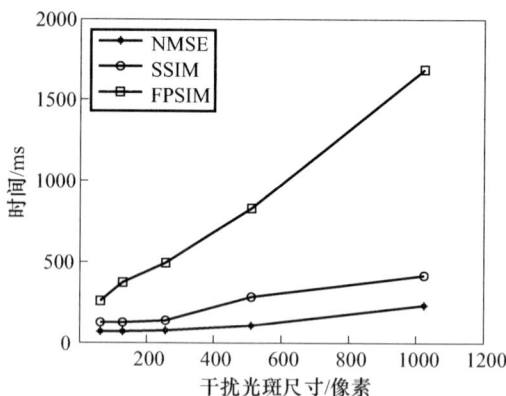

图 3.78　质量评价算法的平均运算时间

后使用 FAST 方法提取干扰图像目标区域内的特征点,以特征点为基础计算图像的空间和纹理复杂度,再在每个特征点位置处构建大小为 3×3 的图像矩阵,并计算该图像矩阵的梯度和对比度失真程度,最后通过以上 4 个评价因子评价图像质量,并通过实验对评价算法的性能进行了分析。

1) 整体特征复杂度函数分析

由于激光干扰功率的不同,导致图像中达到饱和的像素数目不同,干扰功率越大则光斑面积越大,被光斑遮盖的图像纹理和边缘等细节信息越多,图像中可提取到的特征点减少。当干扰功率一定时,光斑位置不同,图像中提取到的特征点的数量和分布规律也会有所不同,光斑越接近目标位置则对特征点提取的影响越大。

NRFPCM 在确定目标区域后,仅在目标区域使用 FAST 算法提取图像特征点,同时只在目标区域中计算特征点以及图像特征的变化情况。综合以上分析,定义整体特征复杂度评价函数包括空间复杂度和纹理复杂度比较因子。

空间复杂度(SC)函数定义为

$$SC = \sqrt{SC_h^2 + SC_v^2} \tag{3.82}$$

式中:SC_h 和 SC_v 分别为水平和垂直方向的空间复杂度,反映了水平和垂直方向特征点的疏密程度。

$$SC_h = \alpha \times \sum_{i=1}^{m} \frac{N_F(i)}{m} \tag{3.83}$$

$$SC_v = \beta \times \sum_{j=1}^{n} \frac{N_F(j)}{n} \tag{3.84}$$

式中:m 和 n 分别为干扰图像中目标区域的行和列所包含的像素数;$N_F(i)(N_F(j))$

为干扰图像第 i 行(第 j 列)提取的特征点的个数, $N_F(i)_{\max}(N_F(j)_{\max})$ 为包含特征点数目最多的那一行(列)的特征点数, α 和 β 为加权值,当某一行(列)中的特征点数目接近行(列)中像素数时, α 和 β 接近1,计算方法如式(3.85)和式(3.86)。

$$\alpha = \cfrac{1}{1 + \cfrac{1}{1 + \log_2 \cfrac{N_F(i)_{\max}}{m}}} \tag{3.85}$$

$$\beta = \cfrac{1}{1 + \cfrac{1}{1 + \log_2 \cfrac{N_F(j)_{\max}}{n}}} \tag{3.86}$$

式中: $N_F(i)(N_F(j))$ 的值越大,说明此处是特征点密集区域,是图像结构和纹理变化复杂的区域。相应的 SC 的值越大,说明干扰图像特征点的提取受到激光干扰的影响程度越小,图像质量越好。

纹理复杂度 TC 函数定义为

$$\text{TC} = \sum_{i=1}^{m \times n} \sum_{l=1}^{1} P_i(l) \log_2 \frac{1}{P_i(l)}$$

以及 $P_i(1) = 1 - P_i(0)$ \tag{3.87}

对目标区域图像提取边缘并进行二值化处理,边缘点处像素灰度值设为1,其他位置灰度值设为0,它们出现的概率分别为 $P_i(l)$,则每种灰度值所具有的信息量为 $\log_2[1/P_i(l)]$ 。TC 越大,说明图像中提取到的边缘点越多,图像所包含的纹理越丰富,说明激光光斑对图像中关键信息的遮挡越少,图像质量越好。

$$|\nabla f(x,y) - \nabla f(x_0, y_0)| \leqslant E_0,$$
$$|\gamma(x,y) - \gamma(x_0, y_0)| < A_0 \tag{3.88}$$

式(3.87)中提取边缘的方法见式(3.88),在干扰图像目标区域提取特征点的基础上,以该特征点 (x_0, y_0) 为中心,取其 8 邻域,组成 3×3 的矩阵,邻域内某一点坐标为 (x, y) ,通过 Sobel 水平和垂直算子计算相应点的梯度幅值, $\nabla f(x_0, y_0)$ 为特征点位置处的梯度幅值, $\gamma(x_0, y_0)$ 为特征点位置处的梯度向量的方向, $\nabla f(x, y)$ 为邻域内某点位置处的梯度幅值, $\gamma(x, y)$ 为邻域内某点位置处的梯度向量的方向, E_0 取 25, A_0 取 10°,即若二者梯度幅值差不大于 25 且梯度方向差小于 10°,则该点为边缘点。用此方法遍历目标区域内所有特征点,得到整个目标区域图像的所有边缘点。

2)局部特征复杂度函数分析

图像中梯度的变化情况可以反映图像边缘的清晰程度,梯度值高的区域图像边缘丰富,特征点数目相对较多。同时,对比度的改变反映了像素灰度值的变化程度,也会影响特征点的准确提取。因此,定义梯度和对比度复杂度来分析干扰后特征点周围局部图像特征的变化情况。

梯度复杂度(GC)函数定义为

$$GC = \frac{1}{N_R} \sum_{i=1}^{N_R} g(i) \tag{3.89}$$

式中:N_R 为干扰图像目标区域内提取到的特征点个数。在目标区域中提取特征点,并以该特征点为中心,分别取其上、下、左、右、左上、右上、左下和右下的 8 个像素点,即 8 邻域,组成 3×3 的矩阵,在每个矩阵上计算 8 个方向(45°、90°、135°、180°、225°、270°、315°、360°)的梯度值,累加后得到目标区域中各 3×3 矩阵的梯度幅值 $g(i)$。

$$g(i) = \sqrt{\begin{array}{l} g_i^2(45°) + g_i^2(90°) + g_i^2(135°) + g_i^2(180°) + \\ g_i^2(225°) + g_i^2(270°) + g_i^2(315°) + g_i^2(360°) \end{array}} \tag{3.90}$$

式(3.90)中,GC 的值越大,说明特征点周围图像的清晰度较高,边缘结构更加锐利,特征点提取的稳定程度越高,激光干扰对图像质量和目标识别的影响不明显。为了方便比较,可以对 GC 进行归一化处理,计算方法如式(3.91):

$$GC_N = \frac{|GC|}{|GC_{max}|} \tag{3.91}$$

式中:GC_{max} 为所有 GC 中的最大值。

对比度复杂度函数 CC 定义为

$$CC = \frac{1}{N_R} \sum_{i=1}^{N_R} c(i) \tag{3.92}$$

式中:N_R 为图像目标区域内提取到的特征点个数。

$$c(i) = \frac{|P_T(i) - \mu_B(i)|}{\mu_B(i)} \tag{3.93}$$

同式(3.90)中方法,提取特征点位置处的 3×3 图像矩阵,计算 $c(i)$。$P_T(i)$ 为第 i 个 3×3 矩阵中特征点位置处的灰度值,$\mu_B(i)$ 为以该特征点为中心的矩阵的平均灰度值。

式(3.92)中,CC 的值越大,说明干扰图像的对比度越大,目标区域较为清晰,干扰激光对图像质量的影响越小。

3) 特征点复杂度算法分析

综合以上分析,定义 NRFPCM 包含 4 个评价因子:空间复杂度函数 SC 和纹理复杂度函数 TC 反映了干扰图像中特征点数目、位置的变化情况,以及图像边缘信息的损失情况,梯度复杂度函数 GC 计算了特征点周围梯度幅值的改变(为了便于计算,式(3.94)中使用 GC 的归一化结果 GC_N),对比度复杂度函数 CC 反映了特征点周围像素灰度特征的改变,它们都反映了当图像受到干扰后清晰度的变化。为了方便比较,结合式(3.82)、式(3.87)、式(3.89)和式(3.92)中的4个函数,定义 NRFPCM 的计算公式为

$$\text{NRFPCM} = \text{SC} \times \text{TC} \times \text{GC}_N \times \text{CC} \tag{3.94}$$

4)不同激光功率的干扰图像质量评价

运用无参考特征点复杂度算法,对不同激光功率的干扰图像进行质量评价,干扰图像如图3.79所示。图3.79(a)是目标模板,大小为 96×44,图3.79(b)~(f)是激光干扰图像,大小为 256×256,图中的枪为设定的目标。

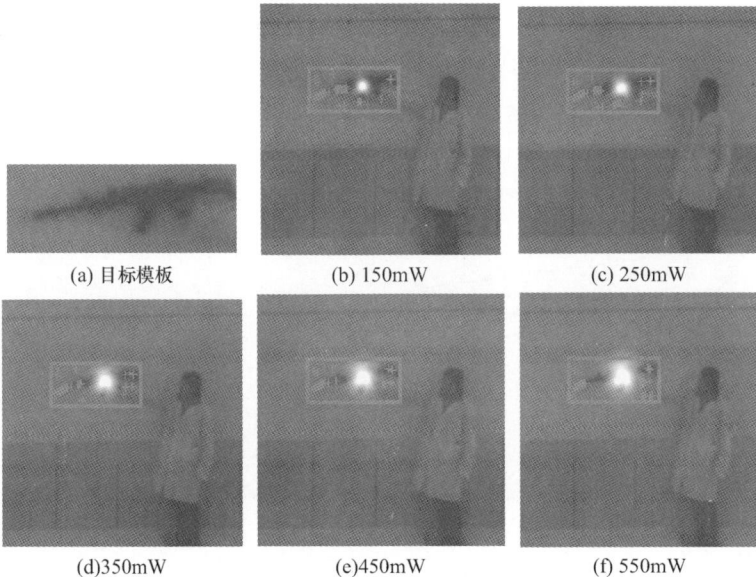

(a) 目标模板 (b) 150mW (c) 250mW

(d)350mW (e)450mW (f) 550mW

图3.79 不同激光功率的干扰图像(见彩图)

图3.79(b)~(f)中的激光干扰功率逐渐增强。随着激光干扰功率的增大,光斑逐渐增大,光斑遮挡了图像中的细节信息,由于 FAST 方法是基于像素灰度的起伏变化来提取特征点,光斑的存在将导致 FAST 算法在某些位置提取不到特征点。从图3.79(b)~(f)中可以看出,目标枪周围能提取到的特征点逐渐减少,光斑位置处已经提取不到特征点。经过计算,4种评价因子的结果如表3.13所列。

表3.13 不同激光功率干扰图像质量评价结果

评价因子	(b)	(c)	(d)	(e)	(f)
SC	0.9666	0.9272	0.5568	0.4896	0.3114
TC	0.4931	0.3158	0.2343	0.2166	0.1738

（续）

评价因子	（b）	（c）	（d）	（e）	（f）
GC_N	0.7936	0.7655	0.7331	0.7030	0.6762
CC	0.9812	0.9547	0.9347	0.9222	0.9127
NRFPCM	0.3711	0.2140	0.0894	0.0688	0.0334

从表 3.13 结果可知，随着激光干扰功率的增强，提取的特征点数量下降，SC 值减小，同时光斑周围提取到的边缘信息减少，TC 值减小。光斑的出现不仅遮挡了图像灰度和纹理等特征的变化，同时改变了图像的对比度和清晰度，图像的对比度下降，分辨力降低，清晰度下降，GC_N 和 CC 值下降，NRFPCM 值下降。从主观角度分析，图 3.79(b)～(f)质量逐渐下降，所以，NRFPCM 方法评价值与主观评价较为一致。

从图 3.80 中可知，随着激光干扰功率的增加，SC、TC、GC_N 和 CC 值逐渐减小，NRFPCM 综合评价值减小，图像质量逐渐下降。

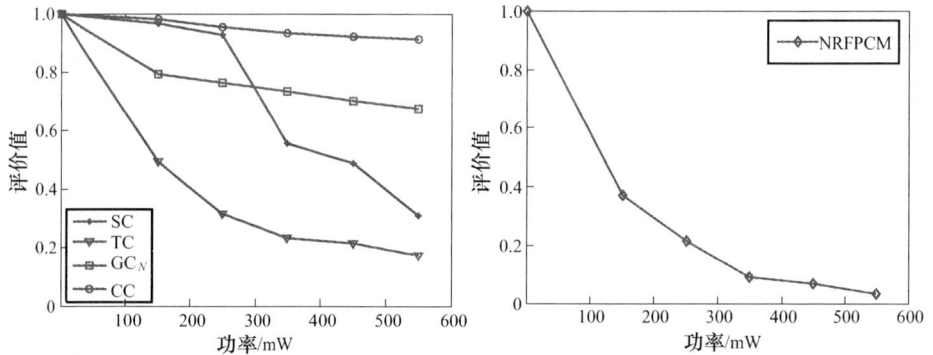

图 3.80　不同激光功率干扰图像质量评价值曲线（见彩图）

5）不同光斑位置的激光干扰图像质量评价

运用无参考特征点复杂度算法，对光斑位置不同的激光干扰图像进行质量评价，干扰图像如图 3.81 所示。图 3.81(a)是目标模板，大小为 96×44，图 3.81(b)～(f)是激光干扰图像，大小为 256×256，枪为设定的识别目标。图 3.81 下的数值表示目标枪中心与光斑中心的距离。

图 3.81 中激光干扰功率不变，即光斑大小不变，而光斑位置不同。图 3.81(a)是目标模板，图 3.81(b)～(f)中光斑从斜上方入射，逐渐接近目标枪中心，然后逐渐远离。当光斑正好位于枪中心位置，光斑的遮挡导致枪中部大部分特征点无法提取。当光斑远离目标，虽然光斑周围区域的像素点灰度值也发生了变化，但是枪中主要部分的特征点基本能够准确提取。经过计算，4 种评价因子的结果如表 3.14 所列。

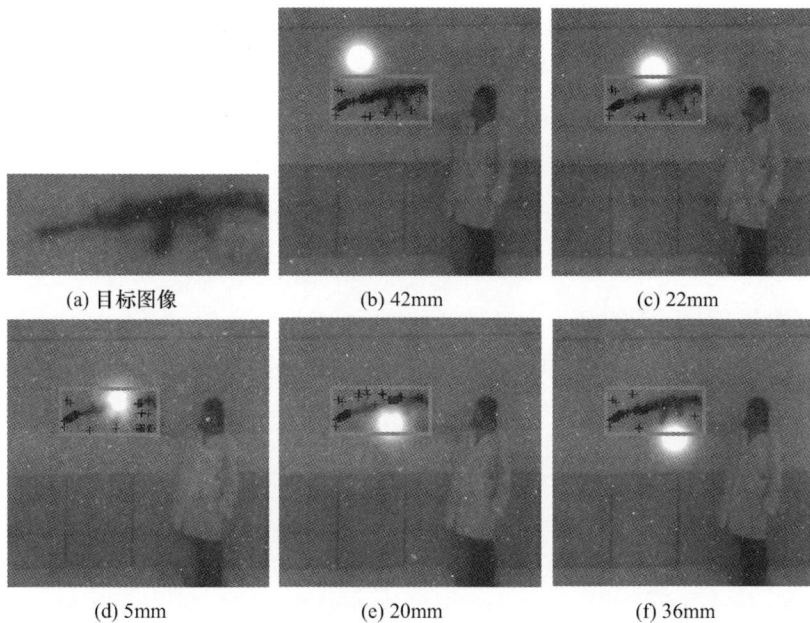

(a) 目标图像   (b) 42mm   (c) 22mm

(d) 5mm   (e) 20mm   (f) 36mm

图 3.81 不同光斑位置激光干扰图像

表 3.14 不同光斑位置激光干扰图像评价结果

评价因子	(b)	(c)	(d)	(e)	(f)
SC	0.9657	0.2583	0.7114	0.6596	0.8956
TC	0.5147	0.4890	0.2122	0.3360	0.4928
GC_N	0.8045	0.7162	0.3049	0.5960	0.7551
CC	0.9966	0.8664	0.6838	0.7534	0.9866
NRFPCM	0.3985	0.0784	0.0315	0.0995	0.3288

由于激光干扰功率不变,图 3.81 中光斑面积大小不变,从特征点提取的角度分析,图 3.81(d)中能提取的特征点数量最少。从主观角度分析,图 3.81(b)—(f)—(c)—(e)—(d)质量逐渐下降,在表 3.14 中,SC、TC、GC_N 和 CC 值也按以上顺序逐渐减小,NRFPCM 值也逐渐减小。由此可知,NRFPCM 方法质量评价值与主观评价较为一致,准确反映了光斑位置变化对图像质量的影响。

从图 3.82 中可知,激光干扰功率不变,随着光斑逐渐远离目标的中心,图像质量逐渐升高,图像特征点数目增多,纹理更为丰富,图像更加清晰度,对比度升高,SC、TC、GC_N 和 CC 值逐渐增大,NRFPCM 综合评价值增大。

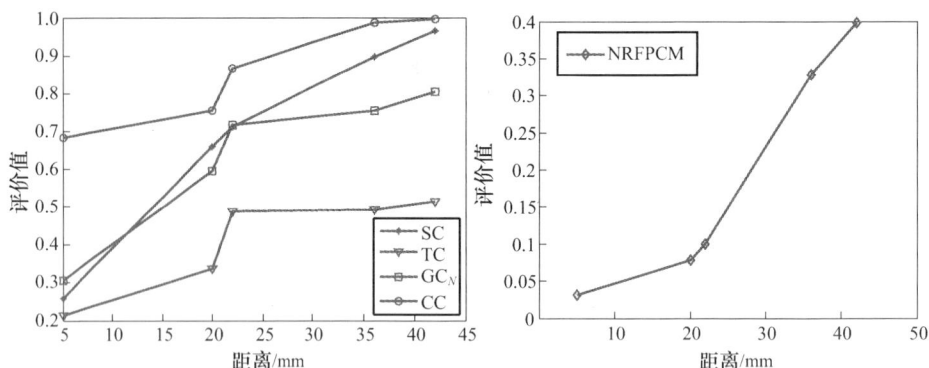

图 3.82　不同光斑位置激光干扰图像质量评价值曲线

3.3.2.3　基于连续多帧图像的动态激光干扰效果评估

随着激光功率、光斑位置的不同,每帧图像中特征点数目、位置、分布疏密程度都将随时发生变化。激光干扰是一个持续的过程,对连续多帧图像中特征点信息变化量的统计可以反映出激光干扰的累积效果。FPD 是一种针对连续多帧图像的评价算法[37],该算法基于统计一段时间内多帧图像特征的动态变化情况,通过计算图像中特征点的匹配准确率、空间变化率,得到单帧图像的质量评估函数 FPD_q,并通过以上结果得到连续两帧图像特征点的匹配动态性和空间动态性,通过分析连续两帧图像间特征点集合的变化情况得到特征点结构动态性,通过分析多帧图像特征点变化的频率和感知程度得到特征点的频率动态性和显著动态性,根据以上 5 个比较因子得到归一化的 FPD_v 评价值,最后通过实验对评估方法的性能进行了分析。

1) 特征点变化动态性评价函数

FPD 利用灰度匹配法划分出图像中的目标区域,并使用 FAST 方法提取图像目标区域内的特征点,FPD 仅在图像目标区域中计算特征点信息的变化情况。通过计算每帧图像中准确匹配的特征点数目和分布疏密度可以评价单帧激光干扰图像的质量。

单帧图像特征点匹配准确率函数(Md)定义为

$$Md = \frac{\sum\limits_{j=1}^{N_R} d_j}{N_R} \qquad (3.95)$$

N_R 为模板图像中能提取到的特征点个数,式中 d_j 的计算方法如下:

$$d_j = \begin{cases} 1, & |D_m - D_x| \leq \text{dis} \\ 0, & |D_m - D_x| > \text{dis} \end{cases} \qquad (3.96)$$

式中:m 为匹配模板;x 为干扰图像;d_j 用于统计干扰图像中仍能准确匹配的特征点个数,其计算方法为:首先确定目标区域,目标区域大小与模板 m 相同;然后分别提取目标模板和干扰图像目标区域中的特征点,记录模板图像 m 中特征点的位置,通过坐标变换在干扰图像目标区域中相同位置处寻找距离该位置最近的特征点,若两点间距离 $|D_m - D_x|$ 小于或等于 dis 个像素长度时(取 dis = 2),则认为干扰图像中该位置处提取到了准确的特征点。

Md 的值越大,说明干扰图像中提取的特征点越准确,误提取和特征点丢失的情况越少,目标识别受到激光干扰的影响程度越小。

单帧图像特征点空间变化率函数(Ad)定义为

$$Ad = \sqrt{A_h^2 + A_v^2} \tag{3.97}$$

式中:A_h 和 A_v 分别为水平和垂直方向的空间特征点分布深度,反映了水平和垂直方向特征点分布的疏密程度。

$$A_h = \alpha \times \frac{1}{H} \sum_{i=1}^{H} \frac{N_F(i)}{N_F(i)_{max}} \tag{3.98}$$

$$A_v = \beta \times \frac{1}{V} \sum_{j=1}^{V} \frac{N_F(j)}{N_F(j)_{max}} \tag{3.99}$$

式中:H 和 V 分别为干扰图像目标区域的行和列包含的像素数;$N_F(i)$($N_F(j)$)为在干扰图像目标区域第 i 行(第 j 列)中提取的能准确匹配的特征点的个数;$N_F(i)_{max}$($N_F(j)_{max}$)为包含特征点数目最多的那一行(列)的特征点个数;α 和 β 为加权值,当 $N_F(i)_{max}$($N_F(j)_{max}$)接近整行(整列)像素个数时,α 和 β 接近 1。$N_F(i)_{max}$($N_F(j)_{max}$)减小时,α 和 β 减小。α 和 β 的计算方法为

$$\alpha = \frac{1}{1 + \dfrac{1}{1 + \log_2 \dfrac{N_F(i)_{max}}{H}}} \tag{3.100}$$

$$\beta = \frac{1}{1 + \dfrac{1}{1 + \log_2 \dfrac{N_F(j)_{max}}{V}}} \tag{3.101}$$

$N_F(i)$($N_F(j)$)的值越大,则 A_h(A_v)值越大,Ad 值越大,说明此处是特征点密集区域,是图像结构和纹理变化明显的区域。相应的 Ad 值越大,说明激光干扰对提取算法的影响程度越小。

由于激光干扰的时变性,可以通过比较采集到的前后两帧图像中特征点信息的变化规律,得到短时间内激光功率、光斑位置的变化信息。

两帧图像特征点匹配动态性计算公式如下:

$$\Delta_{i-1,i}Md = \left| Md_i - Md_{i-1} \right| \tag{3.102}$$

Md_i 为特征点匹配准确率函数,计算方法见式(3.95),$\Delta_{i-1,i}Md$ 表示相邻两帧图像间匹配准确率变化程度。$\Delta_{i-1,i}Md$ 越大说明图像特征点匹配的准确性之间的变化越明显,前后两帧中激光功率或者光斑位置都发生了明显变化,而 Md 值较小的一帧图像的质量较差,干扰更加明显。

两帧图像特征点空间动态性计算公式如下:

$$\Delta_{i-1,i}Ad = \left| Ad_i - Ad_{i-1} \right| \tag{3.103}$$

式中:Ad_i 为特征点空间变化率函数;$\Delta_{i-1,i}Ad$ 为相邻两帧图像间空间变化程度差异的度量。$\Delta_{i-1,i}Ad$ 越大,说明前后两帧图像之间特征点的疏密程度变化越大,Ad 值较大的一帧图像提取到的特征点较多,说明光斑面积较小或光斑没有遮挡图像中细节信息密集的区域,图像质量较高。

两帧图像特征点结构动态性(Std)计算公式定义为

$$\Delta_{i-1,i}Std = \frac{\left| S_i \cup S_{i-1} \right| - \left| S_i \cup S_{i-1} \right|}{\left| S_i \cup S_{i-1} \right|} \tag{3.104}$$

实验中共采集 n 帧干扰图像,用 $< S_1, S_2, \cdots, S_i, \cdots, S_n >$ 表示每幅图像中能提取到的所有特征点的集合。式中,S_i, S_{i-1} 分别为表示连续两帧图像中提取到的特征点集合,$\left| S_i \cap S_{i-1} \right|$ 表示在两帧图像中特征点集合的交集的元素个数。$\left| S_i \cup S_{i-1} \right|$ 表示在两帧图像中特征点并集的元素个数,包括从 S_{i-1} 至 S_i 过程中相同的特征点,以及损失、位置变化和新增的特征点。

由于激光干扰的时变性和持续性,可以通过比较连续多帧图像中特征点的变化规律,得到整个实验过程中激光干扰效果的动态统计。

多帧图像特征点频率动态性(Fd)计算公式定义为

$$Fd = \frac{\sum_{j=1}^{n-1} F_j}{n-1} \tag{3.105}$$

$$F_j = \begin{cases} 1, & \Delta_{i-1,i}Std \neq 0 \\ 0, & \Delta_{i-1,i}Std = 0 \end{cases} \tag{3.106}$$

分子反映了已采集的连续 n 帧干扰图像中,与前一帧相比,当前帧特征点发生变化的图像数目。如果图像特征点在每一帧更新时都发生了变化,则 $F_j = 1$,如果特征点一直没有变化,则 $F_j = 0$。Fd 越大说明不同帧图像间特征点的变化越频繁,干扰激光的特征变化越明显,图像间质量差异越大。

多帧图像特征点显著动态性函数(Sd)计算公式定义为

$$Sd = \frac{\sum_{i=1}^{n-1} V_i}{(n-1) \times Fd} \tag{3.107}$$

$$V_i = \begin{cases} 1, & \Delta_{i,j+1} Std \geqslant \sigma \\ 0, & \Delta_{i,i+1} Std < \sigma \end{cases} \tag{3.108}$$

式中:σ 为显著动态性阈值,分子表示在 n 帧图像的变化过程中,特征点结构动态性大于等于阈值 σ 的次数;Sd 为从第一帧图像到第 n 帧的变化过程中,前后两帧图像的特征点结构动态性大于阈值 σ 的次数占总的变化次数的百分比,本算法中 σ 取值为 0.2。Sd 从时间和空间两个角度整体上衡量了在整个 n 帧图像中特征点变化的重要性,即 Sd 值越大,则变化越显著且频繁,越容易被感知。

2)特征点动态性评价算法分析

根据以上分析,特征点动态性(FPD)评价算法包括两个部分,一共 5 个评价因子。

$$\begin{cases} FPD_q = Md_i \times Ad_i \\ FPD_v = \left[\Delta_{i-1,i} Md \times \Delta_{i-1,i} Ad \times \Delta_{i-1,i} Std \right]^{\omega_1} \left[Sd_{1\sim i} \times Fd_{1\sim i} \right]^{\omega_2} \end{cases} \tag{3.109}$$

FPD_q 表示的是单帧图像的质量评价值,该值越大说明图像的质量越好,干扰效果越弱,Md 值越大说明特征点提取的准确率越高,Ad 值越大说明特征点分布越密集。FPD_v 表示的是连续多帧图像在激光干扰过程中的质量变化规律,其中,$\Delta_{i-1,i} Md$ 表示的是前后两帧图像在受到激光干扰后仍能准确匹配的特征点数目的差异,$\Delta_{i-1,i} Ad$ 表示前后两帧图像中特征点分布规律的变化情况,如果它们的值较大则说明激光干扰功率或光斑位置在两帧图像中发生了明显变化。$\Delta_{i-1,i} Std$ 表示前后两帧图像中发生变化的特征点数目的比例,若其值较大则说明前后两帧图像中提取的特征点信息变化较明显,干扰程度相差较大,以上三个比较因子主要分析连续两帧图像中特征点信息的变化情况,表明了激光在不同时刻对图像的干扰情况。$Fd_{1\sim i}$ 表示已采集的所有图像中特征点变化的频率,其值越大说明激光自身特性的变化越频繁。$Sd_{1\sim i}$ 表示已采集的图像中特征点信息变化能引起关注的次数,其值越大说明激光干扰所产生的效果越明显。$\Delta_{i-1,i} Md$、$\Delta_{i-1,i} Ad$ 和 $\Delta_{i-1,i} Std$ 表示的是局部连续两帧图像间的变化情况,$Fd_{1\sim i}$ 和 $Sd_{1\sim i}$ 主要用来衡量整个激光干扰过程中的干扰效果,参数 $\omega_1 > 0$,$\omega_2 > 0$,主要用来调整 2 个部分的相对重要性,2 个参数取值范围分别为 $0 \sim 1$。在本算法中,对图像前后两帧间和连续 n 帧特征点的整体变化都十分关注,因此取 $\omega_1 = \omega_2 = 1$,通过 FPD 评价值可以分析出光斑大小、位置以及特征点信息的变化情况。

3)不同激光功率的连续多帧干扰图像质量评价

运用特征点动态性算法,对不同激光干扰功率的连续多帧干扰图像进行评价,激光干扰图像如图 3.83 所示。图 3.83(a)是目标模板,大小为 128×128,图 3.83(b)是其中一幅干扰图像,图 3.83(c)是图 3.83(b)的目标区域匹配图像,图 3.83(d)

是激光功率不同的连续多帧激光干扰图像,大小为 256×256,图中的枪为设定的目标。图3.83(d)中随着激光功率的增强,图像质量明显下降。

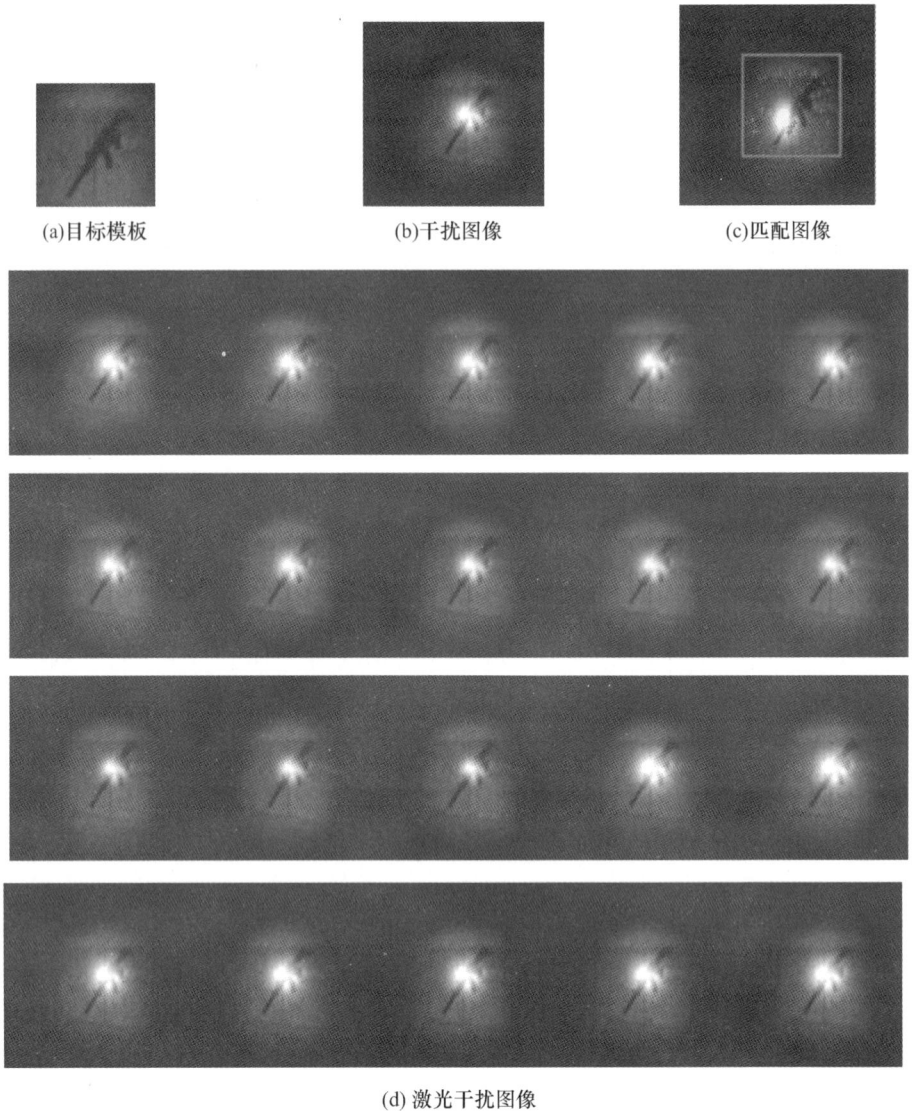

(a)目标模板　　　　　　　　(b)干扰图像　　　　　　　　(c)匹配图像

(d) 激光干扰图像

图3.83　不同激光功率的连续多帧干扰图像(见彩图)

实验过程中,随着激光干扰功率的变化,每帧图像特征点匹配准确率和空间变化率的计算结果如表3.15所列,前后两帧和连续多帧图像的特征点动态变化规律计算结果如表3.16所列。

表 3.15　单帧干扰图像质量评价结果

评价因子	数值				
激光功率/mW	200	220	240	260	280
Md_i	0.7436	0.6603	0.6154	0.5769	0.5513
Ad_i	0.2225	0.2058	0.1941	0.1831	0.1748
FPD_q	0.1655	0.1359	0.1194	0.1056	0.0964
激光功率/mW	300	320	340	360	380
Md_i	0.5257	0.5001	0.4809	0.4617	0.4425
Ad_i	0.1665	0.1592	0.1542	0.1492	0.1442
FPD_q	0.0875	0.0796	0.0742	0.0689	0.0638
激光功率/mW	400	420	440	460	480
Md_i	0.4233	0.4105	0.3977	0.3913	0.3849
Ad_i	0.1409	0.1376	0.1348	0.1326	0.1307
FPD_q	0.0596	0.0565	0.0536	0.0519	0.0503
激光功率/mW	500	520	540	560	580
Md_i	0.3785	0.3721	0.3657	0.3657	0.3657
Ad_i	0.1290	0.1276	0.1264	0.1262	0.1262
FPD_q	0.0488	0.0475	0.0462	0.0462	0.0462

表 3.16　特征点变化动态性评价结果

激光功率/mW	$\Delta_{i-1,i}Md$	$\Delta_{i-1,i}Ad$	$\Delta_{i-1,i}Std$	$Fd_{1\sim i}$	$Sd_{1\sim i}$	FPD_v
200~220	1.0000	1.0000	0.4118	1	1	0.4118
220~240	0.5390	0.7006	0.3982	1	1	0.1504
240~260	0.4622	0.6587	0.3942	1	1	0.1200
260~280	0.3073	0.4970	0.3889	1	1	0.0594
280~300	0.3073	0.4371	0.3543	1	1	0.0476
300~320	0.3073	0.2994	0.3495	1	1	0.0322
320~340	0.2305	0.2994	0.2895	1	1	0.0200
340~360	0.2305	0.2994	0.2857	1	1	0.0197
360~380	0.2305	0.1976	0.2846	1	1	0.0130
380~400	0.2305	0.1976	0.2735	1	1	0.0125
400~420	0.1537	0.1677	0.2720	1	1	0.0070
420~440	0.1537	0.1317	0.2541	1	1	0.0051

（续）

激光功率/mW	$\Delta_{i-1,i}Md$	$\Delta_{i-1,i}Ad$	$\Delta_{i-1,i}Std$	$Fd_{1\sim i}$	$Sd_{1\sim i}$	FPD_v
440~460	0.0768	0.1138	0.2538	1	1	0.0022
460~480	0.0768	0.1018	0.2296	1	1	0.0018
480~500	0.0768	0.0838	0.2028	1	1	0.0013
500~520	0.0768	0.0719	0.2000	1	1	0.0011
520~540	0.0768	0.0120	0.1985	1	0.9421	0.0002
540~560	0	0	0.1603	1	0.8889	0
560~580	0	0	0.1563	1	0.8421	0

实际中,随着激光干扰功率增强,光斑及其周围的像素点灰度值逐渐增大,甚至趋于饱和,导致特征点提取算法失效。从主观角度出发,光斑变大,光斑对目标区域的遮挡面积增大,图像信息无法分辨,质量逐渐下降。从表3.15的结果可知,Md 和 Ad 值逐渐下降,说明图像中可正确匹配的特征点数目逐渐减少,特征点分布逐渐稀疏。表3.15中 FPD_q 值逐渐下降,说明该评价值与主观感知较为一致,能正确反映激光干扰对图像质量及特征点提取的影响。

表3.16中 $\Delta_{i-1,i}Md$、$\Delta_{i-1,i}Ad$ 和 $\Delta_{i-1,i}Std$ 随着激光干扰功率的增强逐渐减小,说明前后两帧图像间特征点的个数及分布规律等特性的差异逐渐减小。$Fd_{1\sim i}$ 值表示了已采集的图像中特征点的变化频率,表3.16中该值为1,说明实验过程中激光干扰功率时刻发生变化,同时每帧图像的特征点信息都在发生变化。$Sd_{1\sim i}$ 值表示了第一帧至当前帧中特征点变化能引起主观注意的程度,本算法中阈值取0.2,表3.16中该值逐渐减小,其中1~16帧图像中特征点的变化容易被主观识别。根据式(3.109),计算得出的 FPD_v 值逐渐减小,并且变化逐渐趋于平缓,这是由于当激光干扰功率达到一定强度时,图像光斑区域附近的像素点大部分趋于饱和,一定范围内基本提取不到特征点,即使继续增大激光干扰功率,对图像特征点提取的影响也不会更加明显。从表3.16中可知,随着激光干扰功率的变化,1~14帧图像的评价值差异较大,15~20帧图像的评价值基本相同,特征点的动态性变化不明显,可以认为当激光干扰功率增加到460mW后,激光干扰已经使特征点提取算法失效,很难在目标区域提取到准确特征点,即使继续增加激光功率,干扰效果也不会明显增强。

从图3.84中可知,随着激光干扰功率的增加,FPD_q 值逐渐减小,说明图像质量逐渐下降,该值准确地反映了干扰过程中图像质量的变化情况。FPD_v 值逐渐减

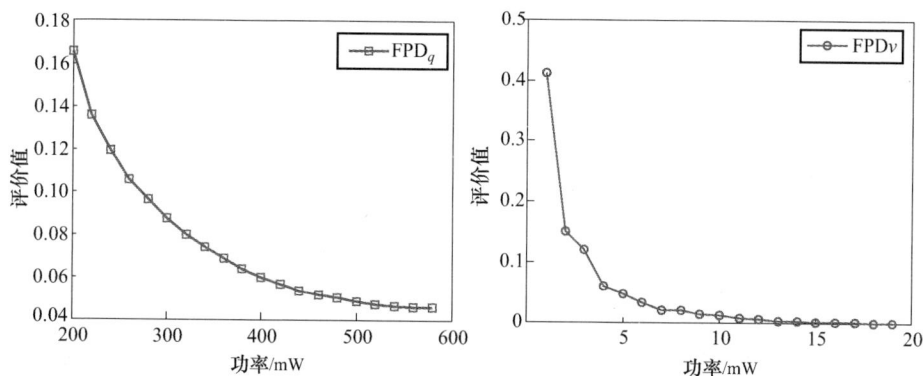

图 3.84　多帧激光干扰图像质量评价值曲线

小,该值反映了图像在干扰过程中特征点数目、位置、分布特性、变化频率以及变化显著程度方面的差异,是一个综合的评价值,该值变小说明图像间的质量差异逐渐不明显,干扰效果变化趋于平缓。从图 3.84 中可以看出,随着激光功率的增大,图像质量逐渐下降,14 帧以后 FPD_q 值仍逐渐减小但各帧间变化不明显,第 14~20 帧图像中,FPD_v 值基本相同,说明图像目标区域内大部分像素点已经达到饱和,特征点基本提取不到,此时已经达到干扰效果,不需要继续增加激光干扰功率,可以认为在兼顾干扰效果和实际实验条件的前提下,当激光功率达到 460mW 时,采集到的第 14 帧图像的干扰效果比较好。

4）不同光斑位置的连续多帧激光干扰图像质量评价

运用特征点动态性算法,对不同光斑位置的连续多帧干扰图像进行评价,激光干扰图像如图 3.85 所示,图中为实验人员手持枪支为设定目标。图 3.85(a)是目标模板,大小为 96×44,枪为设定的识别目标,图 3.85(b)是其中一幅干扰图像,图 3.85(c)是图 3.85(b)的目标区域匹配图像,图 3.85(d)是连续多帧激光干扰图,大小为 256×256。图 3.85(d)中激光功率不变,即光斑大小不变,光斑位置不同,其中前两行为光斑从枪中心向枪尾端移动,第 3 行为光斑从枪中心向枪前端移动,第 4 行为光斑从枪中心向枪上方移动,第 5 行为光斑从枪中心向枪下方移动。

从主观评价出发,当光斑距离目标枪较远时,光斑遮挡的细节信息较少,图像质量较好,而当光斑接近目标枪时,图像中枪的细节信息很难辨认,图像质量下降。实验过程中,随着激光光斑位置的变化,每帧图像特征点匹配准确率和空间变化率的计算结果如表 3.17 所列,前后两帧和连续多帧图像的特征点动态变化规律计算结果如表 3.18 所列。

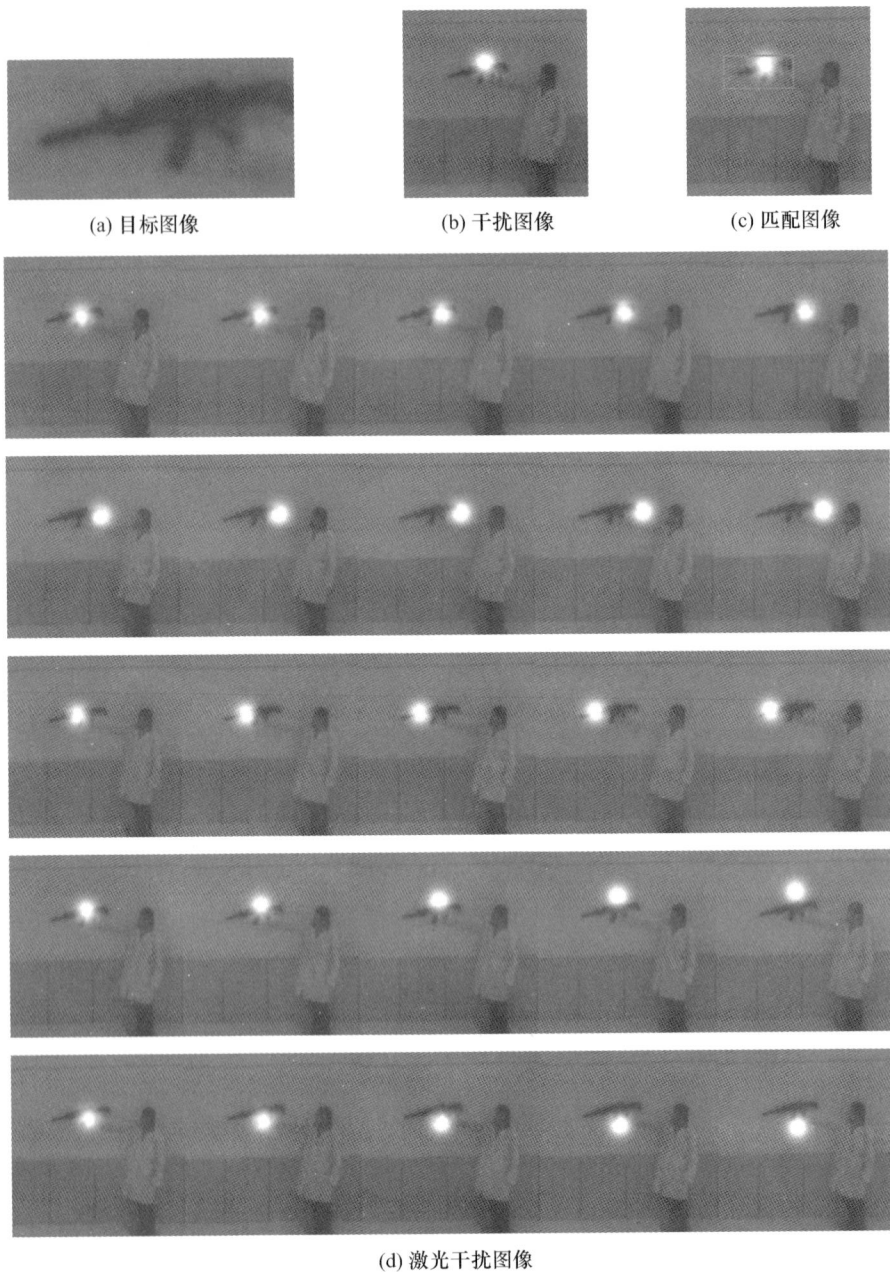

(a) 目标图像　　　　　　(b) 干扰图像　　　　　　(c) 匹配图像

(d) 激光干扰图像

图 3.85　不同光斑位置激光干扰图像(见彩图)

表 3.17　单帧图像质量评价结果

评价因子	数值				
距离/mm	14.5129	20.0700	25.5353	31.3538	36.5941
Md_i	0.4167	0.5357	0.6547	0.7142	0.7737
Ad_i	0.2026	0.2706	0.3269	0.3545	0.3766
FPD_q	0.0844	0.1450	0.2140	0.2532	0.2914
距离/mm	41.8597	46.3763	50.7397	55.3115	59.9696
Md_i	0.8213	0.8689	0.8927	0.9165	0.9284
Ad_i	0.3987	0.4208	0.4310	0.4365	0.4412
FPD_q	0.3275	0.3656	0.3848	0.4001	0.4096
距离/mm	5.2319	9.9873	14.0776	18.3599	23.3356
Md_i	0.1548	0.2738	0.3333	0.3690	0.3809
Ad_i	0.2003	0.2291	0.2488	0.2635	0.2702
FPD_q	0.0310	0.0627	0.0829	0.0972	0.1029
距离/mm	13.8765	17.1973	20.0385	23.3583	27.2209
Md_i	0.4286	0.5238	0.5833	0.6309	0.6752
Ad_i	0.2477	0.3082	0.3553	0.3922	0.4128
FPD_q	0.1062	0.1614	0.2072	0.2474	0.2787
距离/mm	17.9414	22.4060	27.1985	31.1601	34.7798
Md_i	0.5643	0.6071	0.6476	0.6786	0.7024
Ad_i	0.3139	0.3716	0.4077	0.4292	0.4339
FPD_q	0.1771	0.2256	0.2640	0.2913	0.3048

当激光干扰功率相同时,随着光斑位置的移动,激光干扰的效果也不相同。表 3.17 中第 1~3 组数据为光斑水平移动的情况,其中第 1 组和第 2 组为光斑从中心向尾部移动,距离值增大表示光斑逐渐远离枪中心。当光斑接近枪中心位置,光斑的遮盖导致枪中部特征点无法提取,而此处的灰度、边缘等能反映图像关键特征的信息比较丰富,所以能准确提取的特征点数目减小,特征点分布较为稀疏,Md、Ad 值较小。当光斑远离目标中心,虽然光斑周围的像素点灰度值也发生了变化,但对目标枪的特征点提取影响较小,Md、Ad 值较大。第 3 组数据为光斑从中心向前端移动的情况,随着距离值的增大,Md、Ad 值逐渐增大。第 4 组和第 5 数据为光斑垂直移动的情况,随着距离值的增大 Md、Ad 值逐渐增大。从表 3.18 中可知在 1~3 组距离值相近处,Md、Ad 不同,这是由于枪不同部分的图像特征丰富程度不同。在各组数据中,根据式(3.109),计算的 FPD_q 值随着距离值的增大而逐渐增大,说明图

像质量逐渐升高,该结果与主观感知一致,准确地反映了激光干扰的效果。

表 3.18 特征点变化动态性评价结果

距离/mm	$\Delta_{i-1,i}Md$	$\Delta_{i-1,i}Ad$	$\Delta_{i-1,i}Std$	$Fd_{1\sim i}$	$Sd_{1\sim i}$	FPD_v
14.5129~20.0700	1.0000	1.0000	0.2917	1	1	0.2917
20.0700~25.5353	1.0000	0.8152	0.2203	1	1	0.1796
25.5353~31.3538	0.4444	0.3618	0.1250	1	0.6667	0.0134
31.3538~36.5941	0.4444	0.2749	0.0909	1	0.5000	0.0056
36.5941~41.8597	0.3333	0.2749	0.0714	1	0.4000	0.0026
41.8597~46.3763	0.3333	0.2749	0.0533	1	0.3333	0.0016
46.3763~50.7397	0.1111	0.0869	0.0500	1	0.2857	0.0001
50.7397~55.3115	0.1111	0.0126	0.0417	1	0.2500	0
55.3115~59.9696	0	0	0.0132	1	0.2222	0
5.2319~9.9873	1.0000	1.0000	0.7342	1	1	0.7342
9.9873~14.0776	0.4444	0.5882	0.5645	1	1	0.1476
14.0776~18.3599	0.2222	0.3620	0.5625	1	1	0.0452
18.3599~23.3356	0	0	0.4821	1	1	0
13.8765~17.1973	0.8197	0.5924	0.4156	1	1	0.2018
17.1973~20.0385	0.4099	0.4501	0.3934	1	1	0.0726
20.0385~23.3585	0.2732	0.3418	0.3889	1	1	0.0363
23.3585~27.2209	0.2354	0.1688	0.3333	1	1	0.0132
27.2209~17.9414	1.0000	1.0000	0.6277	1	1	0.6277
17.9414~22.4060	0.2181	0.5626	0.3544	1	1	0.0435
22.4060~27.1985	0.1917	0.3333	0.3448	1	1	0.0220
27.1985~31.1601	0.0827	0.1783	0.2556	1	1	0.0038
31.1601~34.7798	0	0	0.2386	1	1	0

表 3.18 中第 1 组为光斑从中心向尾部移动的情况,第 2 组数据为光斑从中心向前端移动的情况,第 3 组数据为光斑垂直移动的情况,其中 $\Delta_{i-1,i}Md$、$\Delta_{i-1,i}Ad$ 和 $\Delta_{i-1,i}Std$ 表示前后两帧图像间特征点位置、数目和分布规律的变化情况。$Fd_{1\sim i}$ 值为 1,说明每帧图像中的特征点信息与前帧相比都发生变化。$Sd_{1\sim i}$ 值为 1 说明光斑位置的变化对每帧图像的特征点提取都有影响,同时能被主观感知。第 1 组中从第 4 幅图像开始 Sd 值不为 1,说明有些图像中特征点变化不被视觉系统感知,虽然光斑位置发生变化,但是对图像的主观质量影响不大。随着距离值的增大,根据式(3.109),计算的 FPD_v 值逐渐减小,这是由于光斑远离目标后,对目标区域特

征点提取的影响减小,激光干扰效果减弱。

从图 3.86 中可知,无论光斑的运动轨迹如何,随着激光光斑中心与目标中心距离的增加,FPD_q 值逐渐升高,图像质量逐渐升高。FPD_v 值反映了多帧图像在特

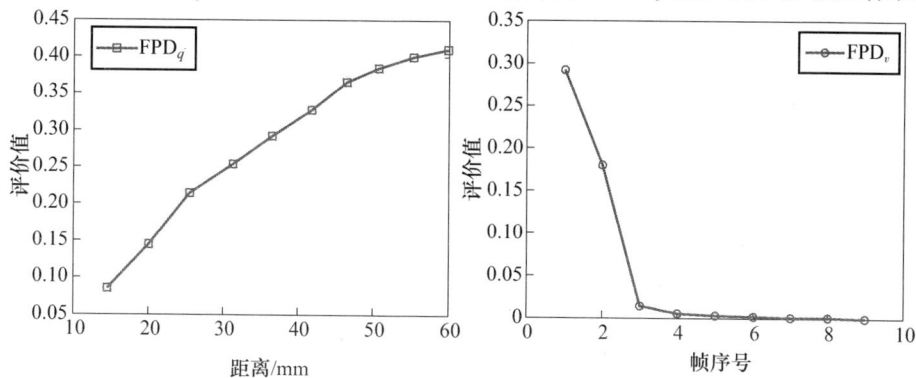

(a) 光斑从中心向后

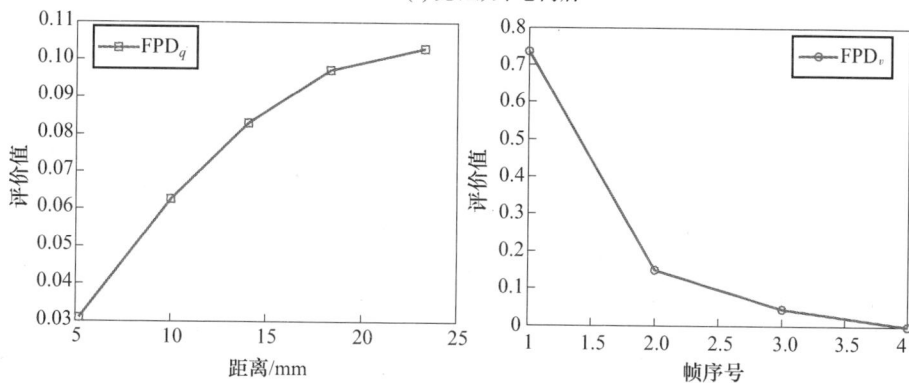

(b) 光斑从中心向前

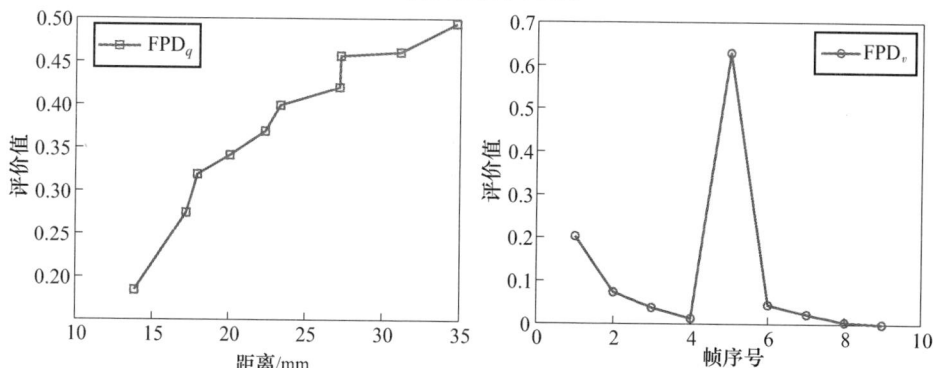

(c) 光斑垂直运动

图 3.86　多帧图像评价值曲线

征点数目、位置、分布特性、变化频率以及变化显著程度方面的差异,图3.86(a)中前7帧图像的FPD_v值较大,说明在光斑移动的过程中,光斑位置对特征点提取的影响较大,而8~10帧图像的FPD_v值较小,变化趋于平缓,说明光斑的移动对特征点提取的影响不大,结合FPD_q值可知,此时光斑已经远离目标中心位置,干扰效果不明显,所以第1帧中的光斑干扰位置最佳。图3.86(b)曲线变化规律与图3.86(a)相似,图3.86(c)中1~5帧的FPD_v值下降,结合FPD_q值可知图像的光斑逐渐远离目标区域,干扰效果减弱,5~6帧图像FPD_v值出现突变,说明此时光斑位置发生较大改变,此时光斑接近目标中心,6~10帧图像FPD_v值减小,说明此时光斑又逐渐远离目标中心,干扰减弱,所以第1帧中的光斑干扰位置最佳,其次是第2帧和第6帧。通过比较FPD_v值的变化可以分析一段时间内光斑的运动趋势,结合FPD_q值可以分析出光斑位置的具体变化情况,得到光斑的最佳干扰位置。

3.4 动态激光干扰评估与仿真研究

本节以机载定向对抗为例探讨系统原理、组成,较为系统地阐述了机载对抗仿真理论系统、半物理仿真的工作原理与构建方法,对其他光电对抗应用具有一般性指导意义。

3.4.1 机载红外定向对抗技术

3.4.1.1 概述

红外传感器在战场及游击战中广泛使用,并表现非常突出的有效性,可为常规及不对称军事能力提供支撑。以热寻的导弹为例,自20世纪60年代服役以来该类型导弹导致了大半以上的战机损失(图3.87)。统计数据表明,在过去40年间被击落的战斗机中超过60%为红外末制导导弹所击落。

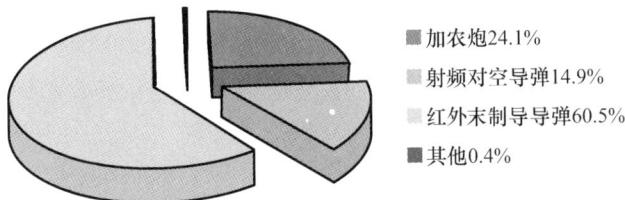

- 加农炮24.1%
- 射频对空导弹14.9%
- 红外末制导导弹60.5%
- 其他0.4%

图3.87 至20世纪90年代35年间飞机因各种原因损失比例分析(见彩图)

近年来,全球恐怖主义兴起和单兵武器装备扩散,非常迫切地需要发展更有效的对抗手段。由此促进了对大气中红外光子行为研究,促进了红外激光与材料的相互作用以及相关弧光灯、激光器等光源的发展。一个有效的对抗系统必须反应速度快,能够快速响应威胁源,进而采取一些措施进行对抗,如主动发射一些红外光来破坏来袭的系统或者组件。对抗系统也可以采用先发制人的主动工作模式,使具有威胁的敌方系统无法有效稳定捕获目标。

一般情况下光电对抗系统称为软杀伤武器,它主要用于干扰目标导引头,使其发生故障、丢失其锁定的目标,而不是使用高爆炸物碎片来直接摧毁目标。红外对抗系统的基本工作原理就是采取一切手段降低敌方光电系统工作性能。目前已经提出并证实了若干有效方法,主要包括以下若干种类:

(1)拒止:在这种情况下,在人为制造的烟雾场景中传感器无法正常获取热成像信息;

(2)欺骗:使用欺骗技术是指将一个虚假信息传递到一个引导头传感器,使其目标跟踪算法无法正常工作。使用该技术前提是需要对红外光源进行调制,提供一个类似于反射表面的脉冲波,使其从目标表面反射的波与背景光波形相同。

(3)眩晕:这种对抗机制类似于拒止,但是通常情况下使用强光源造成光电传感器的电输出饱和,产生眩晕效应。这种技术需要使用中等功率激光或者其他高亮度光源。

(4)损伤:这种对抗形式需要利用脉冲激光射入光电传感器使得传感器破坏,该技术具有较强潜力。

(5)破坏:这种对抗形式最早由美国"星球大战"计划提出,其通过激光聚焦熔化来实现攻击(例如对导弹或者飞机组件结构进行硬破坏)。这种类型的激光定向能武器需要高功率、优良光束质量的激光,目前美国海军已经实现了近距离的攻击。

3.4.1.2　最新动态与发展趋势

1)红外导弹发展历程

国际上一般将红外制导地空/空空导弹技术的发展划分为以下五个阶段,发展历程总结如下:

第 1 阶段:20 世纪 60 年代中期以前的红外制导武器主要用于攻击速度较慢的飞机,其导引头采用非制冷的硫化铅探测器,工作波段为 $1 \sim 3\mu m$,采用调幅制导方式,典型产品有美国的 AIM-9B、Redeye 及苏联的 K-13、SAM-7 等(实物图如图 3.88 所示)。

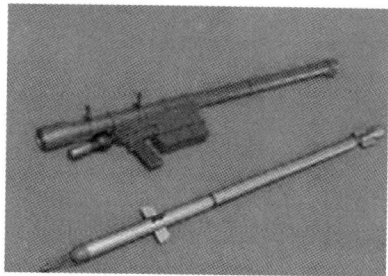

图 3.88　SAM-7 红外制导导弹

第 2 阶段:20 世纪 60 年代中期到 70 年代中期,红外制导武器探测器普遍采用了制冷的硫化铅或锑化铟,工作波段延伸到了 3 ~ 5 μm,极大地提高了探测灵敏度;经改良后的调制盘和信号处理电路,提高对目标的跟踪速度。这一阶段的红外制导武器虽然还只能尾追攻击,但扩大了攻击区域并提高了应对高速目标的能力,代表型号有美国的 AIM-9D、法国的 R530 等。

第 3 阶段:20 世纪 70 年代后期,红外制导武器采用了高灵敏度的 3 ~ 5 μm 制冷探测器,具有探测距离远,探测范围大等特点。这一阶段的红外制导武器可进行全向攻击,代表型号有美国的 Stinger 及法国的 Mistral 等。

第 4 阶段:20 世纪 80 年代,随着红外探测技术的高速发展,红外制导系统开始采用小规模焦平面阵列探测器,这类制导系统可以连续积累目标辐射能量,具有分辨力高、灵敏度高及信息更新速度快的优点,对高速机动小目标、复杂地物背景中的运动目标或隐蔽目标有良好的攻击效果。其代表型号有美国的 Stinger B、法国的 Mistral 等。

第 5 阶段:20 世纪 80 年代后期以来,应用于红外制导的凝视红外焦平面阵列器件高速发展,其中 3 ~ 5 μm 波段器件已发展到 320 × 240 元。目前焦平面探测器正在向着高分辨力、高探测率、高工作温度、低成本等方向发展。国际上新研制的红外成像制导系统大量采用了凝视型焦平面阵列技术,典型代表有以色列 Python-V、美国 AIM-9X Block II(图 3.89)等空空导弹。

图 3.89　AIM-9X"响尾蛇"红外制导导弹

综上分析,红外制导武器是作战飞机的首要威胁,红外制导技术已由第一代调制制导发展成为第五代凝视成像制导(表 3.19),由于目前各代红外制导武器均在服役,因此作战飞机面临的红外制导武器威胁覆盖了 1.5 ~ 5 μm 的短波红外及中波红外波段,需要发展综合性的机载平台自卫技术和手段提高飞机的战场生存能力。

机载平台自卫系统是应对红外制导武器威胁的重要手段,能有效提升战机的生存能力。目前,机载平台自卫手段主要有烟雾弹、红外诱饵弹和红外定向干扰。

表 3.19　美国军方关于红外制导武器的划分

导弹导引头代系	传感器	典型装备	光学谱段
第一代 调幅、圆锥扫描调制盘 （1960～1970）		"萨姆"-7	1.5~2.8μm， 单点探测器
第二代 圆锥扫描、调频调制盘 （1980）	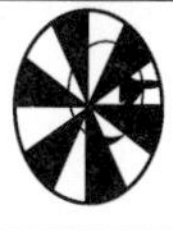	"萨姆"-14,16	紫外,1.5~2.8μm， 单点探测器
第三代 赝成像：四象限、反射 镜扫描、莲花式扫描 （1990～2000）	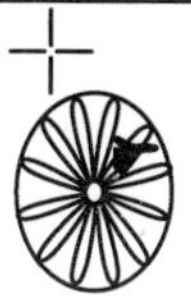	"萨姆"-18, "毒刺"-B	紫外,1.5~2.8μm， 3~5μm， 多像素小面元探测器
第四代 成像、扫描/多光谱凝视 （2010）		"毒刺-布洛克"2	紫外,可见1.5~2.2μm， 3~5μm， 小像元阵列探测器
第五代 成像、凝视/多光谱成像 （2020）		"帕依生"-5	紫外,可见1.5~2.2μm， 3~5μm， 多光谱小像元阵列探测器

2）传统机载平台自卫技术

烟雾弹、红外诱饵弹对第Ⅰ代、第Ⅱ代采用调幅、调频制导等技术手段的红外制导武器有效。第Ⅰ代调幅式、第Ⅱ、Ⅲ代调频式点源制导技术利用调制盘配合短/中波红外（SWIR/MWIR）点源探测器间接获得目标的方位角、失谐角数据，进而实现逼近攻击。未经调制的激光难以实现对导引头的有效干扰，并易成为导弹导引头的信标光。因此，需开展对导引头特性的研究，获得其码盘编码特性，从而得到有效的激光编码策略。国外普遍采用激光编码调制的方法实现对来袭导弹的有效干扰。荷兰研制的机载红外定向对抗系统采用 AOM 对激光进行编码调制的输出结果如图 3.90 所示。

以下以圆锥扫描调制为例，分析建立基于导引头工作模式的激光红外定向干扰理论模型的方法。导引头的特性主要包括幅频调制幅度 A 和瞬时频率 f_i，其工作原理是利用瞬时频率、频率偏差信息分析目标的方位角和失谐角，如图 3.91 所示。

引入红外定向干扰激光后，导引头所攻击目标（飞机）的红外辐射信号 E 和激光干扰信号 E_j 都会进入其导引头光学接收系统，导引头探测器接收信号 $U(t)$ 为

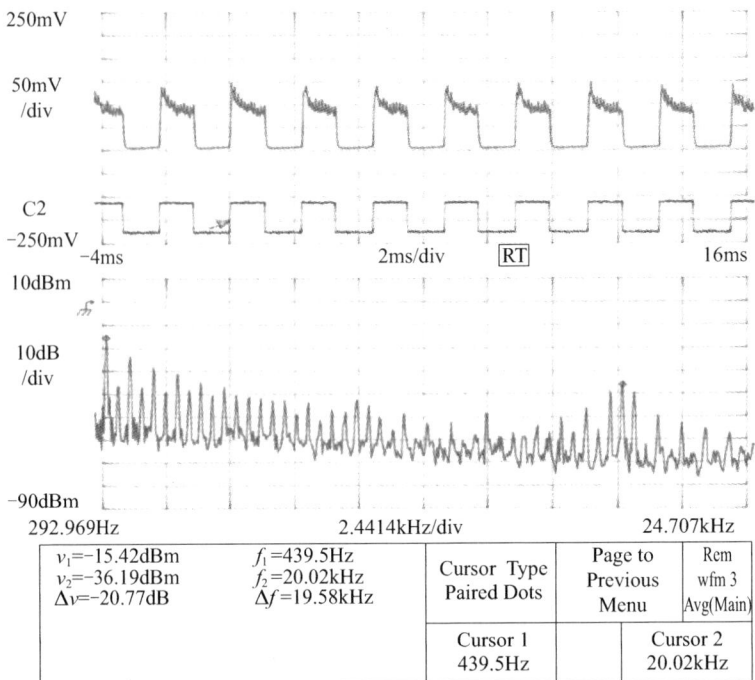

$v_1 = -15.42\text{dBm}$	$f_1 = 439.5\text{Hz}$	Cursor Type	Page to	Rem
$v_2 = -36.19\text{dBm}$	$f_2 = 20.02\text{kHz}$	Paired Dots	Previous	wfm 3
$\Delta v = -20.77\text{dB}$	$\Delta f = 19.58\text{kHz}$		Menu	Avg(Main)
		Cursor 1		Cursor 2
		439.5Hz		20.02kHz

图 3.90　荷兰开展的激光编码调制实验结果(见彩图)

$$
\begin{aligned}
U(t) &= E(t) + E_J(t) \\
&= S\cos\left[2\pi f_c t + \phi_0(t)\right] + J\cos\left[2\pi f_J t + \phi_J(t)\right] \\
&= S\cos\left[\varphi_0(t)\right] + J\cos\left[\varphi_J(t)\right] \\
&= A(t)\cos\left[\varphi_0(t) + \psi(t)\right]
\end{aligned} \tag{3.110}
$$

式中

$$
\begin{aligned}
A(t) &= S\left\{1 + B^2 + 2B\cos\left[\varphi_J(t) - \varphi_0(t)\right]\right\}^{1/2} \\
\psi(t) &= \arctan\frac{B\sin\left[\varphi_J(t) - \varphi_0(t)\right]}{1 + B\cos\left[\varphi_J(t) - \varphi_0(t)\right]}
\end{aligned} \tag{3.111}
$$

式中：$B = J/S$，为干扰激光与信号的辐射压制比。

受激光干扰后导引头探测器探测到的瞬时频率发生变化,计算公式为

$$
\begin{aligned}
f_i &= \frac{1}{2\pi} \times \frac{\mathrm{d}\Phi(t)}{\mathrm{d}t} = \frac{1}{2\pi}\left[\varphi_0'(t) + \psi'(t)\right] \\
&= \frac{1}{2\pi}\left\{\varphi_0'(t) + \frac{1}{1 + \left(\dfrac{B\sin\left[\varphi_J(t) - \varphi_0(t)\right]}{1 + B\cos\left[\varphi_J(t) - \varphi_0(t)\right]}\right)^2} \right. \\
&\quad \left. \times \frac{\left[\varphi_J'(t) - \varphi_0'(t)\right]\left\{B\cos\left[\varphi_J(t) - \varphi_0(t)\right] + B^2\right\}}{\left\{1 + B\cos\left[\varphi_J(t) - \varphi_0(t)\right]\right\}^2}\right\}
\end{aligned} \tag{3.112}
$$

(a) 圆锥扫描调制盘(偏心)

(b) 频率调制输出信号

(c) 瞬时频率

(d) 频率偏差曲线

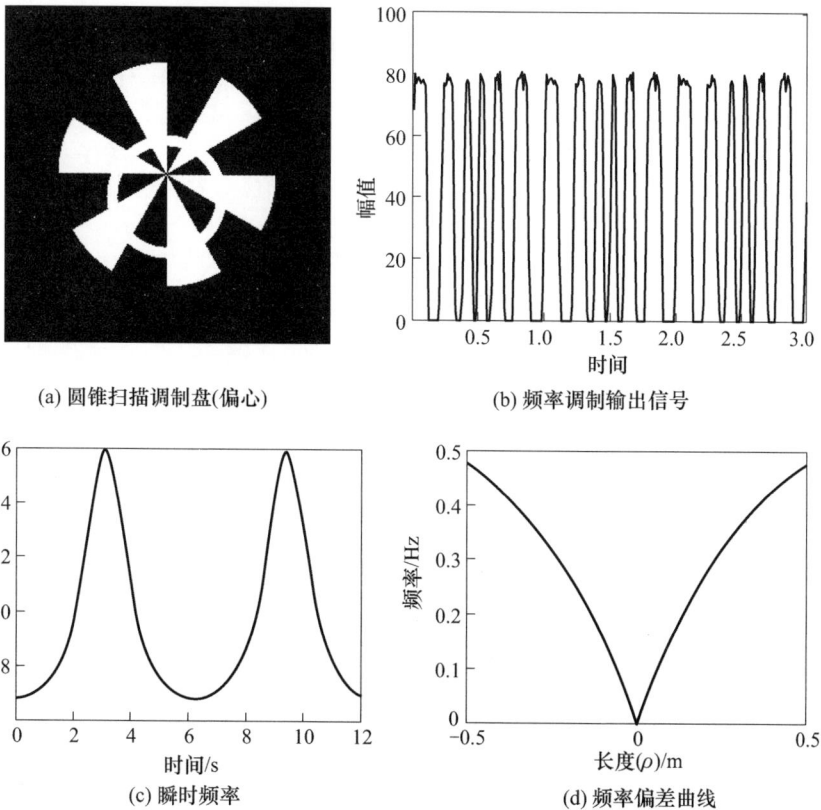

图 3.91　调频调制盘输出信号

通过获得的瞬时频率曲线和频率偏差曲线可以分别得到激光干扰后的方位角误差、失谐角误差信息。在 $J/S = 10$，$f_J \approx |f_{i,\max} - f_{i,0}|$ 条件下，方位角误差为 5.4°，失谐角误差为 10.8°；在 $J/S = 10$，$f_J \approx 2|f_{i,\max} - f_{i,0}|$ 条件下，方位角误差为 28.4°，失谐角误差为 21.6°。得到激光干扰后的导引头数据，如图 3.92 所示。

可见，通过建立基于调制盘工作原理的理论模型，可以系统地分析各种点源制导方式干扰压制比 $B(J/S)$、调制频率 f_J 和调制盘特征频率 f_i 等对干扰效果的影响，在此基础上确定特定类型点源制导导引头干扰所需的激光功率、谱段、编码调制方式。对于其他类型点源调制盘可以采取相同的方法建立相应的激光干扰模型。在上述模型的研究基础上需开展激光干扰码型输出的多用性，尽可能使用较少的编码调制实现对更多类型导弹的干扰，以及分析含时条件下导弹"光学解锁"或引偏能力。

但随着红外制导技术的发展，红外制导方式已从调制制导发展到凝视型制导，并配备抗干扰的图像算法，因而造成烟雾弹、红外诱饵弹等干扰效能下降。如美国

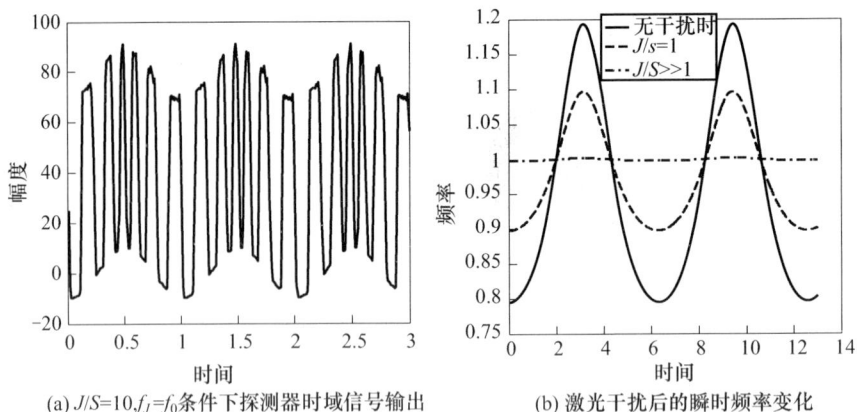

(a) $J/S=10, f_J=f_0$ 条件下探测器时域信号输出　　(b) 激光干扰后的瞬时频率变化

图 3.92　激光干扰后的时域及瞬时频率变化

现役的 AIM 9X Block Ⅱ 红外制导导弹采用了 128×128 元红外焦平面阵列作为制导探测器，其工作波段为 $3 \sim 5\mu m$，并配备了新型的图像处理算法，可区分人工热源及自然热源，可降低烟雾弹及红外诱饵弹的干扰能力。传统的红外诱饵弹等被动防护手段已无法满足新技术条件下，作战飞机等小型机动平台的防护能力需求。

红外定向干扰以其通用性强、作用距离远、可重复使用等特点，在平台自卫装备研制中占有重要地位。机载等小型机动平台自卫技术发展的主流是红外定向干扰技术，目前国际上已发展了多代技术体制，早期的红外定向干扰采用黑体、氙灯作为红外辐射源，可在短距离内引偏来袭导弹，达到平台自卫的目的。但受到黑体、氙灯效率和辐射亮度的限制，黑体、氙灯逐渐被激光所取代。激光以其方向性好、亮度高的特点，已应用于国外机载平台自卫系统中，如改进型的复仇女神（Nemesis）、先进战术红外光电对抗系统。根据机载自卫需求，对抗辐射源主要采用中红外激光器，而目前可用于机载等小型机动平台的中红外激光主要由非线性OPO 产生，该类型激光器产生波长单一且固定，易于防护，如利用磷锗锌（ZGP）晶体的 OPO 激光器，其输出波长为 $3.8 \sim 4.6\mu m$；利用 PPLN 晶体的 OPO 激光器，可输出 $1.5\mu m$ 和 $3.8\mu m$ 波段激光。

从该领域最新进展来看，第Ⅳ、Ⅴ代导弹导引头具有全向攻击的特点、抗干扰能力极强，需要采用激光拍频干扰、多种复合对抗手段（包括图 3.93 所示诱饵弹、激光干扰以及大加速度机动等）才能达到有效对抗的目的。

根据成像模式导引头的图像处理方法，通过开源计算机视觉库（OpenCV）图像处理技术建立与之类似的图像处理干扰模型，其工作流程为：导引头利用图像自动处理程序（形心、目标模板匹配等算法）形成稳定的跟踪"波门"，进入目标锁定状态。受到半导体激光干扰时，导引头自动处理程序无法形成稳定的数据流，造成

图 3.93　主被动复合干扰中应用的图像

"波门"不稳定,此时导引头失去对目标的锁定,一般称为"光学解锁"(Optical Breaking Lock)。

若此时目标(飞机)机动,干扰激光不再进入导引头,导引头将逐步恢复成像,重新启动对目标的"搜索—捕获—跟踪"程序。可见,利用基于图像的自动处理程序模型可以从时间域上判断导引头被有效干扰情况及运动偏离幅度等关键参数。在整个动态过程中除激光功率压制比因素外(图 3.94),激光重频和占空比特性、干扰持续时间、导引头恢复时间以及目标机动特性均影响干扰能力,以下着重分析激光重频和占空比的影响。

在开展干扰模型研究时,重频和占空比调制特性对于成像干扰是重要因素。与非成像式导引头干扰机理不同,对成像型导引头有效干扰的重要技术途径是利用调制相位的拍频效应(Beating Effect)。导引头对目标的稳定跟踪是建立在视频图像帧与帧之间的连续性和稳定性基础上的,拍频干扰可有效破坏图像的连续性,干扰的有效性与导引头的跟踪算法及自动增益控制方式密切相关。

由于理论模型缺少自动增益控制等相关数据,需开展相应的实验研究。国际上一般采用实际测量的方式获得相关数据。法德联合实验室研制了模拟导弹导引头(ISS,如图 3.95 所示),开展了机载红外定向干扰理论和实验研究工作,获得了激光时域干扰编码对导引头影响的研究结果,得到了拍频特性。

开展半导体激光干扰导引头理论模型能够解决使用多大功率、如何进行激光编码调制等问题,却仍然存在一个非常关键的问题,就是时效性。从原理上,只要获得了各种对抗所需的激光码型输出,通过不断尝试不同类型编码调制就一定可以击败来袭导弹。然而,留给平台自卫系统响应的时间典型值仅为 2.5s,因此需要快速而准确地调用所需的激光编码调制输出。否则根据前面的论述,错误的编

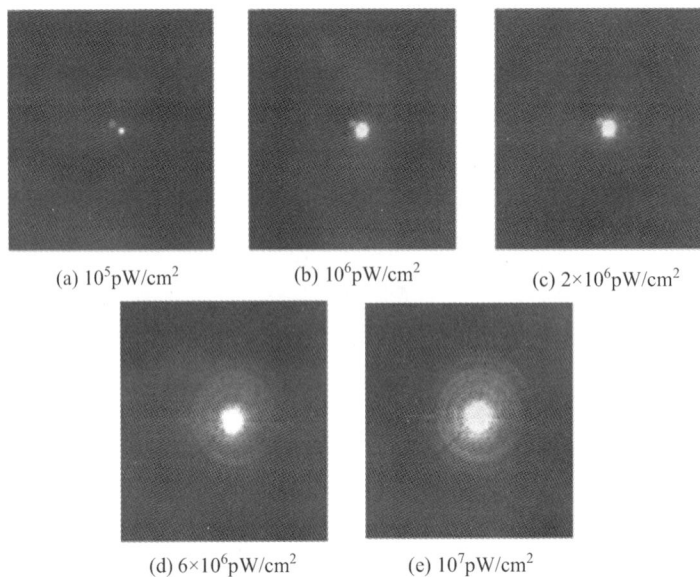

(a) 10^5pW/cm^2 (b) 10^6pW/cm^2 (c) $2×10^6$pW/cm^2

(d) $6×10^6$pW/cm^2 (e) 10^7pW/cm^2

图 3.94 法德联合实验室利用 ISS
测得的激光干扰成像导引头的实验结果

图 3.95 法德实验室开展机载红外对抗研究的成像导引头 ISS 原理及实物

码调制相当于信标,不仅起不到引偏效果,还会成为敌方导弹的靶子。目前,国际上已经开展了相关研究,并积累了有效的预设激光编码调制组合。例如,公开报道显示法国发展的 TTI 模型研究开环条件下的防护系统激活并有效干扰时间缩短至0.8~1.8s,闭环条件下的防护系统激活并有效干扰时间缩短至约1s。

3) 用于机载红外对抗的新型全固态小型化半导体激光器

应用于机载平台等小型机动平台的红外定向干扰技术,根据平台自身固有特性,对激光干扰源提出了更多的要求。一是多波段输出且波长可更改。为覆盖多代红外导引头的工作波段,激光器在 1.5 ~ 2.8 μm、3 ~ 5 μm 等波段应该有不少于一支激光输出,并可根据导引头光学防护信息,更新激光波长,使其不易防护。二是较高的光电转换效率,在保持高功率输出的同时,降低对平台功耗、体积、重量需求,以适应机载平台等小型机动平台有限的安装空间和供电能力。三是高可靠性,保证系统可在飞机、战车等小型机动平台复杂环境条件下装备应用。

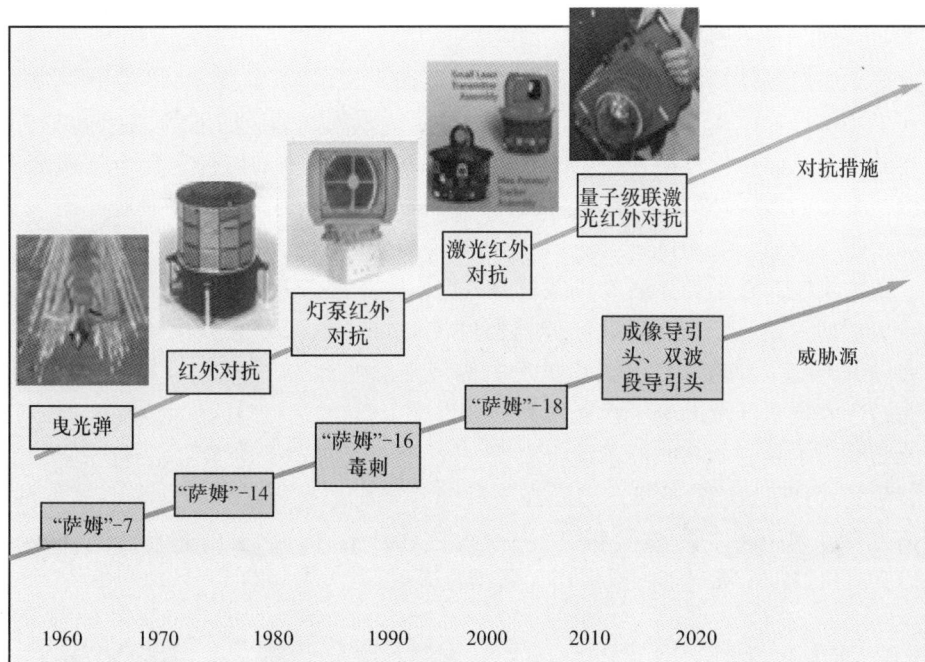

图 3.96　红外定向干扰发展趋势(以色列 ELOP 公司多光谱红外对抗系统 MUSIC 报告)

　　与 OPO 等上一代红外定向光源相比,多波段半导体激光可根据需要,通过能带结构设计,产生不同激射波长,被干扰目标难以防护;与近红外半导体激光器的特点相同,多波段半导体激光器同样具有高效、小型、高可靠性等优点,因此,成为发展下一代红外定向干扰技术的首选光源。

　　国际上,美、德等国家加大了多波段红外半导体激光源等关键技术的投入,并将其纳入到国防计划层面。2006 年 2 月,美国国防先进研究计划局(DARPA)启动了"高效中波红外激光器"(EMIL)研究计划,旨在研制出适用于小型、高效红外定向干扰装备的中红外半导体激光器,该计划的目标是研制出可在室温工作的 3 ~ 5 μm、连续输出功率 >1W、电光转换效率 >50% 的中红外半导体激光器,并研制出相应的红外定向干扰装备,应用于战斗机、民航飞机等小型机动平台,以应对红外制导武器的威胁。2009 年美国空军研究室(AFRL)光电战术分析 Ⅱ 项目启动为期 63 个月的新型红外对抗技术研究,计划研制出适于机载应用的红外定向干扰光源,随后美国军方授权多家红外半导体激光公司,启动多项高功率、高效率中红外半导体激光器的研究项目。2010 年 5 月美国海军研究办公室(ONR)授权美国 Daylight Solutions 公司一项 140 万美元的合同,用于探索多波长直接带隙半导体激光技术,用于干扰现役红外制导武器中波长在 $1 \sim 2\mu m$,$3 \sim 5\mu m$,$8 \sim 12\mu m$ 的扫描和焦平面阵列红外传感器。

在上述研究计划和项目的牵引下,红外定向干扰系统、多波段红外半导体激光器在单元器件及激光光束合成技术方面取得了一系列的突破性进展,主要包括:

随着多波段半导体激光技术的日益成熟,利用该技术的红外定向干扰系统也取得了重要的进展,基于多波段半导体激光的红外定向干扰设备已通过美国军方大部分的环境适应性测试,已接近装备作战飞机等小型机动平台的程度。

在单波段红外半导体激光机载自卫平台研究方面,2011 年 5 月,Daylight Solutions 公司研究的基于量子级联激光器器件的 Solaris 系列 B 家族第 4 代激光器已经通过美国陆军可靠性鉴定试验以及多架直升机平台的飞行试验(图 3.97)。他们通过合束技术开发的量子级联激光器已累计 10^5h 的运行时间,对应的定向干扰系统已经历了超过 3500h 的系统级测试,并已通过了加速老化实验、飞行安全性测试、环境应力筛选实验(ESS),已经在多种型号飞机上进行了环境实地测试评估,包括直升机 MH-60 特种直升机、AH-1Z 武装直升机、UH-1 多用途直升机、CH-53 运输直升机、H-46"海上骑士"多用途通用直升机等。

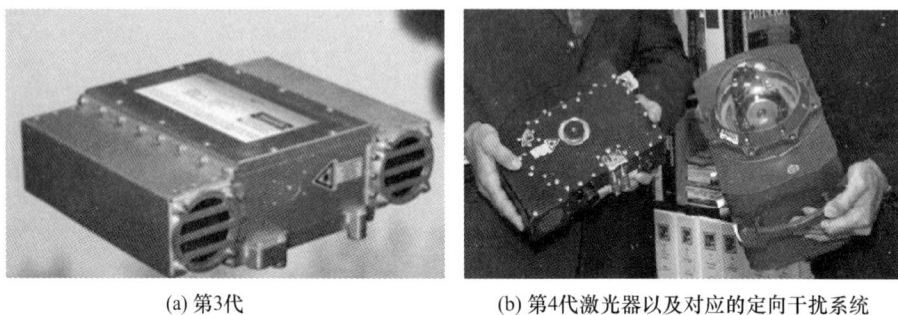

(a) 第3代　　　　(b) 第4代激光器以及对应的定向干扰系统

图 3.97　美国 Daylight Solutions 公司开发的基于量子级联激光器器件的 Solaris 红外定向干扰激光器

在红外多波段半导体激光机载自卫平台系统方面,2013 年 1 月美国 Pranalytica 公司为美国军火公司诺斯罗普·格鲁曼公司开发的全半导体机载激光威胁终结者(图 3.98)。整个激光器模块总体积约为 25cm×25cm×16cm,质量 9kg,激光功率 20W,其中 4μm 波段输出功率为 4W,4.6μm 波段输出功率为 6W,2μm 波段输出功率为 10W。该红外定向干扰系统已经完成高低温、振动、冲击实验,达到武器装备级别六(最高级别为九,2013 年 1 月报道结果),该系统被称为有史以来最小的红外定向干扰系统,是下一代红外定向干扰技术开启的标志。该红外定向能系统正计划装备到"黑鹰"直升机(UH-60)、C-17"环球霸王"Ⅲ战略军用运输机和 C-130"大力神"军用运输机上,用于防御红外制导导弹的攻击。

图 3.98 全半导体机载激光威胁终结者
(ASALTT)所用的多波段红外半导体激光器

PPLN 激光器是现在机载应用成熟技术。多波段红外半导体激光器可在功耗、体积、重量上减轻对平台的要求,较适于作战飞机、高价值装甲战车等小型机动平台自卫装备应用;经过光束合成的多波段红外半导体激光器可实现大功率激光输出,可保证在各种大气条件下,实现远距离干扰,为小型机动平台赢得反应时间。

4) 用于机载红外对抗的新型小型化光束控制系统

除了激光器的技术进步以外,机载平台应用的小型化光束控制技术也在不断发展,为实现小型化的机载红外对抗提供了技术保障。国际上已经发展了基于棱镜或或者光楔技术的光束指向控制设备。

由于光楔身能够克服平台振动影响这一关键性的特性,解决了机载条件下应用光束指向控制系统具有体积小、响应速度快、光谱覆盖广等多种优势,采用共口径(共形)光学系统设计,光束指向控制机构可以完全布置于机体内部,不会影响飞机自身的机动和隐身等性能是国际上近年来一直重点发展一种光束指向控制技术。目前,机载红外光束定向器已经应用到机载红外对抗(雷声公司 D 红外定向对抗光束定向器、SELEX Galileo 公司 ECLIPSE 光束定向器,如图 3.99 和图 3.100 所示)等系统中,在体积、质量、功耗和稳定性等很多指标上远优于传统的双轴框架式光束控制途径。以 D 红外定向对抗光束定向器重量(含激光发射和后端电子学,不包括激光器)已经控制在 10~20kg,能够很好地满足机载应用。

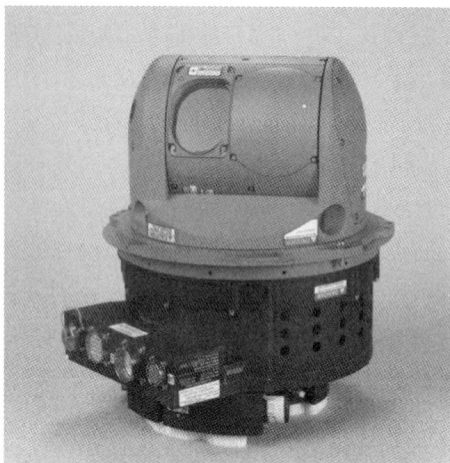

图 3.99   美国雷声公司发展的激光光束控制系统

图 3.100   益格鲁－萨克森公司 ECLIPSE 项目中研制的激光光束控制系统

5) 机载红外告警

一般由机载红外告警系统给红外诱饵弹、机载红外对抗子系统提供告警和初始空间相对位置信息。机载红外告警为一个独立的研究方向,一般需要定义机载告警系统与后端应用的通用数据和通信接口,就能够分别独立研制。事实上,国际上一般也是将机载红外告警系统作为独立的型号进行定型研制,而保留通用的技术接口。这里不再赘述机载红外(紫外或其他谱段)告警相关的进展,有兴趣的读者可以参考相关专业图书。

3.4.2　注入式仿真基本理论

3.4.2.1　概述

从上面分析可知:基于红外诱饵弹以及激光红外对抗系统的设计和优化是一项非常复杂的任务,系统性能主要取决于系统中各组成之间的相互作用。导引头制导模型和导弹的参数特性需要足够详细,才能开发特定的干扰策略。可以采用纯软件方法对以上相互作用过程进行仿真,前提是需要尽可能多地获得干扰系统、导弹的细节信息。下面首先介绍基于干扰时效性分析理论模型。该模型能够准确地模拟组件之间的作用过程。该模拟器可作为一个独立"实验"工具,使用通用模型,并能够提供通用结果[38-41]。

由于准确获得所有相互作用细节信息实际上是较为困难的,国际上还发展了基于部分实物的半物理仿真系统。下面我们逐一进行介绍。

3.4.2.2　基于干扰时效性分析理论模型

1) 红外定向对抗总体过程分析

红外定向对抗系统目的是将激光欺骗信号尽可能快速准确地照射到导弹导引头上,欺骗导弹,使其任务失败。红外定向对抗系统框图如图 3.101 所示,循环的典型动作序列操作如下过程:

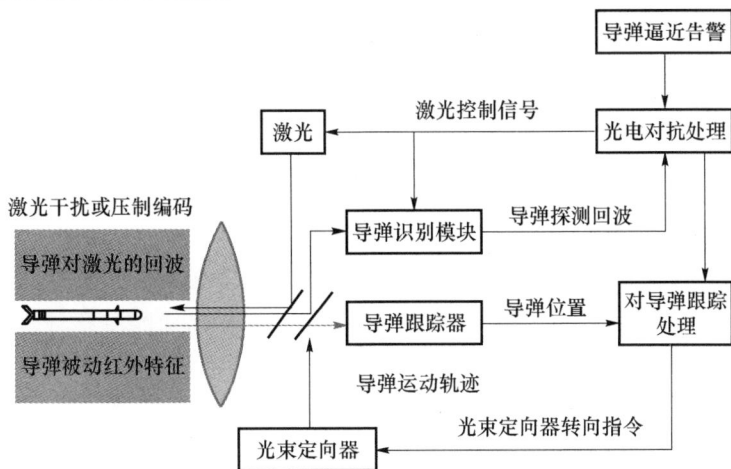

图 3.101　闭环红外定向对抗系统工作流程示意图(见彩图)

(1) 等待导弹逼近告警器告警数据。

(2) 根据引导信息控制光束控制信息,使其指向有威胁的导弹。

(3) 激活跟踪搜索和定位系统,对导弹进行识别。

（4）激活跟瞄控制系统，实现对导弹的稳定跟踪。

（5）启动激光干扰程序，用 2 种方法之一：

① 传统的定向红外对抗系统。选择一个通用或专用编码代码库，一次一个地试验不同编码序列，直到选定编码序列达到引偏效果。因为编码序列是按顺序进行的，因此该过程需要一段时间的执行过程。很可能无法确定某个特定编码序列是否有效果。

② 闭环红外定向对抗系统。使激光工作在探测模式来探测导弹导引头，通过跟踪器来探测激光回波。分析导弹导引头（导引头反射结构）中反射信号随时间的变化，进而确定导引头类型，并选择合适的干扰策略。在这种情况下最佳策略是通过探测明确优选波长、功率及最佳干扰代码。由于最优干扰编码序列在初始时就被设定，所以响应时间和闭环系统效能比传统的激光定向红外对抗系统能够有所改进。

（6）对干扰进行评估，若成功则记录相关过程信息。

2）激光干扰时效性分析理论模型

由于来袭导弹的制导方式未知，要实现对其干扰，可采用预先设定多种激光编码调制输出组合方式，或采用实时判断来袭导弹类型、制导方式，调用特定编码调制进行干扰。前者即所谓的开环干扰，目前国际上典型机载红外定向干扰装备一般采用这种工作方式。后者称为闭环干扰方式，因该技术途径反应时间短，代表着未来的发展方向，近年来受到了广泛重视，国外也有部分这种类型的样机出现。

国际上发展了基于蒙特卡罗方法的激光干扰导引头动态分析模型（TTI）以解决时效性问题，其目的是为解决开环和闭环干扰应用中时效性的问题。

TTI 是指分别以飞机和导弹为参考原点，建立导弹、飞机飞行的运动轨迹及动力学方程，进而引入时域上飞机（姿态及速度、红外辐射特性）、机载平台自卫系统（导弹逼近告警、机载红外定向干扰）、导弹（导引头光学系统视轴指向、姿态与弹道）等多个自主工作模块的相互作用过程，同时调用前述的干扰模型，实时计算导引头受干扰的数据信息流，控制导弹的飞行姿态，进而获得下一时刻的导弹运动轨迹，从而逐点、逐时刻获得导弹的运动轨迹，进而最终判断在整个干扰过程中导弹导引头是否被有效光学解锁。因此，该模型是一个全过程理论模型，不局限于瞬态或者稳定条件下的对抗情况。TTI 工作原理框图如图 3.102 所示。

TTI 的工作流程为：在特定场景下（例如图 3.103），导引头未受到激光干扰或受到无效激光干扰时，导引头采用正比律控制发动机匀速飞向目标。在受到激光有效干扰后，偏离原弹道飞行。引入前述的理论模型进行实时模拟偏离视轴角度并实时计算导弹飞行弹道信息，干扰停止后导引头恢复重新搜索目标。

蒙特卡罗方法作为工程理论中经常使用的方法，能够较为真实地模拟具有一

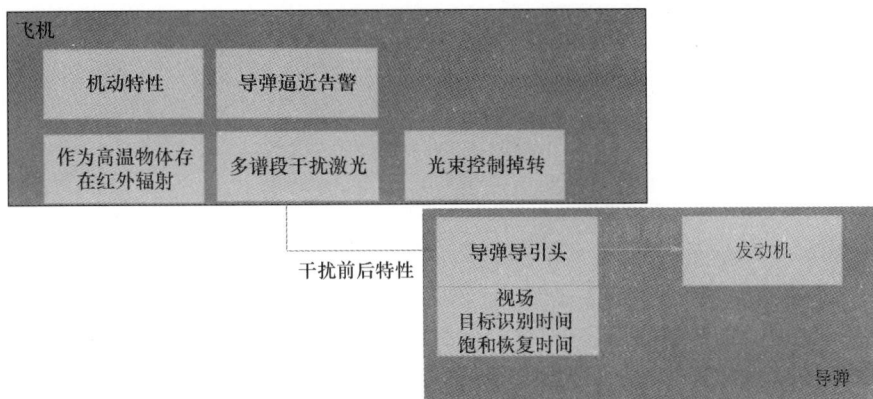

图 3.102 TTI 理论模型

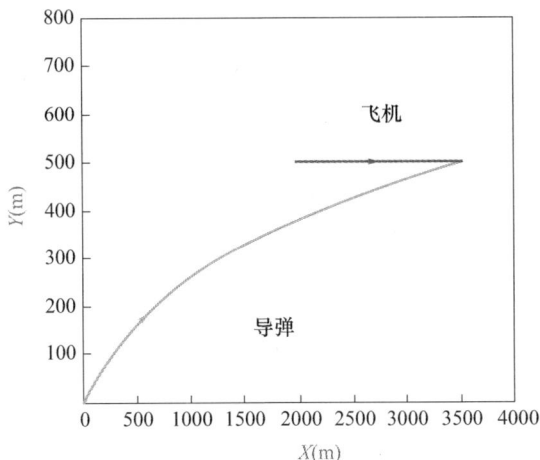

图 3.103 模拟仿真的场景设置

(导弹速度 700m/s，飞机速度 300m/s，初始发射夹角 15°)

定随机性的物理问题。采用蒙特卡罗方法在一定区域范围内随机化处理目标运动、光束控制掉转时间、编码调制等参数，可较好地仿真实际情况。应用 TTI 时，场景设置的准确性是再现导弹攻击过程的关键因素。例如，肩扛式简易防空导弹的初始速度为 580m/s，作战距离为 5~8km，最高飞行高度为 2.5km，如果超出该范围设定参数就没有实际意义，因此 TTI 参数须结合实际场景。如飞机的典型速度、加速度机动特性，导弹逼近告警时间、激光光束控制掉转特征时间、激光编码调制输出组合以及导引头响应时间等所有特性均需要设定在有效的数据范围内，数据可以通过试验测量获得。

　　理论建模仿真模拟采样频率是关系到数据可靠性的关键性因素,需要详细考虑不同类型系统的响应时间等参数,国际上已经对该问题进行了深入研究,图3.104为公开报道的一种较为符合实际的数据更新频率设置。除研究开环条件下的预设编码调制问题外,TTI还能够用于研究闭环以及多目标威胁时的机载红外干扰性能评估。

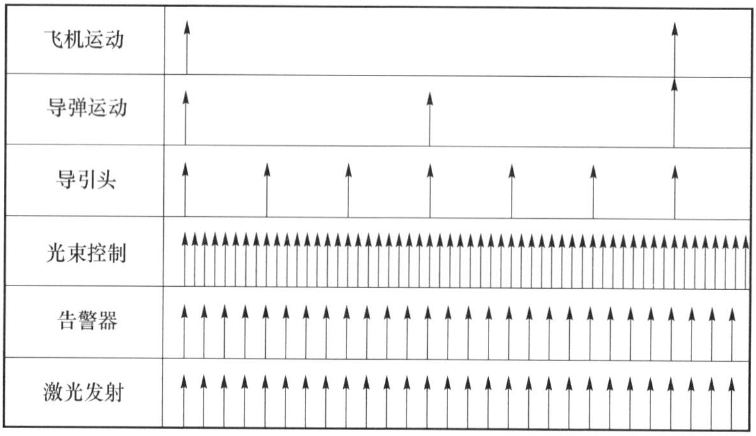

图 3.104　南非 OSSIM 项目模拟数据更新频率

　　这个方法的初步试验表明模型是可以承担导弹和飞行器间复杂的交互关联的。

3.4.2.3　半物理仿真动态干扰评估系统

1) 背景

　　在发展光电对抗系统过程中,为降低开发成本、提高研究的科学性与可重复性,国际上已经公开报道多套内场仿真系统,包括美国空军实验室、法德联合实验室、加拿大 DRDC 实验室开展的相关对抗仿真研究。其中,以美国空军电子战评估模拟器仿真系统(AFEWES)技术最为成熟、先进[42]。美国空军电子战争评估模拟器是一套可靠的、政府所有的电子战争检测设备,整体坐落于得克萨斯州 Fort Worth 空军基地,现由位于加州爱德华空军基地的空军飞行测试中心管理运行,洛克希德·马丁公司负责整套设备的开发、运营以及维护。AFEWES 的主要任务是对美国国防部和美国盟军的电子对抗技术开展检测工作,以提高实际对抗中飞行器的生存能力。AFEWES 被称作"硬件在回路"的仿真系统,所谓"硬件在回路"仿真系统是指利用实时控制软件来控制模拟导弹导引头,被称作虚拟或半实物仿真。这也是模拟仿真的重要类型。AFEWES 既包括雷达谱段,也包括红外光学谱段。下面只围绕红外光学谱段仿真进行展开介绍。其他谱段仿真对抗参考相关电子战资料和文献。

AFEWES 激光干扰评估系统红外仿真性能可在标准和高级定制两种模式下开展,取决于用户要求的复杂性。标准 AFEWES 激光干扰评估系统功能包含仿真飞行器红外辐射特征及红外诱饵弹的红外对抗措施。氙弧灯或由红外波段源黑体来代表目标,圆柱体黑体尺寸最大直径可达 3.5 英寸。一套由反射镜所组成的导光扩束系统保证高强度红外源处在导引头视场设定合适位置。导弹飞行软件和预先编制的飞行器飞行模式程序控制目标特征与模拟导引头硬件的相对运动以及两只鹅之间的角度与距离。利用试验获得的导引信号来实时更新模拟导引头场景以精确地确保模拟导引头导引指令,进而使其按照与实际作战相同的导引律模拟飞行轨迹。AFEWES 高级模式红外仿真系统还具有扩展源以及激光光电对抗措施的仿真功能。在高级模式下,主要利用 512×512 像素热电阻场景仿真系统可以提供飞机红外辐射特性及曳光弹红外辐射特性,然后点源仿真源与其通过光学方式结合,然后投射到模拟导弹导引头上。

2)现阶段系统红外评估性能

(1)点源红外对抗评估。AFEWES 激光干扰评估系统拥有多种红外检测资源,可以保证评估点源曳光弹红外对抗技术。红外对抗仿真评估配置一个模拟导弹导引头硬件。该模拟导引头放置在六自由度、九轴飞行运动的台子上,同时导弹导引头集成了动态、具有代表性的实时飞行数字模型。为了增加对抗模拟场景的有效性,系统用户还可以优化红外诱饵弹投放器时机、排序、与飞机的相对位置和相对方位。为了评估激光干扰双色导引头系统效率与能力,AFEWES 激光干扰评估系统还拥有一个集成的滤光片组合系统以确保曳光弹和飞机等目标的准确光谱信息,能够保证在相应的光学谱段的红外辐射特性与实际作战场景相一致。AFEWES 激光干扰评估系统所具备导弹导引头特性、曳光弹与飞机的各谱段红外辐射特性由于技术保密,未见更为详尽的公开报道。

(2)红外干扰系统评估。AFEWES 激光干扰评估系统红外检测设备标准配置(图 3.105)即可以仿真基于弧光灯的激光定向干扰系统,也可以仿真基于激光的红外定向干扰系统。基于弧光灯的激光干扰系统采用弧光灯硬件设备来等效仿真,具体的红外辐射特性及光谱强度可由幅度频率调制系统与光学衰减调制系统来具体实现。激光定向干扰系统可由所研发的多谱段机载红外定向系统激光器单元代表,当然可以采用相同光谱特性的缩比等效激光器来开展干扰评估试验任务。红外定向系统激光器单元或缩比等效激光器可放置传输变换光路主准直镜上方(AFEWES 激光干扰评估系统准直镜主镜高度约为 22m),如图 3.105 所示。为了模拟实际作战条件,光束经过分束、扩束、调制以及衰减后近似代表实际光电对抗系统的激光干扰系统。其中,为了等效模拟激光入瞳功率和条件,所需考虑的因素包括：实际激光发射系统的效率、大气透过率（包括大气闪烁引起的传输效率下降）、由指向抖动（平台抖动、大气湍流抖动）等引起的指向精度下降等主要因素。除此之外，为模拟多个红外定向对抗单元的工作情况，可以采用飞机尾焰与多个激光单元互相配合的模式来实现。以上探讨的 AFEWES 红外干扰系统评估系统方法最大的主要优点就是该方法可以用于研发验证有效激光干扰波形以对抗多目标红外威胁。

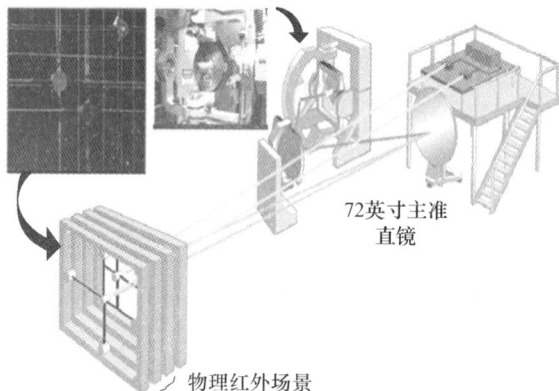

图 3.105　AFEWES 激光干扰评估系统组成

（3）扩展干扰源及对抗措施仿真。随着导弹及红外对抗技术的不断发展，AFEWES 红外干扰系统评估系统研制人员认识到需要不断发展更为多类型复杂干扰源，同时还需要研发更为准确的红外场景生成技术。

为了这样的技术要求，AFEWES 激光干扰评估系统目前已经开展了红外场景投射子系统研发任务红外场景投射子系统（红外场景投射子系统（IRSP），如图3.106 所示），并初步试验了将红外场景投射子系统整合达到了可操作水平。所谓红外场景投射子系统是在已研发成功的 AFEWES 红外仿真器基础上，新增加了三大扩展模块而实现的。这三个扩展模块能够增加红外场景与系统的集成能力，分别为：①热电阻阵列；②光束准直合束系统；③场景产生子系统。热电阻阵列是一个 512×512 像素宽带红外场景投射阵列以及后端温度控制电子学组件，由 Honeywell 研发并投入生产。热电阻阵列像素的最高工作温度可达 $600 \sim 65K$，帧频最高可达约 180Hz。光束准直合束系统将热电阻阵列生成的红外场景整合进入 AFEWES 激光干扰评估系统的折转光路，实现无缝耦合。具体来说，光束准直合束系统研发过程需要解决包含硬件设计、制造以及如何将光学元件集成到飞行平台上的技术难题。基于计算机程序软件的场景产生子系统能够动态、实时提供高帧频、宽幅的红外图像，用于闭环实时"硬件在回路"环境下对被试光电对抗系统的实际作战过程进行仿真。场景产生子系统因模拟导引头的相对运动、视场变化以及被试光电对抗系统等过程,进而实时产生真实的战斗红外场景。

图 3.106　集成红外场景投射子系统(红外场景投射子系统)系统能力

（4）动态红外末制导导引头测试。红外对抗仿真测试最核心的技术要求是要求仿真的高度真实性。这要求导弹旋转及侧倾摇摆按照合适速率进行,同时要求每个威胁源与实际大气条件下的表现相一致,这样才能够保证整个作战场景的真实性。在外场环境中,达到这样的要求一般需要直接将导弹瞄准固定目标发射到位于悬空缆车的固定目标上,或者等效缩比的无人战机上。以上这两种方案在美国空军早期等效仿真试验以及俄罗斯 President-S 光电对抗系统仿真试验中进行了实际应用。然而,这种外场等效仿真试验任务实际上无法做到逼真程度,主要原因是这些作战目标的运动特性无法满足技术要求。相比而言,外场实弹打靶试验得到的数据样本量往往不够充分,其缺点包括成本高昂,且操作风险大、受试装备得不到等实际问题。与之相比,内场半物理仿真相比而言优势明显。AFEWES 红外干扰系统评估系统针对技术要求将实际导引头硬件集成到实时飞行测试模型中,同时保证旋转和侧向翻滚与实际导弹相一致;引入与方位有关的红外辐射特征,且能够涵盖仿真激光干扰效果。实际操作中,目前 AFEWES 激光干扰评估系统每周平均 600～1000 次的内场半物理仿真过程,用以产生具有统计上有信服力的数据库。2002 年全年,在 11 周的时间内 AFEWES 激光干扰评估系统为美国大型运输机机载红外对抗系统(LAIRCM)项目开展了超过 9300 次的导弹战斗内场仿真。除了用来确定激光干扰编码的有效性之外,AFEWES 红外干扰系统评估系统的内场试验预测结果还用来确保美国白沙导弹大型运输机机载红外对抗系统项目中实际导弹点火的安全距离。美国国土安全部一直在主导研究反肩扛式地空弹的研究任务,目的在于采取现有军用技术用于商用航空机构,明确其技术可行性、经济性以及有效性。美国诺斯罗普·格鲁曼公司于 2004 年为美国国土安全部研制成功了一套机载对抗项目。在 7 周的时间内 AFEWES 红外干扰系统评估系统开展了超过 5800 次导弹战斗仿真对其进行靶场试验验证。靶场试验验证的目的为评估指定的商用飞行器对激光对抗措施的防御性,AFEWES 红外干扰系统评估系统较为系统地评估了大量的拥有不同有效距离及发射角度的导弹系统。

在 AFEWES 红外干扰系统评估系统首先需要验证所有模型以及元件都达到设计要求。典型的 AFEWES 激光干扰评估系统功能组成部分包括:①仿真硬件;②导弹飞行模型;③信号传输模型;④飞行器特征模型;⑤飞行器动力学特性;⑥导引头图像处理模式数据库。

(5)干扰过程仿真可视化。AFEWES 激光干扰评估系统具备基于电脑的可视化系统用以观察实时执行过程(图 3.107)。这套系统既能够允许仿真前场景确认也可用于仿真结构的回放及评估。该功能使得用户能够更好更直观地理解在内场仿真试验过程中出现的各种情况。当然,用户可以根于需要定制显示内容,在内场仿真试验过程中选择感兴趣的关键过程并且进行录像。该功能极大地提高了 AFEWES 的性能并且提供给用户珍贵的可视化试验过程数据。

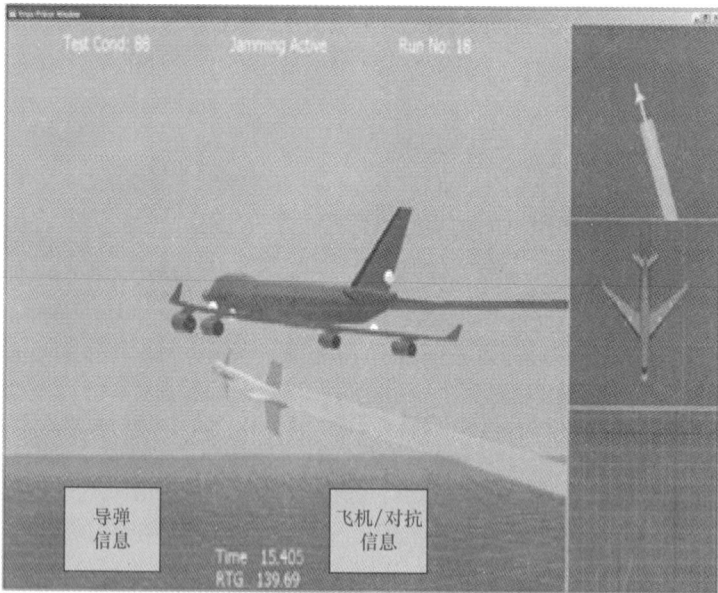

图 3.107　干扰过程仿真可视化界面

3)红外评估与仿真近期进展

红外场景投射子系统是 AFEWES 激光干扰评估系统升级技术后的核心,下面对其发展过程予以介绍。

2005 年,AFEWES 激光干扰评估系统完成了红外场景投射子系统总体框架,如图 3.108 所示。2006 年 4 月份,AFEWES 激光干扰评估系统完成了红外场景投射子系统的系统方案,确认了需要保证红外场景投射子系统正常工作所需的步骤,要求系统在静态条件下能够稳定工作,并且与现有仿真环境相兼容。该方案也包含对红外场景投射子系统中已经完成的和需要研制的阵列控制电子学、模拟接口、供电、连接和冷却系统及红外场景生成器等各器件的细化分析。集成场景模拟应能够实现以下应用功能和激光对抗仿真：①在不包含激光干扰条件下，能够同时利用物理红外场景生成的曳光弹与飞机飞行动态过程；②利用红外场景投射子系统生成飞机飞行动态过程，同时利用物理红外场景产生飞机红外辐射特性，利用物理红外场景生成激光干扰源；③利用红外场景投射子系统生成飞机及曳光弹场景，并同时利用物理红外场景生成飞机红外辐射特性及激光干扰源。

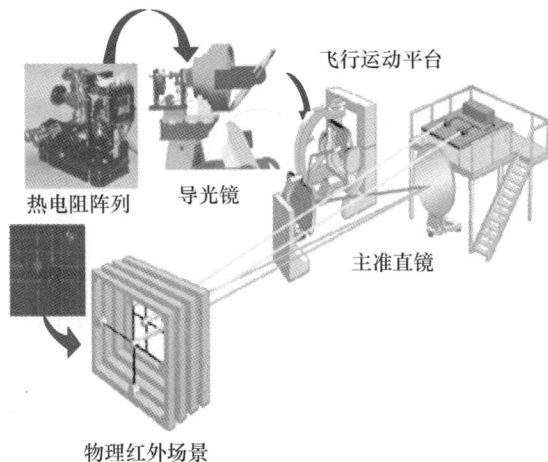

图 3.108　升级后的 AFEWES 红外对抗干扰评估系统组成

2006 年 6 月，AFEWES 激光干扰评估系统初步完成了红外场景投射子系统发展及集成任务，初步试验了系统联调，系统尚无法开展含时仿真。该阶段开展了软件交互控制程序的创建，该程序用于红外场景生成器的实时控制与更新。软件交互控制程序建立了命令行控制窗口，用于控制红外场景生成器及 AFEWES 激光干扰评估系统主仿真程序。该程序还具备实时控制各种仿真模型位置和指向的能力。

该阶段还解决了物理红外场景消抖的技术难题。物理红外场景消抖动和消像旋是校正由于 AFEWES 光路折叠所产生的光学像旋的必要条件。这是保证物理红外场景及红外场景投射子系统透射到导引头入瞳功率相一致的必备措施。

2006 年 12 月，该阶段完成了以下任务：

（1）红外场景投射子系统转子和光学集成装调稳定性验证。

（2）飞行运动平台动态负荷验证。

（3）集成红外场景生成器控制程序实时控制性能力验证。

（4）轴上物理红外场景及红外场景投射子系统的静态验证。

(5) 光学配准的动态验证。

(6) 红外场景投射子系统与物理红外场景联合动态仿真验证。

(7) 外场景投射子系统与物理红外场景红外辐射特性联合动态验证。

(8) 演示系统集成。红外场景投射子系统转子和光学集成装调稳定性验证将红外场景投射子系统的每一个主要部分进行运动状态验证及光学成像稳定性验证。验证过程包含步进响应测试,用于测试一些比较困难的仿真条件。验证过程由相对简单的运动测试开始,并逐步提高测试的难度,在此过程中验证了红外场景投射子系统的元件性能。AFEWES 激光干扰评估系统利用导弹飞行模拟转台内轴的红外相机来验证光学稳定性,主要难点在于该相机需要提前与物理红外场景及红外场景投射子系统标较对准。导弹飞行模拟转台内部轴系俯仰与水平偏转被传递到外部轴系的俯仰轴和方位轴。当然,在此过程中每次调整变量均需要确定与初始设定位置与指向的变化量,并仔细检查是否发生器件损毁或应力破坏事件。

导弹飞行模拟转台的动态负荷验证测量了红外场景投射子系统各个轴系的频率响应,速度解读阶跃响应、加速度阶跃响应特征。通过与之前未升级系统的伺服控制特性相比较,得到了红外场景投射子系统集成后的导弹飞行模拟转台新伺服控制性能特征能够到达技术指标。

物理红外场景消抖动和消像旋的具体实现途径是同时使用两个办法:一是命令模拟导引头旋转;二是利用红外相机实时同步监视是否完全实现了消抖动。应用红外相机测量偏移方法去除光路上的偏差。图 3.109 给出了未进行消抖动的图像与完成消图像抖动后五个点像的例子。

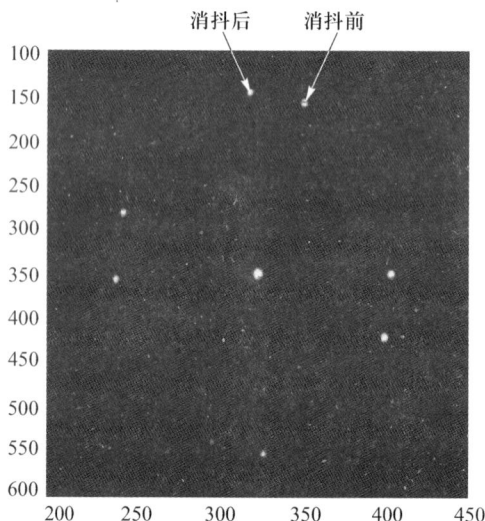

图 3.109　红外场景抖动校正

需要在导引头模拟转台增加红外相机用于静态光学配准验证,该过程通过收集数据来确保同一位置的物理红外场景及红外场景投射子系统的静态目标位置能够很好地重叠,通过在导弹飞行模拟转台中心应用红外相机的薄膜光束合束器来判断是否重合好。图 3.110 展示了不同距离时物理红外场景及红外场景投射子系统五点图像,试验表明达到了图像重合的目的,满足设计指标要求。

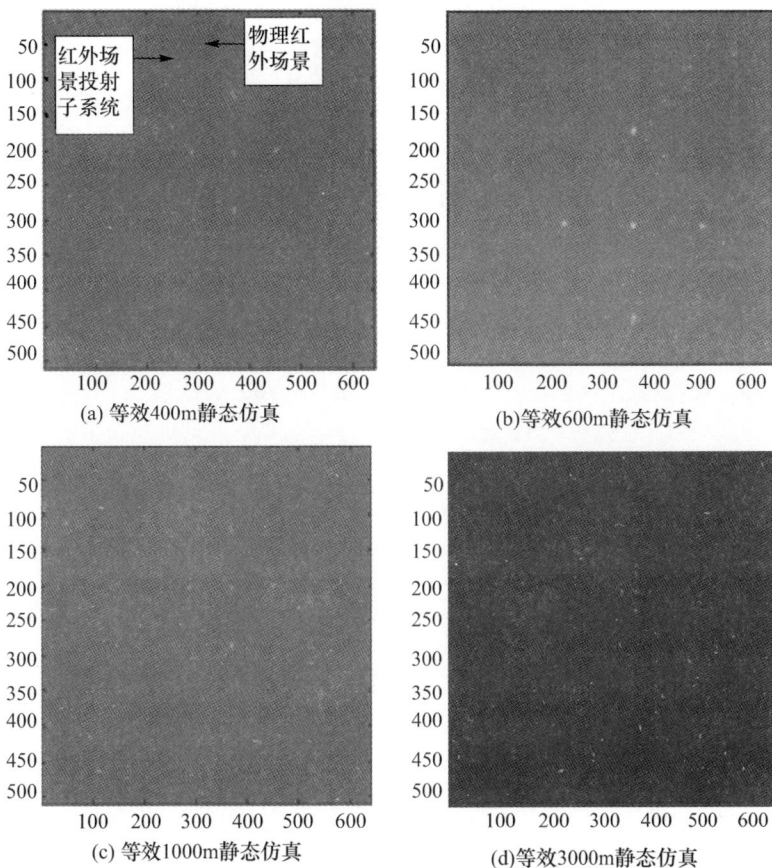

(a) 等效 400m 静态仿真

(b) 等效 600m 静态仿真

(c) 等效 1000m 静态仿真

(d) 等效 3000m 静态仿真

图 3.110　红外目标静态验证

红外场景投射子系统动态仿真验证表明,动态高帧频条件下实现了闭环条件下的典型飞行及对抗模拟过程。红外场景投射子系统及物理红外场景动态仿真试验证明 AFEWES 激光干扰评估系统物理红外场景模拟实现飞机的红外辐射特性,同时还可以利用红外场景投射子系统模拟实时、准确实现曳光弹红外辐射特性。外场景投射子系统与物理红外场景红外辐射特性联合动态验证通过集成试验也得到了充分验证和证明。图 3.111 展示了物理红外场景及红外场景投射子系统相结合后生成的飞行器及曳光弹红外辐射特性。其中,物理红外场景生成了飞机红外辐射特性(位于图像左侧中心),而红外场景投射子系统生成了两个区域曳光弹辐射特性,实现了很好的效果。

图 3.111　战斗场景飞机红外辐射特性以及多区域曳光弹

为验证升级系统与原有系统的兼容性,设计了 80 架次的仿真,系统连续执行了三天,验证了红外场景投射子系统的综合性能,这说明飞机对抗和红外定向对抗模拟理论方法得到了多种合成场景方法的验证。

本节首先介绍了机载红外对抗发展的历史规律和趋势,并对中红外激光光源、光束定向器等关键技术进行了较为细致的探讨。然后,分析了注入式仿真的基本原理和方法,最后结合美国空军电子仿真器 AFEWES 激光干扰评估系统为例详细介绍了光电对抗领域普遍使用的内场半物理仿真系统,特别探讨了红外场景投射子系统组成和升级研发。美国 AFEWES 激光干扰评估系统仍然存在一些技术难题需要解决,例如伺服控制与光束稳定的相关研究中振动源、振动频率及幅值产生了复杂影响。但是,整体来看 AFEWES 激光干扰评估系统代表了光电对抗仿真的国际第一流水平。我国已经逐步重视内场仿真试验,因此该章节对国内发展类似的模型/半物理仿真系统具有重要的指导意义。

参考文献

[1] 张检民, 张震, 冯国斌,等. 行间转移型 CCD 激光干扰效应阈值估算方法[J]. 光学学报, 2015, 35: 0314004-1-7.

[2] XU Y, SUN X Q, SHAO L. Simulation of laser jamming and its influence on CCD imaging performance[J]. Proc. of SPIE, 2010, 7850: 78501W-1-8.

[3] HUEBER N, MOEGLIN J P, DIETERLEN A, et al. Laser induced optronic countermeasure

against charge coupled devices and optronic counter-countermeasure in the visible region and infra-red region[J]. Proc. of SPIE, 2004, 5417：139-146.

[4] JIANG T, ZHANG Z, CHENG X A. Study on vertical bright line image of CCD camera irradiated by Laser[J]. Proc. of SPIE, 2010, 7656：76561A-1-5.

[5] DURÉCU A, VASSEUR O, BOURDON P, et al. Assessment of laser-dazzling effects on TV-cameras by means of pattern recognition algorithms[J]. Proc. of SPIE, 2007, 6738：67380J-1-9.

[6] DURÉCU A, BOURDON P, VASSEUR O. Laser-dazzling effects on TV-cameras：analysis of dazzling effects and experimental parameters weight assessment[J]. Proc. of SPIE, 2007, 6738：67380L-1-6.

[7] ZHANG Z, CAI Y, ZHANG J, et al. Analysis and simulation to excessive saturation effect of CCD[J]. Proc. of SPIE, 2013, 8796：87960F-1-7.

[8] ZHANG Z, CHENG X A, JIANG T, et al. A dazzling phenomenon of CW laser on linear CCD camera[J]. Optik, 2012, 123：223 – 227.

[9] ZHANG Z, CHENG X A, WANG R, et al. Dazzling effect of repetitive short pulse laser on TDI CCD camera[J]. Optics and Lasers in Engineering, 2011, 49：292 – 296.

[10] 朱辰, 李尧, 王雄飞, 等. 超连续谱光源对 CMOS 图像传感器的干扰实验研究[J]. 激光与红外, 2014, 44：374-377.

[11] 邵铭, 张雷雷, 赵威, 等. 高重频脉冲激光对 CMOS 相机饱和干扰效果研究[J]. 激光杂志, 2013, 34：16-17.

[12] SCHLEIJPEN R H M A, DIMMELER A, EBERLE B, et al. Laser dazzling of focal plane array cameras[J]. Proc. of SPIE, 2007, 6738：67380O-1-10.

[13] SCHLEIJPEN R H M A, HEUVEL J C V D, Mieremet A L, et al. Laser dazzling of focal plane array cameras[J]. Proc. of SPIE, 2007, 6543：65431B-1-10.

[14] HUEBER N, VINCENT D, MORIN A, et al. Analysis and quantification of laser-dazzling effects on IR focal plane arrays[J]. Proc. of SPIE, 2010, 7660：766042-1-12.

[15] QIAN F, GUO J, SUN T, et al. Multi-scale SSIM metric based on weighted wavelet decomposition[J]. Optik, 2014, 125：6205-6209.

[16] QIAN F, GUO J, SUN T, et al. Quantitative assessment of laser-dazzling effects through wavelet-weighted multi-scale SSIM measurements[J]. Optics & Laser Technology, 2015, 67：183-191.

[17] 钱方, 郭劲, 孙涛. 基于小波加权的激光干扰效果评估[J]. 液晶与显示, 2013, 28(5)：781-787.

[18] AHMET M E, PAUL S F. Image quality measures and their performance[J]. IEEE Transactions on Communications, 1995, 43：2959-2962.

[19] MARCUS J N, JULIEN R, KUNT M. The effects of a visual fidelity criterion on the encoding of images[K]. IEEE Transactions on Information Theory, 1974, 20(4)：525-536.

[20] VQEG. Final report from the video quality experts group on the validation of objective models of video quality assessment[EB/OL]. (2000-02-01)http://www. vqeg. org.

[21] MANJUNATH B, MA W. Texture features for browsing and retrieval of image data[J]. IEEE Trans. Pattern Anal. Mach. Intell. , 1996, 18(8): 837-842.

[22] YUAN L H, FU L, YANG Y. Analysis of texture feature extracted by gray level co-occurrence matrix[J]. Journal of Computer Applications, 2009, 29(4): 1018-1021.

[23] MORRONE M C, BURR D C. Feature detection in human vision: a phase-dependent energy model[J]. R. Soc. Lond. B, 1988, 235(1280): 221-245.

[24] MORRONE M C, OWENS R A. Feature detection from local energy[J]. Pattern Recognit. Letters, 1987, 6(5): 303-313.

[25] STOKMAN H, GEVERS T. Selection and fusion of color models for image feature detection[J]. IEEE Transactions on Pattern Analysis and Machine Intelligence, 2007, 29(3): 371-381.

[26] 钱方, 孙涛, 石宁宁. 结合光斑与目标特征的激光干扰效果评估[J]. 光学精密工程, 2014, 22(7): 1896-1902.

[27] 钱方, 孙涛, 郭劲. 基于光斑与图像特征的动态激光干扰效果评估[J]. 中国激光, 2014, 41(5): 1-9.

[28] HEO Y, LEE K, LEE S. Illumination and camera invariant stereo matching[C]. [s. t.]: CVPR,2008.

[29] KE Y, SUKTHANKAR R. A more distinctive representation for local image descriptors[J]. 2004. Proc. Conf. Computer Vision and Pattern Recognition,2004.

[30] NISTER D, STEWENIUS H. Scalable recognition with a vocabulary tree[J]. IEEE Comput. Soc. Conf. Comput. Vis. Pattern Recog. , 2006, 2: 2161-2168.

[31] PELEG S, WERMAN M, ROM H. A unified approach to the change of resolution: space and gray-level[J]. IEEE Trans. on Pattern Analysis and Machine Intelligence, 1989, 11(7): 739-742.

[32] ROSTEN E. High performance rigid body tracking [D]. University of Cambridge,2006: Cambridge,2006.

[33] MIKOLAJCZYK K, SCHMID C. Scale and affine invariant interest point detectors[J]. Intl Jrnl of Computer Vision, 2004, 1(60): 63-86.

[34] MIKOLAJCZYK K, SCHMID C. Indexing based on scale invariant interest points[J]. Proc. Eighth Int'I Conf. Computer Vision,2001.

[35] MIKOLAJZYK K, SCHMID C. A performance evaluation of local descriptors[J]. IEEE Transactions on Pattern Analysis and Machine Intelligence, 2005, 27(10): 1615-1630.

[36] 钱方, 孙涛, 郭劲. 基于特征点分布特性的激光干扰效果评估算法[J]. 中国激光, 2014, 41(5): 1-7.

[37] 钱方, 孙涛, 郭劲. 结合激光功率和光斑位置的多帧动态干扰效果评估[J]. 中国激光, 2014, 41(11): 1-9.

［38］ LARSON E C, CHANDLER D M. Most apparent distortion：Full-reference image quality assess-
　　　ment and the role of strategy［J］. J. Electron. Imag, 2010, 19(1)：011006.

［39］ PONOMARENKO N, LUKIN V, ZELENSKY A. TID2008-A database for evaluation of full-ref-
　　　erence visual quality assessment metrics［J］. Advances of Modern Radioelectronics, 2009, 10：
　　　30-45.

［40］ WILLERS C J, WILLERS M S. Simulating the DIRCM engagement：component and system lev-
　　　el performance［J］. SPIE, 2012, 8543：85430M.

［41］ LEPAG J F, LABRIE M A, ROULEAU E, et al. DRDC's approach to IR scene generation for
　　　IRCM simulation［J］. SPIE, 2011, 8015：80150F.

［42］ JACKSON H D. Air force electronic warfare evaluation simulator (AFEWES) infrared test and
　　　evaluation capabilities ［R］. Fort Worth：AFEWES, USAF, 2007.

第4章

激光损伤半导体材料的 效应与机理

4.1 激光对硅材料的损伤机理

4.1.1 基于密度泛函理论(DFT)的半经典动力学理论的超快激 光与硅作用研究

本节将基于 DFT 的半经典理论的超快激光与半导体硅的相互作用理论,重点讨论基本的理论方法,给出了初步理论结果,并对半导体损伤过程中的相变过程进行了讨论,最后探讨了该理论方法的局限性。

4.1.1.1 半经典半量子动力学

单晶硅是由硅原子构成的金刚石结构,学界已经发展了基于分子动力学理论、量子能带理论以及密度泛函理论方法研究硅的微观结构。采用紧束缚近似理论方法在研究超快激光与硅等半导体材料相互作用理论相对较为可行。首先,由于所研究的系统原子较多、计算速度必须较快;其次,紧束缚近似表象方法采用化学上有意义的原子局域基矢,因此计算结果可以用化学上定义的基态和激发态来直观解释。

R. E. Allen[1]基于密度泛函理论的半经典电子 – 辐射场 – 原子核动力学紧束缚理论(SERID)方法提出用于处理超快激光与分子体系或半导体晶体结构的理论方法。所谓"半经典半量子理论"的意思是:对原子核的运动采用经典力学方法处理,而对电子的运动方程则以薛定谔方程的量子力学理论为基础进行处理,从而出现了系综平均下的运动方程。因此,"半经典半量子理论"并不是普通意义上的半经典理论。"半经典理论"一般是指使用经典力学的方程对物理过程描述,并引入量子力学中的量子化的条件进行限制,例如波尔模型。从书中所指的最小作用量原理出发能够得到电子的量子力学描述和原子核经典力学描述:

$$\bar{S} = \int dt \left[d^3x \sum_j \Psi_j^* \left(i\hbar \frac{\partial}{\partial t} - \hat{H} \right) \Psi_j(x,t) + h.c. + \frac{1}{2} \sum M\dot{X}^2 - U \right] \quad (4.1)$$

电子波函数 $\Psi_j(X\alpha,t)$ 以原子轨道基函数 $\phi_j(x-X)$：

$$\Psi_j(x,t) = \sum_{X\alpha} \Psi_j(X\alpha,t) \phi_\alpha(x-X) \quad (4.2)$$

在时间 dt 内,变化量为

$$d\Psi_j(x,t) = \sum_{X\alpha} \left[d\Psi_j(X\alpha,t)\phi_\alpha(x-X) + \Psi_j(X\alpha,t)d\phi_\alpha(x-X) \right] \quad (4.3)$$

$$\frac{\partial \Psi_j(x,t)}{\partial t} = \sum_{X\alpha} \left[\frac{\partial \Psi_j(X\alpha,t)}{\partial t}\phi_\alpha(x-X) + \Psi_j(X\alpha,t)\frac{\partial \phi_\alpha(x-X)}{\partial X}\dot{X} \right] \quad (4.4)$$

其中,第二项表示基矢随着原子核运动造成位置变化产生的变化量,由于该项影响相对较小,暂不考虑该项的影响,由此得到 SERID 方法电子含时薛定谔方程：

$$i\hbar \frac{\partial \Psi_j}{\partial t} = S^{-1}H\Psi_j \quad (4.5)$$

以及原子核经典牛顿运动学方程：

$$M_l \frac{d^2 X_{l\alpha}}{dt^2} = -\frac{1}{2}\Psi_j^\dagger \left(\frac{\partial H}{\partial X_{l\alpha}} - i\hbar \frac{\partial S}{\partial X_{l\alpha}} \frac{\partial}{\partial t} \right) \Psi_j + h.c. - \frac{\partial U_{rep}}{\partial X_{l\alpha}} \quad (4.6)$$

式中：S 为重叠矩阵,可表示为式(4.7)；U_{rep} 为作用于原子核上的所有排斥势产生的力之和(包括电子 – 电子排斥力)。

$$S(X'\alpha',X\alpha) = \int d^3x \phi_{\alpha'}^*(x-X')\phi_\alpha^*(x-X) \quad (4.7)$$

可以认为每一个电子用下标 j 来定义,并具有独立单电子波函数 ψ_j。若采用 N 个紧束缚基矢,则 ψ_j 可用 $1 \times N$ 维矢量表示,而含时哈密顿量 H 为 $N \times N$ 维矩阵矢量。

对于非平衡态多体问题若采用第一性原理方法,原则上应该采用 Martin 等的方法[2],这些方法由于考虑了自能项,要比平衡态或近平衡态问题处理上更为困难。但是在紧束缚近似的框架下,采用含时的自洽场物理图像更为合理。

由于哈密顿量 H 为原子核坐标的函数,同时包含电子基态或激发态与原子核相互作用势场产生的不同作用力,因此式(4.5)、式(4.6)为耦合动力学方程。因此需要把原子核、电子与外加的激光强电磁场引入。考虑到原子核质量为电子的几千倍,其振动周期为电子振动周期的 2 个数量级以上,在考虑飞秒激光与半导体硅的相互作用过程中,飞秒激光的振荡周期仅为飞秒量级(10^{-15}s),只需要考虑电子的影响,而忽略激光与原子核的作用过程。最简单的方法是在电子的哈密顿量中引入经典含时电磁场方法(由 Peirls 提出)：

$$H_{ab}(X - X') = H_{ab}^0(X - X')\exp\left[\frac{iq}{\hbar c}\mathbf{A}(X - X')\right] \tag{4.8}$$

式中：电荷量 $q = -e$，$\mathbf{A}$ 为电场势矢。该方法没有引入新的物理参数，能够有效地研究含时电磁场。

电子量子运动方程式（4.5）求解过程实际上与紧束缚分子动力学方法是一致的，采用 velocity Verlet 方法速度较快。在求解式（4.5）时会遇到一阶方程电子粒子数目不守恒的问题。文献[3]提出了有效的解决方法。dt 时间后的演化算符一阶项 $U(t + \Delta t, t)$ 采用 Dyson 序列写为归一形式：

$$U(t + \Delta t, t) = \left(1 + \frac{i}{2\hbar}\int_t^{t+\Delta t}dt'H(t')\right)^{-1}\left(1 - \frac{i}{2\hbar}\int_t^{t+\Delta t}dt'H(t')\right) \tag{4.9}$$

采用 Simpson 插值方法可以计算得到 $U(t + \Delta t, t)$，进而得到

$$\Psi_j(t + \Delta t) = U(t + \Delta t, t)\Psi_j(t) \tag{4.10}$$

利用该方法电子波函数 ψ_j 的正交性或者粒子守恒可达 10^{-12}，因此能够很好地解决电子守恒的问题。

为了模拟脉冲宽度为 t_0 的飞秒激光与硅的相互作用过程，电磁场的势矢模量设为 $A\cos\left[\pi(t - t_0/2)/t_0\right]\cos(\omega t)$，$0 \leqslant t \leqslant t_0$。势矢强度 A 选为高斯单位，一般实验提供的激光强度单位（Fluene）为国际单位 kJ/cm^2，其与势矢 A 换算关系为 $F = \omega^2 A^2 t_0/16\pi c$。

计算过程中的原子数目为一个晶胞构成，对于硅的金刚石晶体结构而言，共计 8 个原子构成（4×1 个位于晶胞内，$8 \times 1/8$ 位于立方体角，$6 \times 1/2$ 位于面心）。其他原子采用周期性边界条件，即可构成整个晶体结构。

4.1.1.2　重叠矩阵 S、哈密顿量 H 以及 V_{rep} 参数化方法

采用半经典 - 半量子 SERID 理论方法，需要获得重叠矩阵 S、哈密顿量 H 以及 V_{rep} 参数化方法。为了保证理论计算的准确性，发展了若干种参数化方法，包括紧束缚拟合方法、密度泛函方法以及自洽场理论方法，如 Demkov、Sankey 等人[4]采用自洽场近似方法发展很有前景。紧束缚近似方法能够在很大程度上反映问题本质，因此应用广泛。而密度泛函方法精度较高，因在考虑非正交基矢条件下获得的参数化方案数据具有极强的通用性而备受关注。这里主要讨论这两种理论方法。

除了传统的量子化学计算方法以外，紧束缚近似方法一直以来都是非常成功的理论方法。在很多情况下，采用两体近似的结果与更加复杂的方法结果基本一致。Vogl 等[5]发展了硅的紧束缚近似理论。而排斥势一般可以采用 Harrison 非标准方法[6]：

$$u(r) = \alpha/r4 + \beta/r6 + \gamma/r^8 \tag{4.11}$$

式中：α、β、γ 可以利用实验数据亲和能、原子核间距以及模量获得。这些物理量分别与总能量的零阶、一阶和二阶微分有关。由于该方法本身精度一般，为了简化计算，重叠矩阵 $S = 1$。

发展半导体硅的正交或非正交基紧束缚参数受到了广泛关注[7]。然而，由于采用正交基的参数化方案一般无法在不附加人为参数的情况下实现小分子至固体均实现通用性参数化方案，因此引入非正交基被认为是保证通用性的关键。Po-razag 等[8] 提出的基于原子波函数和局域密度近似的密度泛函理论（DFT – LDA）能够很好地解决该问题，受到了学术界的高度重视。采用原子轨道的线性组合计算能带，Kohn-Sham 方程的轨道 ψ_i 利用局域原子轨道 φ_μ 展开：

$$\Psi_i(r) = \sum_v C_{vi}\phi_v(r - R_k) \tag{4.12}$$

$$\hat{H}\Psi_i(\boldsymbol{r}) = \varepsilon_i\Psi_i(\boldsymbol{r}), \hat{H} = \hat{T} + V_{\text{eff}}(\boldsymbol{r}), \quad V_{\text{eff}} = \sum_k V_0^k(\mid \boldsymbol{r} - \boldsymbol{R}_k \mid) \tag{4.13}$$

Kohn-Sham 方程变为数值矩阵方程：

$$\sum_v C_{vi}\phi_v(H_{\mu v} - \varepsilon_i S_{\mu v}) = 0 \tag{4.14}$$

其中

$$H_{\mu v} = <\phi_\mu \mid \hat{H} \mid \phi_v >, S_{\mu v} = <\phi_\mu \mid \phi_v > \tag{4.15}$$

系统总能量可以近似表示为所有能级及近场两体排斥势之和：

$$E_{\text{tot}}(\{\boldsymbol{R}_k\}) = E_{\text{BS}}(\{\boldsymbol{R}_k\}) + E_{\text{rep}}(\{\boldsymbol{Rk} - \boldsymbol{R}_l\})$$

$$= \sum_i n_i\varepsilon_i(\{\boldsymbol{R}_k\}) + \sum_k \sum_{<l} V_{\text{rep}}(\{\boldsymbol{R}_l - \boldsymbol{R}_k\}) \tag{4.16}$$

然后利用改进的 Kohn-Sham 方程获得赝原子轨道，从而计算哈密顿量 H 和重叠矩阵 S，最后拟合得到近程的电势场 V_{rep}。赝原子轨道展开为 Slate 型的原子轨道和球谐函数：

$$\phi_v(\boldsymbol{r}) = \sum_{n,\alpha,l_v,m_v} a_{n\alpha}r^{l_v+n}e^{-\alpha r}Y_{l_v m_v}(\boldsymbol{r}/r) \tag{4.17}$$

采用五个不同的 α 值，$n = 0,1,2,3$ 构成的基矢可以较为准确地描述元素周期表前三排的元素。利用式（4.17）就可以采用 Kohn-Sham 方程进行自洽场计算：

$$[\hat{T} + V^{\text{psat}}(r)]\phi_v(r) = \varepsilon_v^{\text{psat}}\phi_v(r),$$

$$V^{\text{psat}}(r) = V_{\text{nucleus}}(r) + V_{\text{Hartree}}[n(r)] + V_{xc}^{\text{LDA}}[n(r)] + \left(\frac{r}{r_0}\right)^n \tag{4.18}$$

式中:V_{xc} 为 Perdew 等[9]发展的局域密度近似。$(r/r_0)^n$ 项由 Eschrig[10]引入,以提高能带计算精度。

由此,重叠矩阵仅仅由两体作用构成,可以直接计算得出。而哈密度量 $\boldsymbol{H}$ 的矩阵元素为

$$H_{\mu v} = \begin{cases} \varepsilon_\mu^{\text{freeatom}}, & \mu = v \\ <\phi_\mu^A | \hat{T} + V_0^A + V_0^B | \phi_v^B>, & \mu \neq v \\ 0, & \text{其他} \end{cases} \tag{4.19}$$

式中:下标 A、B 表示原子核序号。

最后,利用哈密顿量 $\boldsymbol{H}$ 计算得到能带 E_{BS},从而利用自洽场计算得到的总能量拟合得到:

$$V_{\text{rep}}(R = E_{\text{LDA}}^{\text{sc}}(R) - E_{\text{BS}}(R) \tag{4.20}$$

Porazag 利用 Chebyshev 多项式直接给出了利用该方法获得的 $\boldsymbol{H}$、$\boldsymbol{S}$、V_{rep},如表 4.1 所列。

$$f(r) = \sum_{m=1}^{12} c_m T_{m-1}(y) - c_1/2, y = \frac{r - \dfrac{b+a}{2}}{\dfrac{b-a}{2}} \tag{4.21}$$

Porezag 利用该数据计算了金刚石结构的单晶硅,所获得数据与第一性原理计算得到的理论数据以及实验数据进行了比较。发现其平衡态原子核间距为 2.346Å,接近实验数据 2.351Å,与第一性原理计算得到理论值 2.360Å 相当。

同时通过分子动力学方法 Porezag 采用 216 个原子分析了单晶硅大晶胞,其获得的振动态密度(Vibrational Density of States)与实验获得的数据取得了高度吻合,不仅在 180cm^{-1} 和 500cm^{-1} 附近的振动态密度峰值吻合较好,之间的次级峰值也完全相同,从而表明该紧束缚参数化方法取得了重大成功。

表 4.1 基于 DFT – LDA 理论硅的哈密顿量 $\boldsymbol{H}$、重叠矩阵 $\boldsymbol{S}$ 以及排斥势 V_{rep}

矩阵元素		c_1	c_2	c_3	c_4	c_5	c_6
		c_7	c_8	c_9	c_{10}	c_{11}	c_{12}
1.5≤r≤9.5	$H_{ss\sigma}$	− 0.2601372	0.1958030	− 0.0716540	− 0.0084811	0.0229926	− 0.0098866
		− 0.0008281	0.0035950	− 0.0026770	0.0013587	− 0.0005617	0.0002165
	$H_{sp\sigma}$	0.1777735	− 0.1094317	− 0.0071041	0.0557698	− 0.0376445	0.0088910
		0.0041357	− 0.0052914	0.0031425	− 0.0014231	0.0005843	− 0.0002103
	$H_{pp\sigma}$	0.0510829	0.0092781	− 0.0894841	0.0856069	− 0.0355870	0.0013150
		0.0078269	− 0.00061665	0.0032455	− 0.0014904	0.0006809	− 0.0002655

(续)

矩阵元素		c_1	c_2	c_3	c_4	c_5	c_6
		c_7	c_8	c_9	c_{10}	c_{11}	c_{12}
$1.5 \leqslant r \leqslant 9.5$	$H_{pp\pi}$	-0.1737379	0.1403235	-0.0716452	0.0185100	0.0027857	-0.0050867
		0.0025525	-0.0006749	-0.0000212	0.0001537	-0.0001269	0.0000784
	$S_{ss\sigma}$	0.3942975	-0.3092186	0.1385490	-0.0176746	-0.0169834	0.0083055
		0.0014080	-0.0029477	0.0013781	0.0013781	-0.0000716	0.0000526
	$S_{sp\sigma}$	-0.3568323	0.2467967	-0.0456893	-0.0605347	0.0497093	-0.0102684
		0.0014080	0.0054908	-0.0016044	0.0001030	0.0002934	-0.0001581
	$S_{pp\sigma}$	-0.1400088	0.0192343	0.1646371	-0.1811420	0.0754221	0.0030624
		-0.0183958	0.0087078	-0.0011229	-0.0008468	0.0005924	-0.0001579
	$S_{pp\pi}$	0.3722275	-0.3063175	0.1654376	-0.0484825	-0.0024093	0.0090576
		-0.0037347	0.0003162	0.0003926	-0.0002436	0.0000748	0.0000101
$1.0 \leqslant r \leqslant 5.50$	V_{rep}	20.9904791	-18.6227459	13.0417919	-7.1832245	3.0080981	-0.8713337
		0.1321772	-0.0000036	-0.0000045	0.0000171	-0.0000090	-0.0000217

4.1.1.3 激光与硅相互作用过程中的介电常数计算理论方法

描述硅在飞秒激光照射下损伤过程,实验中主要关注其光学特性、温度等宏观可观测量,理论方法可以获得更多的信息,可以获得原子核运动、激发电子数以及介电常数变化等。在该节给出在 SERID 框架下介电常数这一宏观量的计算理论。

由于介电常数反映了半导体材料的宏观光学特性(反射、吸收),因此研究激光照射条件下介电常数 ε 随时间演化过程极为重要,其虚部 $\mathrm{Im}\varepsilon$ 与电子密度、吸收特性密切相关。在紧束缚近似理论中,一般为正交的原子轨道基矢 $|\alpha, I>$。哈密顿量 $\boldsymbol{H}$ 的对角线上的元素和非对角线元素分别为

$$\varepsilon_{\alpha I} = <\alpha, I|H|\alpha, I>$$
$$t_{\alpha'\alpha}(R_{I'} - R_I) = <\alpha', I'|H|\alpha, I> \tag{4.22}$$

然而所讨论的硅晶体为周期性的固体,Block 基矢显然为非局域的,与局域的原子轨道基矢特性不同,为了讨论半导体布里渊区特定动量位置的能带特性,就需要在 Block 基矢上讨论。Graf 等人构建了基于原子轨道基矢和动量 $\boldsymbol{k}$ 的 Block 基矢:

$$|\alpha, \boldsymbol{k}> = \frac{1}{\sqrt{N}}\sum_L e^{ikR_{\alpha L}}|\alpha, L> \tag{4.23}$$

式中:N 为晶胞个数。在该基矢下,哈密度量 $\boldsymbol{H}$ 矩阵可以表示为

$$H_{\alpha'\alpha}(\boldsymbol{k}) = <\alpha', \boldsymbol{k}|H|\alpha, \boldsymbol{k}>$$

$$= \sum_{L} e^{ikR_{\alpha L}} t_{\alpha'\alpha}(R_{\alpha L} - R_{\alpha}) + \varepsilon_{\alpha}\delta_{\alpha'\alpha} \qquad (4.24)$$

式中:$R\alpha = R_{\alpha 0}$。将哈密顿量 $\boldsymbol{H}$ 的本征基矢表示为 $|n,\boldsymbol{k}>$,其中 n 表示能带能级。在上面的 Block 基矢上展开,得到在各基矢的系数 $C(n,\boldsymbol{k})$:

$$| n,\boldsymbol{k} > = \sum_{\alpha} C_{\alpha}(nk) | \alpha,\boldsymbol{k} > \qquad (4.25)$$

根据标准 $\boldsymbol{k} \cdot \boldsymbol{p}$ 理论,可以将 $H(k)$ 在特定波矢 $\boldsymbol{k}^*$ 附近展开,动能项为动量二次方的特性:

$$\boldsymbol{H}(\boldsymbol{k}) = \boldsymbol{H}(\boldsymbol{k}^*) + \nabla_k \cdot \boldsymbol{H}(\boldsymbol{k}^*) \cdot (\boldsymbol{k} - \boldsymbol{k}^*)$$

$$+ \frac{1}{2}(\boldsymbol{k} - \boldsymbol{k}^*) \cdot \nabla_{k^*} \nabla_{k^*} H(\boldsymbol{k}^*) \cdot (\boldsymbol{k} - \boldsymbol{k}^*) + O[(\boldsymbol{k} - \boldsymbol{k}^*)^3] \qquad (4.26)$$

可以定义有效动量算符 $\boldsymbol{p}$、动能算符 $\boldsymbol{T}$ 为

$$\boldsymbol{p}_{nn'}(\boldsymbol{k}^*) = \frac{m_0}{\hbar} C^{\dagger}(n\boldsymbol{k}^*) \nabla_k \cdot \boldsymbol{H}(\boldsymbol{k}^*) C(n'\boldsymbol{k}^*)$$

$$= \frac{m_0}{\hbar} \sum_{\alpha',\alpha} C_{\alpha'}^*(n\boldsymbol{k}^*) \sum_{L} i(R_{\alpha'L} - R_{\alpha}) e^{i\boldsymbol{k}^*} \cdot (R) t_{\alpha',\alpha}(R_{\alpha'L} - R_{\alpha}) C_{\alpha'}(n\boldsymbol{k})$$

$$(4.27)$$

$$\boldsymbol{T}_{nn'}(\boldsymbol{k}^*) = \frac{m_0}{\hbar^2} C^{\dagger}(n\boldsymbol{k}^*) \nabla_{k^*} \nabla_{k^*} H(\boldsymbol{k}^*) C(n'\boldsymbol{k}^*) \qquad (4.28)$$

下面需要计算外加电磁场后的电流 $\boldsymbol{j}(\boldsymbol{r})$ 紧束缚矩阵元素。在式(4.8)引入外加电磁场后,哈密顿量 $\boldsymbol{H}$ 变为

$$\delta H = -\frac{1}{c}\int \boldsymbol{j}(\boldsymbol{r}) \cdot \delta\boldsymbol{A}(\boldsymbol{r},t)\mathrm{d}^3 r \qquad (4.29)$$

Gauge 不变性原理下外加电磁场修正紧束缚哈密顿量可以表示为

$$\varepsilon_{\alpha,R} = \varepsilon_{\alpha,R}^0 - e\Phi(\boldsymbol{R},t),$$

$$t_{\alpha',\alpha} = t_{\alpha',\alpha}^0(\boldsymbol{R}' - \boldsymbol{R}) \exp\left\{ -\frac{ie}{2\hbar c}(\boldsymbol{R}' - \boldsymbol{R}) \cdot [A(\boldsymbol{R}',t) + A(\boldsymbol{R},t)] \right\} \qquad (4.30)$$

利用式(4.30)可以得到

$$<\alpha',L'|j(\boldsymbol{R}_{\alpha'L''},t)|\alpha,L> = \frac{ie}{2\hbar\Omega_{pa}} t_{\alpha',\alpha}^0(\boldsymbol{R}_{\alpha'L'} - \boldsymbol{R}_{\alpha L})^2 (\delta_{\alpha L,\alpha'L'} + \delta_{\alpha'L',\alpha''L''})$$

$$\times \left\{ 1 + \frac{ie}{2\hbar c}(\boldsymbol{R}_{\alpha'L'} - \boldsymbol{R}_{\alpha L})[\delta A(\boldsymbol{R}_{\alpha'L'},t) + \delta A(\boldsymbol{R}_{\alpha'L'},t)] \right\}$$

$$(4.31)$$

式中:t_0 表示变分 $\delta A = 0$ 时的矩阵元素值;Ω_{pa} 表示原子所占空间体积。当电磁场势矢空间均匀分布时,只有总的电流算符:

$$< \alpha',L' \mid \boldsymbol{J}(t) \mid \alpha,L > = \Omega_{pa} \sum_{\alpha'',L''} < \alpha',L' \mid j(\boldsymbol{R}_{\alpha''L''},t) \mid \alpha',L' > \qquad (4.32)$$

进入相关函数,产生实际影响。从式(4.23) Block 基矢可知,总的电流矩阵可以简化。由式(4.31)得到:

$$< \alpha',L' \mid \boldsymbol{J}(t) \mid \alpha,L > = J_{\alpha',\alpha}(\boldsymbol{k},t)$$

$$= \frac{e}{\hbar} \nabla_k H_{\alpha',\alpha}(\boldsymbol{k}) + \frac{e^2}{\hbar^2 c} \nabla_k [\nabla_k H_{\alpha',\alpha}(\boldsymbol{k}) \delta \boldsymbol{A}(t)] \qquad (4.33)$$

因此,电流矩阵元实际上就以哈密顿量的本征矢量为基矢,可以写成为

$$J_{n',n}(\boldsymbol{k},t) = \frac{e}{m_0} \boldsymbol{p}_{n'n} + \frac{e^2}{m_0^2 c} T_{n'n} \delta \boldsymbol{A}(t) \qquad (4.34)$$

根据基本的线性响应理论,$J(t)$ 热力学统计平均值可以由电流 – 电流互相关响应函数给出:

$$< J(t) > = <J(t)>_0 + \frac{i}{\hbar c} \int_{-\infty}^{t} < [\tilde{J}(t),\tilde{J}(t')] >_0 \delta A(t') \mathrm{d}t' \qquad (4.35)$$

式中:下标"0"表示平衡态时的值。

依赖于频率的横向电导率 σ 定义为

$$J_i = \Omega \sum \sigma_{ij}(\omega) \delta E_j(\omega) \qquad (4.36)$$

式中:Ω 为晶体体积;σ 下标 i,j 代表坐标矢量;δE_j 是横向场,$\delta A_j = ic\delta E_j/\omega$。把式(4.34)代入式(4.35),利用

$$\chi(\omega) = i\sigma(\omega)/\omega \qquad (4.37)$$

可以得到横向介电常数的实部和虚部:

$$\mathrm{Re}\,\chi_{ij}(\omega) = \frac{-e^2}{\omega^2 m_0 \Omega} \sum_{n,k} f_n(\boldsymbol{k}) T_{nn}^{ij}(\boldsymbol{k}) + \frac{e^2 \wp}{\omega^2 m_0 \Omega} \sum_{n,m,k} \frac{[f_n(\boldsymbol{k}) - f_m(\boldsymbol{k})] p_{nm}^i(\boldsymbol{k}) p_{nn}^j(\boldsymbol{k})}{\hbar [\omega_{nm}(\boldsymbol{k}) - \omega]}$$

$$(4.38)$$

$$\mathrm{Im}\,\chi_{ij}(\omega) = \frac{-e^2 \pi}{\omega^2 \hbar m_0 \Omega} \sum_{n,k} [f_n(\boldsymbol{k}) - f_m(\boldsymbol{k})] p_{nm}^i(\boldsymbol{k}) p_{mn}^j(\boldsymbol{k}) \delta(\omega - \omega_{mn}(\boldsymbol{k}))$$

$$(4.39)$$

式中:P 表示本征值;$\hbar\omega_{mn}(\boldsymbol{k}) = E_m(k) - E_n(k)$;电子分布用 $f_n(\boldsymbol{k})$ 表示。从而,在紧束缚近似理论中使用 $\varepsilon = 1 + 4\pi \chi(\omega)$ 关系计算介电常数。

下面给出飞秒激光作用下的电子激发特性以及介电常数虚部 $\mathrm{Im}\varepsilon(\omega)$ 特性，分析硅的损伤机理。在反映问题本质基础上，为了简化式(4.6)、式(4.7)，按照 4.1.1.2 节采用紧束缚近似，并忽略重叠矩阵，即采用正交基近似，$S=1$。根据公开报道的实验数据，为保持取激光光子能量 1.95eV(对应激光波长 635nm)，脉冲宽度选为 70fs。Allen 等人利用紧束缚近似方法开展了飞秒激光对 GaAs、Si 等多种半导体材料的辐照效应与机理研究，与本研究的结果相类似，均表明半导体在飞秒激光照射下会出现半导体 - 金属相变现象，而大量的电子激发导致了半导体能带结构、共价键的弱化，造成了损伤。

图 4.1 给出了不同能量密度条件下激发电子占所有价电子的比例。在激光能量密度达到 $326\mathrm{mJ/cm^2}$，超过 10% 电子被激发到导带上。此时，从化学价键的角度来看，价带和导带实际上分别由价键和反键态构成，因此该理论结果表明已经发生了晶格结构价键的弱化，实验上也证明此时出现了成键轨道激发到带隙以上，表明在该能量密度以上键会出现弱化现象[11, 12]。

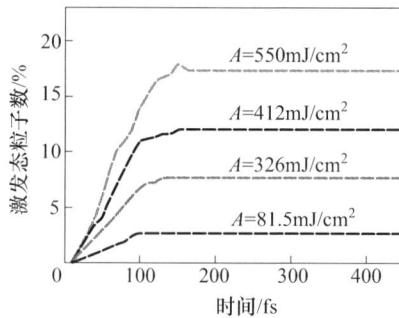

图 4.1　半导体硅在飞秒激光作用下的激发电子数密度

图 4.2 给出了不同激光能量密度条件下的半导体硅的 $\mathrm{Im}\varepsilon(\omega)$ 时间演化特性。由图 4.2 可知，在能量密度较小时(如 $81.5\mathrm{mJ/cm^2}$)，介电常数虚部 $\mathrm{Im}\varepsilon(\omega)$ 在时间轴上整个演化过程中未发生显著变化，与实验结果特性相近。然而，当能量密度大于 $326\mathrm{mJ/cm^2}$ 时，$\mathrm{Im}\varepsilon(\omega)$ 在 $1\sim2\mathrm{eV}$ 的能量处出现了非常大的变化，其值甚至超过了 $3\sim6\mathrm{eV}$ 时的值。本来硅对于低能量光子的吸收能力是较弱的，这种低能量吸收边效应反映硅的内部结构发生巨大变化，出现了"半导体 - 金属"相变，导致其响应了能量更低的光子。

基于密度泛函理论并采用非正交基矢的紧束缚近似理论在处理分子体系时取得了巨大的成功。在结束本章之前，讨论该理论方法的局限性，其最主要的理论问题是把原子核作为经典粒子处理，也就是相当于对电子的量子随机特性进行了系综平均。实际上，只要若期待值主要为一种接近的原子运动轨道构成，那么该方法

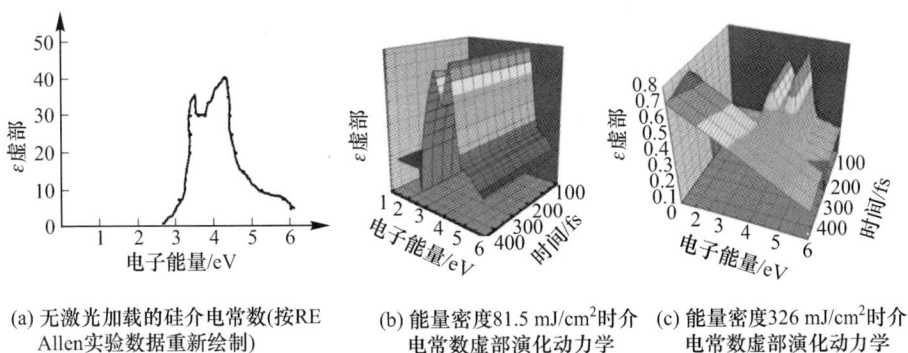

(a) 无激光加载的硅介电常数(按RE Allen实验数据重新绘制)　(b) 能量密度81.5 mJ/cm² 时介电常数虚部演化动力学　(c) 能量密度326 mJ/cm² 时介电常数虚部演化动力学

图 4.2　不同激光能量密度条件下的半导体硅的 $Im\varepsilon(\omega)$ 时间演化特性(见彩图)

就是有效的。然而,对于极端情况处理多种竞争体制并且量子概率相当的物理过程时,这种系综平均的结果在物理原理上是有问题的,其结果也没有实际的物理意义[13]。同时,由于该计算涉及多个原子、上百个原子轨道,计算量大。为了简化处理采用了周期性边界条件处理,会带来较大的误差。因此处理超快激光与大体系分子或晶包计算结果定性价值高于定量价值。对于所处理的超快激光与半导体相互作用过程来讲,能够同时处理原子核及电子体系,并且能够反映半导体损伤及相变动力学,具有一定方法学意义。

4.1.1.4　结论

本节集中讨论了基于密度泛函理论的半经典 - 半量子的紧束缚近似方法。该方法利用紧束缚近似参数化方法和密度泛函方法得到了哈密顿量 H、重叠矩阵 S 以及 V_{rep} 等参数,利用 Peirls 方法在哈密顿量中引入了经典的电场,能够研究含时飞秒激光与硅的相互作用过程,并详细给出了在紧束缚近似理论框架下计算介电常数的理论方法。给出了超快激光作用下硅原子核动力学过程,分析了强电场造成的能级结构不稳定,并着重利用介电常数的演化过程分析了半导体 - 金属相变过程导致硅的损伤过程和机理。第 5 章把单晶硅固体作为一个热力学系统,忽略掉微观的电子和晶格相互作用,采用唯象的改进双温模型方法研究超短脉冲激光与电子、晶格的相互作用过程,结合公开报道以及实验方法研究进展,进一步揭示能量转移、"非热"损伤等物理过程。

4.1.2　基于双温模型的超短脉冲损伤金属及半导体的理论

本节将进一步采用唯象理论开展超短脉冲激光与硅材料的相互作用微观机理研究。脉冲激光对材料的损伤表现为热效应、氧化化学反应、力学效应以及电场效应等多种机理的复合作用[14-15]。Fedosejevs 等[16]利用分子动力学方法研究了金属、半导体在超短脉冲激光损伤阈值附近的温度变化。Crawford 等[14]研究了超短脉冲激光照射金属、氧化层和硅组成的多层膜系损伤过程,通过横断面检测发现处于内部硅材料已经损伤而表面的保护层金属完好无损。Rublack 等[15]采用 20fs ~ 2ps 的脉冲激光照射表面镀有不同透明材料的硅片,利用光谱分析、原子力显微镜等研究其损伤机制,结果表明损伤机制源于超短脉冲激光在硅表面区域产生电子空穴等离子体。然而,现有的研究主要集中于脉冲宽度、非热损伤过程等研究,对于初始参数条件影响(脉冲宽度、电子浓度及初始晶格温度)和多个脉冲积累影响报道极少。在激光微加工、激光防护领域,这些因素均能够对损伤过程和机理产生重要的影响。

本章首先概括分析了超快激光与金属相互作用的基本双温模型,并以双脉冲飞秒激光作用于金靶材为例给出了双温模型。然后,进一步发展了超快激光半导体相互作用的改进型双温模型。超短脉冲激光与硅的相互作用涉及电子的光电激发(带间吸收、双光子吸收)、电子散射界面吸收和电子向晶格能量弛豫等主要物理过程。双温模型在激光烧蚀各种金属材料的理论研究中取得了成功。经典双温模型用于研究激光与金属(由电子气和晶格构成)的热动力学过程,不能直接用于分析激光与半导体材料的相互作用。本书在双温模型的基础上引入电子激发、双光子吸收、电子扩散及俄歇复合等物理过程建立超短脉冲与半导体相互作用的理论模型,能够分析激光与半导体材料相互作用中的电子密度、温度以及晶格温度演化特性。然后将模型应用于单脉冲皮秒激光、单脉冲飞秒激光以及双脉冲飞秒激光作用于硅的理论研究,并与实验结果进行了比较。该研究对激光应用领域具有指导意义。

4.1.2.1 应用于超快激光金属相互作用的基本双温模型

飞秒脉冲激光与金属相互作用时,由于金属中有大量的自由电子,这些自由电子通过逆韧致吸收过程而吸收激光的能量。那么,当金属表层吸收深度内的自由电子吸收激光能量时,由于电子的比热容是非常小的,电子的温度将迅速升高。随后,通过电子热扩散将激光的能量传递到靶材内部,同时,通过电子与晶格间的相互作用过程将电子的能量转移给晶格。电子温度 T_e 和晶格温度 T_l 的时间和空间的变化能通过一维双温方程进行描述,方程的形式如下:

$$C_e \frac{\partial T_e}{\partial t} = \frac{\partial}{\partial x}\left(k_e \frac{\partial T_e}{\partial x}\right) - G(T_e - T_l) + S \tag{4.40}$$

$$C_l \frac{\partial T_l}{\partial t} = \frac{\partial}{\partial x}\left(k_l \frac{\partial T_e}{\partial x}\right) + G(T_e - T_l) \tag{4.41}$$

式中:t 为时间;x 为深度;C 为比热容;k_e 为电子热传导率;下标 e 和 l 分别为电子

和晶格;G 为电子晶格耦合系数;S 为热源。

热源项 S 能用高斯型的时间变化的函数表示:

$$S = \sqrt{\frac{\beta}{\pi}} \frac{(1-R)I}{t_p \alpha} \exp\left[-\frac{x}{\alpha} - \beta\left(\frac{t-2t_p}{t_p}\right)^2\right] \tag{4.42}$$

式中:R 为靶材表面的反射率;t_p 为脉冲宽度;α 为激光的穿透深度,I 为激光能量密度;$\beta = 4\ln(2)$。

一般情况下,材料的热属性用常量来描述。然而,当激光照射到金属表面时,电子将被加热到很高的温度,甚至接近或超过费米温度。电子的热容和热传导率将在一个很大的范围内变化(300K 到费米温度)。

电子热容能被表示为

$$C_e = \begin{cases} B_e T_e, & T_e < T_F/\pi^2 \\ 2B_e T_e/3 + C_{e0}/3, & T_F/\pi^2 \leqslant T_e < 3T_F/\pi^2 \\ Nk_B + C_{e0}/3, & 3T_F/\pi^2 \leqslant T_e < T_F \\ 3Nk_B/2, & T_e \geqslant T_F \end{cases} \tag{4.43}$$

$$C_e = \frac{B_e T_e}{\pi^2} + \frac{3Nk_B/2 - B_e T_F/\pi^2}{T_F - T_F/\pi^2}(T_e - T_F/\pi^2) \tag{4.44}$$

式中:N 为电子密度;k_B 为玻耳兹曼常数;T_F 为费米温度。

从室温到费米温度的范围,电子热传导率能被表示为

$$k_e = \chi \frac{(\mu_e^2 + 0.16)^{5/4}(\mu_e^2 + 0.44)\mu_e^2}{(\mu_e^2 + 0.092)^{1/2}(\mu_e^2 + \eta\mu_1)} \tag{4.45}$$

对于铜而言,系数 $\mu_e = T_e/T_F$;$\mu_1 = T_1/T_F$;参数 χ、η 是和材料相关的常数。

许多飞秒激光加热金属使用了常量的电子晶格耦合系数 G,然而,在高能量激光加热金属后,电子和晶格温度的变化是非常大的,G 应该用温度相关的函数进行表示:

$$G = G_0\left(\frac{A}{B}(T_e + T_1) + 1\right) \tag{4.46}$$

式中:G_0 为室温时的耦合因子;A、B 为材料相关的常数。

在飞秒激光照射前,电子和晶格系统假设在室温的条件下($T_0 = 300K$)

$$T_e(x,0) = T_1(x,0) = T_0 \tag{4.47}$$

下面以双脉冲飞秒激光作用于金靶材为例,分析飞秒激光与金属的相互作用过程。在双脉冲激光方案里,样品表面被激光以一定的很短的时间间隔照射两次。

相对于不同的脉冲时间间隔,烧蚀坑的形貌与其产生的等离子体的变化与单脉冲是明显不同的,利用飞秒双脉冲技术可以提高烧蚀效率、提高微加工精度或者提高等离子体光谱的辐射强度等。特别是在同样的激光能量密度下,发现相对于单脉冲激光诱导产生等离子体的荧光,双脉冲激光技术诱导产生的等离子体有更亮的发光,因此,这项技术能有效地提高利用光谱进行元素分析的灵敏度。这些结果主要基于三种机制:可能的原因是双脉冲激光烧蚀了更多的材料而使得荧光增加,第一个脉冲改变材料表面结构,第二个脉冲增加烧蚀效率;第二脉冲激光对第一个脉冲激光产生的等离子体进行再加热,使得等离子体温度变得更高,从而产生更亮的荧光;流体动力学效应,第一个脉冲产生等离子体,第二个脉冲对已产生的等离子体的膨胀进行进一步的控制。这些原因都来自于猜想分析,一些详细的双脉冲激光烧蚀的物理机制仍然是亟待解决的问题。尽管许多实验和理论对飞秒双脉冲激光与金属的相互作用机制开展了研究,在这个领域有了很多有意义的进展,但是飞秒双脉冲激光的烧蚀金属的机制研究仍然是一个非常很有挑战的研究主题。进一步进行飞秒双脉冲的相关模拟研究也是十分必要的,特别是关于飞秒双脉冲激光照射样品后的能量沉积机制和热扩散的过程仍然不是很清楚。

在飞秒的时间尺度内,金属靶的前后两个表面的热损失可以忽略,式(4.40)和式(4.41)的边界条件为

$$\left.\frac{\partial T_e}{\partial x}\right|_{x=0} = \left.\frac{\partial T_e}{\partial x}\right|_{x=L} = 0 \tag{4.48}$$

$$\left.\frac{\partial T_l}{\partial x}\right|_{x=0} = \left.\frac{\partial T_l}{\partial x}\right|_{x=L} = 0 \tag{4.49}$$

式中:L 为金属薄膜的厚度。

以金作为模拟靶材,靶材的厚度 $L = 200\text{nm}$。整个模拟计算过程中,采用的飞秒激光的脉宽为100fs,波长为800nm,与之相对应的金的物理参数见表4.2,双脉冲激光中的两个子脉冲的能量是相等的,两个子脉冲的能量之和等于单脉冲的能量。

通过双温方程计算的不同深度的金膜的电子温度随着延迟时间的变化关系[17]如图4.3所示,显示的深度分别为0nm、40nm、80nm及120nm,激光的能量密度为500 mJ/cm^2。图4.3(a)显示了单脉冲激光照射金表面后,表面电子温度在很短的时间内迅速升高并达到了最大的电子温度 $1.1 \times 10^4 \text{K}$。随着延迟时间的增加,电子温度开始下降直到达到热平衡(时间大约为15ps)。图4.3(b)显示了双脉冲激光照射金表面后,电子温度出现两个峰值,这显示了金膜被激光照射两次,最高的电子温度为第二个脉冲照射后达到的 $0.8 \times 10^4 \text{K}$,双脉冲的时间间隔为2ps。

表 4.2　金相关的物理参数

物理特性(符号)	评价值
费米温度 T_F/K	6.42×10^4
晶格热传导率 $k_l/(Wm^{-1}K^{-1})$	301
电子晶格耦合系数 $G_0/(Wm^{-3}K)$	2.2×10^{16}
反射率 R	0.974
激光穿透深度 α/nm	20.6
电子热容 $C_e/(Jm^{-3}K^{-1})$	70
材料常数 $A/(K^{-2}S^{-1})$	1.2×10^7
材料常数 $B/(K^{-1}S^{-1})$	1.23×10^{11}
晶格热容 $C_l/(Jm^{-3}K^{-1})$	$4 \times 10^6 - 12535 T_l + 39.758 T_l^2 - 0.0562 T_l^3 + 4 \times 10^{-5} T_l^4 - 9 \times 10^{-9} T_l^5$
材料常数 $\chi/(Wm^{-1}K^{-1})$	353
材料常数 η	0.16

从图 4.3 可以看出,所有深度的电子温度的趋势是非常相似的,随着靶材深度的增加,通过飞秒激光脉冲所引起的扰动大大减弱。而且,电子温度达到最高值的时间随着厚度的增加而增加,可以看出激光能量转移到靶材内部的过程需要一定的时间,并且深度越深时间越长。

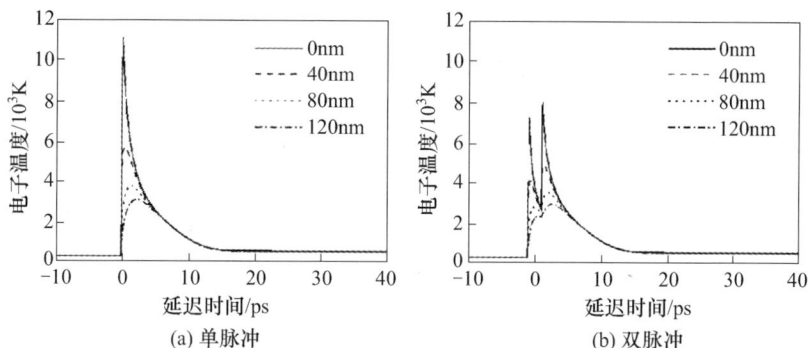

(a) 单脉冲　　(b) 双脉冲

图 4.3　不同深度电子温度随着时间的变化关系
(能量密度为 500 mJ/cm², 双脉冲时间间隔为 2ps)

图 4.4 对比了单脉冲与双脉冲激光照射靶材时的晶格温度随着时间的变化。不同深度的晶格温度逐渐升高并达到热平衡,热平衡的时间几乎是相等的。从图 4.4(a)看出,单脉冲的金表面晶格温度明显高于双脉冲的晶格温度。随着深度增加到 40nm(图 4.4(b)),单脉冲与双脉冲使得晶格温度的变化已经非常接近了。继续增加深度(图 4.4(c)和(d)),双脉冲使得晶格温度的变化高于单脉冲晶格温度的变化。

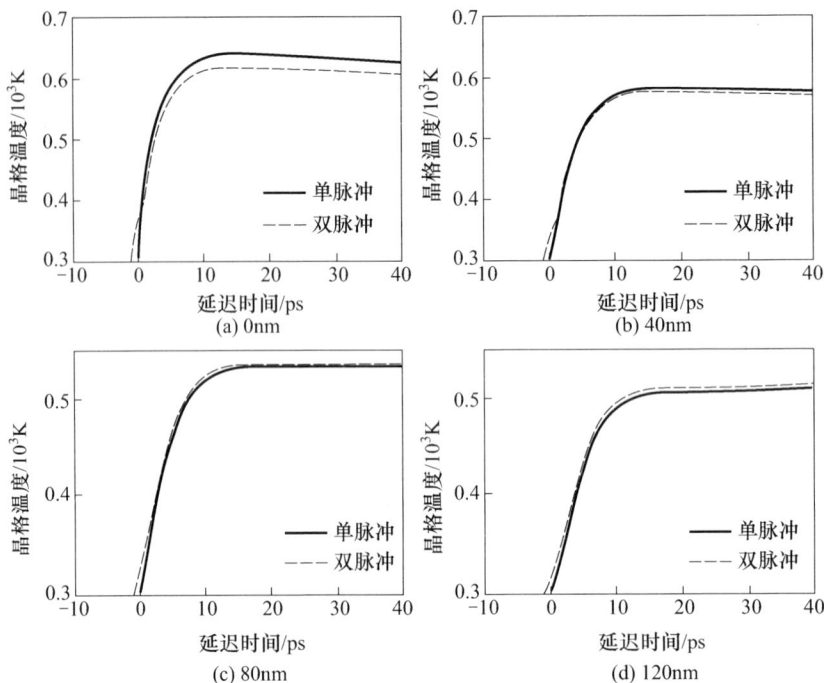

图 4.4　不同深度的单脉冲与双脉冲晶格温度随着时间变化的对比
（能量密度为 500mJ/cm^2，双脉冲时间间隔为 2ps）

热平衡时，单脉冲与双脉冲作用下的晶格温度随着深度的变化关系如图 4.5 所示，延迟时间为 40ps。在金膜表面处（$x=0\text{nm}$）的晶格温度分别为 626K（单脉冲）和 609K（双脉冲），那么可以分析出单脉冲的损伤阈值将低于双脉冲的损伤阈值。从图 4.5 中还可以清楚地把晶格温度随着深度的变化分为两个区域：①单脉冲高于双脉冲作用后的晶格温度；②单脉冲低于双脉冲作用后的晶格温度。分界线的深度大约为 60nm。可以推断，双脉冲使得更多的激光能量渗透到靶材内部，这些能量可以使得烧蚀深度更深，这将帮助提高激光烧蚀靶材的效率。另外，利用双脉冲照射靶材后，相对于单脉冲，靶材表层的温度是低的，这意味着平行靶材表面方向的温度梯度是低的，较小的温度梯度将缩小平行于靶面方向的热影响区域，这能提高飞秒微加工的精度，提高烧蚀坑的深度与直径的比值。

在飞秒双脉冲激光照射金表面的过程中，两个子脉冲的时间间隔是一个非常重要的参数，它影响着靶材对激光能量的吸收与能量的再分布过程。图 4.6 显示了飞秒双脉冲照射金表面达到热平衡时，不同深度的晶格温度随着双脉冲的时间间隔的变化关系，两个子脉冲的激光能量密度之和为 500mJ/cm^2，显示的深度分别为 0nm、40nm、80nm 及 120nm。可以看出，随着双脉冲时间间隔的增加，在 0nm 和

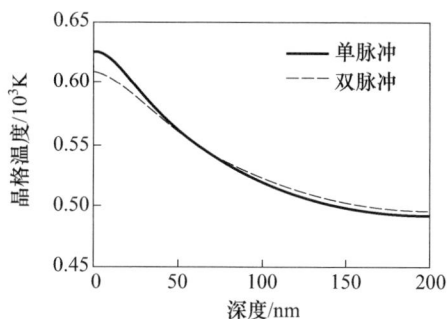

图 4.5　延迟时间为 40ps 时,晶格温度随着深度变化的对比

(500mJ/cm^2,双脉冲间隔为 2ps)

40nm 的深度位置(图 4.6(a)),晶格的温度逐渐降低,直到时间间隔大约 5ps 的时候,晶格温度的变化几乎保持一常量;而在 80nm 和 120nm 的深度位置(图 4.6(b)),晶格的温度是逐渐升高并保持一常量的。

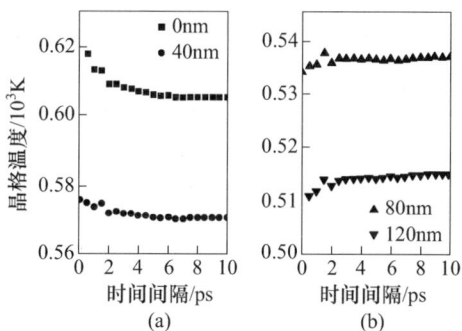

图 4.6　不同深度的晶格温度随时间间隔的变化关系

(能量密度为 500mJ/cm^2,延迟时间为 40ps)

　　为了解飞秒双脉冲激光相对于单脉冲激光对烧蚀深度的影响,对比了飞秒单脉冲与双脉冲激光照射金膜表面后,熔化面深度随着激光能量密度的变化关系,计算的结果如图 4.7 所示。单脉冲与双脉冲激光的损伤阈值分别为 2115mJ/cm^2 和 2320mJ/cm^2,与前面分析一致,单脉冲的损伤阈值低于双脉冲的损伤阈值。随着激光能量密度的增加熔化面深度逐渐增加,单脉冲与双脉冲激光熔化面深度的变化明显不同。在激光能量密度高于损伤阈值附近,单脉冲激光的烧蚀深度大于双脉冲激光的烧蚀深度。当激光能量密度达到 3500mJ/cm^2 的时候,激光单脉冲激光的烧蚀深度几乎等于双脉冲激光的烧蚀深度。继续增加激光能量密度,双脉冲激光的烧蚀深度大于单脉冲激光的烧蚀深度。因此,在利用飞秒双脉冲激光进行微加工的时候,应该选择合适的激光能量密度,以达到更好的微加工效果。

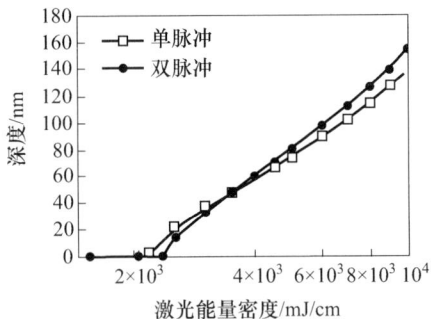

图 4.7 熔化面深度随时激光能量密度变化的对比

（双脉冲时间间隔为 5ps，延迟时间为 40ps）

本节以金靶材为例，利用双温方程对飞秒单脉冲和双脉冲激光照射下的金靶的热行为进行了对比分析，得到了单脉冲与双脉冲激光照射后的靶材的电子与晶格温度的变化规律。对于同样的激光能量密度，单脉冲和双脉冲激光将导致不同的电子、晶格温度和相应的热物理参数的变化。双脉冲激光能使得靶材吸收的激光能量更好地传递到靶材内部，使得烧蚀效率增加，提高飞秒激光微加工的精度。对熔化面深度随着激光能量密度变化的计算结果发现，双脉冲的损伤阈值高于单脉冲的损伤阈值。而且，在高于能量阈值附近，双脉冲的熔化面深度小于单脉冲的熔化面深度；然而，激光能量增加到某一值时，双脉冲激光表现出了优势，熔化面深度大于单脉冲的熔化面深度。这个结果对于双脉冲飞秒激光辐照金属的理论有较为普遍的意义。

4.1.2.2 超快激光损伤半导体材料的改进双温模型

超短脉冲激光与硅的相互作用涉及电子的光电激发（带间吸收、双光子吸收）、电子散射界面吸收和电子向晶格能量弛豫等主要物理过程。目前较准确的理论方法为"双温模型"。双温模型适用范围为超快激光与自由电子气及晶格构成的金属之间的相互作用，其主要物理过程为激光与自由电子之间迅速完成能量交换，交换时间较短（为飞秒量级）。但自由电子到晶格（声子）的能量弛豫时间较长，一般需要若干皮秒才能达到平衡。双温模型在激光烧蚀各种金属材料的理论研究中取得了成功。经典双温模型用于研究激光与金属（由自由电子气和晶格构成）的热动力学过程，不能直接用于分析激光与半导体材料的相互作用。本书在双温模型的基础上引入电子激发、双光子吸收、电子扩散及俄歇复合等物理过程建立超短脉冲与半导体相互作用的理论模型，能够分析激光与半导体材料相互作用中的电子密度、温度以及晶格温度演化特性，进而理解电子密度、晶格热振动对损伤过程的影响[18]。考虑能量守恒、热扩散及激光吸收，电子和晶格动力学方程为

(分别描述,式(4.50)晶格温度、式(4.51)电子浓度、式(4.52)电子能量和式(4.53)飞秒激光光强的衰减):

$$\rho C_L \frac{\partial T(x,t)}{\partial t} = \frac{\partial}{\partial x}\left[k_L \frac{\partial T(x,t)}{\partial x} \right] + \frac{3k_B n(x,t)\rho C_L}{3k_B n(x,t) + \rho C_L} \frac{T_C(x,t) - T(x,t)}{\tau_E} \quad (4.50)$$

$$\frac{\partial n(x,t)}{\partial t} = \frac{\partial}{\partial x}\left[D_\alpha \frac{\partial n(x,t)}{\partial x} \right] + \alpha_L \frac{I(x,t)}{hf} + \beta \frac{I(x,t)^2}{2hf} - \frac{n(x,t)}{\tau_R} \quad (4.51)$$

$$\frac{\partial U_C(x,t)}{\partial t} = \frac{\partial}{\partial x}\left[\frac{U_C(x,t)}{n(x,t)} D_\alpha \frac{\partial n(x,t)}{\partial x} \right] +$$

$$\left(\frac{hf - E_g}{hf}\alpha_L + \frac{2hf - E_g}{2hf}\beta I(x,t) + \alpha_{FCA} \right) I(x,t) + \quad (4.52)$$

$$E_g \frac{n(x,t)}{\tau_R} - \frac{3k_B n(x,t)\rho C_L}{3k_B n(x,t) + \rho C_L} \frac{T_C(x,t) - T(x,t)}{\tau_E}$$

$$\frac{\partial I(x,t)}{\partial x} = -(\alpha_L + \beta I(x,t) + \alpha_{FCA}) I(x,t) \quad (4.53)$$

式中:C_L 为晶格热容;k_B 为波耳兹曼常数;τ_E 为能量弛豫时间;ρ 为密度;α_L 为线性吸收系数;β 为双光子吸收系数;U_C 为电子内能;τ_R 为复合时间;α_{FCA} 为自由电子吸收系数;E_g 为禁带宽度;k_L 为晶格热导率;n 为电子浓度。

利用非线性偏微分方程组(4.50)～(4.53)求解波长 800nm、脉冲宽度 100fs 的单脉冲激光与硅材料的相互作用过程,飞秒激光采用高斯光束波形:

$$I(t) = (\phi/\sigma \sqrt{2\pi}) \exp(-(t - t_0)^2/2\sigma^2) \quad (4.54)$$

式中:ϕ 为激光能量度(J/m^2);τ_p 为高斯光束脉宽:$\tau_p = 2\sqrt{2\ln 2}\sigma$;$t_0$ 为延时。硅参数见表 4.3。

初始条件均选为 $t_d = 5t_p$,从而可避免起点处激光波形起始点的影响。初始条件下,电子和晶格温度均设为 300K,电子密度为 $1.5 \times 10^{12} cm^{-3}$。并采用 Neumann 边界条件:在位置 0 和位置 L 处,电子和晶格温度的梯度均为零。

偏微分方程组式(4.50)～式(4.53)为刚性方程组(SE),不能采用常规显式 Runge-Kutta 微分方程算法,可采用基于数值微分方程(NDFs)进行计算,计算精度保证优于 10^{-3},并采用不同步长计算验证,保证计算结果收敛。

表 4.3　硅材料的物理特性参数

物理特性	符号	实验测量值
电子热容	$C_C(J/m^3 K)$	$C_C = 3N_c k_B$
晶格热容	$C_l(J/m^3 K)$	$C_l = 2.07 \times 10^6$

（续）

物理特性	符号	实验测量值
电子热传导率	$\kappa_c(\text{W/mK})$	$\kappa_c = -0.556 + 7.13 \times 10^{-3} T_c$
晶格热传导率	$\kappa_l(\text{W/mK})$	$\kappa_l = 1.585 \times 10^5 T_l^{-1.23}$
电子－声子弛豫时间	$\tau_c(\text{s})$	$\tau_c = \tau_0 [1 + (N_c/N_{\text{crit}})2]$
		$\tau_0 = 0.5 \times 10^{-12}$
		$N_{\text{crit}} = 2 \times 10^{27}$
吸收系数	$\alpha(1/\text{m})$	$\alpha = \alpha_l + \sigma_{fc} N_c$
		$\sigma_{fc} = 5.1 \times 10^{-22} [1.17/(h\upsilon)]^2 \times (T_l/300)$
Auger 复合率	$\gamma(\text{m}^6/\text{s})$	$\gamma = 3.8 \times 10^{-43}$
反射率	R	$R = 0.32$
能带	$E_g(\text{eV})$	$E_g = 1.167 - 0.0258[T_l/300]$ $-0.0198[T_l/300]2$

4.1.2.3　飞秒激光损伤硅的理论

根据以上改进双温模型得到硅材料的损伤阈值为 0.25J/cm^2，与实验值 $0.15 \sim 0.27\text{J/cm}^2$ 相符程度较好。此时，电子密度峰值达到 $4 \times 10^{27}/\text{cm}^3$（电子密度随时间的演化见图4.8），而电子温升峰值达到12000K，晶格温度为1685K（硅熔点）。晶格温度随时间的演化如图4.8所示，电子和晶格温升表现出完全不同的演化趋势：电子温度在激光入射后随即提高，然后在入射激光结束时，温度演化进入下降通道（图4.9中实线）；而此时晶格的温度才开始缓慢上升，这是由电子向晶格弛豫时间特性 τ_E 决定的（图4.10中的短划线），τ_E 的时间尺度约为若干皮秒。

载流子密度分布 $N_c(x,t)$

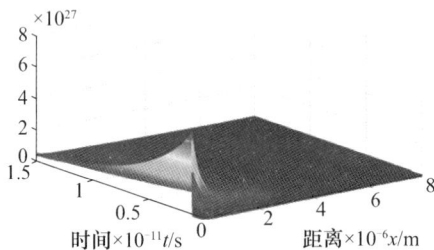

图4.8　激发电子密度时间演化过程（见彩图）

下面利用 Korfiatis[19] 等人提出的非热损伤理论框架探讨飞秒激光损伤单晶硅的热损伤和"非热损伤"机理。Korfiatis认为半导体材料的损伤可由两种贡献得到：

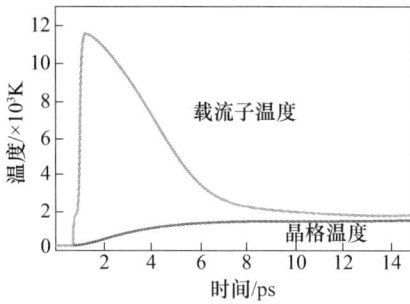

图 4.9　表面电子和晶格
温度时间演化过程

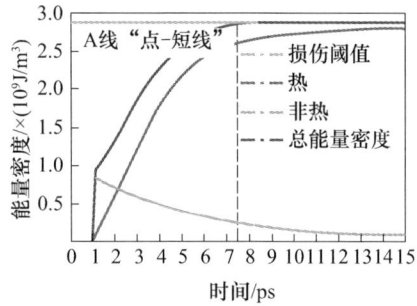

图 4.10　热损伤与非热损伤
时间演化过程(见彩图)

①热损伤,即晶格温度达到熔点;②非热损伤。一般认为当共价键键长增加 15%
时材料即会熔化。由于电子 - 空穴对激发非热损伤发生在一定比例共价键"冷"
断裂的情况。更一般的情况下,损伤由热损伤和非热损伤共同构成:

$$\rho C_L(T_m - T_0) = \rho C_L(T - T_0) + nE_g \qquad (4.55)$$

式(4.55)中参数符号与式(4.50) ~ 式(4.53)有相同意义。方程右边第一项
表示热损伤的贡献、第二项表示非热损伤贡献,即可由激发的电子 - 空穴对密度 n
与激发的半导体能带之积来表示破坏共价键所需要的能量。式(4.55)表明硅的
损伤阈值(损伤定义为熔点)是温度和电子密度的函数。也就是说随着电子密度
的提高,硅的熔点不断下降。目前较公认的理论认为当电子密度达到 $2 \times 10^{28}/cm^3$
时硅甚至能够在常温 300K 发生非热损伤。

随时间演化的热损伤部分贡献和非热损伤贡献量如图 4.10 所示。其中,热损
伤部分(短划线)随着时间增加而不断增加,而非热损伤部分(实线)随着激光脉冲
峰值达到极值之后逐步衰减。由于电子密度、电子温度升高由脉冲激光引入,当激
光脉冲结束后(1.1ps),电子密度就从极值点开始下降并出现拐点。在入射激光
能量密度为 $0.25J/cm^2$ 时,在 6.6ps(如图 4.10 垂直点划线所示)热损伤和非热损
伤总贡献量达到式(4.55)定义的临界条件(对应总能量密度 $2.86 \times 109J/cm^3$,见
图 4.10 水平"点 - 短划"A 线)。此极值点表明激光入射的能量经由电子向晶格
转移完成。晶格温度也就达到了极大值,随着时间的推移将通过热传导方式逐步
降低。此时非热损伤的比例约为 8.6%,热损伤的比例高达 91.4%。因此,在该入
射激光能量密度条件下($0.25J/cm^2$),对于 100fs 脉宽的激光脉冲,热损伤仍然占
主要部分。这一理论结果得到了实验证明:轻微损伤时($0.13 \sim 0.3J/cm^2$),由于
热效应形成的约 $0.5\mu m$ 高度的"探针凸起",因此热损伤效应仍然发挥很大作用。

随着入射激光能量密度的提高,非热损伤的贡献越来越大(见图 4.11 实心圆

点实线）。当能量密度提高 1 倍(0.5J/cm²)，热损伤贡献达到 47.9%，相应的热损伤贡献比例降为 52.1%。当激光能量密度达到 0.53J/cm² 以上时，材料损伤由非热过程主导(占比100%)，与文献实验值 $Fp=0.4J/cm^2$(激光脉冲宽度83fs，波长800nm)相当，此时实验上非热损伤表现为激光入射后材料表面反射率的迅速提高，并形成一个短暂存在的"非热"液相组分。考虑到脉宽不同的影响，两者之间的误差仅约为 14.7%。激光能量密度为 0.50J/cm² 时，非热损伤贡献率出现了明显拐点，由电子密度造成的非热损伤贡献量迅速增大造成的，根源在于非线性特性(主要为双光子吸收)。双光子吸收系数正比与 I^2，只有当激光能量密度足够大时，非热损伤的贡献才迅速提高。

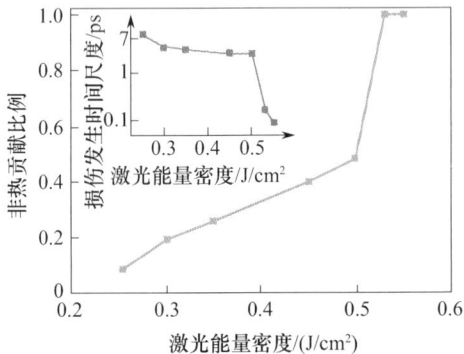

图4.11　非热损伤贡献、损伤时间与激光能量密度关系
(内小图为损伤发生时间与能量密度的关系)

另外一个能够反映非热损伤贡献随着入射激光能量密度提高而不断提高的重要参数是损伤时间(见图4.11中附小图)。在激光能量密度仅为 0.25J/cm² 时，损伤时间约为6.6ps。随着入射飞秒激光能量密度的提高，损伤所需的时间逐步缩短，能量密度提高 1 倍时(0.50J/cm²)损伤时间缩短为 2.4ps。能量密度进一步提高(≥0.53J/cm²)，损伤所需的时间严重变短，出现了明显拐点，从最初的热损伤特征时间 6.6ps 变为 90~170fs。拐点特性表明当入射激光能量密度≥0.53J/cm²时非热损伤占据了的主导地位。

值得指出的是，此时双光子吸收对非热损伤的贡献占重要地位(其与单光子吸收之比由 $\beta I/\alpha_L$ 决定，见式(4.53))。这也体现出飞秒激光具有超高峰值功率、易产生双光子吸收的特性。

利用该模型得到100fs、200fs及300fs损伤阈值分别为0.25J/cm²、0.308J/cm²及0.338J/cm²，并均表现出热损伤特性，可按典型的热损伤阈值与脉宽关系进行拟合：

$$F_{th} \propto \tau_p^x \tag{4.56}$$

得到：$x\approx0.26$。因此，对于相同波段激光，脉宽越长损伤阈值越大，但可看出明显偏离傅里叶热力学的理论值($x = 0.5$),这也说明了与纯热损伤的区别(非热损伤占一定比例)。

4.1.2.4　双脉冲激光损伤晶体硅理论

下面详细讨论双脉冲激光损伤过程。入射到硅靶面的激光能量密度选为 $0.14\mathrm{J/cm^2}$(约为损伤阈值一半)。电子密度、电子温度以及晶格温度的演化如图 4.12 所示。图 4.12 中 1 ~ 100ns 之间部分均省略,只保留激光入射时的演化过程。

第一个脉冲导致电子密度迅速升高到 $2 \times 10^{27}/\mathrm{m^3}$,其时间尺度小于 100fs,并且在几十个皮秒时间内迅速降低(在 1ns 之后 $\ll 10^{26}/\mathrm{m^3}$)。第二个激光脉冲到达后,电子密度升高的更大,如图 4.12(a)所示。并且不同的时间间隔对应着不同的电子密度峰值。两个脉冲的时间间隔越长,积累效应相对变弱。即使时间尺度为 100ns,积累效应仍很明显。电子温度的演化特性与电子密度类似,如图 4.12(b)所示。第一个脉冲导致电子温升到 8000K,脉冲时间间隔为 1ns 时,第二个脉冲导致电子温升 10000K。脉冲间隔越宽,电子温升积累越低。当脉冲时间间隔达到 100ns 时,第二个脉冲造成的电子温升仍可达到 8500K。晶格温度演化如图 4.12(c)所示,第一个脉冲在几十个皮秒内导致晶格温升至 750K。脉冲时间间隔小于 100ns 时,第二个脉冲造成了非常明显的温升。在脉冲间隔为 1ns 时,晶格温升至 1200K;在脉冲间隔为 100ns 时,晶格温升至 820K。在第一个脉冲入射晶格极值点约为 750K,在第二个脉冲来临之前显著下降。随着时间间隔缩短,脉冲间隔 1 ~ 100ns,晶格温度降至 300 ~ 500K。第二个脉冲入射后,晶格温度分别升至极值温度(820 ~ 1200K)。该极值温度表示了热积累与脉冲间隔的关系,说明多脉冲入射具有积累特性。

需要分析导致电子密度、电子温度以及晶格温度积累的原因。第二个激光脉冲的积累效应受到时间间隔的影响,其原因可能与第一个激光脉冲作用之后的电子密度或者晶格温度密切相关,需要分析这两个因素的影响。通过确定一个变量(如晶格温度),尝试变化另一个变量(如电子密度),能够分析对积累效应的影响。下面就利用这个方面研究电子密度和晶格温度对积累效应的影响。如图 4.13、图 4.14所示。其中,小图(左)为表面处电子密度演化过程、小图(右)为表面处电子温度演化过程。

第一个脉冲之后电子密度远远小于 $10^{26}/\mathrm{m^3}$。进一步分析了初始电子密度 $1.5 \times 10^{16} \sim 1.5 \times 10^{26}/\mathrm{m^3}$ 对温升的影响,发现最终晶格温升仅为 20K,如图 4.13 所示。图 4.13 中的小图还给出了电子温度、密度时间演化规律,表明没有显著增大趋势,因此与初始电子密度的相关性非常小。这说明在第一个脉冲之后(此时电子密度小于 $10^{26}/\mathrm{m^3}$)初始电子密度对积累效应的影响较小。

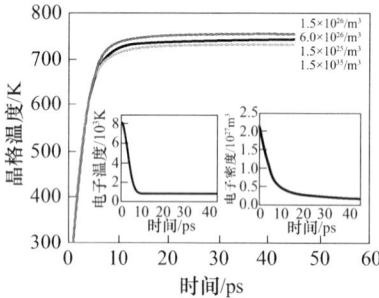

(a)

(b)

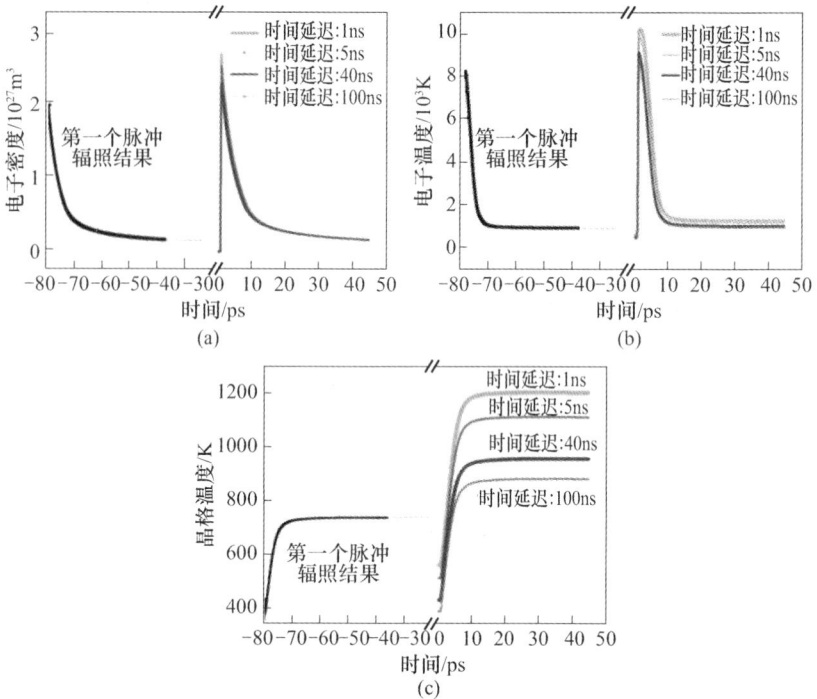

(c)

图 4.12　双脉冲飞秒激光入射后硅表面的演化

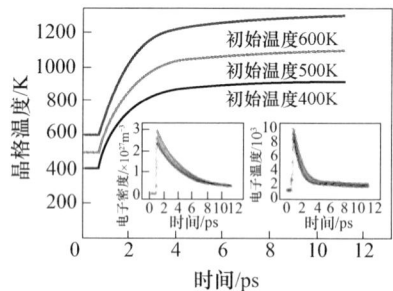

图 4.13　不同初始电子密度条件下的
硅晶格温度演化过程(表面)

图 4.14　不同初始晶格温度条件下的
硅晶格温度演化过程(表面)

晶格温度受到不同脉冲时间间隔条件下的晶格温度影响。第一个脉冲之后晶格温度为 $391 \sim 561\mathrm{K}$(间隔$\geqslant 1\mathrm{ns}$),如表 4.4 所列。电子密度峰值变化增大到约 $2.5 \times 10^{27}/\mathrm{m}^3$。因此,对于积累效应,初始电子密度影响较小,而初始晶格温度影响至关重要。双脉冲辐照的结果也显示,脉冲间隔从 1ns、5ns、40ns 逐步增至 100ns,第一个脉冲造成的晶格温升分别为 400K、450K、520K 和 600K。较短的时间间隔导致硅材料内部沿 Z 轴方向(即激光入射方向)的散热较小,从而解释了热积累效应。定量上看,脉冲间隔 100ns(对应激光重频 10MHz)仍然具有显著的热积累效应。这一结果说明了使用 10MHz 以上的飞秒激光热积累效应。

表 4.4 不同时间间隔下的表面晶格温度
单位:K

时间延迟/ns	1	5	50	100
第一个脉冲后	561	515	433	391
第二个脉冲后	1201	1111	957	883

如图 4.14 所示,第一个激光脉冲作用后的电子密度小于 $10^{26}/m^3$,不会改变热演化过程。然而,第一个激光脉冲造成晶格温度达到 391K,导致极高的电子激发以及晶格温升。因此,脉冲间隔 100ns(对应激光重频 10MHz)仍然具有显著的热积累效应,并且能够显著降低损伤阈值。

开展了飞秒激光与硅的相互作用理论研究,探讨了不同入射能量密度条件下的损伤机理(热损伤和"非热"损伤),得到 800nm、100fs 单脉冲激光的热损伤阈值 $0.25J/cm^2$,"非热"损伤阈值 $0.53J/cm^2$,还得到 100 ~ 300fs,损伤阈值与脉冲宽度的损伤特性: $F_{th} \propto \tau_p^{0.26}$ 。分析了双脉冲飞秒激光与硅的作用过程,预测了飞秒激光积累损伤效应,探讨初始电子密度、初始晶格温度等因素对积累效应的影响。

由于激光加工时往往远高于损伤阈值,并不关心初始发生损伤的条件,而主要关心材料激光加工时的控制精度、热效应及深度等方面问题。本研究与激光加工领域的应用需求有一定区别。因此,本书对激光加工等应用具有参考意义。

4.1.3 飞秒激光诱导硅等离子体光谱

4.1.3.1 飞秒激光诱导等离子体光谱确定硅的损伤阈值

激光与物质相互作用是通过辐照样品的激光被靶材吸收或者反射开始的。当激光入射到各向同性并且均匀的靶材时,激光的一部分能量被靶材表面或者周围的气体、粒子等散射或者反射。进入靶材的激光,其能量一部分被吸收,其余的能量穿透靶材继续深入的传播。在微观机理方面而言,激光与物质间的相互作用就是指高频的电磁场对材料中束缚电子或者自由电子的作用,物质对激光的吸收与其物质结构和电子能带结构有关,因此,针对不同材料,激光烧蚀靶材对应的烧蚀机制将有所不同。

半导体材料烧蚀机制:半导体对激光有多种吸收机制,例如,光致电离、自由载流子吸收等。光致电离产生的电子 – 空穴对通过无辐射跃迁复合,把吸收的光能转变为热能。在半导体材料的烧蚀过程中,价带电子吸收单光子或者多光子,当吸收的能量超过禁带宽度时电子将跃迁至导带,并产生电子 – 空穴对和热的电子气。

263

当电子－空穴对密度达到一定值时,晶格将不再稳定,进而在次皮秒范围内发生非热融化。在接下来的一段时间范围内,过热的液化物质将蒸发并剧烈的沸腾,等离子体的产生和解离等过程相继发生。因此,飞秒激光与硅的相互作用是非常复杂的,这里利用简单的实验方法去讨论硅在飞秒脉冲激光照射下的损伤阈值。

1) 实验装置

硅的损伤阈值测量的实验装置如图 4.15 所示。本次实验中所采用的是啁啾脉冲放大的钛宝石(Ti：Sapphire)飞秒激光系统,此系统是由美国光谱物理公司(Spectra-Physics)生产的实验室飞秒激光脉冲系统。另外,整个飞秒脉冲激光系统包括振荡级和放大级两个部分。飞秒激光脉冲的振荡级包括一个自锁模的 Ti：Sapphire 激光器(Tsunami)和一个用于泵浦的二极管激光器(Millennia)。自锁模的 Ti：Sapphire 激光器的中心波长为 800nm,它的重复频率为 82MHz、脉冲的宽度为 50fs,输出的飞秒激光平均功率为 500mW。飞秒激光器的放大级部分(Spitfire)由 Evolution(Nd：YLF,1kHz,527nm,6W)激光泵浦的 Ti：Sapphire 构成。种子光(Tsunami)经放大级(Spitfire)放大后,输出的飞秒激光的中心波长为 800nm,脉冲宽度(FWHM)为 100fs,重复频率为 1kHz,单脉冲的最大激光能量大约为 300 μJ。

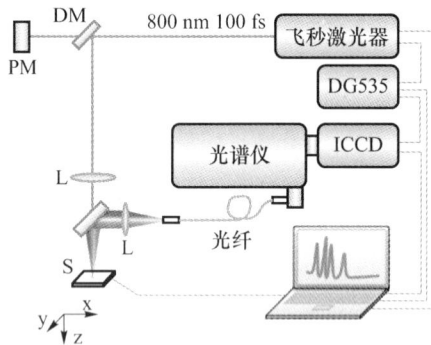

图 4.15　实验装置示意图:其中包括分束片(DM)、功率计(PM)、透镜(L)、样品(S)

激光经过一个分束片后的一小部分激光用来监测飞秒激光脉冲的能量,反射的光通过一个聚焦透镜(焦距为 25mm)聚焦后,垂直照射到样品的表面对样品进行烧蚀并产生等离子体光谱。靶材被安装放置在一个计算控制的电动三维平移台(PT3-Z8,由 Thorlabs 公司生产制造,移动的范围为 25mm, 最小步长为 1μm)精确地控制样品移动的位置,这样保证在每个飞秒激光照射的位置是没有被烧蚀过的。在飞秒脉冲激光烧蚀硅的实验时,烧蚀产生的等离子体光谱在激光的反方向上经过一个 45°反射镜反射后由一个聚焦透镜收集并聚焦到一根光纤,经过这根光纤进入光电探测系统。在开始整个实验过程开始前以及在实验进行过程中,飞秒激光的焦点始终处于样品的表面,简单的判断方法如下:计算机控制移动三维电动位移台的某一坐标轴(Z 轴,这一坐标轴的方向垂直于样品的表面),同时记录每个位置下飞秒激光烧蚀并产生的等离子体光谱的辐射强度信号,将信号强度的最大值对应的位移台的位置作为激光脉冲焦点与样品表面重合的位置。

本实验中的等离子体光谱的探测系统由以下两个部分组成:分光系统和光电探测系统。飞秒激光烧蚀产生的等离子体光谱由一个聚焦透镜收集到一根光纤并由这根光纤导入进光谱仪(Princeton Instruments,PI Acton SP500i)中。此光谱仪的光栅有三个,其分辨力分别为 150 槽/mm、1200 槽/mm、2400 槽/mm。实验开始时使用的分辨力为 150 槽/mm 的光栅进行探测,发现光谱后,再用 2400 槽/mm 的光栅进行光谱测量。光谱经过光谱仪分光后用 ICCD 相机(PI-MAX,1024x256)进行探测,一个脉冲延迟控制器 DG535 对 ICCD 的延迟时间和门宽进行控制,使其在激光脉冲发出一段时间后对烧蚀产生的荧光信号进行采集,并采用恰当的时间延迟和门宽使得光谱有最好的信噪比。最后,将采集到的光谱信息显示在电脑上。

2)实验结果与讨论

实验过程中,为了获得较好的硅光谱的信噪比,选择 ICCD 的门延迟时间为 1.5μs,门宽为 400ns,采集的是 Si(I)390.55nm 的 $3s^2 3p^2({}^1S_0) \leftarrow 3s^2 2p4s({}^1P_1)$ 的跃迁谱线。图 4.16 显示了飞秒激光烧蚀 Si 和 SiO$_2$/Si 的等离子体光谱的谱线强度随着激光能量密度的变化关系。从这个图可以看出飞秒激光诱导击穿 Si 等离子体光谱的辐射强度随着激光的能量密度的增加而增加。相对于较低的激光能量,较高的激光能量将产生更强的等离子体辐射。

在激光烧蚀等离子体的过程中,激光烧蚀并产生的高温、高电子密度等离子体处于局部热平衡的状态下,一般来说,处于完全热平衡状态的等离子体是非常少见的,这是由于在实际中,几乎很少的存在一个无边界、空间、时间均匀的或者是被封闭在一个理想状态下的黑体空腔中的等离子体。然而,人们一般认为等离子体处于局部热平衡(LTE)模型的近似下,等离子体中粒子之间的碰撞率应该超过辐射率至少一个数量级。此时,粒子的速度分布主要由等离子体粒子之间的碰撞所决定,快的粒子间的碰撞过程使得粒子的速度分布能够及时地响应等离子体中各种状态的变化。同时,每个状态的变化过程都将会存在一个逆过程并与其对应,且两者速率是一样的,这样就可以简单地认为等离子体达到了热平衡状态,则粒子的速度分布和在一个理想的完全热平衡的系统里的分布是一样的。在激光诱导等离子体实验当中,等离子体中的空间上任意一个位置、任意一个时间点的粒子速度分布几乎完全是来自该时该点的压力和温度。因此,能够采用 LTE 来近似处理激光等离子体,即认为在等离子体内的空间的某一很小的范围内满足热平衡的状态。

在基于热平衡的该近似下(通常是在等离子体有较高的密度下采用),处于不同的电离度离子的分布由热平衡的碰撞过程来决定,而可以忽略辐射过程的影响,该分布是由 Saha 方程进行描述:

$$\frac{N_e N^z}{N^{z-1}} = 2\frac{U^z(T_e)}{U^{z-1}(T_e)}\frac{(2\pi m_e k T_e)^{3/2}}{h^3}\exp\left(-\frac{\chi^{z-1}-\Delta\chi^{z-1}}{kT_e}\right) \tag{4.57}$$

式中:$N_e(\mathrm{cm}^{-3})$ 为电子密度;N_z 为电离度为 Z 的离子密度;$U^z(T_e)$ 为电离度为 Z 的离子的配分函数;N^z 为电离度为 Z 的离子的电离势;$\Delta\chi^{z-1}$ 为 χ^{z-1} 和 χ^z 的电离势之差。关于配分函数和 LTE 模型的判据有许多讨论,其中,McWhirter 等给出适用于局部热平衡模型的判据为:

$$N_e \geqslant 1.6\times10^{12}T_e^{1/2}\chi(p,q)^3 \tag{4.58}$$

式中:T_e 为电子温度(K);N_e 为电子密度(cm^{-3});$\chi(p,q)$ 为所考虑的离子的最大能量差(eV)。

在激光诱导等离子体满足局部热平衡时,等离子体中的各能级上的粒子数分布满足玻耳兹曼定律,并且等离子体的电子温度 T_e 可以认为与等离子体的激发温度 T_{exc} 是一致的,都等于等离子体的温度 T。因此,中心波长为 λ 的线状谱线的辐射强度由式(4.59)给出:

$$I_\lambda = F_{exp}N\frac{A_{ki}g_k}{\lambda U(T)}\exp\left(-\frac{E_k}{k_b T}\right) \tag{4.59}$$

式中:A_{ki}、g_k 分别为跃迁概率和统计权重;E_k 为激发能级能量;k_b 为玻耳兹曼常数;N 为粒子数;$U(T)$ 为配分函数;F_{exp} 为与实验光学探测系统效率相关的常数。

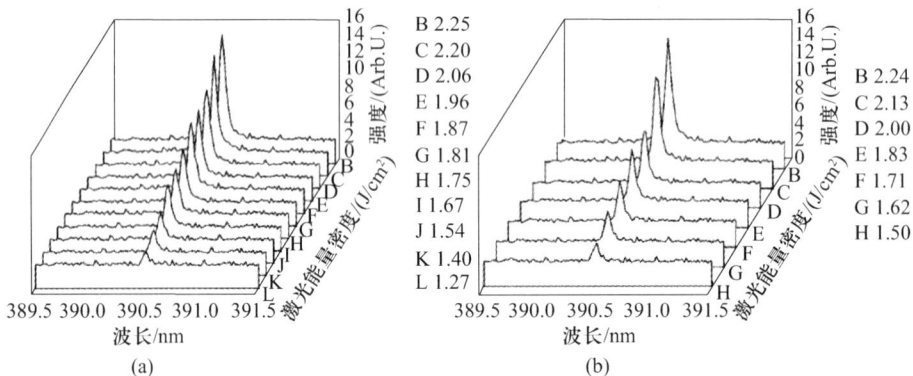

图4.16 不同激光能量密度飞秒激光烧蚀硅 Si(a) 和 SiO₂/Si(b) 产生的等离子体光谱

实验中选定的飞秒激光的能量在 Si 和 SiO₂/Si 的损伤阈值附近,在这个较小的激光能量范围,飞秒激光激发 Si 产生的等离子体内的温度是非常接近的或者说几乎是相等的,因此,可以认为等离子体的温度是一个常数。根据式(4.59),选的波长是一样的,是 Si(I)390.55nm 的谱线,而在同一谱线的条件下,式(4.59)中的与谱线辐射强度相关的系数(A_{ki}、g_k、E_k、$U(T)$)是一样的,而对于系数 F_{exp},因为是在同一实验系统,F_{exp}是不变的。所以,式(4.59)可以简化为

$$I_\lambda = cN \tag{4.60}$$

$$c = F_{exp} \frac{A_{ki}g_k}{\lambda U(T)} \exp\left(-\frac{E_k}{k_b T}\right) \tag{4.61}$$

在式(4.60)中,N 是粒子数,N 是相当于样品的烧蚀量,也就是说与烧蚀质量成正比。因此,很容易地得出等离子体光谱的辐射强度 I_λ 是与烧蚀深度成正比,如图 4.17 所示。

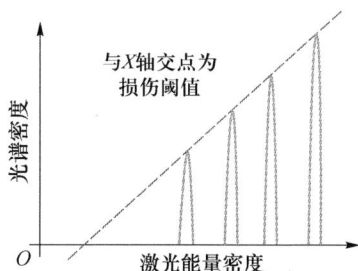

图 4.17　损伤阈值与光谱辐射强度之间的关系示意图

为了了解 Si 和 SiO₂/Si 的飞秒激光的损伤阈值,图 4.18 和图 4.19 显示了激光烧蚀产生等离子体光谱的辐射强度随着激光能量密度的变化关系。

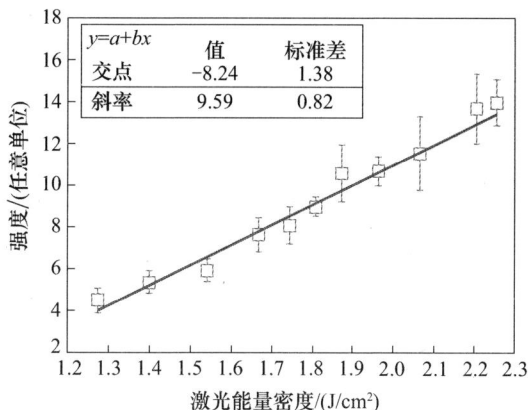

图 4.18　飞秒激光烧蚀 Si 产生的等离子体光谱随着激光能量密度的变化关系

探测的波长是 Si(I) 390.55nm 通过线性拟合方式,得到了 Si 和 SiO₂/Si 的激

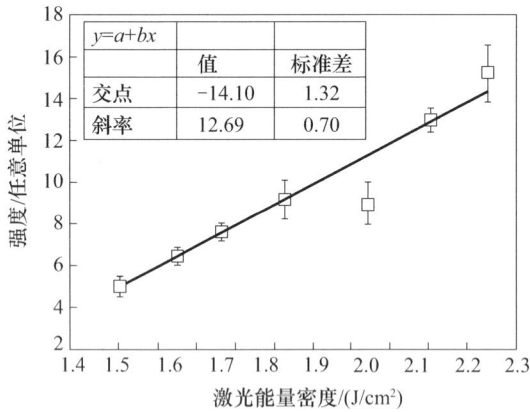

图 4.19　飞秒激光烧蚀 SiO_2/Si 产生的等离子体光谱随着激光能量密度变化关系

光等离子体辐射光谱的线性变化方程如下:

$$y_{Si} = 9.59x_{Si} - 8.24 \tag{4.62}$$

$$y_{SiO_2/Si} = 12.69x_{SiO_2/Si} - 14.10 \tag{4.63}$$

　　表 4.5 列出了详细的拟合的结果。经过这上述方程的计算,可以得到 Si 和 SiO_2/Si 的损伤阈值分别为 $0.86J/cm^2$ 和 $1.11J/cm^2$。从这两个值,可以看出,SiO_2/Si 的损伤阈值稍稍大于 Si 的损伤阈值。

表 4.5　通过线性拟合的结果

样品	值		STD.
硅	交点	−8.24	1.38
	斜率	9.59	0.82
二氧化硅/硅	交点	−14.10	1.32
	斜率	12.69	0.70

4.1.3.2　双波飞秒双脉冲激光诱导硅等离子体光谱

　　激光诱导击穿光谱(LIBS)是一项非常流行的技术,这个技术利用激光烧蚀一个样品去产生等离子体光谱,通过这个光谱去确定样品中所包含的元素。一般来说,激光诱导击穿光谱技术可以分析各种物理状态下的物质,这包括常见的固态、液态或者气态。因为所有的物质在被超强的激光照射后都能达到极高的温度从而发光,所以,激光诱导击穿光谱可以用来探测并分析元素,限制这项技术使用的条件仅仅是激光脉冲的能量、分光设备(光谱仪)、光电探测器的精确度和灵敏度。随着各种技术的发展,许多新的实验方法被用来提高 LIBS 的灵敏度,例如:空间限制的等离子体、激光结合快速放电技术产生的等离子体、磁场约束条件下的等离子体、双脉冲激光技术等离子体等。

随着各种激光技术的发展,飞秒脉冲激光被引入到激光烧蚀里。飞秒脉冲激光由于具有强的峰值功率,相比于纳秒激光或者更长脉冲的激光,飞秒激光有着较低的烧蚀阈值、高的烧蚀效率及较小的热损伤区域。基于纳秒双脉冲激光在 LIBS 中的优点,飞秒双脉冲激光也被用于 LIBS 的研究。在飞秒双脉冲激光诱导等离子体光谱的实验装置中有两种空间结构,垂直的双脉冲和共线的双脉冲,两种装置之间的不同是两束激光的方向是不一样的。在飞秒双脉冲激光诱导等离子体光谱的实验中,样品被飞秒激光照射两次,两束飞秒激光脉冲之间的时间间隔通过一个计算机控制的精密电动位移台进行控制。一般情况下,控制的时间的间隔在几个皮秒到数百皮秒范围,这由电动位移台的长度决定。相比于单脉冲飞秒激光,飞秒双脉冲激光相关的实验观察到了很多新颖的结果,例如:加强的等离子体的辐射、产生的纳米粒子尺寸的缩减及对等离子体羽的控制等。特别是在同样的激光能量下,相比于飞秒单脉冲激光,飞秒双脉冲激光能产生更强辐射的等离子体光谱,这个显然可以提高 LIBS 用于元素分析探测的灵敏度。

显然,飞秒双脉冲激光在 LIBS 里有很好的应用前景,因此,研究了飞秒双脉冲激光诱导硅等离子体光谱,不同于以前的研究(两束飞秒激光脉冲采用同一波长),采用了双波飞秒双脉冲激光(两束飞秒激光脉冲采用不同的波长,飞秒基频波 800nm 和二次谐波产生的 400nm),目的是研究双波飞秒双脉冲激光之间的时间间隔对产生的等离子体辐射的影响。

1)双波飞秒双脉冲诱导光谱的实验装置

双波飞秒双脉冲诱导光谱的实验装置的示意图如图 4.20 所示。整个飞秒激光系统是一个一体化的超快 Ti:Sapphire 放大器(Coherent Libra),激光的 FWHM 是 50fs,波长是 800nm,重复频率是 1kHz,单脉冲输出的最大激光能量约为 4mJ。首先,800nm 的基频光通过二次谐波效应经过一个 BBO 晶体产生 400nm 的激光,400nm 的激光通过旋转 BBO 的角度改变光的倍频效率来改变相应的能量。同时,把 400nm 的光作为整个实验过程的主脉冲激光,或者说作为整个实验的时间零点。通过 BBO 产生的双色光通过一个双色片被分成单独的 400nm 和 800nm 的激光,而 800nm 的激光被引入一个计算控制的线性延迟台(Physik instrumente,M-505)来改变两个脉冲之间的延迟。两个子脉冲的时间间隔范围是 -350~350ps。子脉冲 800nm 的激光通过一个格兰棱镜和一个半波片调整到需要的能量。随后,400nm 和 800nm 的激光通过另一个双色片结合成共线的双波飞秒双脉冲激光,这个双波飞秒双脉冲照射到一个离轴抛面反射镜(焦距是 25cm)聚焦到样品表面。样品被安装在一个计算机控制的 X-Y-Z 电动位移台(Thorlabs,PT3/M-Z8),这保证了每个双脉冲激光照射到样品表面前,此处的样品是新的。产生的等离子体光谱通过两个透镜（BK7）收集并聚焦到一根光纤,光纤的另一端接一个光谱仪（Spectra Pro 500i, PI Acton）,此光谱仪包含 150 槽/mm、1200 槽/mm 和 2400 槽/mm 的光栅,使用光栅是 1200 槽/mm。一个 ICCD 相机（Princeton Instruments, PI-MAX,分辨力 1024×256）用来探测光谱仪分光后的光谱。整个实验过程在标准大气压下的空气中进行。

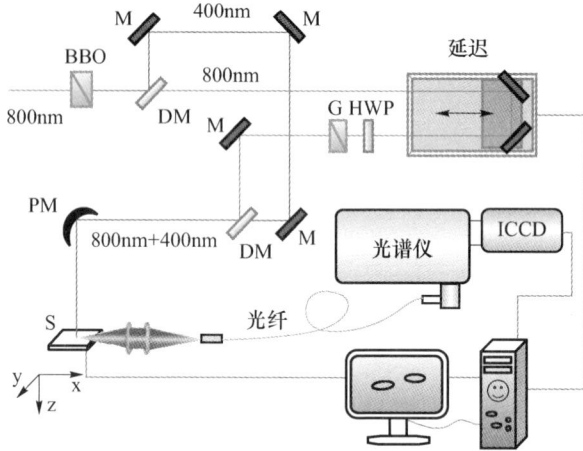

图 4.20　实验装置示意图,包括:反射镜（M）、双色镜（DM）、离轴抛面反射镜（PM）、格兰棱镜（G）、半波片（HWP）和样品（S）

2）实验结果与讨论

首先,400nm 的激光能量被调整到 180 μJ,这个能量是在此实验系统下通过旋转 BBO 的角度能获得的最大能量,而 800nm 的激光通过格兰棱镜和半波片调整到需要的激光能量 180μJ 和 360μJ。分别遮挡 400nm 和 800nm 的飞秒激光,单脉冲 400nm（180μJ）和 800nm（180μJ 和 360μJ）飞秒激光被用来产生硅等离子体光谱。ICCD 相机通过飞秒激光系统的 SDG 的输出同步信号来进行同步,为了获得最好的光谱辐射的信噪比,ICCD 的延迟时间被设置为 2μs,门宽被设置为 400ns。使用光谱仪 150 槽/mm 的光栅进行光谱探测,通过 BK7 透镜后观察到的谱线是 Si（I）线,波长为 390.55nm,跃迁为 $3s^2 3p^2(^1S_0) \leftarrow 3s^2 2p4s(^1P_1)$。那么,使用 1200 槽/mm 的光栅选择中心波长为 390nm 进行随后的硅光谱探测。

通过不同波长和能量产生的光谱如图 4.21 所示[20]。从这个图可以看出,在同样的激光能量下（180μJ）,800nm 的激光产生的 Si（I）390.55nm 谱线强于 400nm 的激光产生的谱线强度。明显地,对要产生 Si（I）390.55nm 谱线,800nm 飞秒激光的产生效率高于 400nm 激光的产生效率。对于同一波长不同能量下 800nm 的激光,360μJ 的激光能量产生的辐射强度是大约 180μJ 的激光能量产生的辐射强度的 6 倍。增加激光的能量,光谱的辐射强度明显被加强了。

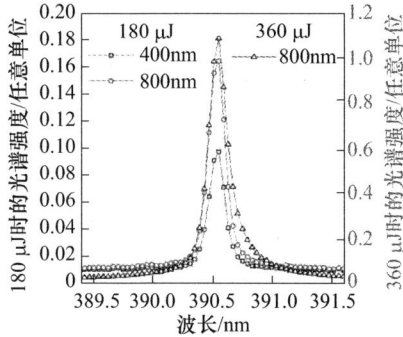

图 4.21　单脉冲飞秒激光诱导硅(Si(Ⅰ)390.55nm)的光谱强度,
激光的波长为 400nm(180μJ)和激光能量分别为 180μJ(800nm)、
180μJ(400nm)以及 360μJ(800nm)(见彩图)

双波飞秒双脉冲激光诱导硅产生的等离子体辐射的强度分布如图 4.22 所示,
显示的波长范围为 389.8~391.2nm,双脉冲激光能量为 360μJ(180μJ(800nm) +
180μJ(400nm))和 540μJ(360μJ(800nm) + 180μJ(400nm))。从这个图可以看
出,在相对较高飞秒激光能量下(540μJ),辐射强度明显高于较低激光能量
(360μJ)的辐射强度。同时,硅等离子体谱线(390.55nm)的辐射强度是与双波飞
秒双脉冲的时间间隔是相关的。所以,双波飞秒双脉冲激光能通过选择特定的两
个子脉冲之间的时间间隔进行优化。

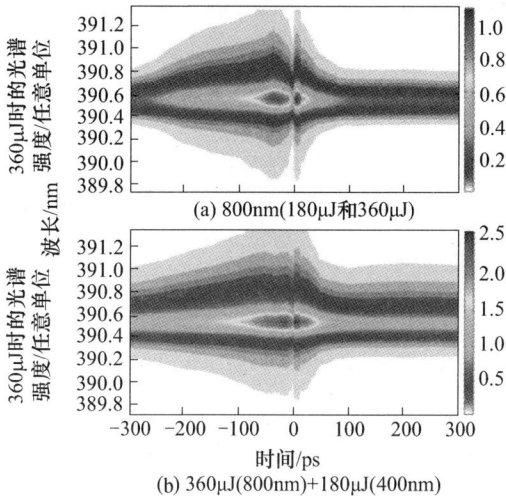

(a) 800nm(180μJ和360μJ)

(b) 360μJ(800nm)+180μJ(400nm)

图 4.22　光谱强度随着双脉冲之间的时间间隔的变化(见彩图)

图 4.23 和图 4.24 对比了在两种激光能量组合下从图 4.22 选出的特定时间间隔的双脉冲激光诱导等离子体光谱。360μJ 能量下的时间间隔分别 −300ps、−25ps、0ps、5ps 和 310ps，540μJ 能量下的时间间隔分别 −300ps、−25ps、0ps、5ps 和 300ps。相对于 0ps 的时间间隔，硅双波飞秒双脉冲激光诱导的光谱在 −25ps 和 5ps 的时间间隔被明显加强了。然而，对于较长时间间隔的双脉冲(−300ps、300ps (540μJ)和 310ps(360μJ)，辐射强度相对变小了。因此，双脉冲的时间间隔的选择对于双波飞秒双脉冲激光诱导等离子体光谱获得较强的辐射强度是非常重要的。在局域热力学平衡近似条件下，一个能级从 k 到 i 的跃迁，通过方程 $I_\lambda = F_{exp} N(A_{ki} g_k / \lambda U(T_p))(\exp(-E_k/(k_b T_p)))$ 给出，这里，A_{ki} 是跃迁概率；g_k 和 E_k 分别为跃迁上能级(k)的统计权重和能级能量；$U(T_p)$ 是配分函数；λ 是激光波长；k_b 是玻耳兹曼常数；N 是粒子的个数；F_{exp} 是实验中与光探测系统效率相关的实验系数。那么，根据这个方程，飞秒双脉冲激光诱导等离子体光谱的可能的加强机制为：①通过飞秒双脉冲激光，更多的靶材料被烧蚀出来而产生强的等离子体辐射；②飞秒双脉冲激光对等离子体的再加热效应使得等离子体的温度增加。

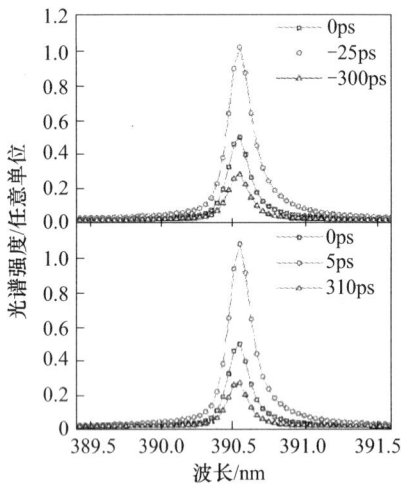

图 4.23　选定双脉冲时间间隔 −300ps、−25ps、0ps、5ps 和 310ps 的光谱强度对比（激光的能量为 180μJ(800nm) 和 180μJ(400nm)）（见彩图）

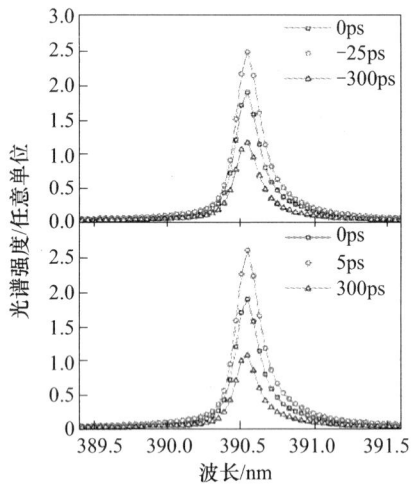

图 4.24　选定双脉冲时间间隔 −300ps、−25ps、0ps、5ps 和 300ps 的光谱强度对比（激光的能量为 360μJ(800nm) 和 180μJ(400nm)）（见彩图）

为了理解双波飞秒双脉冲激光诱导产生等离子体加强效用的详细信息，图 4.25 显示了光谱强度随着双脉冲时间间隔的变化，谱线为 Si(I)线，波长为 390.55nm。双波飞秒双脉冲的激光能量分别为 360μJ(180μJ(800nm) + 180μJ(400nm))和 540μJ(360μJ(800nm) + 180μJ(400nm))。从这个图可以看到，光谱的辐射强度随着双波飞秒双脉冲激光之间的时间间隔的变化是非常明显的。从时间零点开始,负方向和正方向上有两种不同的变化趋势。在 $0 \sim \pm 300 \mathrm{ps}$ 的时间间隔范围内,LIBS 的辐射强度随着 800nm 的激光与 400nm 的激光之间的时间间隔迅速增加,而后又逐渐降低。对比坐标轴的正负两个方向,达到最大辐射强度的时间是不同的。在坐标轴的左边(800nm 的激光早于 400nm 的激光到达样品表面),获得最大辐射强度的时间间隔为 $-30 \mathrm{ps}$。对于更长的时间间隔,辐射强度逐渐降低,并降低到辐射强度小于 0ps 时间间隔的强度。然而,在坐标轴的右边(400nm 的激光早于 800nm 的激光到达样品表面),辐射强度的变化与左边是不同的,获得最大辐射强度的时间间隔为 5ps,对于更长的时间间隔,辐射强度降低是更快的。相比于坐标轴左边,衰减率是大的。这些结果与以前报道的同一波长的飞秒双脉冲激光的结果是不同的。图 4.26 显示了辐射强度加强比随着双脉冲时间间隔的变化,加强比的计算来自于图 4.25 中双波飞秒双脉冲激光在不用时间间隔下产生的辐射强度除以时间间隔为 0ps 的辐射强度。加强比的变化类似于辐射强度的变化,低的激光能量下($180 \mu \mathrm{J}(800 \mathrm{nm}) + 180 \mu \mathrm{J}(400 \mathrm{nm})$)的加强比大于高激光能量下($360 \mu \mathrm{J}(800 \mathrm{nm}) + 180 \mu \mathrm{J}(400 \mathrm{nm})$)的加强比。在低的激光能量下,加强比的最大值大约为 2.4。然而,高能量激光下的加强比仅约为 1.4。对于更长时间间隔($\pm 300 \mathrm{ps}$)的情况下,两种激光能量下的加强比均为 0.5。因此,能通过改变双波飞秒双脉冲的时间间隔来优化 LIBS 的辐射强度。

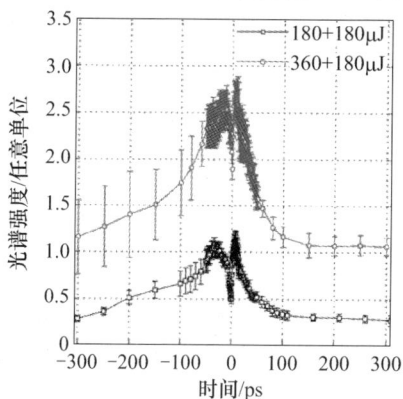

图 4.25　光谱强度随着双脉冲时间间隔的变化(双脉冲激光的能量分别为 $180 \mu \mathrm{J}(800 \mathrm{nm}) + 180 \mu \mathrm{J}(400 \mathrm{nm})$ 和 $360 \mu \mathrm{J}(800 \mathrm{nm}) + 180 \mu \mathrm{J}(400 \mathrm{nm})$)(见彩图)

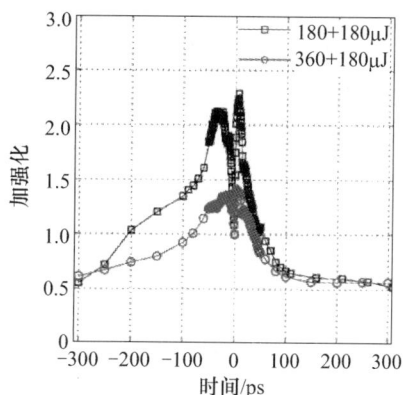

图 4.26　光谱强度的加强比随着双脉冲时间间隔的变化(双脉冲激光的能量分别为 $180 \mu \mathrm{J}(800 \mathrm{nm}) + 180 \mu \mathrm{J}(400 \mathrm{nm})$ 和 $360 \mu \mathrm{J}(800 \mathrm{nm}) + 180 \mu \mathrm{J}(400 \mathrm{nm})$)(见彩图)

4.1.3.3　小结

本节主要利用飞秒激光诱导硅等离子体光谱讨论了两个问题。其一,利用飞秒单脉冲激光照射 Si 和 SiO$_2$/Si 两种样品,探测的波长为 Si(Ⅰ)390.55nm 谱线,获得了这两种样品在烧蚀阈值附近的光谱的辐射强度随着激光能量密度的变化关系。通过这个关系,对光谱的辐射强度进行线性拟合,近似地得到了 Si 和 SiO$_2$/Si 两种样品在飞秒激光照射下的损伤阈值分别为 0.86J/cm^2 和 1.11J/cm^2。其二,利用双波飞秒双脉冲激光诱导硅产生等离子体辐射,发现产生的硅等离子体辐射强度随着双脉冲时间间隔的变化而变化。与同一波长的飞秒双脉冲激光不同,在坐标轴两边达到最大辐射强度的时间是不同的。当 400nm 的激光早于 800nm 的光到达样品表面时,辐射强度的增加是迅速的,同时辐射强度的衰减也是比较快的。对于较长的时间间隔(±300ps),加强比为 0.5,双波飞秒双脉冲激光对产生的等离子体辐射的加强比是更低的。这个结果可以被用来优化双波飞秒双脉冲 LIBS 的辐射强度。

4.2　激光对 HgCdTe、InSb、多晶 Si 等红外材料的损伤机理

由于 HgCdTe、InSb、多晶 Si 等材料在红外波段的吸收系数最高可达 10^3 ~ 10^{5}cm^{-1},因此,在强激光辐照下会吸收大量光子,使材料易发生永久性的损伤。红外材料典型的吸收机制主要包括带间吸收(光电二极管和本征光电导器件)、晶格吸收(无涂层热释电探测器)、杂质吸收(非本征光电导器件)以及自由电荷吸收。

4.2.1　红外材料的损伤机理

强激光对材料和器件的损伤是一个十分复杂的过程,它主要由激光参数和材料热物理特性决定,不同的激光参数条件,如脉冲宽度、激光波长、重复频率、偏振状态、激光模式以及光斑大小等,对同一种物质或材料会出现不同的损伤结果;另外,同一激光参数,不同热物理特性的光学材料也会产生不同的损伤结果,此外,值得注意的是,在激光参数和光学材料均相同的情况下,由于同种材料在生长过程中杂质和缺陷的情况不同也会对材料的损伤结果产生一定的差异。对于制备红外探测器的材料,如 HgCdTe、InSb 及多晶 Si 等,一般认为当辐照时间大于 10^{-7}s 时,其损伤形式主要为熔化、蒸发以及热应力造成的裂缝、热分解等现象,其损伤过程如图 4.27 所示。

由于 HgCdTe、InSb、多晶 Si 等红外材料电光耦合时间较短,在强激光作用下,材料表面温度会迅速升高,而随着辐照功率的增加,表面温度会进一步升高,直至材料某一局部温度超过其熔点 T_m,此时熔化现象就会发生,从而形成了材料的热

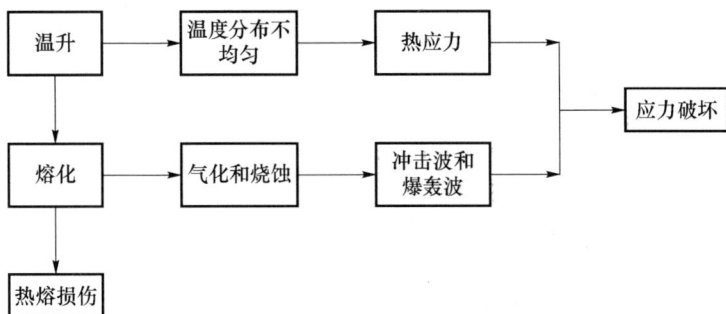

图 4.27　强激光损伤红外材料的一般过程

熔损伤。

随着辐照功率持续增大,当超过材料的蒸发点时,材料表面就会发生汽化和烧蚀现象,如果蒸发速度较快,蒸汽产生的冲量会对材料表面施加一个压力 P_s,此压力有可能对红外材料造成破坏。

如果激光功率进一步增加,当激光功率足够高,足以使材料蒸汽或环境气体发生电离甚至是击穿时,在光学材料表面附近就会形成一种激光吸收区,在此吸收区内,激光能量一部分被用于热辐射和蒸汽的动力学运动,另一部分被用来转化为气体或者等离子体的内能,这些具有内能的高温离子体将以极高的速度远离材料表面向外喷射式膨胀,这种等离子体的迅速膨胀过程类似于光束波面的传播,该波通常称为激光吸收波(LSAW)。如果激光强度不高,这时膨胀等离子体波将以亚声速向外传播,一般典型的速度为几十米每秒,此时将形成激光支持的燃烧波(LSCW);而如果激光强度较高,等体力体波将以超声速传播,其速度一般可达每秒几千米甚至是几百千米,此时将形成激光维持的爆轰波(LSDW),无论是 LSCW 还是 LSDW,它们都将对红外光学材料表面施加一个压力 P_d,这个压力有可能使材料发生破坏。

此外,在材料温升的整个过程中,受到光强分布以及热传导、热扩散的影响,在材料中不可避免地会产生温度分布的不均匀,从而产生热应力 P_t,该热应力 P_t 和蒸发波压力 P_s、燃烧波和爆轰波压力 P_d 一样,可能使光学材料发生应力破坏。

4.2.2　激光对红外材料的热效应

4.2.2.1　热传导导论

对于脉冲宽度较长,通常是纳秒级以上的脉冲激光而言,光子能量可以迅速从电子传递到晶格上,从而使光学材料在宏观上表现为温度的迅速升高。这一物理过程可以通过热传导微分方程来求得:

$$\rho(T)C(T)\frac{\partial T}{\partial t} = K(T)\left(\frac{\partial^2 T}{\partial r^2} + \frac{1}{r}\frac{\partial T}{\partial r} + \frac{\partial^2 T}{\partial z^2}\right) + q(r,z,t) + Q \qquad (4.64)$$

式中：$C(T)$ 为材料的等压比热容；$\rho(T)$ 为材料的密度；$K(T)$ 为材料的热传导系数；Q 为其他热源项。

若材料的反射系数 $R_t < 1$，激光束深层吸收热源项 $q(r,z,t)$ 可表示为

$$q(r,z,t) = \begin{cases} I_0(1-R_t)\alpha(T)\exp(-\alpha(T)z), & 0 \leqslant r \leqslant w, t \geqslant 0 \\ 0, & w < r < a, t \geqslant 0 \end{cases} \qquad (4.65)$$

式中：$\alpha(t)$ 为材料的热吸收系数；w 为激光束半径；a 为材料的半径。

若材料的反射系数 $R_t \approx 1$，则热源项 $q(r,z,t)$ 可用边界条件中的面热源来表示：

$$z = 0: \ -K\frac{\partial T}{\partial z} = (1-R_t)I_0 \qquad (4.66)$$

式中：R_t 为材料的反射率；I_0 为辐照激光的功率密度。

由式（4.66）热传导微分方程可以看出，在脉冲激光辐照下，材料的温升不仅与边界条件有关，还与材料的热物理参数有关，然而由于 HgCdTe、InSb、多晶 Si 等红外材料的热物理参数（如材料的密度、比热容、热传导率及热吸收系数等）都随着晶体温度的升高而发生变化。若将热物理参数作为温度的函数来处理，则热传导方程变为非线性方程，很难获得一个精确的解析解，通常通过数值计算的方法来求解。因此，为了获得一个精确的解析解，可以对激光加热过程做如下假设：

（1）晶体材料的热物理参数与温度的高低无关，理论计算时热物理参数都取其在温度范围内的均值。

（2）晶体材料是均匀且各向同性的物质。

（3）忽略传热过程中的热辐射以及热对流，只考虑材料内部的热传导。

下面给出连续激光、单脉冲激光和多脉冲激光连续加载时热传导方程的解析公式，这些公式对解决一些简单激光热效应问题具有一定的作用。

（1）连续波激光热加载。在连续激光长时间辐照下，HgCdTe、InSb、多晶 Si 等红外光学材料厚度方向上的传热较深，一般不可假定为半无限厚物体，应视为有限厚物体；此外，激光对光学材料的破坏一般以聚焦激光能量形式实现，辐照激光光斑尺寸远小于光学材料的直径，即可把光学材料视为半无限大物体。这样，就可以将三维热传导简化为二维平面热传导，从而可以得到连续波激光长时间辐照 HgCdTe、InSb、多晶 Si 等红外光学材料柱坐标下，表面温度场分布解析形式：

$$T(r,t) = \frac{2\alpha(\lambda)I_0}{R_b^2 h \rho c_p} u(r,t) \qquad (4.67)$$

其中：

$$u(r,t) = f_0 t + \sum_{m=0}^{\infty} \frac{f_m J_0(\beta_m r)}{k\beta_m^2 J_0^2(\beta_m R_b)} [1 - \exp(-k\beta_m^2 t)] \tag{4.68}$$

$$f_m = \int_0^{R_b} \exp\left(-2\frac{r^2}{\omega^2}\right) J_0(\beta_m r) dr \tag{4.69}$$

式中：$\alpha(\lambda)$ 为光学材料的吸收因数；λ 为入射激光波长；R_b 为光学材料半径；h 为光学材料厚度；k 为热扩散率；I_0 为峰值光强；ω 为入射激光半径；β_m 为第一类一阶贝塞尔函数的根，$m = 0,1,2,\cdots$。

（2）单脉冲激光加载。脉冲激光与连续激光的作用过程不同，由于脉冲激光脉宽较小（通常小于 ns），且红外光学材料的吸收系数足够大（最高可达 $10^3 \sim 10^5 \mathrm{cm}^{-1}$），使得材料的激光吸收深度 α^{-1} 非常小，材料的厚度远大于激光吸收深度，此时可将光学材料认为是半无限厚物体。此时，热传导微分方程可简化为

$$\frac{\partial}{\partial z}\left(K\frac{\partial T}{\partial z}\right) + q - \rho C \frac{\partial T}{\partial t} = 0 \tag{4.70}$$

在不考虑热对流和热辐射的情况下，对于半无限大物体的一维热传导问题，边界条件可表示为：

当 $z \to \infty$ 时，

$$\frac{\partial T(\infty,t)}{\partial z} = 0 \tag{4.71}$$

当 $z \to 0$ 时，

$$-K\frac{\partial T(0,t)}{\partial z} = h(T_\infty - T(0,t)) \tag{4.72}$$

当 $t \to 0$ 时，

$$T(z,0) = T_0 \tag{4.73}$$

内热源 q：

$$q(z,t) = \frac{E_0}{\tau}\alpha(1 - R_t)e^{-\alpha z} \tag{4.74}$$

式中：T_∞ 为环境温度；T_0 为材料的初始温度；E_0 为辐照激光能量密度；τ 为脉冲宽度；R_t 为材料反射率；α 为材料的吸收系数；h 为对流换热系数；K 为材料的热传导系数。

将上述边界条件代入式（4.70），然后利用拉普拉斯变换，可以得到单脉冲激光辐照下光学材料温度场的解析解：

$$T(z,t) = \frac{\alpha(1-R_t)E_0}{2\rho C}\left[\begin{array}{l}\dfrac{K\alpha+h}{K\alpha-h}E(\alpha z, kt/z^2) - E(-\alpha z, kt/z^2) \\[2mm] -\dfrac{2h}{K\alpha-h}E(hz/K, kt/z^2) + 2e^{-\alpha z+k\alpha^2 t}\end{array}\right] + T_0 \quad (4.75)$$

其中：

$$E\left(\alpha z, \frac{kt}{z^2}\right) = \exp(\alpha z + \alpha^2 kt) \times \mathrm{Erfc}\left(\frac{z}{2\sqrt{kt}} + \alpha\sqrt{kt}\right) \quad (4.76)$$

$$\mathrm{Erfc}(x) = 1 - \mathrm{Erf}(x) = 1 - \frac{2}{\sqrt{\pi}}\int_0^x e^{-x^2}\mathrm{d}x \quad (4.77)$$

式中：$\mathrm{Erfc}(x)$ 为余误差函数，其曲线形如图4.28所示。

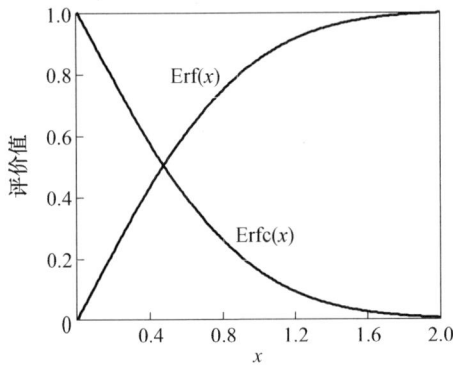

图4.28　误差函数曲线

当 $z=0$ 时，可得脉冲激光辐照下光学材料表面的温升公式：

$$T(0,t) = \frac{\alpha(1-R_t)E_0}{2\rho C}\left[\begin{array}{l}\dfrac{K\alpha+h}{K\alpha-h}e^{\alpha^2 kt} \times \mathrm{Erfc}(\alpha\sqrt{kt}) - e^{\alpha^2 kt} \times \mathrm{Erfc}(-\alpha\sqrt{kt}) \\[2mm] -\dfrac{2h}{K\alpha-h}e^{\left(\frac{h}{K}\right)^2 kt} \times \mathrm{Erfc}(h/K\sqrt{kt}) + 2e^{k\alpha^2 t}\end{array}\right] + T_0$$

$$(4.78)$$

若取比例因子 $\Delta(t) = \dfrac{1}{2}\left[\begin{array}{l}\dfrac{K\alpha+h}{K\alpha-h}e^{\alpha^2 kt} \times \mathrm{Erfc}(\alpha\sqrt{kt}) - e^{\alpha^2 kt} \times \mathrm{Erfc}(-\alpha\sqrt{kt}) \\[2mm] -\dfrac{2h}{K\alpha-h}e^{\left(\frac{h}{K}\right)^2 kt} \times \mathrm{Erfc}\left(\dfrac{h}{K}\sqrt{kt}\right) + 2e^{k\alpha^2 t}\end{array}\right]$,

则式(4.78)可转变为

$$T(0,t) = \frac{\alpha(1-R_t)E_0}{\rho C}\Delta(t) + T_0 \quad (4.79)$$

对短脉冲激光,当脉冲宽度 τ 非常小时,$\Delta(\tau)$ 近似等于 1,式(4.79)可简化为

$$T(0,\tau) = \frac{\alpha(1-R_t)E_0}{\rho C} + T_0 \qquad (4.80)$$

(3)多脉冲激光加载。M. Kalyon 和 B. S. Yilbas 给出了重频激光热加载过程的一个近似解[21]。以两个脉冲为例,首先取初始光强为均匀分布,令

$$I_0(t) = (1-R_t)I_0[C_1P_1(t) + C_2P_2(t)] \qquad (4.81)$$

式中:I_0 为单脉冲下激光器的峰值功率密度;P_1 和 P_2 为第 1 个脉冲和第 2 个脉冲内光强的时间分布函数。

$$P_1(t) = 1[t-t_1] - 1[t-(t_1+t_{p1})] \qquad (4.82)$$

$$P_2(t) = 1[t-t_2] - 1[t-(t_2+t_{p2})] \qquad (4.83)$$

其中:

$$1[t] = \begin{cases} 1, & t>0 \\ 0, & t<0 \end{cases} \qquad 1[t-t_i] = \begin{cases} 1, & t>t_i \\ 0, & t<t_i \end{cases} \qquad (4.84)$$

式中:t_1、t_2 为第 1、2 个脉冲的初始时间;t_{p1}、t_{p2} 为第 1、2 个脉冲的脉冲宽度;C_1、C_2 为第 1、2 个脉冲的脉冲幅值($0<C_1<1,0<C_2<1$),其时间分布如图 4.29 所示。

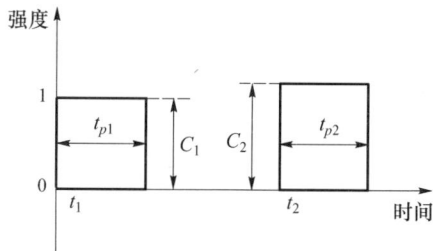

图 4.29　两个连续脉冲时间分布图

这样,式(4.70)转化为

$$\frac{\partial}{\partial z}\left(K\frac{\partial T}{\partial z}\right) + (1-R_t)I_0[C_1P_1(t) + C_2P_2(t)] = \rho C\frac{\partial T}{\partial t} \qquad (4.85)$$

同样地,式(4.85)经过拉普拉斯变换后,可得

$$T = \frac{(1-R_t)I_0}{K\alpha}\begin{Bmatrix} C_1[(H_B(t_1^*) - H_A(t_1^*)) - (H_B(t_1^*+\mathrm{d}t_1^*) - H_A(t_1^*+\mathrm{d}t_1^*))] + \\ C_2[(H_B(t_2^*) - H_A(t_2^*)) - (H_B(t_2^*+\mathrm{d}t_2^*) - H_A(t_2^*+\mathrm{d}t_2^*))] \end{Bmatrix} + T_0$$

$$(4.86)$$

其中:

$$H_A(\Delta) = \frac{e^{t^* - \Delta}}{2}\left[e^{-\alpha z}\operatorname{Erfc}\left(-\sqrt{t^* - \Delta} + \frac{\alpha z}{2\sqrt{t^* - \Delta}} \right) - e^{-\alpha z}\operatorname{Erfc}\left(\sqrt{t^* - \Delta} + \frac{\alpha z}{2\sqrt{t^* - \Delta}} \right) \right]$$

$$-\left[\frac{2\sqrt{t^* - \Delta}}{\sqrt{\pi}}e^{-\frac{(\alpha z)^2}{4(t^* - \Delta)}} - \alpha z \times \operatorname{Erfc}\left(\frac{\alpha z}{2\sqrt{t^* - \Delta}} \right) \right] \qquad (4.87)$$

$$H_B(\Delta) = e^{-\alpha z}\left[e^{t^* - \Delta} - 1(t^* - \Delta) \right] \qquad (4.88)$$

$$t^* = k\alpha^2 t \qquad (4.89)$$

M. Kalyon 和 B. S. Yilbas 利用[21]式(4.86)计算了两个脉冲加载下温升结果,并与数值方法计算结果进行了对比,结果表明理论与数值方法计算结果吻合良好。图 4.30 给出了 M. Kalyon 和 B. S. Yilbas 理论和数值计算结果对比。

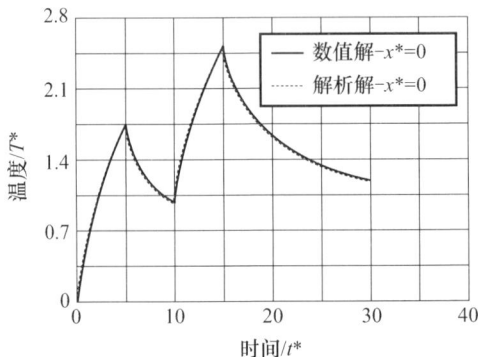

图 4.30　M. Kalyon 和 B. S. Yilbas 多脉冲加载理论与数值计算结果对比

利用式(4.67)、式(4.75)和式(4.86)可以得到连续激光和脉冲激光辐照下红外材料的温升特性,然而 HgCdTe、InSb、多晶 Si 等红外材料多属于非线性材料,其热物理参数,如比热、热传导系数、吸收系数等随着温度的升高而发生改变,因此,通过解析方法很难准确描述这一物理过程。目前普遍采用数值方法来求解具有非线性特性的红外材料,如有限元法、有限差分法。

4.2.2.2　损伤定义及判别方式

广义上来讲,损伤是指在强激光诱导下元器件的性能和结构发生了可观察到的变化。损伤一般可分为可逆损伤和不可逆损伤两类,其中可逆损伤也称为软损伤,是指元器件的功能发生了变化,是一个瞬态的、可逆的过程,而不可逆损伤又称为硬损伤,是指元器件的结构以及材料的物理特性发生了根本性的变化,是一个灾难性的、不可逆过程。可逆损伤会影响激光输出以及传输特性,并可能诱导不可逆损伤。

按入射激光形式不同,脉冲激光损伤又可以分为单脉冲损伤和多脉冲损伤。

单脉冲损伤又称为高功率损伤,主要是指高功率短脉冲激光通过高峰值功率密度引起电场效应来诱导材料损伤,主要表现形式为炸裂;多脉冲损伤又称为高能量损伤,主要是指通过长时间高能量累计引起的热效应损伤,主要表现形式为熔化。一般来说,多脉冲激光对材料的损伤特性与单脉冲的差别较大,随着激光脉冲个数的增加,多脉冲激光的损伤阈值会逐渐减小,且阈值减小的幅度也会随着脉冲个数的增加而越来越小,最后趋于一个稳定值。

在强激光对光学材料的损伤研究中,辐照形式一般分为四种,分别为:1-on-1,材料上的一个点仅辐照一次;s-on-1,以相同的激光能量和相同时间间隔在材料上的同一点进行多次辐照;n-on-1,以相同的时间间隔在材料的同一点上进行多次辐照,并同时使入射的激光能量由小及大逐渐增加直至达到材料发生破坏;r-on-1,以相同的时间间隔在材料的同一点上进行多次辐照,并同时使入射的激光能量等比例增加直至达到材料发生破坏。图 4.31 中给出了上述四种激光辐照形式。

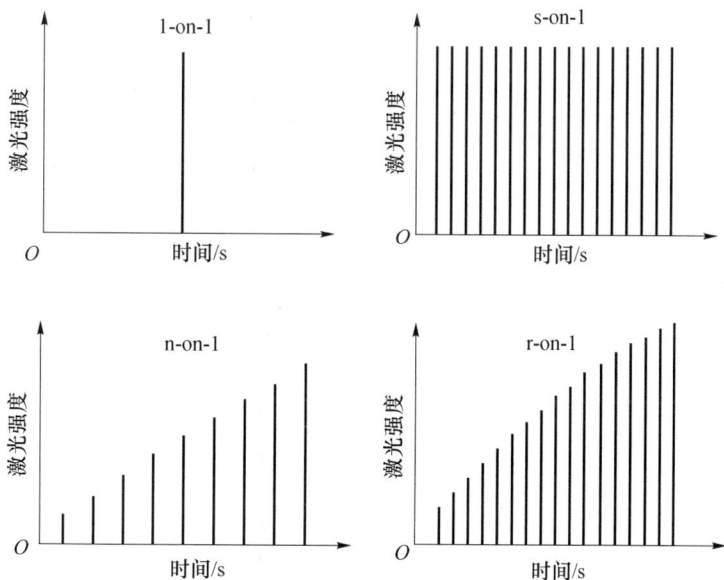

图 4.31　激光损伤光学材料的主要形式

4.2.2.3　材料损伤的判别方法

材料的损伤阈值测量是一项十分复杂而又重要的工作,同时也是一项基础性的工作,材料损伤的判别和损伤阈值的测定二者是密不可分的,要做好材料损伤阈值的测定,就必须判断好材料是否发生光损伤。目前,对于材料损伤的判定,国内外研究者总结出了一些经验判别方法。

1）光斑形变法

对于一些透射性较好的光学材料,如 K9 玻璃等,可以采用光斑形变法对材料损伤进行判别。测量时,一方面调节激光器的输出功率,另一方面观察透射激光的光斑形状。当入射激光的功率密度较低时,材料未发生损伤,此时透射的光斑形状应为规则的圆形;增加入射功率直至材料发生损伤时,此时透射光斑将发生畸变,光斑形状发生畸变。因此,可以将光斑形状发生畸变时的入射功率密度称为该材料的损伤阈值。

2）等离子体闪光法

对于具有薄膜的光学材料,当入射激光功率密度较大时,通常大于 $10^9 \mathrm{W/cm^2}$,薄膜的吸收系数将会发生改变,同时由于脉冲激光的脉冲宽度通常较窄,吸收的光能量来不及向内部发生热传导,从而使得辐照区温度迅速升高,直至发生汽化现象。在材料的汽化过程中,物质蒸汽中的原子被离化或激发,进而形成等离子体闪光。等离子体闪光在发生汽化向外喷溅的过程中,还会产生激光冲击波对薄膜施加力学效应,最终引起薄膜发生不可逆损伤。当薄膜材料发生等离子体闪光时,会产生闪光谱线,它是一种复合光谱,具有强激光谱线以外的其他谱线,此时通过光谱仪可直接测得;而当薄膜材料未发生等离子体闪光时,辐照区域附近只会有与强激光谱线相近的谱线被探测到。因此,等离子闪光法的判别方式为当辐照区域附近发现与强激光谱线相差较大的谱线时,就可以认为此时已发生了等离子闪光,即薄膜材料已发生不可逆损伤,此时的激光功率密度值即为材料的损伤阈值。此外,值得注意的是,在产生等离子体闪光之前,薄膜材料实际上已经发生了一定程度上的损伤。

3）反射光能量判别法

典型的反射光能量判别法如图 4.32 所示,测量时通常选用连续 He-Ne 激光作为探测光束来检测光学表面是否发生损伤,材料发生热损伤时探测光束的反射能量会发生改变。

一般定义当辐照区的 He-Ne 激光反射能量减小 10% 时,强激光的入射功率密度为该材料的损伤阈值。

4）光热测量法

当脉冲强激光辐照到材料时,由于材料的热吸收,会使样品材料发生周期性形变,这时利用一束探测光入射到形变部分,可以得到周期性的光热信号,这种光热信号包含了材料的热物理特性。当观察到的光热信号发生了不可逆的变化时,可以认为此时材料发生了不可逆损伤,此时对应的入射功率密度为材料的损伤阈值。天津大学的谈恒英等人利用光热偏转成像法,对光学薄膜表面进行了激光损伤检测,得到了较好的实验结果。

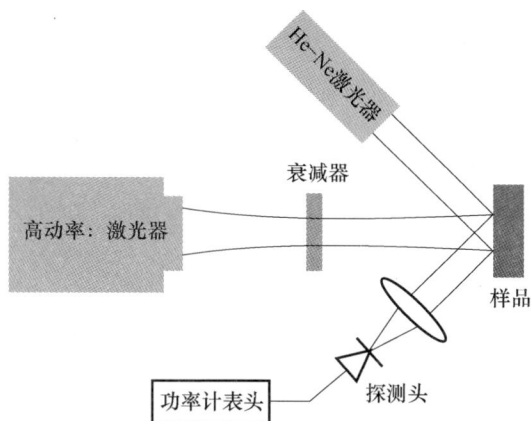

图 4.32　典型的反射能量判别法

5) 形貌判别法

一般认为当激光入射到光学材料后,用 100 倍以上的显微镜观察到材料表面上有任何可见的变化时,即认为材料发生了损伤,对应的入射功率密度为损伤阈值;此外,形貌判别法的另一种判别方式为材料表面若出现明显的缺陷且晶体的损伤缺陷尺寸大小与入射光斑大小相当时,即认为晶体材料已受到损伤。

除以上提到的几种常见的判别方法外,还有雾气法、光声测量法等,这些方法的判别方式存在一定的差异,测试时常常将以上几种方法结合起来,可以有效地减小测量误差。表 4.6 中给出了几种典型判别方法的特点和使用范围。

表 4.6　几种典型的损伤判别法

方法	特点和使用范围
光斑形变法	方便、不够可靠,适用于透过率较高的光学材料
等离子体闪光法	方便、不够准确,适用于体、表面、薄膜
反射光能量判别法	有效、可靠,适用于光学材料体、表面、薄膜
光声、光热测量法	灵敏、可靠,适用于薄膜和光学表面
形貌判别法	方便、可靠,适用于体、表面、薄膜
雾气法	直观、不够可靠,适用于表面薄膜

4.2.3　损伤阈值

激光对 HgCdTe、InSb、多晶 Si 等红外材料的损伤,国外在二十世纪六七十年代,就已做了大量的研究工作。F. Bartoli 等[22]研究内容较为系统和全面,给出了几种典型制备红外探测器材料热损伤阈值与辐照时间的关系曲线,如图 4.33 所示。

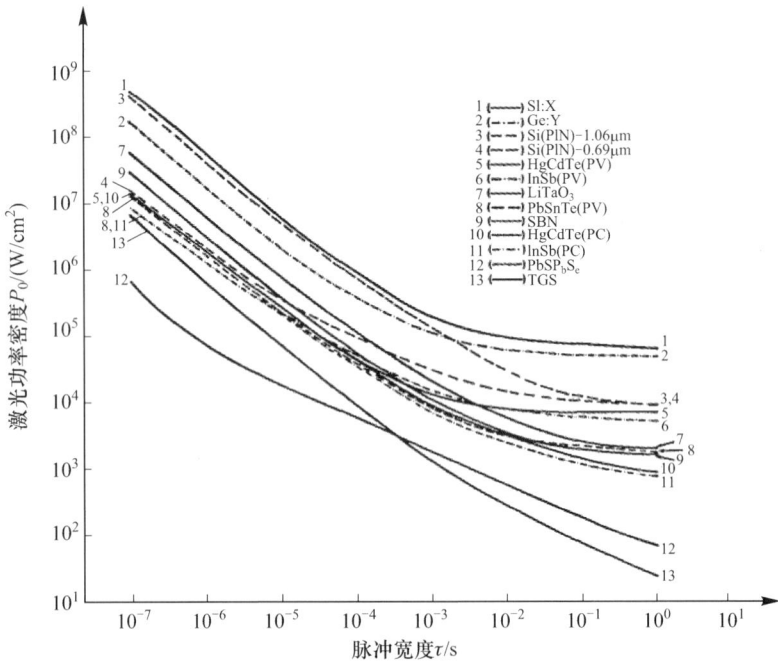

图 4.33 红外材料损伤阈值与辐照时间的关系曲线

（曲线 1、2、5、7、10 和 13—10.6 μm,

曲线 6 和 11—5.2 μm, 曲线 3 和 12—1.06 μm, 曲线 4—0.69 μm）

F. Bartoli 等同时给出了红外材料损伤阈值的计算公式：

$$E_0 = E_{\Delta T} \left[1 + \frac{k\tau\alpha\pi^{1/2}}{\alpha \arctan(4k\tau/\alpha^2)^{1/2}} \right] \tag{4.90}$$

其中

$$E_{\Delta T} = \frac{\Delta T_{th}\rho c}{(1-R)\alpha} \tag{4.91}$$

式中：k 为热扩散系数；α 为材料的吸收系数；E_0 为材料的热损伤阈值；ΔT_{th} 为材料发生熔化时所需温升值。根据式（4.91），F. Bartoli 等人认为红外材料的损伤阈值分为三个阶段：对于辐照时间非常短，$\tau \ll 1/\alpha^2 k$，一般针对短脉冲激光而言，E_0 可近似为一个常数，是一个定值，其大小只与材料的热物理参数有关，所需功率密度 I_0 正比于辐照时间 τ；当辐照时间 $\alpha^2/4k \gg \tau \gg 1/\alpha^2 k$ 时，E_0 正比于辐照时间 τ 的平方根，P_0 反比于辐照时间 τ 的平方根；对于长时间辐照，$\tau \gg \alpha^2/4k$，一个稳态的热传导形成，给定一个功率密度 P 就会形成一个最终的热平衡温度，在此阶段，损伤时所需功率密度 P_0 可认为是一个定值，E_0 与辐照时间呈线性关系。图 4.34 给出了红外材料损伤阈值的三个时间阶段。

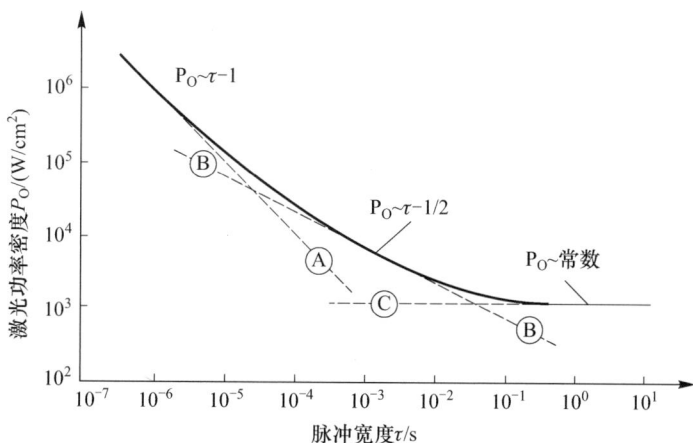

图 4.34 红外材料损伤阈值的三个阶段

    强激光对光学材料的损伤可分为高能量激光损伤和高功率激光损伤。高能量激光损伤一般是指在长脉冲、连续激光对材料的损伤，这种激光作用时间长，单位面积上的能量可达数百或数千焦耳，通常以热损伤为主，材料表面形貌会发生明显的熔化现象；高功率激光损伤通常是指短脉冲激光对材料的损伤，由于脉冲宽度较窄，使到达材料表面的激光功率密度非常高（$>10^8 \mathrm{W/cm^2}$），它对材料损伤过程非常短，主要是激光电场效应作用，材料表面形貌通常以炸裂为主。高功率激光对材料的损伤，往往是由于某些电场导致的非线性效应，如非线性吸收、非线性折射率和自聚焦效应等。高能量激光损伤和高功率激光对材料损伤的阈值差别很大，高能量激光损伤通常以功率密度来表述，高功率密度损伤通常以能量密度来表述，表 4.7 给出了 HgCdTe、InSb、多晶硅等红外材料的损伤阈值汇总。

表 4.7　HgCdTe、InSb、多晶硅等红外材料损伤阈值汇总

样品	波长	输出模式	辐照时间	损伤阈值
HgCdTe	10.6μm	脉冲	1×10^{-6} s	2.2J/cm^2
			3×10^{-4} s	27kW/cm^2
			4×10^{-2} s	9.5kW/cm^2
			8×10^{-1} s	5.6kW/cm^2
			8×10^{-3} s	3.6kW/cm^2
			2×10^{-1} s	1.7kW/cm^2
		连续	4min	11.4W/cm^2
PbS	1064nm	脉冲	35ns	8.57×10^4kW/cm^2

（续）

样品	波长	输出模式	辐照时间	损伤阈值
GsAs	532nm	连续	50s	$9.2kW/cm^2$
		脉冲	14ns	$1.9 \times 10^3 kW/cm^2$
	1064nm	连续	5min	$1kW/cm^2$
		脉冲	16ns	$7.5 \times 10^4 kW/cm^2$
Si	1064nm	脉冲	$5.0 \times 10^{-4}s$	$10^5 J/cm^2$
	$0.69\mu m$	脉冲	$2 \times 10^{-8}s$	$1.2J/cm^2$
	$0.69\mu m$	脉冲	$5.0 \times 10^{-4}s$	$17J/cm^2$

除单脉冲激光和连续激光损伤外,还有多脉冲激光损伤,多脉冲激光对红外材料的损伤规律与单脉冲激光损伤的情况有一定的差异。一般来说,随着激光脉冲个数的增加,激光损伤阈值就越小。对于多脉冲激光的损伤机理,目前有两种解释:一是认为多脉冲激光损伤是一个热积累过程,每一个激光脉冲都使材料辐照区发生升温,当材料表面温度达到或超过熔点时,就会造成材料损伤;另一种观点认为多脉冲激光损伤是材料内部微观缺陷吸收激光后的非线性发展积累过程,材料在加工制备过程中会存在大量的微观缺陷,它比材料的本征吸收大得多,在激光作用过程中,缺陷吸收占主导地位,在材料内部形成局部高温,当温度达到一定程度,就会造成材料缺陷处先发生热爆炸、电子崩电离等现象,从而使缺陷进一步扩大,初始这种微观损伤破坏程度很小,不易观察得到,而每个缺陷的热爆炸都将增加对后续激光脉冲的吸收,从而使更大的微观缺陷发生,最终导致不可逆的损伤发生。值得注意的是造成微观损伤也需要一个最低的脉冲强度,否则微观缺陷也不会发生。

多脉冲激光作用下,随着脉冲个数的增加,材料的损伤阈值会发生明显下降,而且随着脉冲数的增加,此阈值下降的幅度逐渐变小,最后趋于一个常数,脉冲激光损伤阈值存在一个渐进方程:

$$J_N = J_1 N^{s-1} \tag{4.92}$$

式中:J_1 为单脉冲激光损伤阈值;N 为脉冲个数;s 为与材料参数有关的系数。

为研究多脉冲激光的损伤特性,长春光机所开展了 HgCdTe 晶体的多脉冲损伤实验,实验装置如图 4.35 所示。

实验中以形貌学方法来判断晶体是否发生损伤,激光器重复频率选定为 1kHz,通过机械快门控制激光器输出的脉冲个数,测得了脉冲个数为 $350 \sim 2 \times 10^4$,即辐照时间在 $0.35 \sim 20s$,HgCdTe 晶体的熔化阈值,测得的实验结果如表 4.8 所列。

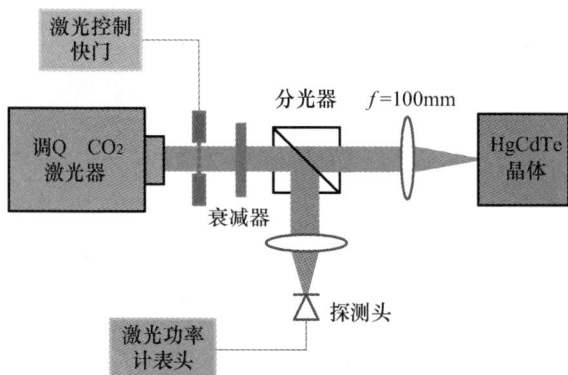

图 4.35　HgCdTe 晶体多脉冲损伤实验装置示意图

表 4.8　多脉冲下，HgCdTe 晶体的熔化阈值

测量组数	1	2	3	4	5	6	7	8	9	10	11
辐照时间 t/s	0.35	0.45	0.6	0.97	0.90	1.1	1.15	1.85	2.4	3.0	3.8
熔化阈值 $I_{th}/(kW/cm^2)$	2.30	2.22	2.07	1.94	1.90	1.72	1.69	1.51	1.39	1.32	1.17
测量组数	12	13	14	15	16	17	18	19	20	21	
辐照时间 t/s	5.1	7.1	8.5	10	13	15	16.5	18	19	20	
熔化阈值 $I_{th}/(kW/cm^2)$	1.10	1.05	1.01	0.96	0.95	0.95	0.95	0.95	0.95	0.95	
注：表中熔化阈值 I_{th} 是以激光器平均功率密度来表示											

　　由表 4.8 中实验数据可以发现，当辐照时间 $t > 10s$ 时，晶体的熔化阈值几乎不随辐照时间的增加而发生改变，此时熔化阈值的大小为 $0.95kW/cm^2$；而当辐照时间 $t < 10s$ 时，熔化阈值受辐照时间的影响较大，会随辐照时间的增加而迅速减小，辐照时间 $t = 10s$ 时晶体的熔化阈值较辐照时间 $t = 1s$ 的熔化阈值减小了近 1 倍，说明多脉冲激光累积效应明显。根据表 4.7 中单脉冲激光的损伤结果，给出了 HgCdTe 晶体损伤阈值的渐进曲线，如图 4.36 所示。

4.2.4　激光对红外材料的力学效应

4.2.4.1　应力计算

1）激光热应力

强激光辐照下，材料表面或在一定深度内通过吸收光能而转化的热量会以热传导的形式向材料内部扩散，进而引起材料内部温度场的非均匀分布；在非均匀分布的温度场和边界约束条件的共同作用下，材料的表面和内部就会产生激光热应力；如果热应力的大小超过了 HgCdTe、InSb、多晶硅等光学材料的破坏阈值，在材

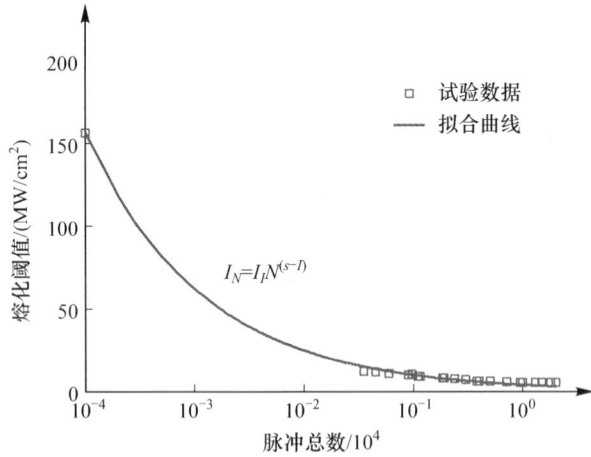

图 4.36　高重频 CO_2 激光脉冲个数与 HgCdTe 晶体损伤阈值的关系

料表面裂纹或鼓包等现象就会发生。

当材料表面的温度场确定以后,其热应力大小可由热弹理论和相应的边界约束条件求解。对于轴对称的辐射热源,应力 - 应变的关系可表示为

$$\sigma_r = \lambda\Delta + 2G\varepsilon_r - \mu\theta \tag{4.93}$$

$$\sigma_\theta = \lambda\Delta + 2G\varepsilon_\theta - \mu\theta \tag{4.94}$$

$$\sigma_z = \lambda\Delta + 2G\varepsilon_z - \mu\theta \tag{4.95}$$

$$\tau_{rz} = G\left(\frac{\mathrm{d}u_r}{\mathrm{d}z} + \frac{\mathrm{d}u_z}{\mathrm{d}r}\right) \tag{4.96}$$

$$\tau_{r\theta} = 0 \tag{4.97}$$

$$\tau_{\theta z} = 0 \tag{4.98}$$

式中:

$$\Delta = \varepsilon_r + \varepsilon_\theta + \varepsilon_z = \frac{\mathrm{d}u_r}{\mathrm{d}r} + \frac{u_r}{r} + \frac{\mathrm{d}u_z}{\mathrm{d}z} \tag{4.99}$$

$$\lambda = \frac{\nu E}{(1+\upsilon)(1-2\upsilon)} \tag{4.100}$$

$$G = \frac{E}{2(1+\upsilon)} \tag{4.101}$$

$$\mu = (3\lambda + 2G)\beta \tag{4.102}$$

式中:σ_r、σ_θ、σ_z 和 ε_r、ε_θ、ε_z 分别为材料在径向、环向和轴向上的正应力和应变;τ_{rz}、$\tau_{r\theta}$、$\tau_{\theta z}$ 为各自方向上的切应力;u_r 和 u_z 分别为径向和轴向的位移量;θ 为材料

的温升值；E、G、v 和 β 分别为 HgCdTe 材料的弹性模量、剪切模量、泊松比和线性膨胀系数。

对于一维半无限大物体，可以认为材料的温升值 $\theta(z,t)$ 只是坐标 z 的函数，则其边界条件可认为：$u_r = 0$，$\mathrm{d}u_r/\mathrm{d}r = 0$；将上述边界条件代入热弹方程后，简化后可得：

$$\frac{1-2v}{E}\sigma_z = \frac{1-v}{1+v}\varepsilon_z - \beta\theta(z,t) \tag{4.103}$$

$$\frac{1-2v}{E}\sigma_r = \frac{v}{1+v}\varepsilon_z - \beta\theta(z,t) \tag{4.104}$$

$$\frac{1-2v}{E}\sigma_\theta = \frac{v}{1+v}\varepsilon_z - \beta\theta(z,t) \tag{4.105}$$

在材料的辐照区表面，由于单脉冲下正应力消散的时间远小于温度的热扩散时间，因此，可以近似地认为在材料表面正应力为零（$\sigma_z = 0$）。将此近似条件代入上述方程，则可得

$$\varepsilon_z = \frac{\mathrm{d}u_z}{\mathrm{d}z} = \frac{1+v}{1-v}\beta\theta(z,t) \tag{4.106}$$

将式(4.106)代入式(4.104)和式(4.105)后，可得

$$\sigma_r = \sigma_\theta = -\frac{E}{1-v}\beta\theta(z,t) \tag{4.107}$$

式中：负号"－"表示负方向。

此外，由于材料熔化以后，其表面状态会由固态变为液态，此时必将使晶体内部热应力减小，因此在计算 HgCdTe 晶体最大热应力时，只需考虑晶体熔化前的热应力大小即可。

将晶体的熔化方程代入式(4.107)后，可得单脉冲下 HgCdTe 晶体表面承受的最大热应力的大小为

$$P_t = \frac{E\beta}{(1-v)}\left(\frac{\alpha(1-R_t)E_{th}}{\rho C}\Delta(t_p) - \frac{L_f}{C}\right) \tag{4.108}$$

2）蒸发波压力

在强激光照射下，$\mathrm{Hg}_{0.826}\mathrm{Cd}_{0.174}\mathrm{Te}$ 晶体表面温度会随着辐照功率的增强而逐渐升高，直至表面发生热熔现象。如果激光功率进一步增加，就会导致熔化的物质发生蒸发，如果激光器的脉冲宽度较短，则晶体表面的热量来不及向晶体内部传导，而是会被晶体表面层和表面附近的蒸汽所吸收，这个表面附近的蒸汽层由于具有较大的内能会从晶体表面向外急剧膨胀，此时对晶体表面会产生一个反冲压力，

该压力即为蒸发波压力 P_s。

对于透明蒸汽的不定常流动,分析时通常忽略 Knudsen 层和非平衡过程等中间过程,只是简单地把汽化面视为无厚度的流体动力学强间断面,如图 4.37 所示。图 4.37 中 x_0 为蒸发波波前位置,蒸汽处于 x_0 和 x_v 之间,凝聚态物质充满 x_0 右边区域,另外,下标为 0 表示的是 $Hg_{0.826}Cd_{0.174}Te$ 晶体的参数,下标为 1 表示蒸汽的参数。

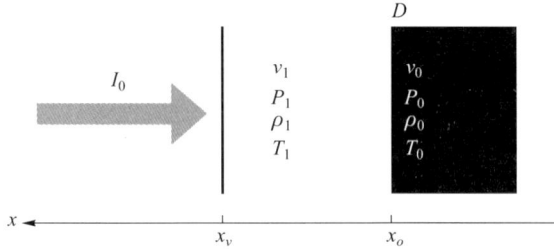

图 4.37 激光蒸发波模型示意图

Y. V. Afanasev 等[23]基于气体动力学方程(Gas-dynamics Equations)建立了蒸发波模型,给出了强激光作用下蒸发波压力 P_s 的计算公式:

$$P_s = P_1 - \rho_0 D v_1 \tag{4.109}$$

式中:P_1、v_1 为晶体表面的蒸汽压力和速度;ρ_0 为材料凝聚态时的密度;D 为晶体熔化边的蒸发速度($D<0$),其中反冲效应所产生的压力项为 $-\rho_0 D v_1$。对于 P_1、v_1 和 D 等参数,Krokhion 也给出了相应的求解方程:

$$P_1 = \frac{C(\kappa-1)^2 I_1}{\kappa(\kappa+1)^3 U^{1/2}}\left(\frac{\gamma}{A-\ln(\eta/\beta)}\right)^{1/2} \tag{4.110}$$

$$v_1 = \frac{\kappa-1}{\kappa+1}U^{1/2}\left(\frac{\gamma}{A-\ln(\eta/\beta)}\right)^{1/2} \tag{4.111}$$

$$D = -\frac{C(\kappa-1)I_1}{(\kappa+1)^2 \rho U} \tag{4.112}$$

$$I_1 = I_0(1-R_t) \tag{4.113}$$

$$\gamma = \frac{\kappa(\kappa+1)^2}{(\kappa-1)^2} \tag{4.114}$$

$$\eta = \frac{I_1}{\rho U^{3/2}} \tag{4.115}$$

$$\beta = \frac{B}{\rho_0} \tag{4.116}$$

$$A = \frac{\gamma}{\lambda_2} + \ln\left(\frac{\eta}{\beta}\right) \tag{4.117}$$

$$C = \frac{\lambda_1(\kappa+1)^2}{(\kappa-1)\eta} \tag{4.118}$$

$$\lambda_1 = -\frac{\beta\lambda_2(\kappa-1)}{(\kappa+1)^2}\exp\left\{-\frac{\kappa(\kappa+1)^2}{(\kappa-1)^2\lambda_2^2}\right\} \tag{4.119}$$

$$\frac{(\kappa-1)^2\lambda_2^3}{2(\kappa+1)^3} + \frac{(\kappa-1)\lambda_2}{(\kappa+1)^2} = \frac{\eta}{\beta}\exp\left\{\frac{\kappa(\kappa+1)^2}{(\kappa-1)^2\lambda_2^2}\right\} \tag{4.120}$$

$$I' \approx \frac{U\rho_0}{1-R_t}\sqrt{\frac{k}{t_p}} \tag{4.121}$$

$$I'' \approx \frac{(\kappa+1)\gamma^{1/2}\rho_0 U^{3/2}}{3(1-R_t)C(A-\ln(\eta/\beta))^{1/2}} \tag{4.122}$$

式中：I_0 为激光入射到晶体表面的功率密度；I_1 为晶体表面吸收的功率密度；I' 为产生蒸发波压力时晶体所需最小入射功率密度；I'' 为适用该蒸发波模型的最大入射功率密度，即 $I' < I_0 < I''$；R_t 为晶体的反射率；k 为晶体的热扩散系数；t_p 为激光器的脉冲宽度；U 为晶体的升华能；κ 为蒸汽的等嫡指数；B 为晶体的摩尔原子质量。由于 $Hg_{0.826}Cd_{0.174}Te$ 晶体属于一般性的凝聚态物质，可取 $B \approx 3.3 \times 10^4 g/cm^3$，$\kappa = 5/3$。

3) 爆轰波压力

发生激光燃烧波(LSCW)或激光爆轰波(LSDW)现象，与入射光强相对应。对于脉冲 CO_2 激光，当激光的入射光强 I_0 超过材料等离子体产生阈值(约为 $3 \times 10^4 W/cm^2$)时，晶体靶面的汽化现象较强，靶表面蒸汽部分发生电离、加热，进而通过热辐射使前方的冷空气也发生电离和加热，从而形成 LSCW 波，此时入射的激光仍有部分通过等离子体区进入到晶体靶表面，靶面附近激光等离子体的辐射有助于增强激光与晶体靶面的热耦合，而随着激光入射光强的增大，等离子体向靶面外远离，这种热耦合效应会受到削弱，并逐渐使晶体靶表面屏蔽，构成对入射激光的完全吸收，进而形成 LSDW 波。研究表明当入射功率密度 $I_0 > 10^7 W/cm^2$ 时，就会产生 LSDW 波，LSDW 波对晶体靶表面主要的影响在于爆轰波作用后流场压力的增高，即增强了入射激光与晶体靶表面的冲量耦合。在本书的研究中，由于晶体的单脉冲熔化阈值为 $1.56 \times 10^8 W/cm^2$，所以 LSDW 会在单脉冲 CO_2 激光与 $Hg_{0.826}Cd_{0.174}Te$ 晶体的相互作用过程中对晶体微观结构产生一定的影响。

对于爆轰波压力 P_d 的计算，Pirri 等[24]建立的 LSDW 模型，如图 4.38 所示。模型中 v_a 表示 LSDW 波的速度；v_b 表示 LSDW 波后的粒子速度；P_a、ρ_a 和 E_a 分别表示爆轰波前气体的压力、密度和内能；P_b、ρ_b 和 E_b 分别表示爆轰波后气体的压力、密度和内能。

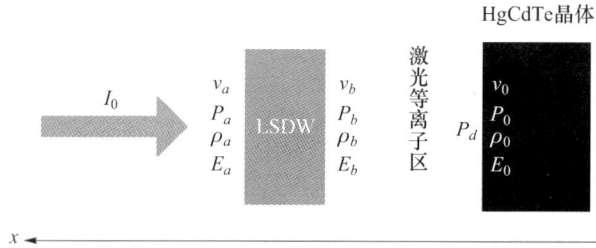

图 4.38　激光维持爆轰波模型示意图

建模时，假定靶面蒸汽和环境气体是理想气体，服从 κ 规律物态方程，且等嫡指数 κ 不受 LSDW 波作用的影响。当激光入射能量全部被 LSDW 波吸收时，不计未受扰介质中的压力 P_a 和内能 E_a，则在波阵面参考系内，LSDW 冲击波前后物理量的力学守恒关系可表示为

$$\rho_a v_a = \rho_b (v_a - v_b) \tag{4.123}$$

$$\rho_a v_a = P_b + \rho_b (v_a - v_b)^2 \tag{4.124}$$

$$E_b + \frac{P_b}{\rho_b} + \frac{(v_a - v_b)^2}{2} = \frac{v_a^2}{2} + \frac{I_0}{\rho_a v_a} \tag{4.125}$$

由理想气体（等离子体）的状态方程可得

$$E_b = \frac{P_b}{(\kappa - 1)\rho_b} \tag{4.126}$$

联立上述方程，消去 E_b、v_a 和 v_b 后可得：

$$P_b = \left[2\left(1 - \frac{\rho_a}{\rho_b}\right)^{1/2} \left(\frac{\kappa + 1}{\kappa - 1}\frac{\rho_a}{\rho_b} - 1\right)^{-1} I_0 \rho_a^{1/2} \right]^{2/3} \tag{4.127}$$

另外，在 LSDW 波作用后，等离子体的密度满足：

$$\rho_b = \frac{\kappa + 1}{k} \rho_\alpha \tag{4.128}$$

则式（4.127）可简化为

$$P_b = 4^{1/3} (\kappa - 1)^{2/3} (\kappa + 1)^{-1/3} \rho_a^{1/3} I_0^{2/3} \tag{4.129}$$

由于靠近凝聚态靶面存在一个静止区，其中介质的声速是波速 v_a 的一半，所以可得等离子体介质对晶体靶表面压力为

$$P_d = \left(\frac{\kappa + 1}{2\kappa}\right)^{\frac{2\kappa}{\kappa - 1}} P_b \tag{4.130}$$

代入式(4.129),进一步整理后可得:

$$P_d = 4^{1/3}(\kappa-1)^{2/3}(\kappa+1)^{-1/3}\left(\frac{\kappa+1}{2\kappa}\right)^{\frac{2\kappa}{\kappa-1}}\rho_a^{1/3}I_0^{2/3} \qquad (4.131)$$

如果 LSDW 发生在靶周围的大气中,在这里 ρ_a 即可认为是空气的密度,$\rho_a = 1.3 \times 10^{-3}\,\mathrm{g/cm^3}$,$\kappa = 1.2$。

4.2.4.2　损伤形貌

强激光对光学材料的作用,可以产生多种破坏效应。当入射激光为连续或者低能量长脉冲激光时,由于存在激光热吸收,晶体表面会表现为温度升高,一旦表面温度值达到材料的熔点,晶体就会发生熔化、蒸发和重凝固现象,如图 4.39 所示;一旦材料所吸收的激光能量由于作用时间短而来不及及时扩散,将会使局部形成较大的温差,产生较大的激光热应力,严重时甚至引起击穿产生激光等离子体。从而使晶体表面产生裂纹和表面龟裂[25],如图 4.40 所示。

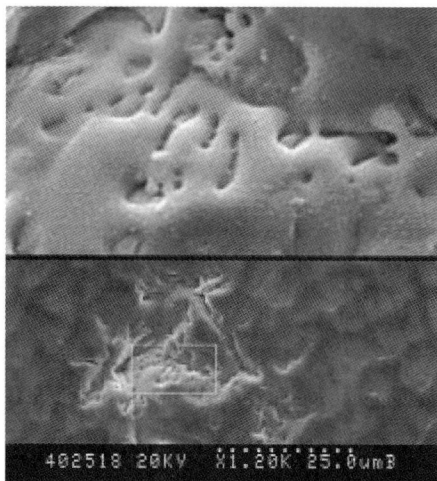

图 4.39　HgCdTe 晶体熔化、重凝固现象

华中科技大学蔡虎等人利用 TEA CO_2 激光开展了 HgCdTe 晶体的单脉冲损伤实验,测得了 HgCdTe 晶体的损伤形貌,图 4.41 给出了峰值功率密度为 $1.67 \times 10^8\,\mathrm{W/cm^2}$ 时,HgCdTe 晶片的 SEM 损伤形貌。

由损伤形貌可以看出,晶体表面在强激光作用后可分为三个明显的不同区域:A 区为激光辐照区,位于激光辐照中心,大部分激光能量集中于此区域,此区表面出现了明显的凝固现象和裂纹,其大小与入射光斑直径基本相同,如图 4.42 所示,图(a)中的表面凹凸不平,显示了熔化过的迹象,图(b)是 A 区表面的一条裂缝;围绕于 A 区周围的环带 B 区是激光热影响区,更外围的 C 区是无影响区,单脉冲激

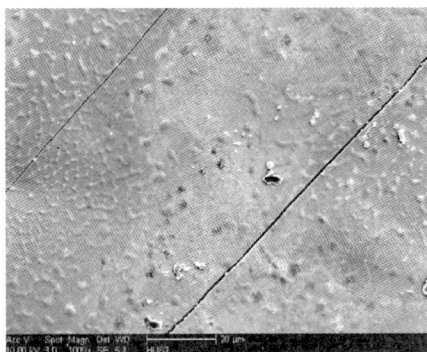

图 4.40　HgCdTe 晶体裂纹、表面龟裂现象

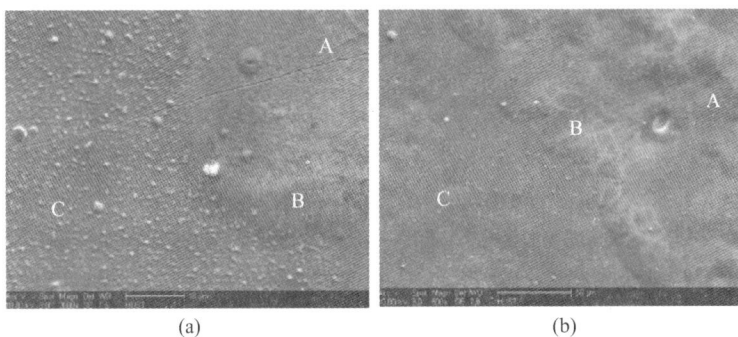

(a)　　　　　　　　　　　　(b)

图 4.41　峰值功率密度为 1.67×10^8 W/cm^2，HgCdTe 晶片 SEM 损伤形貌

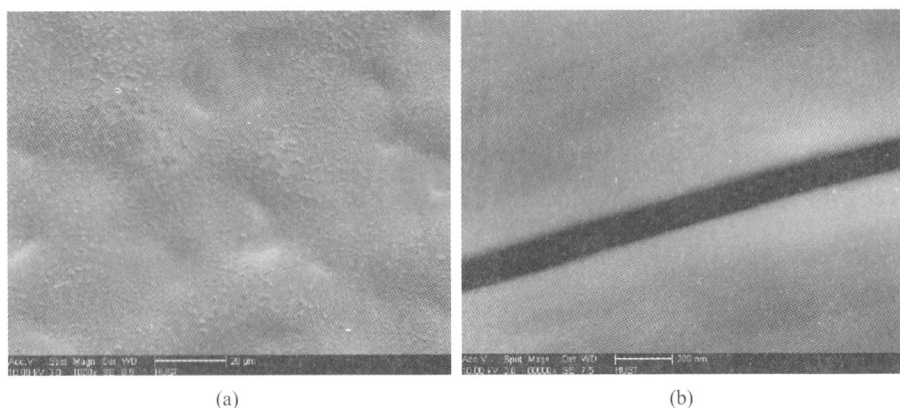

(a)　　　　　　　　　　　　(b)

图 4.42　峰值功率密度为 1.67×10^8 W/cm^2，HgCdTe 晶片 A 区 SEM 损伤形貌

光造成的热影响未扩散到此区域。A 区由于激光能量的直接辐照而呈现出剧烈熔融后凝固的表面凸凹不平特征，B 区则由于 A 区的熔体向周边推展而呈现出表面

堆积的形貌;C 区表面除了散布一些小点外则基本保持晶片原有形貌,小点的形成应该是 A 区材料的飞溅物。图 4.41 给出了激光辐照后晶片表面的两种不同破坏形态:网状龟裂和长的裂缝。长的裂缝贯穿于晶片表面的激光辐照区,激光热影响区和激光无影响区,且这些裂缝是平行分布的;而网状龟裂则只出现于经熔融后再凝固的凸起处表面。

利用应力计算公式可得峰值功率密度为 $1.67 \times 10^8 \text{W/cm}^2$ 时,晶体表面所受到的不同作用力如表 4.9 所列。

表 4.9　峰值功率密度为 $1.67 \times 10^8 \text{W/cm}^2$,HgCdTe 晶体表面受到的不同作用力

热应力 P_t	蒸发波压力 P_s	爆轰波压力 P_d
$16.89 \times 10^7 \text{Pa}$	$9.6 \times 10^7 \text{Pa}$	$2.24 \times 10^7 \text{Pa}$

表 4.9 中所得热应力 P_t 是平均值,晶片表面实际受到的最大热应力必定大于 P_t;另外,蔡虎等人在计算蒸发波压力 P_s 和爆轰波压力 P_d 时,放大了激光峰值功率密度,也就是说实际所受到的蒸发波压力 P_s 和爆轰波压力 P_d 要小一些;另外,从图上看裂缝从 A 区一直延伸至 C 区,而 B 区、C 区的蒸发波压力 P_s 和爆轰波压力 P_d 要远小于 A 区,综上可认为这些裂缝的产生主要也是因为激光的热应力产生的。

由图 4.41(b)可以看到龟状网纹主要出现在 B 区,该区蒸发波压力 P_s 和爆轰波压力 P_d 又较小,所以龟状网纹也应该是由激光热应力引起的;而在 B 区和 C 区出现的小的飞溅物应该是由于处于熔化状态的 HgCdTe 熔体在蒸发波压力 P_s 和爆轰波压力 P_d 作用下,向四周溅射而形成的。

高重频 CO_2 激光对 HgCdTe 晶片的损伤形貌被实验室利用扫描电镜测得,如图 4.43 所示。

由图 4.43 可以看出,高重频 CO_2 激光作用下,HgCdTe 晶片表面形貌已经发生了明显的变化[26],辐照区内有白色物质生成,扫面电镜下观察可以发现该区域内晶体表面已经发生了熔化。通过对比图 4.43(b)和图 4.43(c)可以发现,在激光辐照区内熔化现象明显,表面出现大量的沟壑状的凸起与凹坑,沟壑的形成主要是激光辐照过程中晶体表面 Hg 析出不均匀造成的,析出多的形成了凸起,析出少的形成了凹坑。与单脉冲激光损伤形貌不同的是晶体表面无贯穿整个损伤区的裂缝产生,分析认为单脉冲损伤主要是由晶体表面力学效应引起的。对于高重频 CO_2 激光而言,由于激光峰值功率密度较低,晶体的温升主要来自于热累积,温度升高的较为缓慢,力学效应主要来自于热应力,为此我们利用有限元方法计算得到晶片发生损伤时表面应力分布,如图 4.44、图 4.45 所示。

由图可以看出,不同入射光强 I_0 下,晶体表面激光热应力 P_t 随温度的变化过

(a) 损伤全貌

(b) 辐照中心处损伤形貌

(c) 未损伤区域形貌

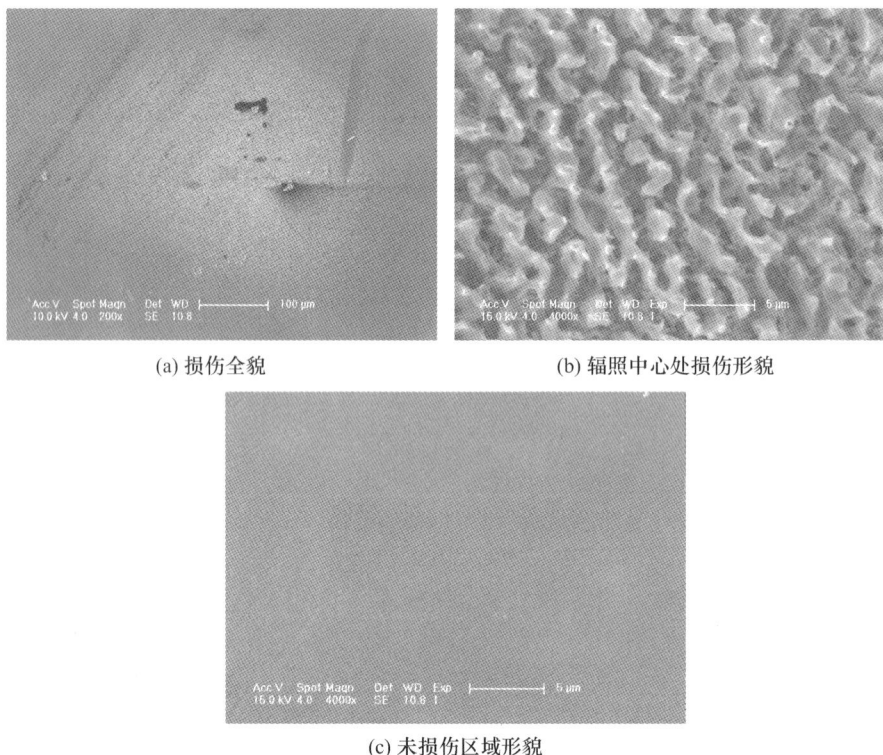

图 4.43 平均功率密度为 $0.95\text{kW}/\text{cm}^2$，HgCdTe 晶片表面熔化时的损伤形貌

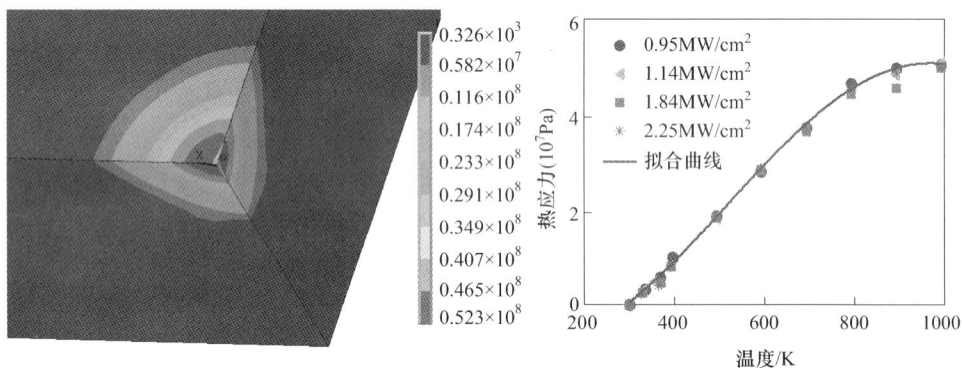

图 4.44 高重频激光损伤时，HgCdTe 晶片表面热应力结果(见彩图)

程基本一致,基本上是随着晶体表面温度的升高,激光热应力 P_t 近似呈线性增加,当晶体表面发生热熔时,热应力 P_t 达到最大值,此时热应力 P_t 的大小约为 $5 \times 10^7\text{Pa}$;该热应力的大小不足以使晶体表面发生断裂,因而从宏观上晶体表面未发

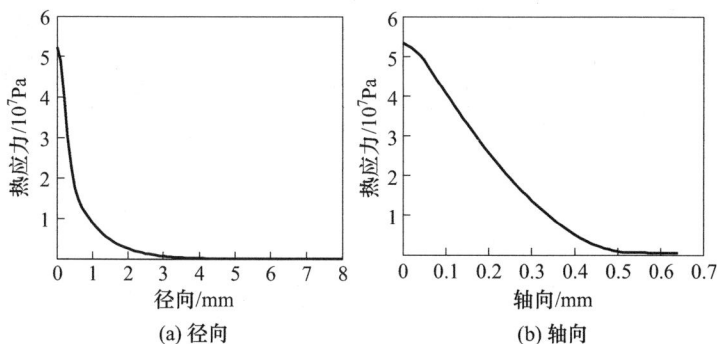

图 4.45　晶体表面热应力分布曲线

现有裂缝的产生。

　　进一步分析入射光强对晶体损伤形貌的影响,图 4.46 和图 4.47 给出了激光平均功率密度为 $1.14kW/cm^2$ 和 $2.25kW/cm^2$,辐照时间为 10s 时,HgCdTe 晶片的损伤形貌。

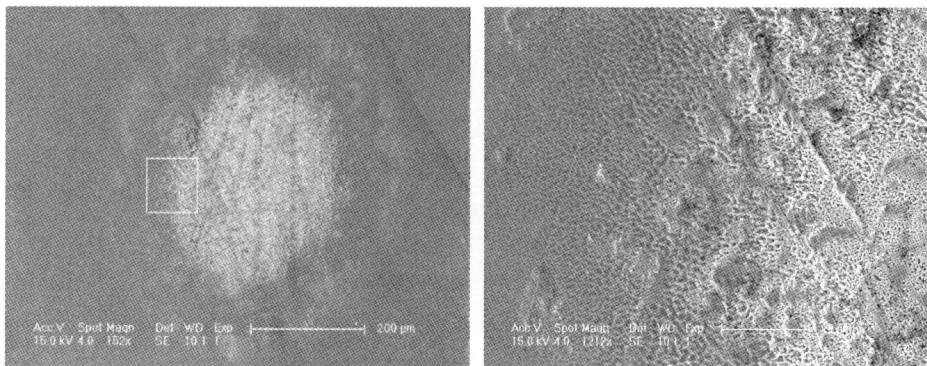

图 4.46　辐照功率密度为 $1.14kW/cm^2$ 时,HgCdTe 晶片的 SEM 图

　　如图 4.46 所示,随着入射激光功率密度的增加,晶体表面的熔化和重凝固现象越明显,在辐照区表面形成了较大的凸起和凹陷,该凸起和凹陷不同于晶体刚熔化时的,此时形成的凸起和凹陷是由力学效应导致的。熔化后的 HgCdTe 晶体由固态变为液态,在晶体表面蒸发波压力和激光冲击力的作用下,呈液态的 HgCdTe 会发生无规则的运动,且在液体表面张力和吸附力的影响下,液态的 HgCdTe 会聚集在一起,进而重凝固后在晶体表面形成了较大的凸起和凹陷。另外,还可以发现辐照区及其边缘有网状细纹生成,网状细纹的生成主要是由于晶体在激光辐照后局部区域发生热膨胀所致。图 4.47 为激光辐照功率密度增加到 $2.25kW/cm^2$ 时晶体的 SEM 图,从图中可以看到在激光辐照区内原来的大量凸起和凹陷变得较为

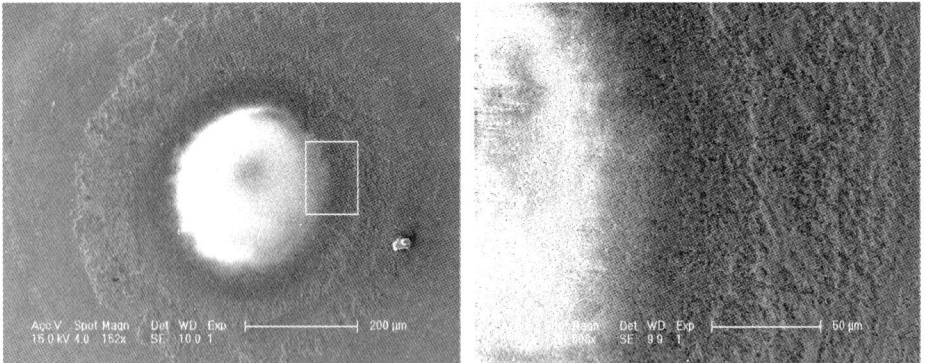

图 4.47　辐照功率密度为 2.25kW/cm² 时，HgCdTe 晶片的 SEM 图

光滑，分析认为这主要由于随着辐照功率的增加，激光辐照时形成的冲击力逐渐增大，从而使得晶体辐照区表面变得较为光滑，且在激光冲击力的作用下，使熔化后的晶体向辐照区边缘聚集，从而在辐照区边缘形成了一定的凸起，另外还可以看到在辐照区边缘有熔化后的液滴向辐照区外溅射的现象发生。

参考文献

［1］ALLEN R E. Electron-ion dynamics-a technique for simulating both electronic-transitions and ionic motion in molecules and materials[J]. Physical Review B, 1994, 50(24): 18629-18632.

［2］MARTIN P C, SCHWINGER J. Theory of many-particle systems. 1[J]. Physical Review, 1959, 115(6): 1342-1373.

［3］TORRALVA B, NIEHAUS T A, ELSTNER M, et al. Response of C-60 and C-n to ultrashort laser pulses[J]. Physical Review B, 2001, 64(15):153105.

［4］DEMKOV A A, SANKEY O F. Growth study and theoretical investigation of the ultrathin oxide SiO2-Si heterojunction[J]. Physical Review Letters, 1999, 83(10): 2038-2041.

［5］VOGL P, HJALMARSON H P, DOW J D. A semi-empirical tight-binding theory of the electronic-structure of semiconductors[J]. Journal of Physics and Chemistry of Solids, 1983, 44(5): 365-378.

［6］HARRISON W A, KLEPEIS J E. Dielectric screening in semiconductors[J]. Physical Review B, 1988, 37(2): 864-873.

［7］GRAF M, VOGL P. electromagnetic-fields and dielectric response in empirical tight-binding theory[J]. Physical Review B, 1995, 51(8): 4940-4949.

［8］POREZAG D, FRAUENHEIM T, KOHLER T, et al. construction of tight-binding-like potentials on the basis of density-functional theory-application to carbon[J]. Physical Review B, 1995. 51(19): 12947-12957.

［9］PERDEW J P, ZUNGER A. Self-interaction correction to density-functional approximations for many-electron systems［J］. Physical Review B, 1981, 23(10): 5048-5079.

［10］ESCHRIG H. Readily computable expressions for lcao 2-center integrals over slater-type orbitals with arbitrarily high quantum numbers［J］. Physica Status Solidi B-Basic Research, 1979, 96 (1): 329-342.

［11］STAMPFLI P, BENNEMANN K H. Theory for the instability of the diamond structure of SI, GE, and C induced by a dense electron-hole plasma［J］. Physical Review B, 1990, 42(11): 7163-7173.

［12］VANVECHTEN J A, TSU R, SARIS F W. Nonthermal pulsed laser annealing of si - plasma annealing［J］. Physics Letters A, 1979, 74(6): 422-426.

［13］DOU Y S, TORRALVA B R, ALLEN R E. Semiclassical electron-radiation-ion dynamics (SERID) and cis-trans photoisomerization of butadiene［J］. Journal of Modern Optics, 2003, 50(15-17): 2615-2643.

［14］CRAWFORD T H, YAMANAKA J, HSU E M, et al. High-resolution observations of an amorphous layer and subsurface damage formed by femtosecond laser irradiation of silicon［J］. Applied Physics 2008, 103(053104): 1-7.

［15］RUBLACK T, HARTNAUER S, MERGNER M, et al. Mechanism of selective removal of transparent layers on semiconductors using ultrashort laser pulses［J］. Proceedings of SPIE, 2012, 8247(0Z): 1-10.

［16］FEDOSEJEVS R, KIRKWOOD S, HOLENSTEIN R. Femtosecond interaction processes near threshold: damage and ablation［J］. Proceedings of SPIE, 2007, 6403(02): 1-10.

［17］SHAO J, GUO J, WANG T. Thermal behavior of metal thin film irradiated by femtosecond double-pulse laser［J］. High Power Laser and Particle Beams, 2014, 26(9): 091017-1-091017-6.

［18］SHAO J, GUO J, WANG T. Theoretical research on damage mechanism of ultra fast laser ablation crystal silicon［L］.［s. l.］: International Symposium on Photoelectronic Detection and Imaging 2013: High Power Lasers and Applications, 2013: 8904.

［19］KORFIATIS D, THOMA K, VARDAXOGLOU J. Conditions for femtosecond laser melting of silicon［J］. Applied Physics, 2007, 40: 6803-6808.

［20］GUO J, WANG T, SHAO J, et al. Emission enhancement ratio of the metal irradiated by femtosecond double-pulse laser［J］. Optics Communications, 2012, 285(7): 1895-1899.

［21］MANSOUR S B, YILBAS B S. Short pulse heating of silicon film with the presence of metallic substrate［J］. Current Applied Physics, 2010, 10(5): 1243-1248.

［22］BARTOLI F, ESTEROWITZ L, KRUER M, et al. Irreversible laser damage in ir detector materials［J］. Applied Optics, 1976, 16(1): 2934-2937.

［23］AFANASEV Y V, KROKHIN O. Vaporization of matter exposed to laser emission ［J］. Sov. Phys. JETP, 1967, 35: 639-651.

［24］ PIRRI A N. Theory for momentum transfer to a surface with a high-power laser ［J］. Physics of Fluids, 2003, 16(9): 1435-1440.

［25］ TANG W, SHAO J, ZHAO S, et al. Hg_(0. 826) Cd_(0. 174) Te crystal damaged by high repetition frequency CO_2 laser［J］. Infrared and Laser engineering, 2013, 42(10): 2663-2668.

［26］ TANG W, GUO J, SHAO J, et al. Analysis of far-field characteristics with repetition frequency of TEA CO_2 laser［J］. Infrared and Laser Engineering, 2013, 42(9): 2380-2385.

第 5 章

激光损伤探测器件的
效应与机理

5.1　超短脉冲激光对 CCD、CMOS 损伤效应及机理

5.1.1　损伤阈值测试方法

在前期研究发现损伤阈值测试其中的一个难点是小光斑面积的精确测量。到靶(到达 CCD)光斑尺寸测量的准确度影响激光损伤阈值的测量精度。测试中首先需解决这一问题,以保证相关阈值测试精度。为了尽可能地提高到靶光斑尺寸的测试精度,测试方法需依照相关国际标准基本原理。

光斑尺寸实验测量方法采用受试对象 CCD 和光学系统直接测量的方法进行,统计方法与光束质量分析仪统计方法完全相同,例如与 Spiricon 光束质量分析仪计算高斯光束分布方法相同,统计方法则基于激光传输特性的二阶矩理论[1]。实验中采用的固体激光其光束特性基本接近高斯激光。对于高斯激光,二阶矩(或 4σ)光斑尺寸定义具有关键意义,4σ 直径范围内光斑的能量为激光总能量的 86.5%。因此,光斑直径定义为 4 倍的能量分布标准差(X、Y 方向独立计算):

$$d_{\sigma x} = 4\sigma_x \tag{5.1}$$

$$d_{\sigma y} = 4\sigma_y \tag{5.2}$$

式中:d_σ 为光斑直径尺寸;而 $\sigma_i(i=x,y)$ 分别为 x、y 方向光斑能量分布的标准差。

激光能量分布标准差计算公式为

$$\sigma_x^2 = \frac{\sum_x \sum_y (x-\bar{x})^2 \cdot Z(x,y)}{\sum_x \sum_y Z(x,y)} \tag{5.3a}$$

$$\sigma_y^2 = \frac{\sum_x \sum_y (y - \bar{y})^2 \cdot Z(x,y)}{\sum_x \sum_y Z(x,y)} \qquad (5.3b)$$

式中:$Z(x,y)$为像元尺寸;$\bar{x},\bar{y}$是光斑中心坐标。其计算公式为:

$$x_{\text{centroid}} = \frac{\sum (X \times Z)}{\sum Z} \qquad (5.4)$$

$$y_{\text{centroid}} = \frac{\sum (Y \times Z)}{\sum Z} \qquad (5.5)$$

下面以具体实验结果分析误差,从光斑提取出像素灰度值,如图5.1所示。

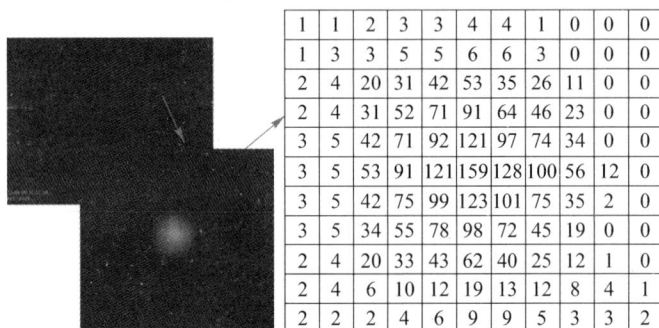

1	1	2	3	3	4	4	1	0	0	0
1	3	3	5	5	6	6	3	0	0	0
2	4	20	31	42	53	35	26	11	0	0
2	4	31	52	71	91	64	46	23	0	0
3	5	42	71	92	121	97	74	34	0	0
3	5	53	91	121	159	128	100	56	12	0
3	5	42	75	99	123	101	75	35	2	0
3	5	34	55	78	98	72	45	19	0	0
2	4	20	33	43	62	40	25	12	1	0
2	4	6	10	12	19	13	12	8	4	1
2	2	2	4	6	9	9	5	3	3	2

图 5.1　CCD 接收到的激光光斑像素灰度值提取

利用式(5.4)、式(5.5)可得光斑质心位置 $Z_0(\bar{x},\bar{y}) = (50.5\mu m, 51.1\mu m)$,此时已经考虑到像素水平和垂直方向具体尺寸(Wat – 902B CCD 靶面像元尺寸垂直方向像素尺寸 $8.3\mu m$,水平方向上像素尺寸 $8.6\mu m$)。最后,利用标准差公式计算出光斑能量 x、y 方向分布方差,并利用式(5.1)、式(5.2)给出光斑尺寸,得到光斑的 x,y 方向半径分别为 $29.18\mu m$、$26.72\mu m$。事实上,还可以截取多幅视频图像,调节光斑亮度,由此获得多组实验数据、进行统计,从而进一步保证数据的精度,如表 5.1 所列。

表 5.1　到靶光斑尺寸测量记录

序号 方向	1	2	3	4
垂直方向光斑尺寸/μm	9.499	9.767	9.672	10.803
水平方向光斑尺寸/μm	8.939	8.815	9.385	10.338
灰度值	57	64	60	159

从该测试方法可以看出,选取不同中心灰度值,测试结果存在一定误差。其中

前三组数据中心灰度值较接近(从灰度值 57 变化到灰度值 64),相互之间的误差较小为 6%;但是灰度值最小的(57)与最大的(159)相比,相对误差为 14%。光束质量分析仪在使用过程中,事实上也无法保证中心点亮度为某一定值。因此,采用算数平均的方法获得水平方向和垂直方向的光斑尺寸分别为 9.36μm、9.93μm。此时,根据最大偏离点,求得光斑半径的计算误差为水平方向 9%、垂直方向 8%。

根据激光传输变换理论,已知激光发散角、光学系统参数(焦距 F、口径 D)以及离焦特性参数,即可以从理论上获得光斑尺寸,从而可与实验进行比较。以极端情况为例,8ns 激光对 CCD 的损伤实验中,激光发散角为 5.5mrad,光学系统 $F =$ 50mm,口径 $D = 28$mm($F/1.8$),相机工作于焦平面(离焦量为零),根据夫琅禾费衍射理论,到靶光斑尺寸 d 除以焦距 F,恰好对应激光远场发散角 θ。即

$$d = F\theta \tag{5.6}$$

采用上面的式(5.1)~式(5.6)进行计算得到靶光斑尺寸,测得光斑尺寸波段范围为 0.33~0.39mm,取算数平均值为 0.345mm。

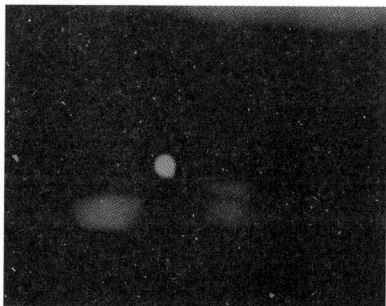

图 5.2　到靶光斑尺寸测量实验值(0.345mm)

该实验方法有一定的实验误差,但具有克服同步测试难题的优势。对于光斑的测试,较为精确的方法是采用光束质量分析仪。商用光束质量分析仪测试精度一般为 5%。光束质量分析仪虽然较为精确,但却不能解决同步测量的问题。由于要损伤的器件是 Wat-902B CCD,采用光束质量分析仪测量光斑之后更换成 Wat-902B CCD光斑尺寸可能会大幅变化。光斑尺寸对光学系统后截距特别敏感,轻微调焦后光斑直径范围可从衍射极限 $2.44\lambda F/D$(约微米量级)变化到 $F\theta$(一般为几十至百微米),导致光斑面积变化可达 100 倍以上。

使用光束质量分析仪测量需要最终更换为受试探测器件,测光斑方法并不适合这种场合下的应用。该方法误差包括以下两个主要因素:①该型号 CCD 像素特征尺寸为 8.3μm,而光束质量分析仪使用的 CCD 的像素尺寸一般为 3~4μm,分辨力的降低将引入较大的误差;②该型号 CCD 为普通模拟相机,其精度远低于经过

仔细标定的光束质量分析仪,受试对象自身的像素不均匀性缺陷导致较大的误差,由此导致的实验误差较大。

因此,二阶矩方法将受试对象 CCD 同时作为测量器件和受试对象,能够避免更换测量器件光斑测试问题,能够把系统误差从 2 个数量级降低到 43% 以内,测试精度有了质的提高。实验结果表明,激光多脉冲积累损伤与单脉冲损伤阈值之间的区别显著。在讨论该特定问题时,该方法还是比较实际可行的。

5.1.2 单脉冲激光器件损伤效应与机理

国外系统地开展了激光辐照探测器件相关的研究,并对硅的激光损伤开展了相关研究。国内近年来也在不同激光对各种类型探测器件的干扰阈值、损伤阈值及致盲阈值等方面开展了大量实验和理论分析工作[2-4]。郭少峰等[5] 指出 CCD 在飞秒激光作用下与纳秒激光相比,没有更多新现象。沈红斌等[6] 指出 CCD 在单脉冲激光作用下器件功能性失效机理由垂直转移电路之间的短路引起。理论方面,姜楠等[7] 利用有限元方法分析了脉冲激光辐照 CCD 多层结构的热应力分布。

前期研究中,首先采用光谱物理公司波长 800nm、脉冲宽度约 100fs 的飞秒激光器对行间转移型 CCD 开展了损伤效应实验。实验表明,观察飞秒脉冲激光辐照后 CCD 的视频输出图像,随着激光能量密度的提高,视频输出信号显示先后出现点、线、全靶面的损伤效应和机理。SEM 形貌学测试,线损伤程度较浅,并且损伤边缘非常清晰,如图 5.3(a)所示此时线损伤并未造成器件"线"损伤,而仍造成部分像元损伤,这说明线损伤实际上已经为电子学层次的器件损伤。全靶面损伤 SEM 形貌学表明损伤程度"较深",如图 5.3(b)所示。全靶面并非均损坏,其损伤根源仍为电子学损伤机理。此时,无法凭肉眼区分线损伤和全靶面损伤,须集中于电子学等方式的研究。同时,该实验结果表明 CCD 在飞秒激光作用下与纳秒激光相比,与郭少峰等人的研究结果基本一致,没有更多新现象。

本研究中拟在前人研究基础上重点研究脉冲个数的影响,旨在进一步分析激光脉冲串对 CCD 的损伤效应和机理。开展了单脉冲或多脉冲纳秒/皮秒激光对 CCD 器件的损伤效应研究,并讨论了激光重频、激光到靶能量密度以及相对运动等因素的影响。

这里利用 532nm 纳秒激光器开展了激光单脉冲损伤效应实验,获得了致损阈值、致盲阈值。致盲(损伤)阈值对于一个器件和一种激光为定值。如前所述,致盲(损伤)阈值准确测试需要保证两点:首先到靶能量的准确测量可以通过同步监视光路实现;其次到靶光斑尺寸的准确测量,采用上文提供的实时测量方法进行。

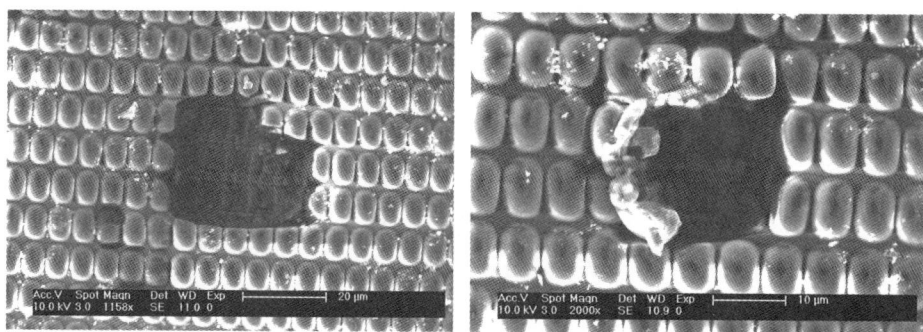

(a) 线损伤形貌学　　　　　　　　　　(b) 全靶面损伤形貌学

图 5.3　线损伤效应 SEM 形貌学、全靶面损伤形貌学

由此获得的损伤阈值与实验结果[8]如表 5.2 所列。

表 5.2　8ns、532nm 单脉冲激光损伤与致盲阈值数据

单脉冲能量 /μJ	重频 /Hz	光斑面积 /μm²	激光能量密度 /(J/cm²)	现象
31.8 ~ 47.8	单脉冲	9343	36 ~ 52	点损伤(图 5.4(a))
114	单脉冲	9343	121	线损伤(图 5.4(b))
440 ~ 706	单脉冲	9343	0.47 ~ 0.76	功能性致盲(图 5.4(c))

采用 8ns、532nm 激光单脉冲致盲 Wat - 902B 时(图 5.4),能量密度增大到 $0.47 \sim 0.758\text{J/cm}^2$ 时,整个 CCD 视频输出图像变白,数分钟过后,CCD 仍无法成像,说明 CCD 已被完全损坏。用万用表测量水平转移时钟线间及其与地间的电阻,与损伤前完好 CCD 的对应电阻值作比较,在一定的误差允许下,未发现电阻有明显变化。而测量发现垂直转移时钟线间及其与地间的电阻发生了明显的变化,CCD 全靶面损伤前后的电阻值如表 5.3 所列(V_1、V_2、V_3、V_4 为 CCD 芯片的垂直转移时钟信号输入引脚。

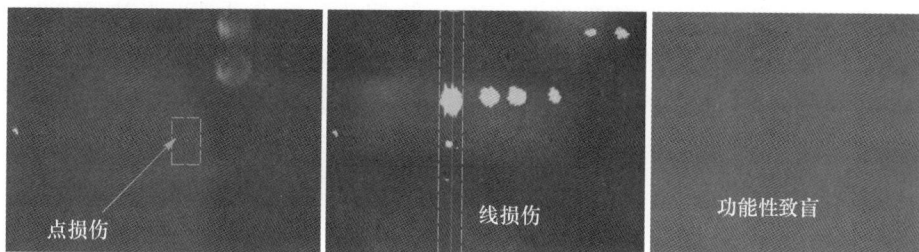

(a) 到靶能量密度31.8mJ/cm²　　(b) 到靶能量密度121mJ/cm²　　(c) 到靶能量密度440~706mJ/cm²

图 5.4　8ns(单脉冲)激光对 Wat - 902B 损伤现象(见彩图)

表5.3　垂直时钟线间的电阻值（MΩ）

		V_1		V_2		V_3	
		NC*	FD*	NC	FD	NC	FD
V_1		—	—	—	—	—	—
V_2		>23	0.050	—	—	—	—
V_3		>23	20.0	>23	0.057	—	—
V_4		>23	0.050	>23	0.050	>23	0.055
注:NC—正常状态; FD—功能性损伤							

从电子学特性测试可知,点、线损伤只是破坏了损伤部位的像元及其所在的电荷转移电路,并且没有对其他部位的成像产生影响;全靶面损伤后,通过表5.3可以看出水平转移时钟线间及其与地间的电阻值基本没有发生变化,而垂直转移时钟线间及其与地间的电阻值明显变小。说明在皮秒激光脉冲的辐照下,垂直转移电荷电路 V_2、V_4 出现了短路或断路。这一结论与公开报道纳秒激光损伤过程相同:硅电极损伤造成电极间出现短路现象。

进一步开展了1.5ns激光单脉冲致损阈值、单脉冲致盲阈值,如图5.5所示。激光器参数为波长532nm,脉宽1.5ns,重频0.25Hz以实现单脉冲作用,$M^2 = 1.1$。获取不同阶段阈值如表5.4所列。

表5.4　1.5ns单脉冲激光损伤与致盲阈值数据

单脉冲能量 /μJ	重频 /Hz	光斑面积 /μm²	激光能量密度 /（mJ/cm²）	现象
0.3	单脉冲	289	36～52	点损伤(图5.5(a))
0.7	单脉冲	289	186	线损伤(图5.5(b))
2.1～3.1	单脉冲	289	560	功能性致盲(图5.5(c))
0.44～0.52	单脉冲	69	490～580	—

由表5.4可见,在单脉冲激光作用下,CCD器件发生了点、线、面各种损伤效应。其中点损伤仅约为面损伤(器件致盲)的1/10左右。

实验结果表明,损伤的发生会有一定的随机性,各种损伤阈值均表现为范围值。这与激光损伤阈值测试国际标准(ISO 11254)中关于概率损伤是一致的。一般为了准确测量材料的损伤阈值,需要进行多次大量实验,以确定"零概率"损伤阈值。但是,由于此处测试的为功能器件,难于定义"零概率"损伤阈值。在下文讨论多脉冲激光积累损伤时,将再深入讨论该问题。

由实验结果表明,8ns、1.5ns脉冲宽度单脉冲作用下,各种损伤阈值较为接近、损伤过程一致。

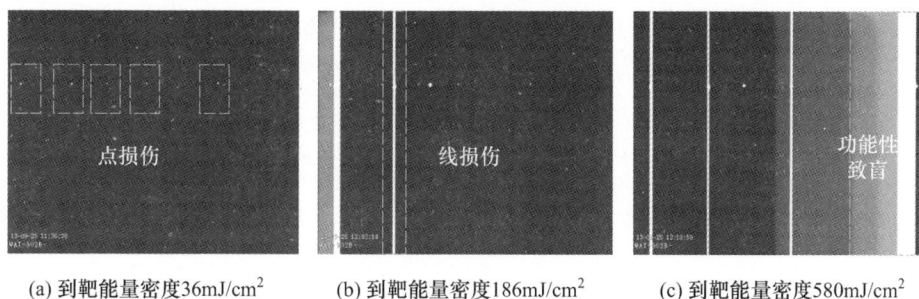

(a) 到靶能量密度36mJ/cm^2　　(b) 到靶能量密度186mJ/cm^2　　(c) 到靶能量密度580mJ/cm^2

图 5.5　（单脉冲）1.5ns 激光对 Wat-902B 损伤现象（见彩图）

5.1.3　多脉冲激光器件损伤效应与机理

激光多脉冲损伤实验公开报道的较少,利用激光与物质相互作用国家重点实验室脉宽 1.5ns、脉宽 400ps 的绿光高重频激光器较为系统地开展了重频脉冲积累损伤的研究。重点分析了重频、脉宽、脉冲重叠与转动方向等关键因素对于积累损伤的影响;并且进一步研究了到达 CCD 靶面的多个脉冲重叠情况不同的区别和机理。该研究补充了国内外关于激光损伤光电器件方面实际工程应用中的各种问题。

1）到达 CCD 表面的激光脉冲无重叠情况

首先开展了 1.5ns、3kHz 激光高重频致盲实验。实验系统主要由激光器、线阵、面阵相机成像系统、调焦装置、电动转台组成,如图 5.6 所示。损伤阈值对于一个器件和一种激光为定值。损伤阈值准确测试需要保证到靶能量的准确测量以及到靶光斑尺寸的准确测量。前者可通过激光器输出能量标定,标定输出激光单脉冲能量与电流的关系,而且同时采用监视光路实现;后者根据光学系统的调焦进行控制。

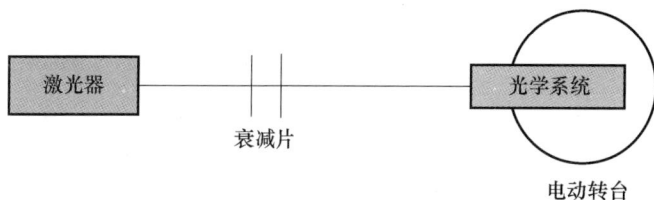

图 5.6　损伤阈值测试方法

按照图 5.6 所示完成光路布设,激光器与光学系统之间的距离固定为 2.5m,通过调焦将像面位置调制 2.5m,测试到靶光斑尺寸。采用衰减器件控制激光器的能量逐步提高,并保持转台转速为 200°/s,获取不同阶段阈值,损伤阈值测试、实验步骤、实验记录等不再赘述。实验结果如表5.5、图5.7所示。

表5.5　1.5 ns、3 kHz 激光损伤阈值汇总表

单脉冲能量 /mW	重频 /Hz	光斑面积 /μm^2	激光能量密度 /(mJ/cm^2)	现象
0.11	3000	222	12	点损伤 (图5-7(a))
0.12	3000	377	8	
0.22	3000	222	25	线损伤 (图5-7(b))
0.23	3000	377	16	
0.42	3000	222	49	功能性致盲 (图5-7(c))
0.36~0.52	3000	377	24.5~35	

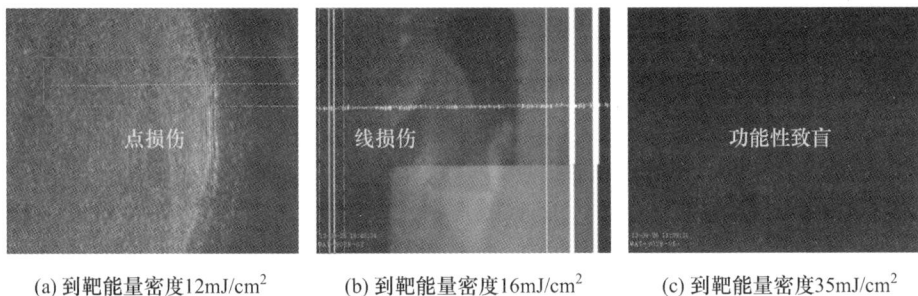

(a) 到靶能量密度12mJ/cm^2　　(b) 到靶能量密度16mJ/cm^2　　(c) 到靶能量密度35mJ/cm^2

图5.7　(多脉冲)1.5ns 激光对 Wat-902B 损伤现象(见彩图)

此时,样品相机1号激光到靶光斑面积为222μm^2。CCD 靶面 x 方向的长度为 6.5mm,到靶光斑扫描 x 方向直径为16.4μm,在交汇时间内到达探测器的脉冲个数为111个,每个脉冲之间的距离为58μm。利用样品相机2号重复一次实验测得激光到靶光斑尺寸377μm^2。相机实验结果为高重频条件下点损伤阈值为 8mJ/cm^2,高重频条件下线损伤阈值为 16mJ/cm^2,全靶面损伤阈值为 24.5~35mJ/cm^2。因此不存在脉冲重叠积累效应。

进一步开展了 400ps、12kHz 激光高重频致盲实验。激光器波长533nm,脉宽400~420ps,重频12kHz,最大输出功率250mW,光束质量因子 $M^2 = 5$。实验系统与 1.5ns 内容完全相同,实验原理如表5.6、图5.8所示。按照图5.6所示完成光路布设,激光器与光学系统之间的距离固定为 1.7m,在弱光条件下测量到靶光斑尺寸,通过调焦将像面位置调至 1.7m,转台转速设定为200°/s,采用衰减器件控制激光器能量逐步提高,获取不同阶段阈值。

此时样品相机标记为3号。激光器到靶光斑尺寸252μm^2,x 方向为扫描方向。CCD 靶面 x 方向的长度为6.5mm,到靶光斑 x 方向直径为21.4μm,激光重频

表5.6　400ps、12kHz激光损伤阈值汇总表

单脉冲能量 /mW	重频 /Hz	光斑面积 /μm²	激光能量密度 /(mJ/cm²)	现象
0.525	12k	252	7~14	点损伤,图5.8(a)
1.037	12k	309	20	
2.88	12k	309	72	线损伤,图5.8(b)
2.95	12k	252	50~75	功能性致盲,图5.8(c)
4.07	12k	309	84.5	

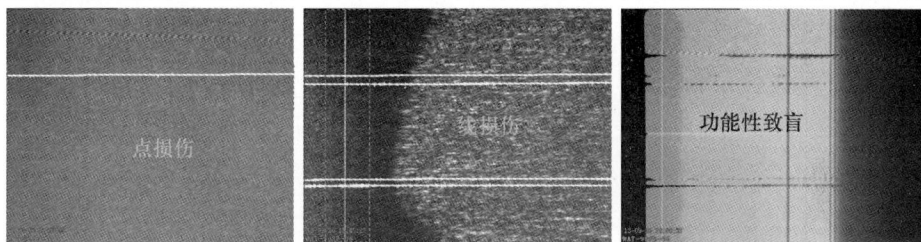

(a) 到靶能量密度8mJ/cm²　　(b) 到靶能量密度16mJ/cm²　　(c) 到靶能量密度35mJ/cm²

图5.8　400ps激光对Wat-902B损伤现象(见彩图)[1]

12kHz,在37ms交汇时间内到达探测器的脉冲个数为444个,每个脉冲之间的距离为14.6μm。利用样品相机4号重复一次实验保证实验精度,此时到达CCD表面的光斑尺寸309μm²。CCD靶面 x 方向的长度为6.5mm,到靶光斑 x 方向直径为20.0μm,激光重频12kHz,在37ms交汇时间内到达探测器的脉冲个数为444个,每个脉冲之间的距离为14.6μm。可见任意两个脉冲之间均有一部分重叠区域。

把8ns、1.5ns、400ps单脉冲/高重频激光对Wat-902B型相机的损伤/致盲测试结果进行了汇总(见表5.7)。实验结果为1.5ns与8ns激光作用下面阵相机的单脉冲致盲阈值基本相同(470~800 mJ/cm²),单脉冲激光致盲机理为材料损伤引起的电子学损伤。

表5.7　短脉冲激光对Wat-902B型相机的损伤/致盲阈值

序号	激光参数	受试物	点损伤 /(mJ/cm²)	线损伤 /(mJ/cm²)	功能性致盲 /(mJ/cm²)
1	8ns/532nm/单脉冲	Wat-902B	36~52	121	470~758
2	1.5ns/532nm/单脉冲		14	186	490~800
3	1.5ns/532nm/3kHz		8~12	16~25	24~49
4	400ps/533nm/12kHz		7~20	72	50~84.5

而高重频条件下,致盲阈值比单脉冲条件下降低一个数量级,因此存在明确的损伤积累效应。1.5ns、3kHz 高重频脉冲激光入射时不存在多脉冲积累效应。而 400ps、12kHz 高重频脉冲激光入射时存在两个脉冲积累效应。但是 1.5ns 与 400ps 的高重频损伤阈值数据也相当($24 \sim 84.5 \mathrm{mJ/cm^2}$)。可知这种作用条件下器件功能性损伤并不是由单点损伤积累造成,而是由多个线损伤合并造成的功能性无法成像,从而导致损伤阈值降低。根据前面第 2 章、第 3 章的理论模型,表明亚纳秒到短皮秒激光对硅的损伤仍然主要以热损伤为主。后端采集图像和电子学测试表明此时垂直转移电路电极并未发生损伤。同时,此时的损伤阈值($24 \sim 50 \mathrm{mJ/cm^2}$)与实验获得的线损伤阈值($16 \sim 72 \ \mathrm{mJ/cm^2}$)相当。因此,该种情况下的功能性损伤机理可归结为多条线损伤的叠加而不是脉冲的积累效应。

当然,随着能量密度进一步提高至 $84.5 \mathrm{mJ/cm^2}$ 以上时还是会发生垂直电路电极短路的现象。因此存在一个问题就是需要研究脉冲重叠是否能够造成器件损伤机理的变化。下面进一步控制多个激光脉冲入射到探测器件表面的同一位置,更进一步探讨当激光脉冲到达 CCD 器件表面发生重叠时的损伤过程和机理。

2)到达 CCD 表面的激光脉冲存在重叠情况

为了进一步分析和对比不同类型的积累致盲效应,利用 HS6601 型行间转移型 CCD 开展了多脉冲积累损伤实验研究,包括三种不同方式的损伤实验:①激光与受试光电系统的相对位置不变,使得多个脉冲入射到电荷耦合器件的同一位置,进而研究多脉冲积累效应;②是使用电动转台控制光学系统匀速运动,以控制脉冲激光与光学系统的交汇时间和相对角速度,保证脉冲到达电荷耦合器件的特定间距;③还研究了激光脉冲串沿垂直电路转移方向进入,多个线损伤积累能够造成器件功能性失效。

(1)多个点损伤能够造成线损伤(激光辐照到 CCD 靶面同一位置)。实验表明,若多个脉冲辐照到 CCD 靶面同一位置,则能够积累形成一条线损伤。随着入瞳能量的提高,所需的脉冲积累次数逐步降低,如图 5.9 所示。

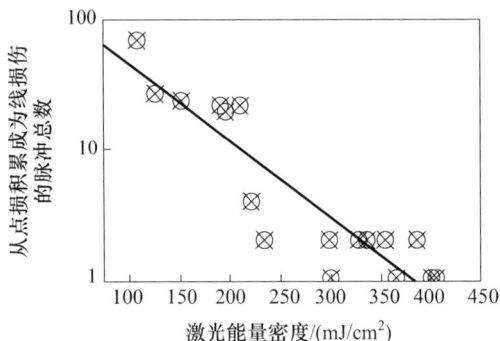

图 5.9　点损伤积累成线损伤现象脉冲个数与激光入瞳能量的关系

单次脉冲点损伤到靶能量密度 40mJ/cm^2，单次脉冲线损伤到靶能量密度 $500\sim550\text{mJ/cm}^2$。需要入瞳能量提高到 $15\mu\text{J}$（对应到靶能量密度 150mJ/cm^2）附近重频积累才有效。此时约需 $20\sim70$ 次积累。随着到靶能量密度达到 $300\sim400\text{mJ/cm}^2$ 时，仅需 $2\sim4$ 次积累就能够实现线损伤。积累损伤的机理为多个脉冲打到同一位置处不断造成器件材料的同一位置损伤，直到某临界点导致线损伤，即某像素点与垂直转移电路之间形成短路。

根据拟合曲线可知该损伤过程满足幂指数关系。事实上，可以根据该拟合曲线确定线损伤的阈值。Y 为积累次数，X 为能量密度，拟合得到的曲线方程为

$$\lg Y = -0.00589X + 2.241 \tag{5.7}$$

令 $Y=1$ 次，求得 $X=380\text{mJ/cm}^2$。该方法拟合获得的线损伤阈值数据与单次直接测得的线损伤阈值 $400\sim500\text{mJ/cm}^2$ 相比较，其结果是基本一致的。考虑积累特性和损伤自身所具有的随机性，这种外推方法事实上更为准确。建议，可以采用这种类似于激光对材料损伤国际标准的"零概率"方法（ISO 11254-2）作为探测器件激光损伤阈值的测试标准方法。

（2）多个线损伤积累能够造成器件致盲（激光辐照到 CCD 同一位置）。实验结果还表明，线损伤也具有积累效应。到靶能量密度 $510\sim547\text{mJ/cm}^2$ 时，4 个脉冲辐照到同一位置就从线损伤变为器件致盲损伤。到靶能量密度 $660\sim730\text{mJ/cm}^2$ 时，两个脉冲辐照到同一位置就从线损伤变为器件致盲损伤。此时，器件应为功能性损伤，即器件的垂直转移电路之间或垂直转移电路与地间出现了短路现象。若转台转速控制不均匀造成了多个脉冲入射到 CCD 表面同一位置，会造成器件的致盲损伤，此时到靶能量密度 660mJ/cm^2。

（3）多个线损伤积累造成器件功能性失效（激光辐照到 CCD 不同位置）。控制多个脉冲入射到器件表面的不同位置，到靶能量密度 660mJ/cm^2，也能够造成器件无法成像的结果。但是线损伤之间的缝隙背景中仍然能够成像，噪声大、成像质量较差。这种损伤效应并未造成器件的致盲，而仅表现为器件的功能性失效效果如图 5.10 所示。

（4）线损伤积累能够造成器件功能性失效（脉冲串沿电荷垂直转移方向入射）。以线损阈值对应的到靶能量密度入射，并使得相对运动方向沿垂直于转移电路方向即可逐步导致全靶面积累损伤效应，而且致盲效果非常彻底。因此，这种相对运动条件下的致盲阈值基本上等于线损伤阈值。

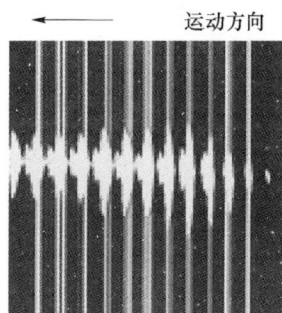

图 5.10　转台运动条件下激光入射多条线损伤积累能够造成成像受严重影响

5.1.4 激光损伤 CMOS 效应与机理

在激光干扰和损伤 CMOS 器件研究中,2013 年,邵铭等人通过实验研究了 1.06μm 激光对 CMOS 相机的辐照饱和效应,测量并计算了 CMOS 相机的图像饱和激光功率与有效干扰面积、饱和干扰面积以及图像相关度之间的关系。实验结果表明,CMOS 相机的单元像素的饱和功率密度阈值约为 17.5W/cm²。2008 年,上海技术物理所林均仰等人采用 1064nm 脉冲激光器,脉宽 5ns,重复频率 10Hz 对 DH – HV1300EM 型 CMOS 器件开展了损伤实验研究,得到了器件在大气和真空中的初始损伤阈值约 0.5J/cm²,但是"严重损坏"阈值高达 626J/cm²(大气条件)和 273J/cm²(真空条件)。国防科技大学王昂等人开展了 1080nm 连续激光和单脉冲纳秒激光对 CMOS 的损伤效应,分别获得了相应的点、线损伤阈值,如图 5.11 所示。

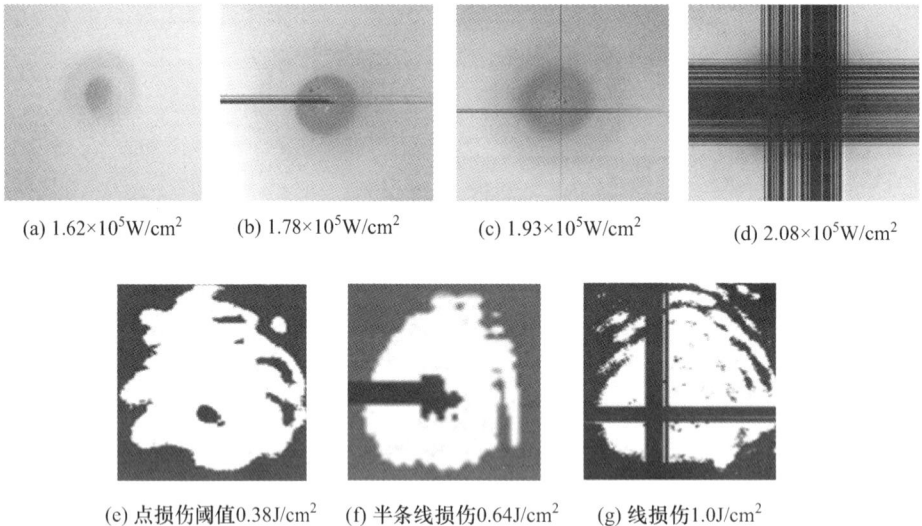

(a) $1.62×10^5$W/cm²　　(b) $1.78×10^5$W/cm²　　(c) $1.93×10^5$W/cm²　　(d) $2.08×10^5$W/cm²

(e) 点损伤阈值 0.38J/cm²　　(f) 半条线损伤 0.64J/cm²　　(g) 线损伤 1.0J/cm²

图 5.11　激光损伤 CMOS 实验现象(国防科技大学)

((a) ~ (d) 为连续激光辐照 400ms 下 CMOS 损伤程度;

(e) ~ (g) 为单脉冲纳秒激光作用下的 CMOS 损伤)

连续激光对 CMOS 探测器损伤与时间有关系,需要较长时间的烧蚀(典型时间秒级)。结合 CMOS 的结构和工作方式以及损伤后的微观形貌得出实验中出现的黑线损伤主要是由于金属布线的熔融导致信号输出或选通发生了障碍。同时还进行了不同辐照时间下 CMOS 的损伤实验,研究发现辐照时间越长,损伤阈值越低;辐照时间超过热稳态时间后损伤阈值趋于稳定。单脉冲纳秒激光对 CMOS 像元表面的硬损伤主要是由激光加热作用以及等离子体冲击波作用引起的。脉冲激光辐照下 CMOS 的点损伤半边黑线损伤和十字交叉黑线损伤的阈值都远小于连续激光,这主要是由于脉冲激光的峰值功率远高于连续激光,辐照探测器表面时产生的能量短时间内不易扩散。

本节较为系统地描述了多脉冲、短脉冲激光损伤 CCD 的损伤效应和机理研究。实验中主要采用了扫描电镜形貌学、电子学以及损伤阈值测试等方法开展研究。采用 1.5ns 与 8ns 激光作用下面阵相机的单脉冲致盲阈值为 $470 \sim 800$ mJ/cm^2。CCD 全靶面功能失效后,水平转移时钟线间及其与地间的电阻值未发生显著变化,而垂直转移时钟线间及其与地间的电阻值显著变小,由 23MΩ 变为 $50 \sim 57$kΩ。说明垂直转移电荷电路 V_2、V_4 出现了短路或断路。这一结论与公开报道的纳秒激光损伤过程相同,硅电极短路是 CCD 器件功能性失效的原因。

多个脉冲到达 CCD 靶面不同位置的损伤或致盲具有积累效应。高重频条件下 1.5ns、3kHz 重频激光的致盲阈值为 $24 \sim 84.5$ mJ/cm^2;400ps、12kHz 高重频激光的损伤阈值为 $24 \sim 49$mJ/cm^2。实现单脉冲损伤的最小值为实现高重频脉冲损伤最大值的 2.1 倍,中位数可以到 10.5 倍。因此,多脉冲激光作用下的器件功能性失效表现出显著的积累效应。理论分析和实验均表明 1.5ns、3kHz 重频激光到达 CCD 器件的光斑之间确实存在间隙。而 400ps、12kHz 激光存在部分重叠。功能性损伤归结为多条线损伤的叠加效应而不是多个脉冲作用到 CCD 靶面同一位置的积累效应。脉冲重叠作用到 CCD 靶面同一位置并没有造成损伤阈值进一步地显著降低,可能原因是该能量密度下的重叠效应尚不显著。随着能量密度进一步提高($\geqslant 84.5$mJ/cm^2),显然仍可发生垂直电路电极短路的现象。

多个脉冲到达 CCD 靶面同一位置的损伤或致盲同样具有积累效应。此时,多个脉冲积累损伤能够显著降低线损伤和全靶面损伤阈值,降低程度与脉冲个数、激光到靶能量密度有关,在积累脉冲个数达到 100 个时,多脉冲点损伤积累成线损伤的阈值(0.20 J/cm^2)可降低至单脉冲线损伤阈值(0.66 J/cm^2)的 1/3。致盲机理与单脉冲致盲机理相同,均表现为器件垂直转移电路间及地间的短路;而激光脉冲串到达 CCD 靶面的不同位置在保证电荷耦合器件上的脉冲间距小于线损宽度也能够实现器件的功能性失效,而这种器件功能性失效机理与单脉冲损伤显著不同,仅表现为线损伤的叠加,并未造成器件的严重电路紊乱,功能性损伤阈值即对应线损伤阈值(0.66 J/cm^2),而小于单次致盲阈值($1.5 \sim 2.2$J/cm^2)。单脉冲纳秒激光对 CMOS 像元表面的硬损伤主要是由激光加热作用以及等离子体冲击波作用引起的。

5.2 激光对红外器件的损伤效应及机理

红外器件由于具有高吸收系数、高量子效率、高探测率和宽响应波段等许多优点被广泛应用于军事、工业和气象等领域[9-11],然而由于光电探测系统属于一种弱光探测系统,且光学增益大,很容易受到强激光的干扰和损伤,使其失去相应的探测能力,因此开展红外器件损伤效应研究就显得十分重要[12-17]。

5.2.1 激光对单元型红外器件的损伤效应

激光损伤光电器件一般是在各种工作条件下,如改变激光作用距离、激光作用时间、改变激光脉冲频率、改变激光波长或脉宽、改变激光束形状等,进行激光损伤阈值测量以及破坏机理分析,因此,受器件和辐照光源自身参数的影响,对红外器件的激光损伤阈值影响也较大。表5.8给出了不同辐照条件下红外器件的损伤阈值汇总。

表5.8 红外器件的损伤阈值汇总

红外器件	激光波长/μm	输出模式	辐照时间/s	损伤阈值	
				$E_0/(\mathrm{J/cm^2})$	$P_0/(\mathrm{W/cm^2})$
InSb(PV)	5	脉冲	5×10^{-5}	6.0	1.2×10^5
	10.6	连续	4~5	—	72
	1.315	连续	0.89~1.4	—	26~113
Si	1.06	脉冲	1.7×10^{-8}	65	3.8×10^9
	1.06	脉冲	3.4×10^{-8}	31	—
	0.69	脉冲	1.9×10^{-8}	2	—
PbSnTe(PV)	10.6	脉冲	1.0×10^{-6}	1.7	2.0×10^6
	10.6	连续	3	1800	510
HgCdTe(PC)	10.6	脉冲	5×10^{-8}	12.38	—
	10.6	脉冲	1×10^{-6}	2.2	—
	1.06	连续	1	—	1902
	10.6	连续	4	—	700

国内单位利用1064nm连续波激光对PC型HgCdTe单元探测器进行了损伤测试。对于HgCdTe探测器,普遍认为80℃时,Hg析出;150℃时In熔化,引线可能脱落;720℃时,HgCdTe晶体熔化。实验测得激光功率密度达到565W/cm²时,HgCdTe发生完全熔化而导致的破坏,In焊点早已融化,但引线并未脱落,在激光

辐照后,探测器还是能恢复到原阻值;当激光功率密度升高至 $1902\mathrm{W/cm^2}$ 后,In 焊点发生汽化,导致引线和 HgCdTe 发生分离,此时探测器彻底发生损坏。可见,要实现 HgCdTe 探测器的彻底损坏需要将 In 焊点脱落。

对于光伏(PV)型器件,直接测量其开路电压,而对于光导(PC)型器件,通过一偏置电路测量器件的电阻,并根据激光辐照下的瞬变行为曲线来判断器件是否永久性破坏。美国海军实验室 F Bartoli 等人对 PC 型和 PV 型 HgCdTe 探测器的损伤阈值进行了对比,两者都属于光电探测器,都可用噪声等效功率、响应率、探测率等性能参数描述;其区别也是较为明显的:

（1）光导型探测器是光敏电阻,而光伏型探测器是光电二极管;

（2）光伏型比光导型探测器线性度好;

（3）光伏型探测器比光导型探测器探测率高,目前大部分长波红外面阵器件为光伏型探测方式。

实验结果表明,脉宽较长时光伏型损伤阈值高于光导型,Bartoli 解释了其原因:光伏型材料为体材料,散热特性更好;光导型材料基底材料影响散热,热量更易积累。在脉冲宽度小于 $1\mu s$ 时,两者的损伤阈值基本一致,如图 5.12 所示。

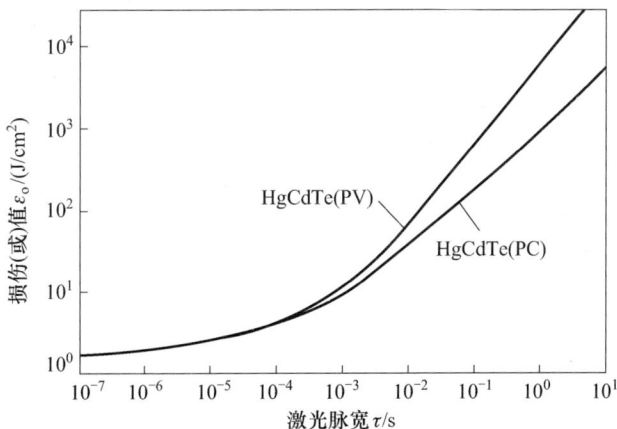

图 5.12　光导型、光伏型 HgCdTe 探测器在不同脉冲宽度的
$10.6\mu m$ 激光作用下损伤阈值的区别

Bartoli 实验和理论分析表明:

（1） $1\mu s$ 条件下的损伤阈值为 $2.2\mathrm{J/cm^2}(10.6\mu m)$;

（2）Bartoli 外推得到 100ns 的损伤阈值 $1\sim1.5\mathrm{J/cm^2}(10.6\mu m)$;

（3）光导、光伏型在宽脉冲条件下(远大于 $1\mu s$)阈值相差较大;在短脉冲条件下(小于 $1\mu s$)基本一致。

此外,实验已经证实 PV 型 InSb 探测器和 HgCdTe 探测器一样,要比相同材料

PC 型探测器的损伤阈值高出一个数量级。

红外器件的损伤主要是由热效应和场效应引起的,激光对探测器的热损伤 $(\tau > 10^{-7}\mathrm{s})$ 主要是由探测器吸收激光能量升温后熔化或汽化引起的。较宽脉冲的损伤主要表现为熔化;较短脉冲的损伤主要表现为汽化。导致性能下降。当光敏面出现裂痕、烧焦物、陷坑和突起等明显损伤时,表明探测器的响应度严重恶化。场效应损伤 $(\tau > 10^{-7}\mathrm{s})$ 在更高强度激光入射时起主导地位,有时在瞬间出现超短脉冲时与长脉冲辐照时的能量相比,会出现损伤阈值高的反常现象。这是由于高功率超短脉冲与探测器材料相互作用产生等离子体的缘故。等离子体吸收光能,起一定的屏蔽作用。在强度更大的激光束的作用下,束缚电子在光波强场作用下从价带向导带跃迁。由于带间跃迁和碰撞电离,产生大量自由载流子,导致吸收系数明显增大,甚至发生雪崩击穿等爆炸性损坏。当入射光束极强时,电子轨道或整个分子发生非线性畸变,此时使得多光子吸收、自聚焦和受激布里渊散射现象更为显著。

5.2.2 激光对红外焦平面器件的损伤效应

目前,关于红外焦平面器件的辐照效应研究,尤其器件损伤特性研究的报道极少,一方面是由于红外焦平面器件较贵,实验不容易搭建、完成;另一方面是由于红外焦平面器件的军事应用较广,相关实验数据不方便公开。

长春光机所于 2015 年利用 TEA CO_2 激光开展了 HgCdTe 红外焦平面阵列的外场损伤实验[18],实验时天气状况良好,试验时的大气条件为:能见度 $16.7 \sim 21.5\mathrm{km}$,温度 $27.3 \sim 28.3\,^{\circ}\mathrm{C}$,相对湿度 $39\% \sim 40.6\%$,激光器距 HgCdTe 红外焦平面阵列 3km,TEA CO_2 激光器脉冲宽度 100ns,输出波长 $9.3\mu\mathrm{m}$,重频可实现 100Hz、300Hz 和 500Hz 的输出。受试设备采用制冷型面阵长波红外成像系统,包括两个可以替换的光学镜头(分别为 $\Phi50\mathrm{mm}$、$\Phi100\mathrm{mm}$ 口径)及制冷型长波红外器件。

(1)光学系统 1:口径为 $\Phi50\mathrm{mm}$,$9.3\mu\mathrm{m}$ 处透过率 0.80,$F/2$。

(2)光学系统 2:口径为 $\Phi100\mathrm{mm}$,$9.3\mu\mathrm{m}$ 透过率 0.81,$F/2$,MTF 接近于衍射极限。

受试设备制冷型长波红外器件型号为 Mars LW K508,材料为 HgCdTe,分辨力为 320×256,像元尺寸为 $30\mu\mathrm{m}$,光谱响应波段为 $7.7 \sim 9.5\mu\mathrm{m}$,噪声等效功率为 27mK(经实际检测为 28mK),其光谱响应曲线如图 5.15 所示。

图 5.14 给出了 HgCdTe 长波红外焦平面阵列的六次不同程度的损伤测试结果,测试激光波长为 $9.3\mu\mathrm{m}$,重频为 100Hz,光学系统口径为 50mm,积分时间为 $300\mu\mathrm{s}$。

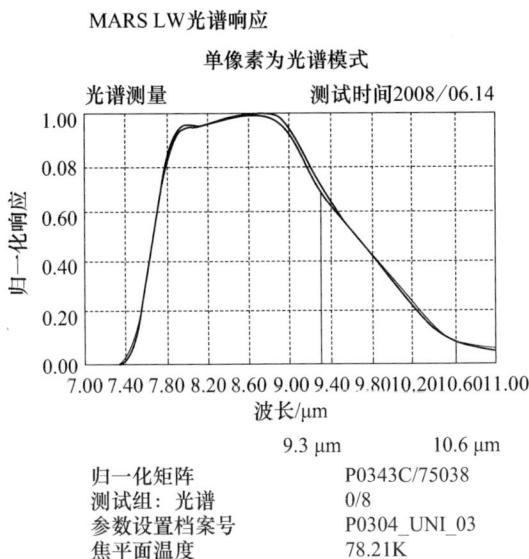

图 5.13　探测器光谱响应曲线

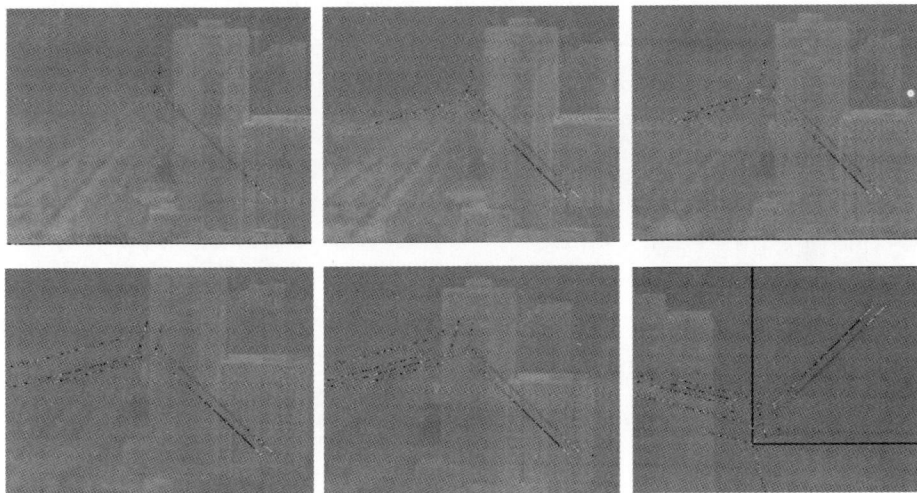

图 5.14　HgCdTe 长波红外焦平面阵列六次损伤测试结果

　　损伤阈值计算主要受激光远场能量测量精度及到靶光斑尺寸取值影响。其中远场激光能量测量误差约 3%，实际到靶光斑尺寸难以精确测量，计算时根据实测镜头传函估算，采用 Φ100mm 镜头时，到靶光斑半径约为 1.2 ~ 1.3 倍衍射限，误差 7%；采用 Φ50mm 镜头时，光斑半径约为 1.5 ~ 2.0 倍衍射限，误差 12.5%。因此，综合误差分别为 20%、31%。以上损伤情况汇总如表 5.9 所列。

表5.9　9.3μm 激光损伤制冷型面阵长波红外相机试验结果

序号	监视能量计 Newport 818E（Φ100mm 入瞳）		受试红外成像系统			激光达到红外探测器靶面能量密度值/（J/cm²）	试验结果
	能量计输出值/μJ	镜头透过率	口径/mm	透过率	到靶光斑尺寸①/μm		
1	257	0.77	50	0.80	67.5~90	1.46±0.41	多像元损伤
2	152.5					0.87±0.245	
3	176					1.0±0.28	
4	132					0.75±0.21	
5	170					0.96±0.27	
6	188.9		100	0.81	55~60	7.6±0.66	多像元损伤、线损伤

① 根据实测的 Φ50mm 镜头 MTF 数据估计激光到靶光斑为 67.5~90μm(1.5~2 倍衍射限)；根据实测的 Φ100mm 镜头 MTF 数据估计激光到靶光斑为 60μm(1.2~1.3 倍衍射限)

实验结果表明,9.3μm 激光重频为 100Hz、300Hz、500Hz 条件下,在其到靶能量密度为 0.54~2.48J/cm² 条件下出现了多像元损伤现象。根据实验数据处理原则,大部分损伤情况发生在入瞳能量为 170μJ 以上,剔除离散性较大数据,可认为 170μJ 为损伤发生的入瞳能量,对应到靶激光能量为 176.67μJ,按激光在靶面上形成的光斑尺寸为 58.5~90μm 计算,对应激光能量密度为 0.69~1.23J/cm²,可作为 9.3μm 激光的损伤阈值。

通过研究获得理论仿真计算和试验结果,CO_2 激光对红外凝视成像系统探测器组件损伤阈值汇总如表 5.10 所列。

表5.10　理论与实验/试验汇总表(热熔化为阈值标准@77K,单位:J/cm²)

	数据来源	9.3μm
1	Bartoli 理论公式计算（100ns, AR 膜）	0.51~0.76
2	Ansys 仿真计算(100ns)	0.74~1.01
3	外场试验(100ns)	0.69~1.23

综合看来,理论和试验结果与 Bartoli 研究结论较为一致,9.3μm 激光损伤阈值为 0.69~1.23J/cm²,10.6μm 激光损伤阈值为 1~1.5J/cm²。

参考文献

[1] SHAO J, LIU Y, WANG T, et al. , Damage effect of charged coupled device with multiple-pulse picosecond laser[J]. Acta Armamentarii, 2014, 35(9): 1408-1413.

[2] 王昂,郭锋,朱志武,等. 连续激光与单脉冲纳秒激光对 CMOS 的损伤效应[J]. 强激光与粒子束[J]. 2014, 26(9):091007-1.

[3] 蔡跃,叶锡生,马志亮,等. 170 ps 激光脉冲辐照可见光面阵 Si-CCD 的实验[J]. 光学精密工程,2011,19(2):457-462.

[4] 张震. 可见光 CCD 的激光致眩现象与机理研究[D]. 长沙:国防科学技术大学,2010:60.

[5] 郭少锋,程湘爱,傅喜泉,等. 高重复频率飞秒激光对面阵 CCD 的干扰和破坏[J]. 强激光与粒子束,2007,19(11):1783-1786.

[6] 沈红斌,沈学举,周冰,等. 532nm 脉冲激光辐照 CCD 实验研究[J]. 强激光与粒子束,2009,21(10):1449-1454.

[7] 姜楠,张雏,牛燕雄,等. 脉冲激光辐照 CCD 探测器的硬破坏效应数值模拟研究[J]. 激光与红外,2008,38(10):1004-1007.

[8] 邵俊峰,刘阳,王挺峰,等. 皮秒激光对电荷耦合器件多脉冲损伤效应研究[J]. 兵工学报, 2014, 09:1408-1413.

[9] ROGALSKI A. History of infrared detectors[J]. Opto-Electronics Review, 2012, 20(3): 279-308.

[10] HIGGINS W, PULTZ G, ROY R, et al. Standard relationships in the properties of Hg1-xCdxTe [J]. Journal of Vacuum Science & Technology A, 1989, 7(2):271-275.

[11] KSENDZOV A, POLLAK F H, WILSON J, et al. Electroreflectance study of the temperature dependence of the E1 transition of Hg0. 65Cd0. 35Te[J]. Journal of Applied Physics, 1989, 66(11): 5528-5531.

[12] 蓝慕杰,叶水驰,鲍海飞,等. 在横向磁场中用 Bridgman 法生长 HgCdTe 晶体[J]. 材料研究学报, 2009, 14(1): 76-81.

[13] 刘玫. 脉冲激光沉积(PLD)碲镉汞(HgCdTe)薄膜材料结构特性的研究[D]. 济南:山东师范大学.

[14] 蔡虎,程祖海,朱海红,等. 脉冲强激光破坏 Hg0. 8Cd0. 2Te 晶片材料的机理分析[J]. 强激光与粒子束, 2006, 18(6): 927-930.

[15] 戚树明,陈传松,郭娟,等. 准分子激光对半导体材料 HgCdTe 和 Si 的损伤实验研究[J].激光杂志, 2009, 29(6): 72-74.

[16] CHU M. Effects of annealing on Hg0. 79Cd0. 21Te epilayers[J]. Journal of Applied Physics, 2008, 51(11): 5876-5879.

[17] FARRELL S, RAO M V, BRILL G, et al. Effect of Cycle Annealing Parameters on Dislocation Density Reduction for HgCdTe on Si[J]. Journal of electronic materials, 2011, 40(8): 1727-1732.

[18] TANG W, GUO J, SHAO J, et al. Analysis of damage threshold on HgCdTe crystal irradiated by multi-pulsed CO2 laser[J]. Optics and Laser Technology, 2014, 58: 172-176.

主要缩略语

ADC	Analog-to-Digital Converter	模/数转换器
AFEWES	Air Force Electronic Warfare Evaluation Simulator	空军电子战评估模拟器仿真系统
AFRL	Air Force Research Laboratory	美国空军研究室
ALT	Accelerated Life Testing	加速老化实验
AOM	Acoustic Optical Modulator	声光调制器
APS	Active Pixel Sensor	有源像素传感器
ASALTT	All Semiconductor Airborne Laser Threat Terminator	全半导体机载激光威胁终结者
ATF	Atuomatic Terrain Following	自适应地形跟踪
ATP	Advanced Targeting Pod	先进瞄准吊舱
AVOS	Air Vehicle Operator Station	无人机操作员工作站
BBO	Beta Barium Brorate	偏硼酸钡晶体
BD&E	Bodkin Design and Engineering	Bodkin 与工程公司
CC	Correlation Coefficients	线性相关系数
CC		对比度复杂度
CCD	Charge-coupled Device	电荷耦合器件
CCS	Communications Control Station	通信管理工作站
CEP	Circular Error Probability	圆概率误差

CMOS	Complementary Metal-Oxide-Semi-conductor	互补金属氧化物半导体
CMT	Cadmium Mercury Telluride	镉汞碲红外探测器
CPA	Chirped Pulse Amplification	啁啾脉冲放大
CSF	Contrast Sensitivity Function	对比度敏感函数
CTE	Charge Transfer Efficiency	电荷电转移效率
CW	Continuous Wave	连续波
DAMA	Demand Assigned Multiple Access	按需分配多路接入终端
DARPA	Defense Advanced Research Projects Agency	国防先进研究计划局
DF	Deuterium Fluoride	氟化氘
DFT	Density Functional Theory	密度泛函理论
DFT	Discrete Fourier Transform	离散傅里叶变换
DRDC	Defence Research and Development Canada	加拿大国防研究与发展局
DTED	Digital Terrain Elevation Data	数字高度数据
EMCCD	Electron-multiplying Charge-Coupled Device	放大型电荷耦合器件
EMIL	Efficient Mid-wave Infrared Lasers	高效中波红外激光器
ESS	Environmental Stress Screening	环境应力筛选实验
FD	Floating Diffusion	浮置扩散
FET	Field Effect Transistor	场效应晶体管
FFT	Fast Fourier Transform	快速傅里叶变换
FLIR	Forward Looking Infra-Red	前视红外
FPA	Focal Plane Array	焦面阵列
FPD	Feature Point Dynamic	特征点动态性

FPSIM	Feature Point Similarity	特征点相似度图像质量评价算法
FSIM	Feature Similarity	特征相似度
FT	Frame Transfer	帧转移型
FVM	Feature Variation Metric	无参考特征变化度质量评价算法
FWHM	Full Width Half Maximum	脉冲宽度
GC	Gradient-complexity	梯度复杂度
GCCS	Global Command and Control System	全球指挥控制系统
GCS	Ground Control Station	地面控制站
GDT	Ground Data Terminal	地面数据终端
GEO	Geosynchronous Earth Orbit	地球静止轨道
GPS	Global Positioning System	全球定位系统
GS	Gauss-schell	高斯-谢尔
GSE	Ground Support Equipment	地面支持设备
HG	Hermite-gaussian	厄米-高斯
HUD	Head Up Display	平视显示器
ICCD	Intensified Charge-coupled Device	增强型电荷耦合器件
IMA	Image Motion Adjust	图像移动调节
IMU	Inertral Measurement Unit	惯性测量单元
INS	Inertial Navigation System	惯性导航系统
IR FOV	Infrared Field of View	红外视场
ISS	Imaging Seeker Simulator	模拟导弹导引头
IT	Interline Transfer	行间转移型
ITAR	International Traffic Arms Regulations	国际军品贸易条例

JDISS	Joint Deployable Intelligence Support System	联合可部署智能支援系统
KH	Keyhole	锁眼
LAIRCM	Large Aircraft Infrared Countermeasure	大型运输机机载红外对抗系统
LANTIRN	Low Altitude Navigation and Targeting Infrared for Night	夜间低空红外导航与瞄准（音译为"蓝盾"）
LBO	Lithium Triborate	三硼酸锂晶体
LCT	Linear Canonical Transform	线性正则变换
LDA	Local-density Approximation	（密度泛函理论的）局域密度近似
LEO	Low Earth Orbit	低轨地球卫星
LIBS	Laser-induced Breakdown Spectroscopy	激光诱导击穿光谱
LOS	Line of Sight	近程直线
LRE	Launch and Recovery Element	发射回收单元
LSAW	Laser Supported Absorptive Wave	激光吸收波
LSCW	Laser Supported Combustion Wave	激光燃烧波
LSDW	Laser Supported Detonation Wave	激光爆轰波
LTE	Local Thermodynamic Equilibrium	局域热力学平衡
MAE	Mean Absolute Error	平均绝对误差
MCE	Mission Control Element	任务控制单元
MFD	Multi Function Display	多功能下视显示器
MFSIM	Mean Feature Similarity	平均特征相似度
MOS	Metal-oxide-semiconductor	金属氧化物半导体
MPS	Mission Planning Station	任务规划工作站

MRTD	Minimum Resolvable Temperature Difference	最小可分辨温差
MTF	Modulation Transfer Function	调制传递函数
MTS	Multi-spectral Targeting Systems	多光谱瞄准系统
MUSIC	Multi-spectral Infrared Countermeasure	多光谱红外对抗系统
MWIR	Medium-wave Infrared	中波红外
NATO	North Atlantic Treaty Organization	北约
ND	Neutral Density	中性滤光片
NDFS	Numerical Differential Equations	数值微分方程
NETD	Noise Equivalent Temperature Difference	噪声等效温差
NMSE	Normalized Mean Square Error	正则均方误差
NRFPCM	No Reference Feature-point Complexity Metric	无参考特征点复杂度图像质量评价算法
NTSC	National Television Standards Committee	(美国)国家电视标准委员会
ONR	Office of Naval Research	海军研究办公室
OPA	Optical Pumped Amplifier	光参量放大
OpenCV	Open Source Computer Vision Library	开源计算机视觉库
OPO	Optical Pumped Oscilator	光参量振荡
OR	Outlier Ratio	误点率
PC	Photoconductivity	光导型器件
PPLN	Periodically Poled Lithium Niobate	周期性极化铌酸锂
PSF	Piont Spread Function	点扩展函数
PSNR	Peak Signal to Noise Ratio	峰值信噪比

PV	Photovoltaic	光伏型器件
QE	Quantum Efficiency	量子效率
RF	Radio Freqency	射频
RIE	Reactive Ion Etching	反应离子刻蚀
RMS	Root Mean Square	光源宽度/均方根谱宽
RMSE	Root Mean Square Error	均方根误差
ROIC	Readout Intergrated Circuit	读出集成电路
SAR	Synthetic Aperture Radar	合成孔径雷达
SBR	Space-based Radar	天基雷达
SBSS	Space-based Space Surveillance	天基空间监视
SBV	Space-based Visible	天基监视
SC	Space-complexity	空间复杂度
SDPS	Sensor Data and Processing Station	传感器数据与处理工作站
SE	Stiff Equations	刚性方程组
SEM	Scanning Electron Microscope	扫描电子显微镜
SERID	Semiclassical Electron-radiation-ion Dynamics	半经典电子-辐射场-原子核动力学紧束缚理论
SLAM-ER	Standoff Land Attack Missile-expanded Response	防区外对地攻击导弹
STSS	Space Tracking and Surveilla System	空间跟踪与监视系统
SWIR	Short-wave Infrared	短波红外
T&T	Tera-watt & Tera-hertz	飞秒激光验证系统
TC	Texture-complexity	纹理复杂度
TDI	Time Delay Integration	时间延迟积分(型)
TE	Transversly Excited	横向激励

TEA	Transversly Excited Atmospheric pressure	横向激励大气压
TEC	Thermo Electric Cooler	半导体制冷器
THAAD	Terminal High Altitude Area Defense	高空区域防御系统拦截弹
TTI	Time-to-impact	激光干扰导引头动态分析模型
TTL	Transistor-transistor-logic	晶体管-晶体管逻辑电路
TV FOV	TV Field of View	电视视场
UAV	Unmanned Aerial Vehicle	无人驾驶飞行器
UHF	Ultra High Frequency	特高频
VHF	Very High Frequency	甚高频
Vibrational-DoS	Vibrational Density of States	振动态密度
WFSIM	Weighted Feature Similarity	基于光斑特性加权及结构相似度算法
WMS-SSIM	Wavelet Multi-scale Structural Similarity	基于小波的多尺度加权结构相似度算法
WWMS-SSIM	Wavelet-weighted Multi-scale Structural Similarity	基于小波的多尺度加权结构相似度算法
YAG	Yttrium Aluminum Garnet	钇铝石榴石

内 容 简 介

　　本书围绕光电对抗核心技术之一的激光辐照材料、光电器件以及光电系统进行较为详细的论述，着重讨论激光对光电系统的干扰评估、动态仿真以及损伤、致盲效应与机理。首先介绍有特色并已实际应用的多类型光源技术，分析激光传输变换，并对光电探测器件及典型光电系统进行详细的讨论。然后重点分析连续/重频激光干扰效能评估技术，还探讨了系统层面机载对抗技术中波红外激光干扰机制与闭环干扰评估技术。最后两章基于热损伤理论、双温模型理论，分别细致讨论了脉冲重频 CO_2 激光器、超短波脉冲及其辐照焦平面探测阵列效应与机理等本学科的若干前沿技术问题。

　　本书主要面向光电侦察、光电有源对抗以及激光防护等领域的科研人员、工程技术人员和研究生，以帮助全面了解激光辐照效应机理与评估相关问题，并对激光器技术、光束传输与变换等相关问题提供帮助。

This book focuses on the topic of laser irradiation with detector materials, detectors and optical systems, which is one of the main problems within electrical optical countermeasure techniques. The book discusses varied lasers interaction with optical system, including laser dazzling effect and assessment, dynamic simulations of dazzling, damage effect and mechanism. Several applicable lasers with special features are presented. Also, laser propagation and transformation theory are introduced to help understand the behaviors of laser propagation features. Typical optical systems are discussed. Then continuum and pulsed laser dazzling effect and assessment is given in detail. This part also includes introduction of dazzling assessment in directed laser countermeasure technique. In the last two chapters , pulsed CO_2 laser interaction with infrared materials, detectors and FPAs are analysed with fourier heat theory, while ultra – short pulsed green laser interaction with CCD are analysed with two – temperature model. These studies represent the frontier of optical countermeasure techniques.

This book can be used as the reference materials to study optical reconnaissance, active countermeasure and laser protection for the researchers, engineers, technicians and graduate students. The book aims to help readers to understand several topics related to laser irradiation effect and assessment, and also to do some help with lasers, propagation and transformation of lasers.

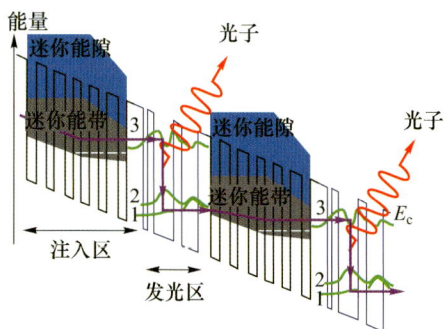

(a) 中波红外量子级联激光器能带原理

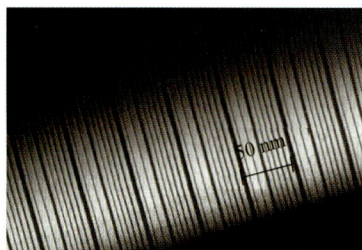

(b) 材料的投射电镜图

图 1.2　中波红外量子级联激光器原理

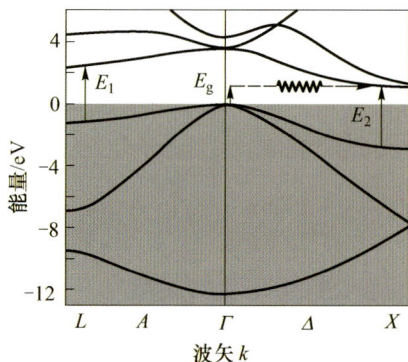

(a) 半导体硅的能带结构

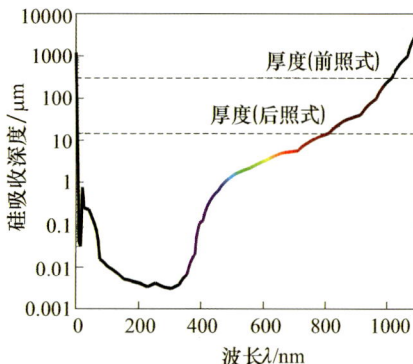

(b) 不同波长入射光的吸收深度

图 1.8　硅半导体特性

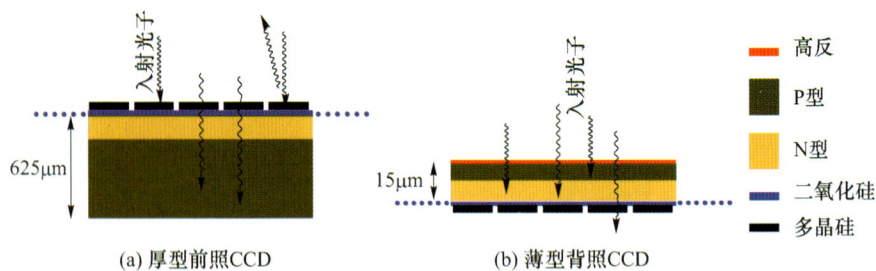

(a) 厚型前照CCD   (b) 薄型背照CCD

图 1.9   CCD 工作原理示意图

图例：
- 高反
- P型
- N型
- 二氧化硅
- 多晶硅

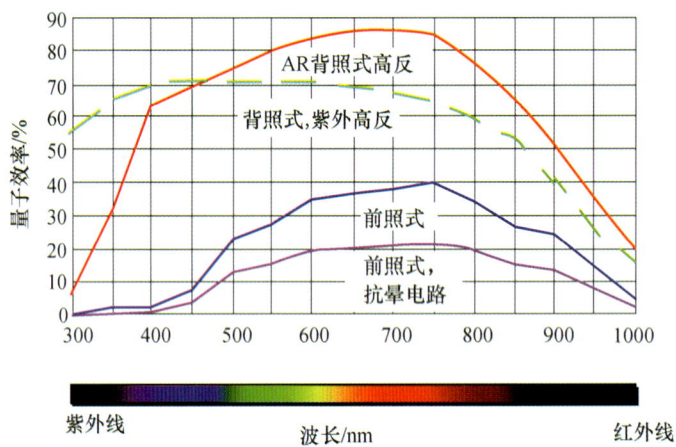

图 1.10   典型厚型前照 CCD、薄型背照 CCD 量子效率曲线

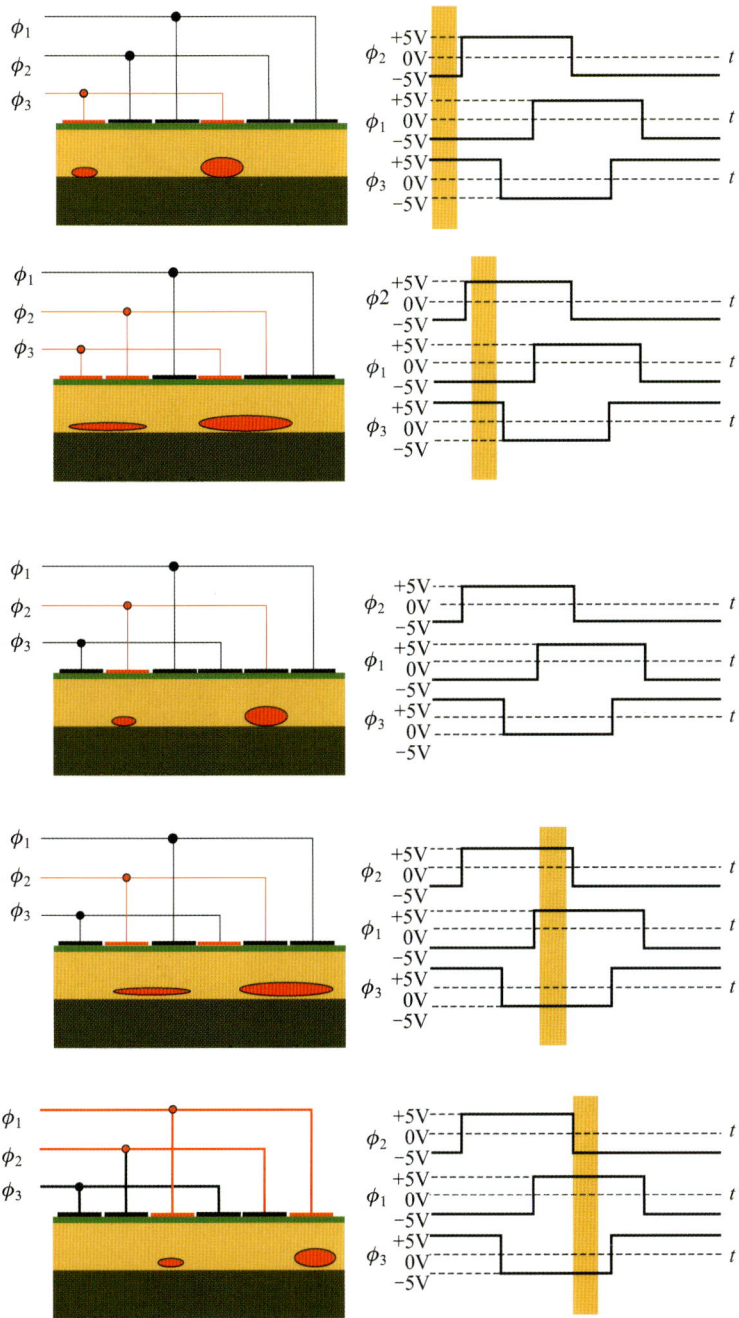

图 1.12　CCD 电荷包示意图（左）、垂直转移电路电压时序（右）

(a) 面阵型CCD图像传感器   (b) CMOS图像传感器

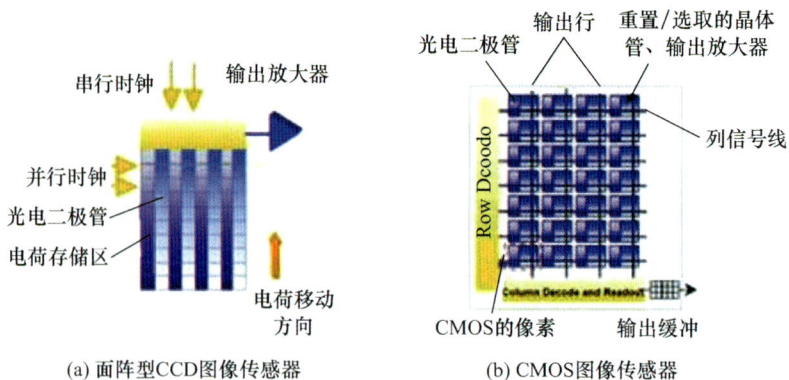

图 1.17   CMOS 器件与 CCD 器件的区别

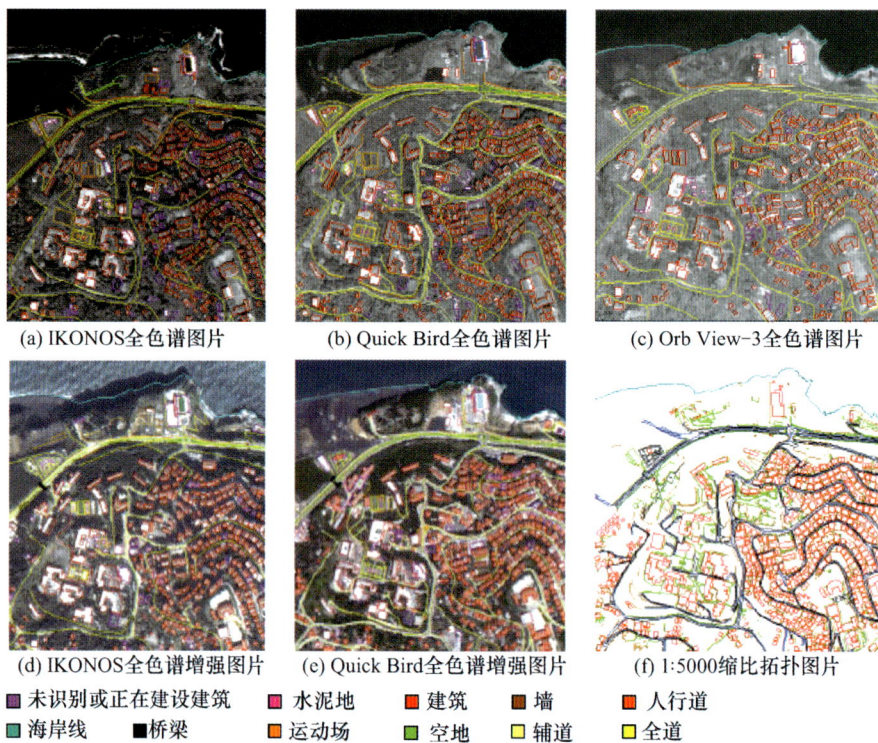

(a) IKONOS全色谱图片   (b) Quick Bird全色谱图片   (c) Orb View-3全色谱图片

(d) IKONOS全色谱增强图片   (e) Quick Bird全色谱增强图片   (f) 1:5000缩比拓扑图片

■ 未识别或正在建设建筑   ■ 水泥地   ■ 建筑   ■ 墙   ■ 人行道
■ 海岸线   ■ 桥梁   ■ 运动场   ■ 空地   ■ 辅道   ■ 全道

图 1.33   IKONOS 等卫星获得的图像

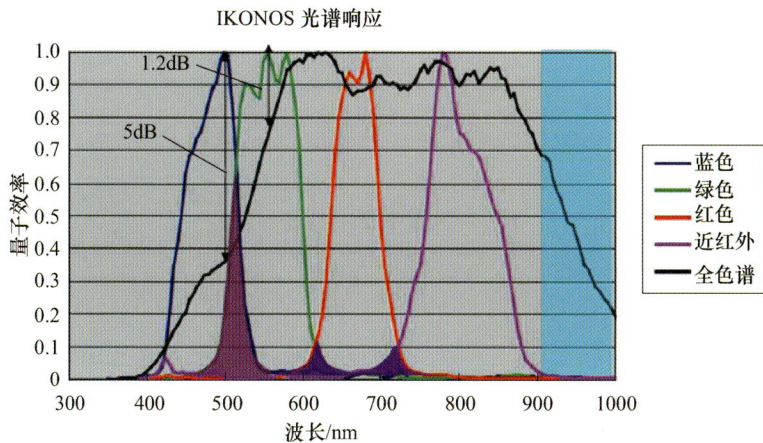

IKONOS 光谱响应

图 1.34   IKONOS – 2 卫星光电载荷全光谱和多光谱谱段

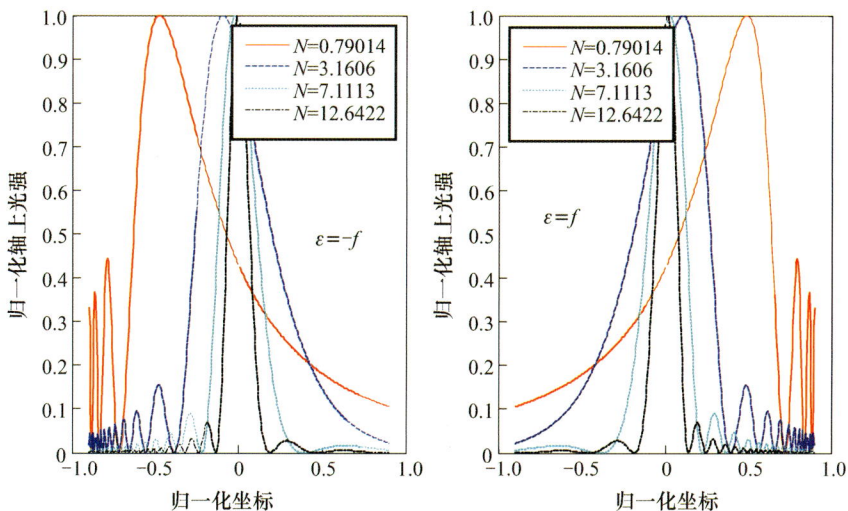

图 2.17   在光阑透镜间距 ε 为 $-f$ 和 f 时，归一化的
轴上光强随归一化坐标 ξ/f 的变化

激光辐照光电系统机理与评估

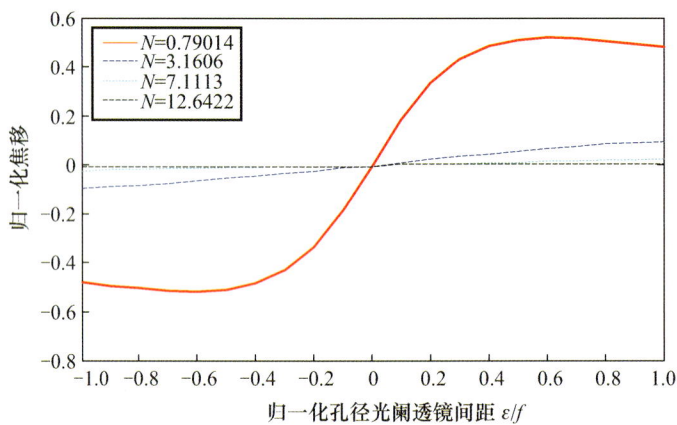

图 2.18　焦移与菲涅耳数间的依赖关系

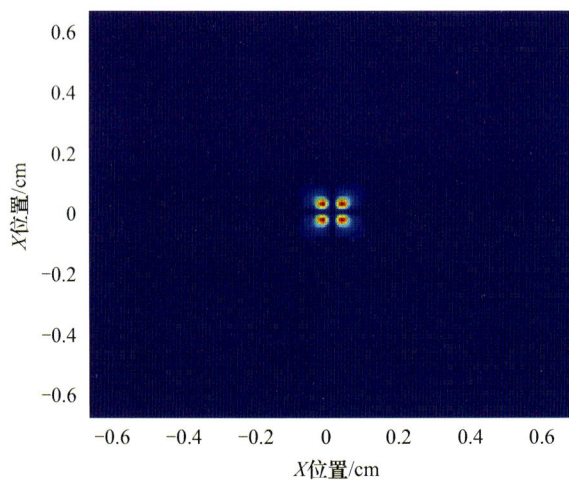

图 2.19　TEM_{11} HG 光束在实际焦平面的光强分布

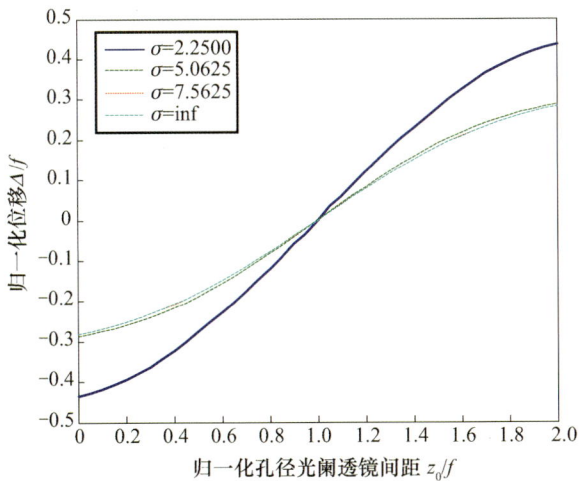

图 2.20 TEM$_{11}$ HG 光束在不同截断参数下归一化
光阑透镜间距与归一化焦移的关系

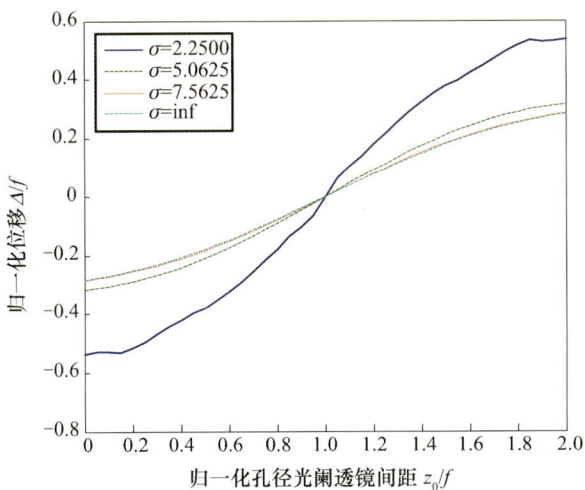

图 2.21 TEM$_{22}$ HG 光束在不同截断参数下归一化
光阑透镜间距与归一化焦移的关系

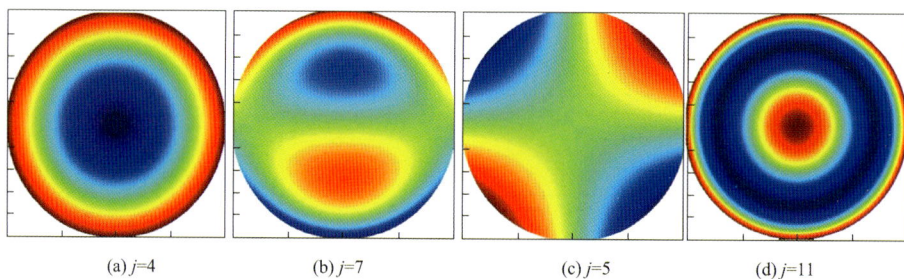

(a) $j=4$ (b) $j=7$ (c) $j=5$ (d) $j=11$

图 2.22　Zernike 多项式像差在光瞳内的相位分布

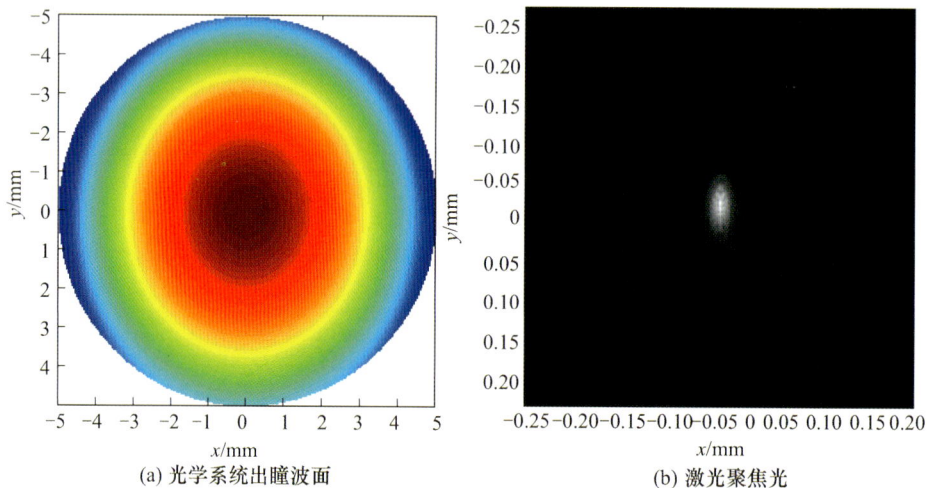

(a) 光学系统出瞳波面   (b) 激光聚焦光

图 2.24　激光经单透镜系统聚焦结果

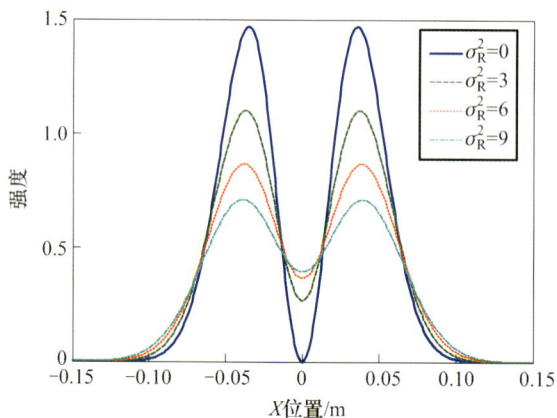

图 2.27　不同大气湍流强度下，$TEM_{10}HG$ 光束
通过湍流大气传播的光强分布

激光辐照光电系统机理与评估

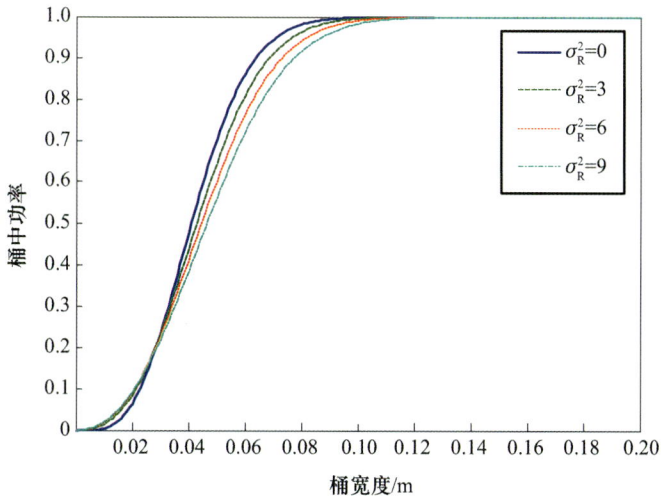

图 2.30 不同大气湍流强度下，$TEM_{10}HG$ 光束
通过湍流大气传播的 PIB 曲线

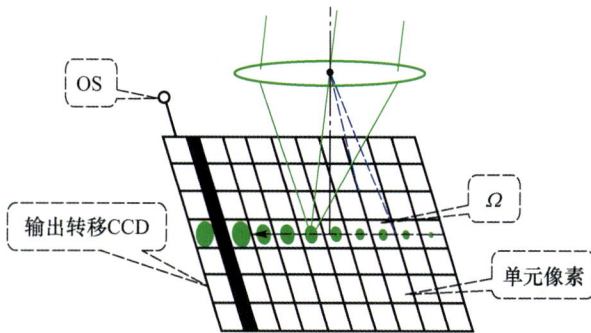

图 3.25 TDI CCD 探测器结构与数据处理过程

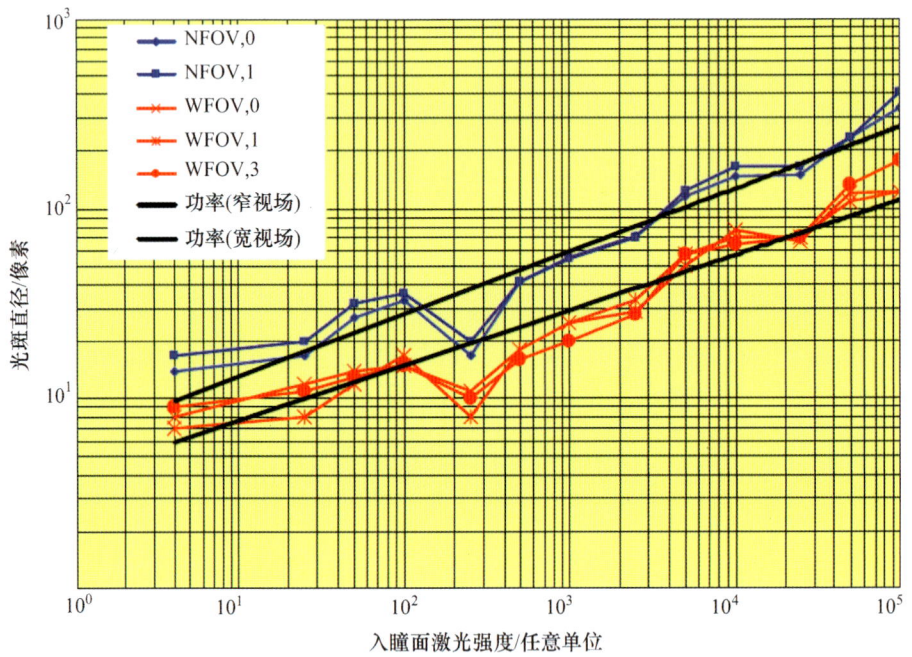

图 3.40 InSb 相机激光干扰面积随激光辐照度的变化

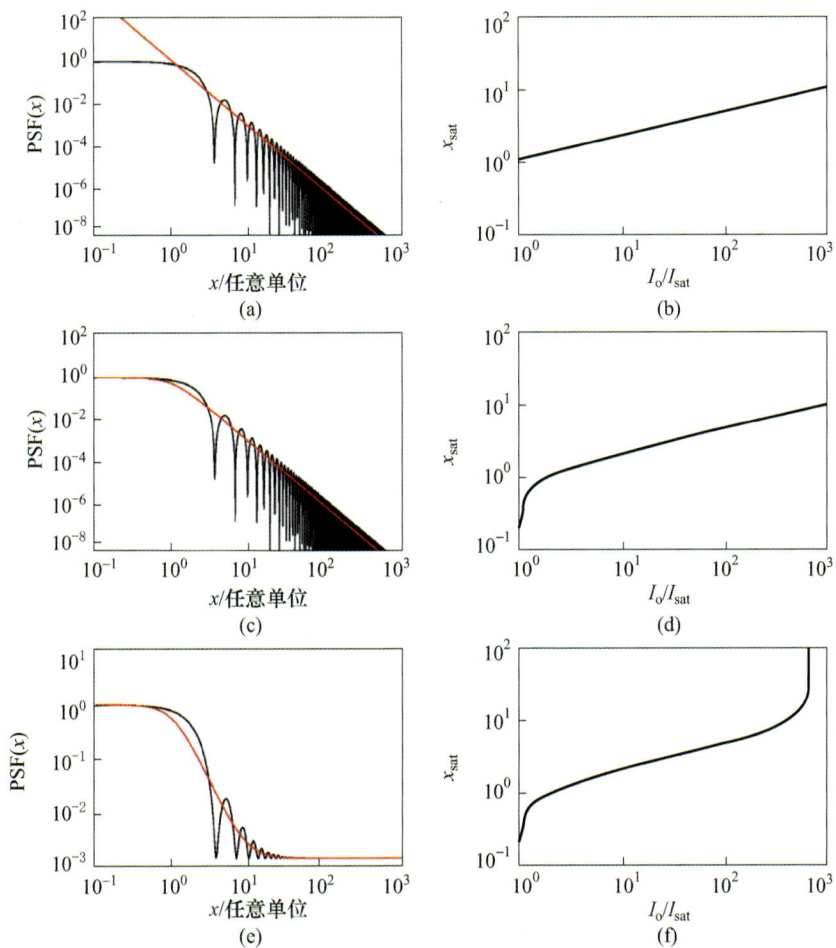

图 3.43　左侧显示埃里函数(黑色)及其近似值(红色),右侧显示饱和
区域对应尺寸随辐照度量级与饱和辐照度比值的变化

(a) 原始图像

(b) JPEG压缩

(c)JPEG2000 压缩

(d) 高斯模糊

(e) 白噪声

(f) 快速衰减

图 3.59　不同失真类型 Monarch 图像

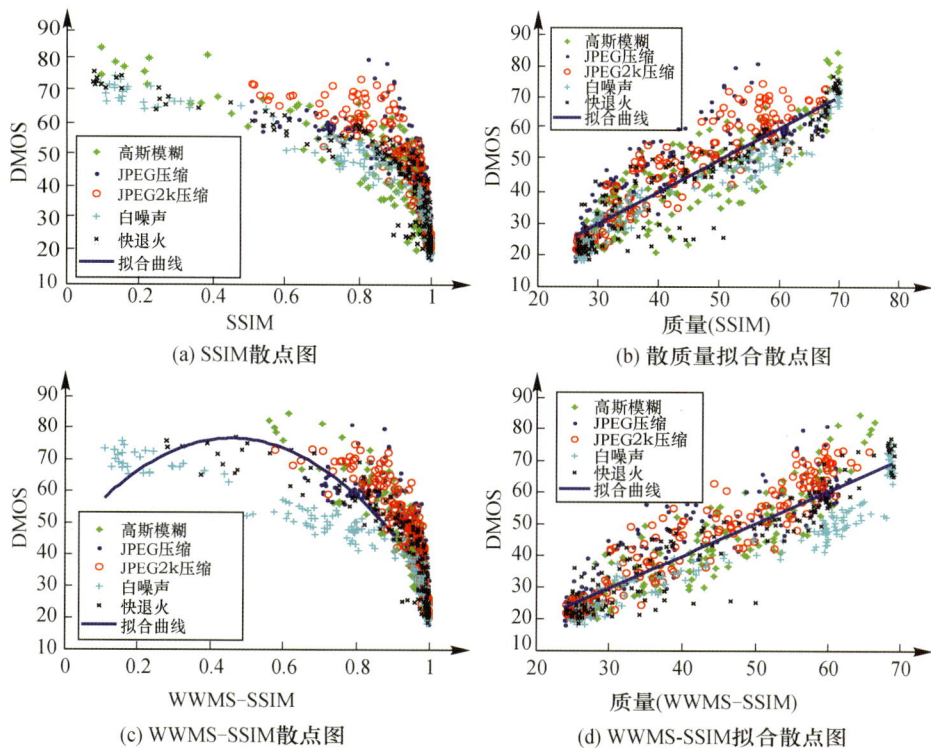

图 3.60　客观评价算法散点图

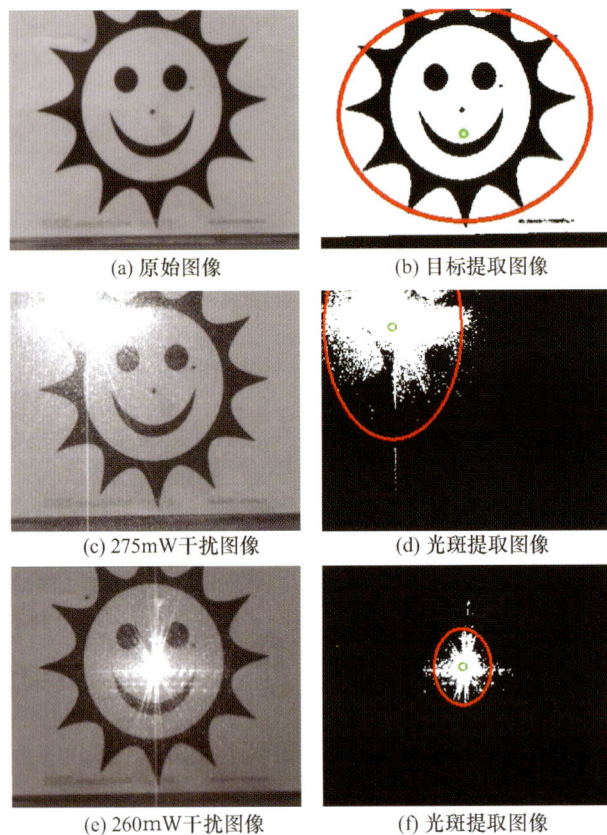

(a) 原始图像

(b) 目标提取图像

(c) 275mW干扰图像

(d) 光斑提取图像

(e) 260mW干扰图像

(f) 光斑提取图像

图 3.68　不同光斑位置干扰图像及光斑提取图

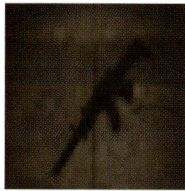
(a) 目标图像

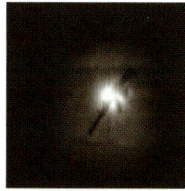
(b) 干扰图像

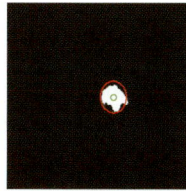
(c) 光斑提取

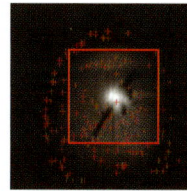
(d) 特征点提取

(e) 不同功率激光干扰图像

图 3.70　不同激光功率干扰图像

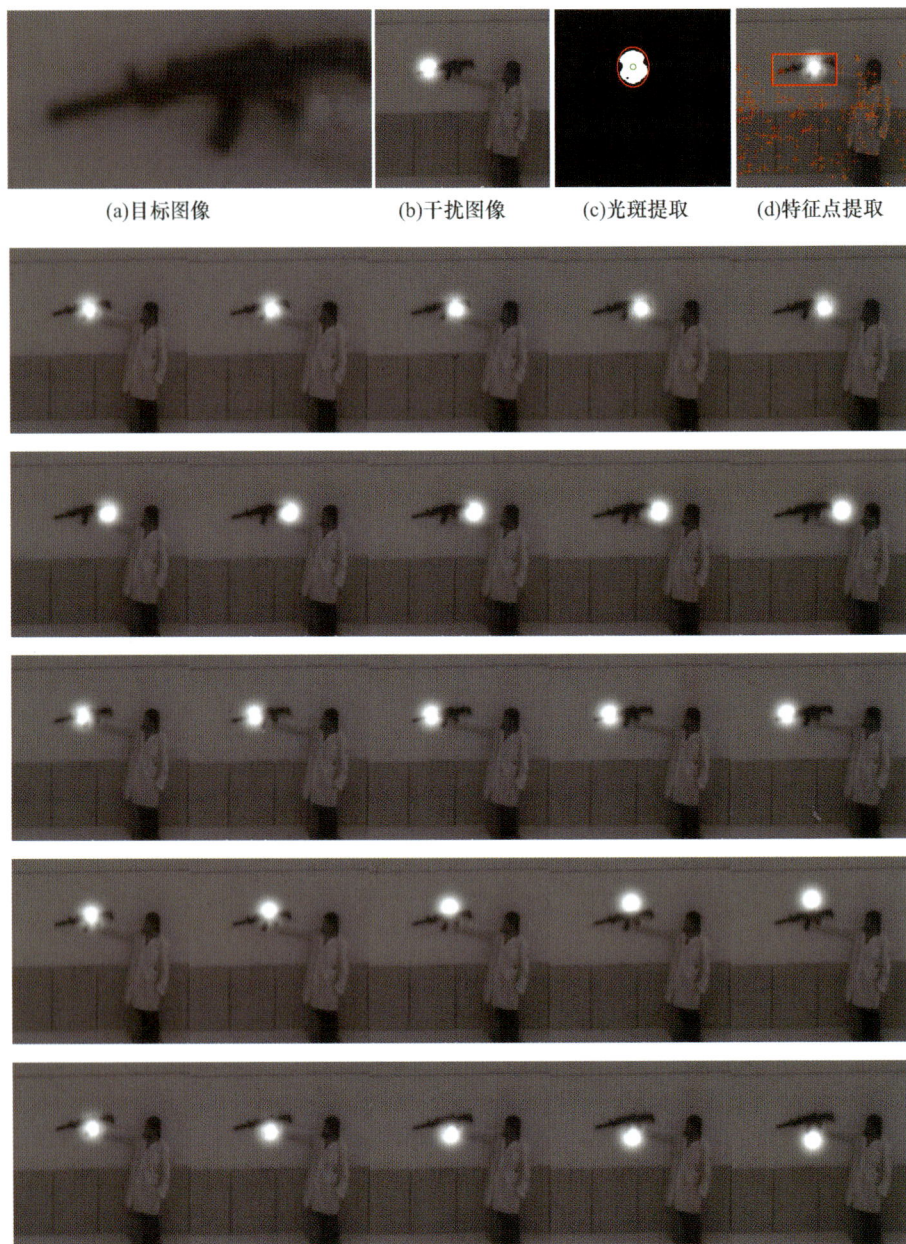

(a)目标图像　　　　　(b)干扰图像　　　　(c)光斑提取　　　　(d)特征点提取

(e) 不同位置激光干扰图像

图 3.72　不同光斑位置激光干扰图像

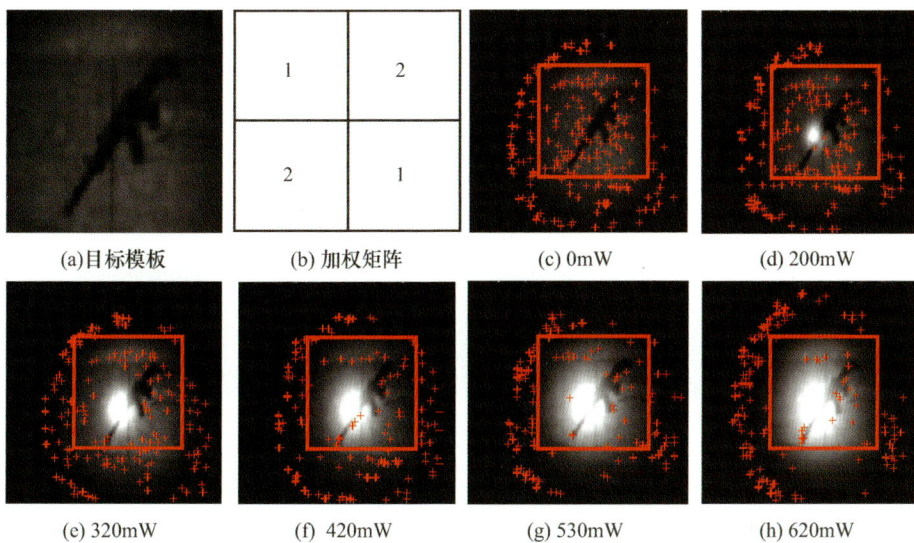

(a)目标模板　　　(b) 加权矩阵　　　(c) 0mW　　　(d) 200mW

(e) 320mW　　　(f) 420mW　　　(g) 530mW　　　(h) 620mW

图 3.74　不同激光功率和背景强度的激光干扰图像

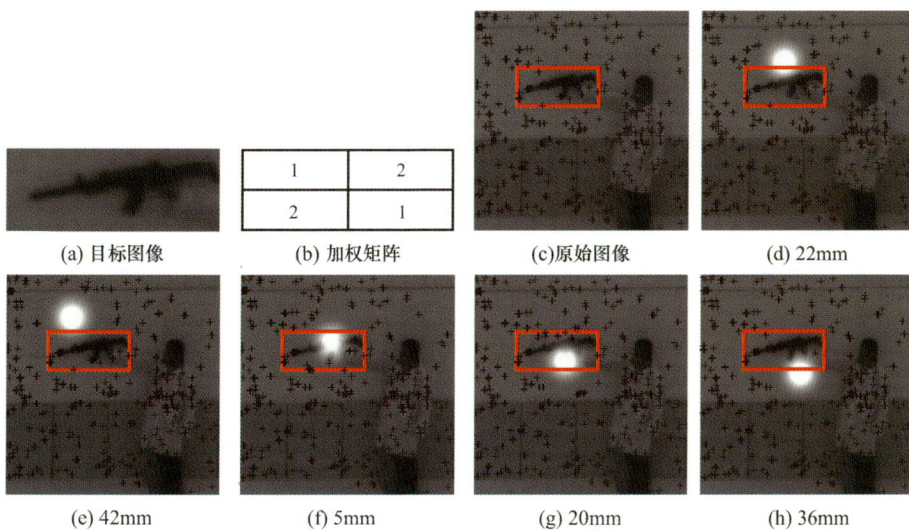

(a) 目标图像　　　(b) 加权矩阵　　　(c)原始图像　　　(d) 22mm

(e) 42mm　　　(f) 5mm　　　(g) 20mm　　　(h) 36mm

图 3.76　不同光斑位置激光干扰图像

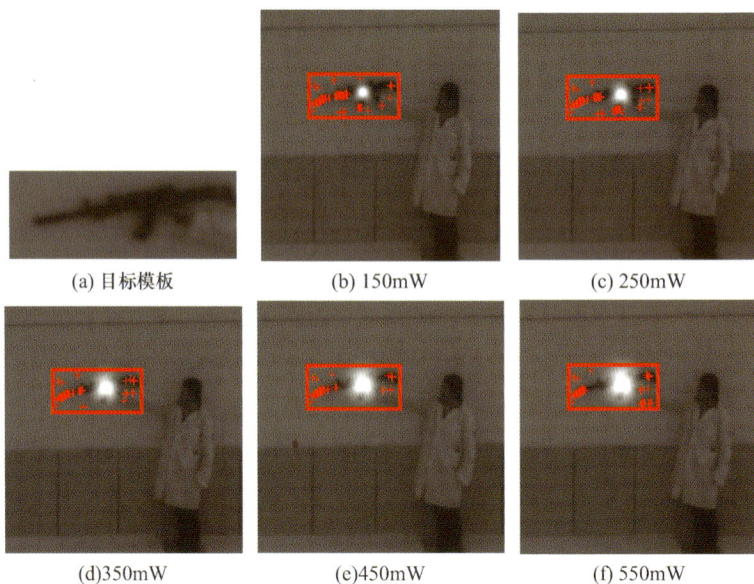

(a) 目标模板   (b) 150mW   (c) 250mW

(d)350mW   (e)450mW   (f) 550mW

图 3.79　不同激光功率的干扰图像

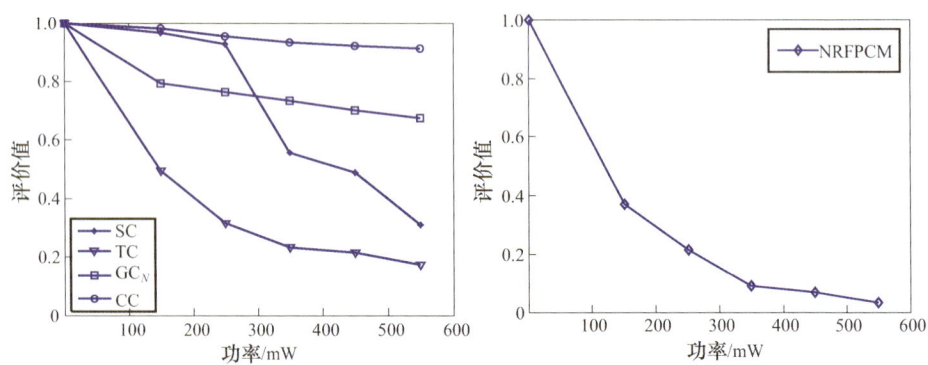

图 3.80　不同激光功率干扰图像质量评价值曲线

  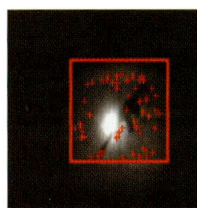

(a)目标模板 (b)干扰图像 (c)匹配图像

(d) 激光干扰图像

图 3.83 不同激光功率的连续多帧干扰图像

(a) 目标图像　　　　　　　(b) 干扰图像　　　　　　　(c) 匹配图像

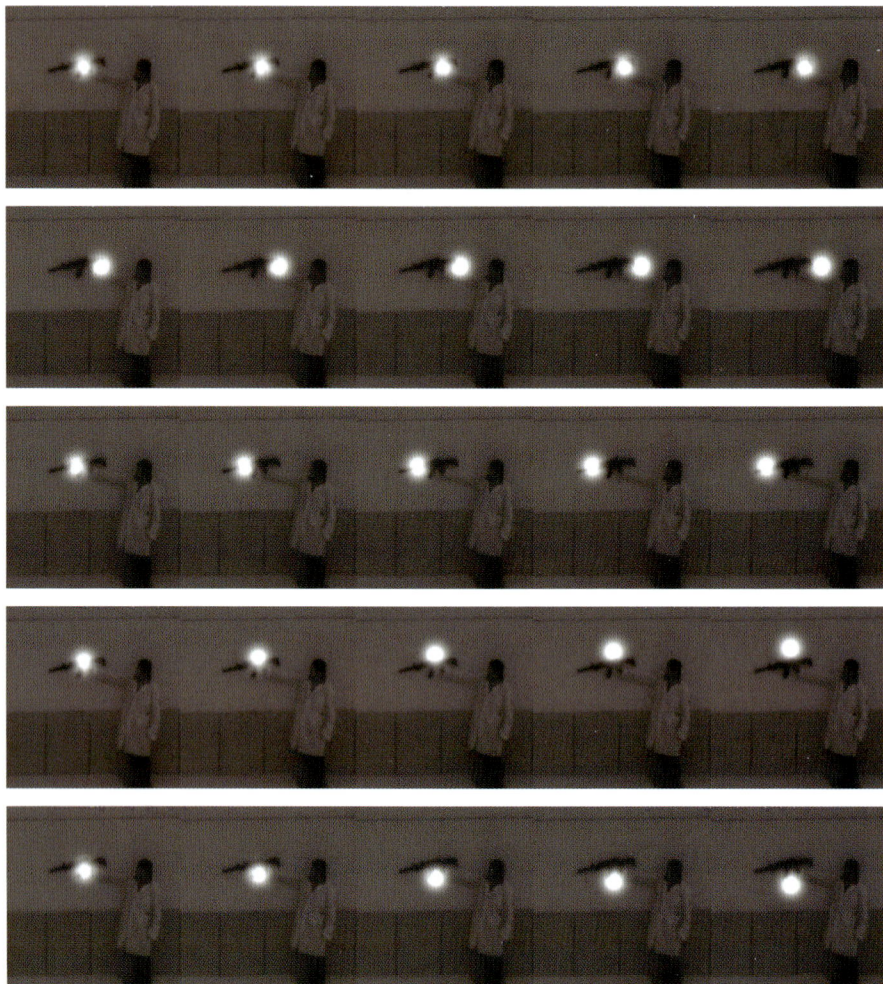

(d) 激光干扰图像

图 3.85　不同光斑位置激光干扰图像

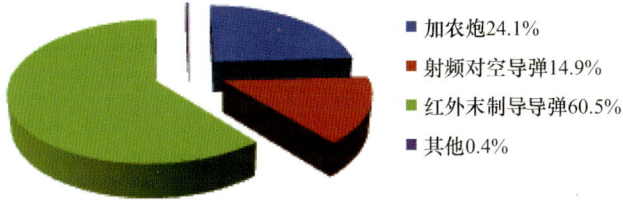

图 3.87　至 20 世纪 90 年代 35 年间飞机因各种原因损失比例分析

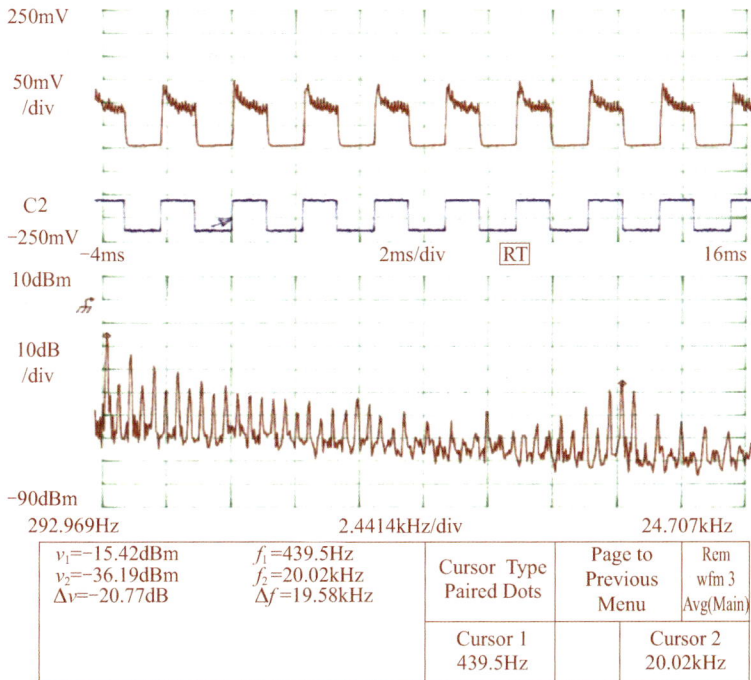

图 3.90　荷兰开展的激光编码调制实验结果

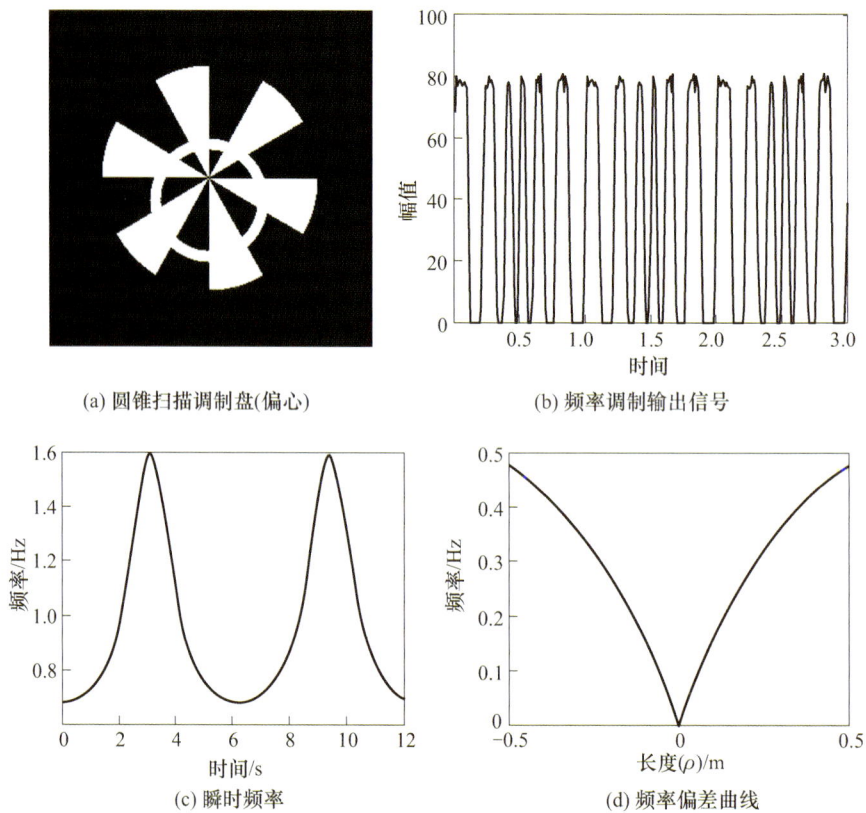

(a) 圆锥扫描调制盘(偏心)

(b) 频率调制输出信号

(c) 瞬时频率

(d) 频率偏差曲线

图 3.91　调频调制盘输出信号

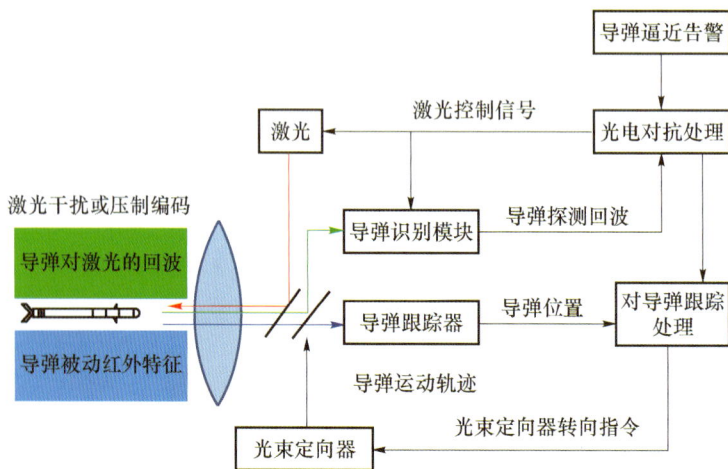

图 3.101　闭环红外定向对抗系统工作流程示意图

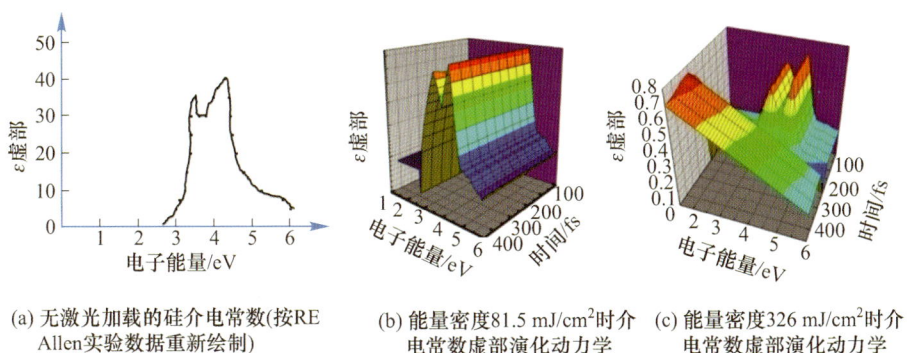

(a) 无激光加载的硅介电常数(按RE
Allen实验数据重新绘制)

(b) 能量密度81.5 mJ/cm²时介
电常数虚部演化动力学

(c) 能量密度326 mJ/cm²时介
电常数虚部演化动力学

图4.2 不同激光能量密度条件下的半导体硅的 $\mathrm{Im}\varepsilon(\omega)$ 时间演化特性

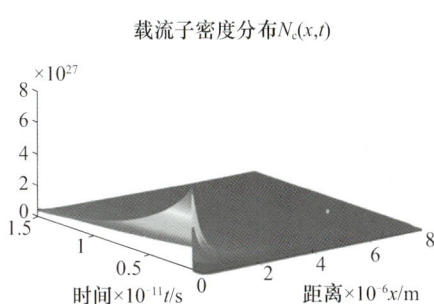

图4.8 激发电子密度时间演化过程

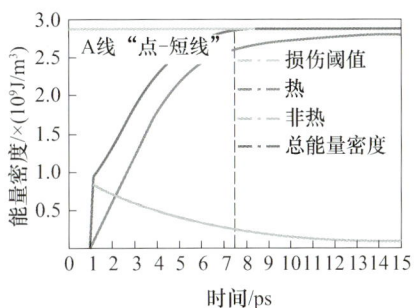

图4.10 热损伤与非热
损伤时间演化过程

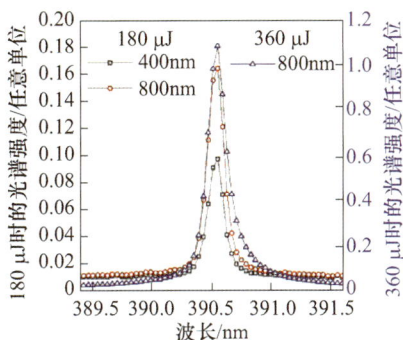

图4.21 单脉冲飞秒激光诱导硅(Si(Ⅰ)390.55nm)的光谱强度,
激光的波长为400nm(180μJ)和激光能量分别为180μJ(800nm)、
180μJ(400nm)以及360μJ(800nm)

(a) 800nm(180μJ和360μJ)

(b) 360μJ(800nm)+180μJ(400nm)

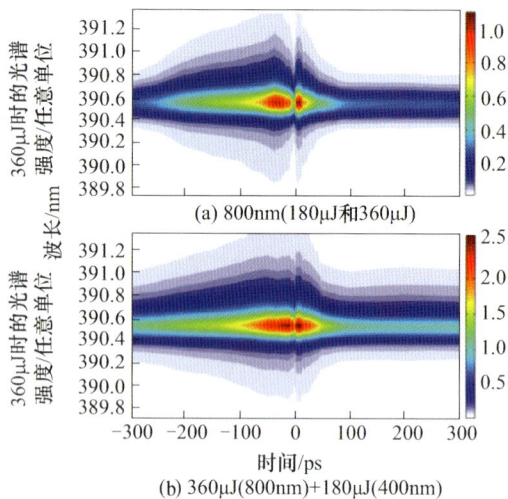

图4.22 光谱强度随着双脉冲之间的时间间隔的变化

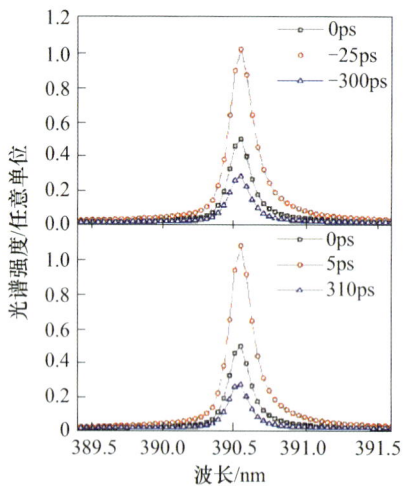

图4.23 选定双脉冲时间间隔−300ps、
−25ps、0ps、5ps和310ps的光谱强度对比
（激光的能量为180μJ（800nm）和
180μJ（400nm））

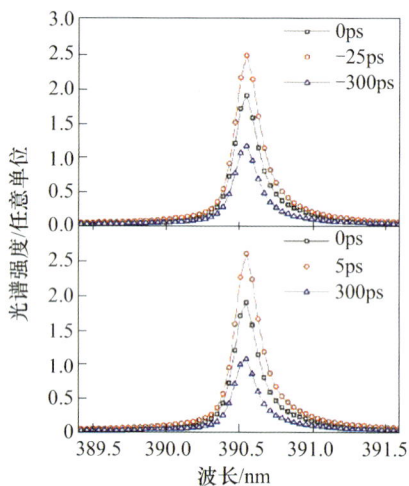

图4.24 选定双脉冲时间间隔−300ps、
−25ps、0ps、5ps和300ps的光谱强度对比
（激光的能量为360μJ（800nm）和
180μJ（400nm））

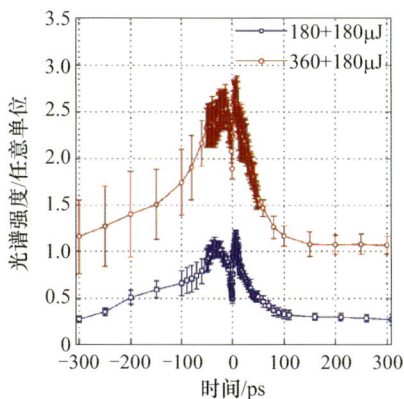

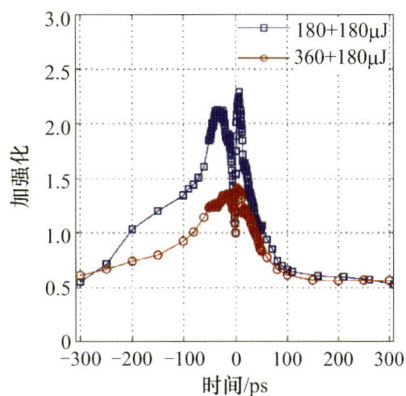

图4.25　光谱强度随着双脉冲时间间隔的变化(双脉冲激光的能量分别为180μJ(800nm)+180μJ(400nm)和360μJ(800nm)+180μJ(400nm))

图4.26　光谱强度的加强比随着双脉冲时间间隔的变化(双脉冲激光的能量分别为180μJ(800nm)+180μJ(400nm)和360μJ(800nm)+180μJ(400nm))

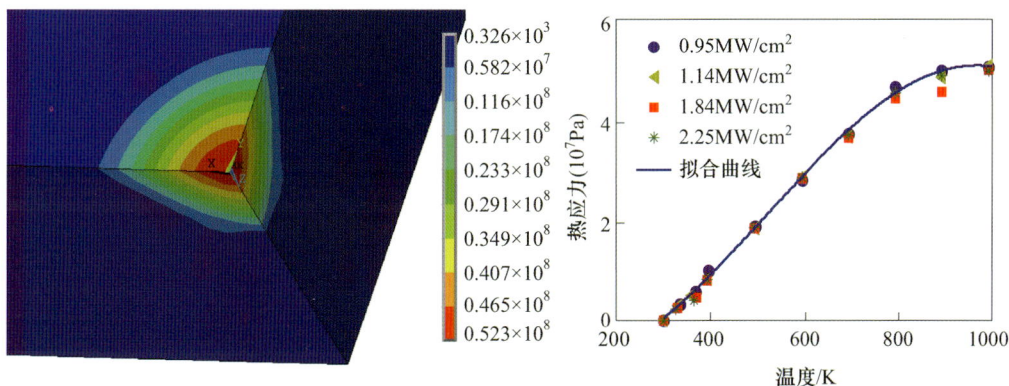

图4.44　高重频激光损伤时,HgCdTe晶片表面热应力结果

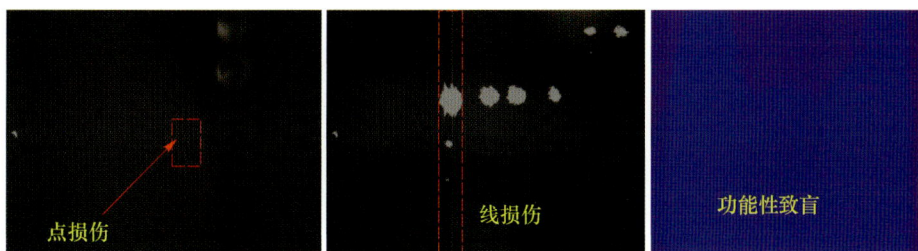

(a) 到靶能量密度31.8mJ/cm²　　(b) 到靶能量密度121mJ/cm²　　(c) 到靶能量密度440~706mJ/cm²

图5.4　8ns(单脉冲)激光对Wat-902B损伤现象

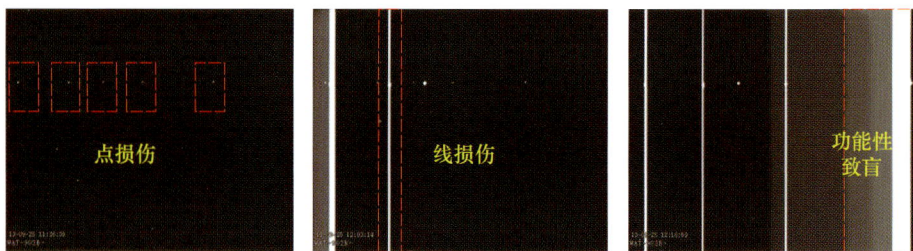

(a) 到靶能量密度36mJ/cm^2 (b) 到靶能量密度186mJ/cm^2 (c) 到靶能量密度580mJ/cm^2

图 5.5　（单脉冲）1.5ns 激光对 Wat－902B 损伤现象

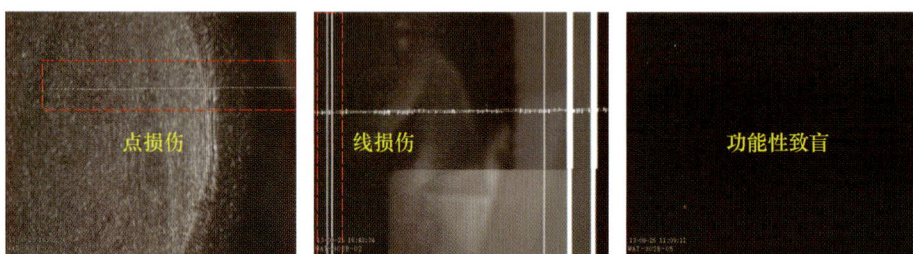

(a) 到靶能量密度12mJ/cm^2 (b) 到靶能量密度16mJ/cm^2 (c) 到靶能量密度35mJ/cm^2

图 5.7　（多脉冲）1.5ns 激光对 Wat－902B 损伤现象

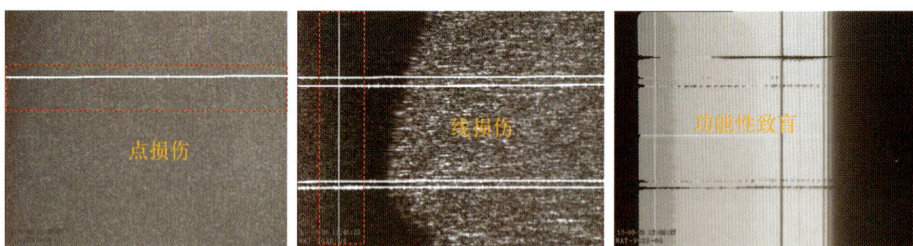

(a) 到靶能量密度8mJ/cm^2 (b) 到靶能量密度16mJ/cm^2 (c) 到靶能量密度35mJ/cm^2

图 5.8　400ps 激光对 Wat－902B 损伤现象[1]